히포크라테스 조선 왕비를 만나다

의사의 시각으로 본 조선왕비들의 삶과 죽음

최일생 지음

메 디 안 북

머리말

2년여전 『히포크라테스 조선왕을 만나다 - 의사 시각으로 본 조선 왕들의 삶과 죽음』에 대해서 책을 발간한 후 지난 역사를 바르고 정확하게 기록한다는 것이 쉬운 일이 아니라는 점을 깨닫고 많은 반성을 하면서 나의 무모함을 자책하기도 하였다. 그러나 조선시대 기록들을 접하면 접할수록 나도 모르게 역사에 빠져들게 되어 그 유혹을 뿌리칠 수 없었고, 역사의 진실을 후손들에게 알려주어야 하는 사명감도 생겨 많은 고민 끝에 용기를 가지고 『조선 왕비들의 삶과 죽음』에 대해 또 다시 펜을 들어 집필하기로 하였다.

공자 말씀에 "맑은 거울은 모습을 살펴보는 것이고 지나간 날들은 지금을 알아보는 것이다〈明鏡은 所以察形이요 往者는 所以知今이니라〉."하였는데 이제는 그 뜻을 어렴풋이나마 알 것 같다. 또한 영국의 세계적 역사학자이자 국제정치학자인 에드워드 카(Edward

Hallett Carr)는 "역사란 현재와 과거 사회의 끊임없는 대화이다." 라고 하였다. 그 만큼 역사란 과거의 유물이 아닌 현대인이 살아가는데 필요한 삶의 양식인 것이다.

역사를 알기 위해서는 기록이 있어야만 하는 것이다. 따라서 역사를 올바르게 기록하는 것은 매우 중요한 일이다. 역사는 객관적인 입장에서 적어야 하나 역사를 기록하는 사람의 개인적인 생각이 들어가고 또 그 당시의 가치관 같은 것이 녹아있기 때문에 정확성과 가치가 떨어지는 경우가 왕왕 있다. 그래서 역사기록을 쓰는 사람은 자신의 주관적인 생각을 가급적 피력하지 말고 삼가해야 하기에 저자는 이번 저서에서는 사견은 되도록 피하고 역사적 사실에만 충실해 원문에 있는 내용 그대로 인용하여 서술하였다.

막상 『조선 왕비들의 삶과 죽음』에 대해서 집필하려고 하니 왕들에 비해 기록들이 너무 적었고 있어도 내용들이 빈약해 어려움이 많았다. 그러나 정사나 야사에 알려진 내용들을 최대한 인용해 현대의학적 감각에 맞게 집필하려고 하였으나 얼마나 사실적이고 정확하게 기술하였는지는 독자 여러분의 판단에 맡기려고 한다. 또한 의학을 전공하는 후학들이 역사에 더 관심을 가지고 나의 잘못된 점, 오류를 지적하여 더욱 올바른 역사 사실이 밝혀지기를 바라는 마음 뿐이다.

조선 왕비들은 왕들과 달리 그녀들의 삶은 평탄치 않았다.

언뜻 보기엔 왕비들은 만백성의 어머니로써 추앙을 받고 부귀영화를 누리고 권력을 갖고 편안하고 행복한 삶을 영위하였을 것으로 여겨 왕비는 모든 여인들의 선망의 대상이었다. 그러나 막상 역사 속에 비춰진 왕비들의 일상은 가시 방석에 앉은 것처럼 혼란과 역경의 나날이었다.

대부분 왕비들은 부모들을 잘 만나 어릴 적은 유복했으나, 왕비가 된 후 중궁 내에서의 생활, 왕과의 관계 및 왕비의 역할, 가족 간에 얽힌 이해 관계, 후궁들과의 암투 및 모략중상, 친정 집안의 몰락, 당쟁에 얽힘, 상례, 출산 등이 실타래처럼 얽혀 밀림 속의 동물들이 서로 생존을 위해 사투를 벌이는 것처럼 중궁 내에서의 왕비는 하루도 마음 편할 날이 없었고 긴장 속에서 살았다.

조선 왕들의 수명은 17세에서 83세로, 평균 수명은 47세(만 46세)이며, 27명의 왕중 61세 이상(환갑을 넘긴)을 산 왕은 영조(83세), 태조(73세), 광해군(68세), 고종(68세), 정종(63세) 다섯 분에 불과하였다.

그러면 조선 왕비들의 수명은 어떠하였을까?

42명의 왕비들(추존 왕비 5명 포함)의 수명은 16세에서 82세로, 평균 수명은 49.5세(만 48.5세)로 왕에 비해 왕비들의 수명이 약간 길었으나, 61세 이상 산 왕비들은 열다섯 분으로 왕들보다 많았다.

또한 사인을 살펴보면 조선 왕들의 대부분은 주로 질환에 의해 생을 마감하였으나 반면 이와는 달리 조선 왕비들은 스트레스와 연관되어 죽음을 맞이했으니 이 점이 특이하다.

예를 들면 태조 계빈인 신덕왕후 강씨는 배다른 아들인 태종과의 왕권 다툼에 의한 스트레스가 쌓여 얻은 화병으로, 정종 비인 정안왕후 김씨는 말년에 남편의 무관심과 자신만의 행락 때문에 얻은 고독감으로 생긴 우울증, 태종 비인 원경왕후 민씨는 남편의 배신, 여성

편력, 친정 집안의 몰락 등으로, 세종 비인 소헌왕후 심씨는 시아버지에 의해 사사된 친정 아버지와 친정 집안의 몰락, 자손들의 불행 등으로 하루도 스트레스에서 벗어날 수가 없었다.

다른 대부분의 왕비들도 후궁들의 모략과 암투, 당쟁, 역모 등 하루도 편한 날이 없었고 한 평생을 스트레스 속에서 살았다고 해도 과언이 아니다.

이외 왕비들은 출산, 상례(喪禮) 때문에 희생양이 되었던 것이다.

왕비들의 삶을 돌이켜 보면서 인간은 지위와 명예도 중요하지만 사람다운 삶, 행복을 느낄 수 있는 삶을 사는 것이 무엇보다 중요한데, 이런 삶은 가족간의 사랑이 깃든 가정의 화목에서 움튼다는 것을 새삼 깨닫게 되었다.

이번 책을 완성하는데 있어서 저자에게 큰 힘이 되어준 지원군으로 역사학자들이 있으니 연세대학교 사학과 원재영 박사와 심철기 박사이다. 학문 연구에 여념이 없어 틈을 낼 시간적 여유가 없음에도 불구하고 원고 처음부터 끝 부분까지 일일이 세심하게 역사적 검증을 해주고 조언을 아끼지 않고 감수를 해주니 역사에 대해 문외한인 저자에게 큰 자신감을 심어주었다. 그들의 노고에 대해 지면을 통해 심심한 감사를 표한다.

또한 엉성한 나의 원고를 교정하고 틀을 잡아 훌륭한 한 권의 책으로 탈바꿈해 주신 메디안 북 출판사 김용덕 사장님과 출판사 관계자에게 깊은 사의를 표한다.

끝으로 조선 왕비들의 삶과 죽음에 대한 집필을 마치면서 문득 생각이 나는 말은 "가화만사성(家和萬事成)"이다.

조언과 용기를 주며 나의 곁을 지켜주는 영원한 동반자인 노경희 여사, 그리고 나의 든든한 울타리가 되어주는 아들들과 며느리들, 맑고 티없이 건강하게 자라주는 손자, 손녀들- - -

이들이 있기에 나의 삶 자체를 의미있게 해준다. 가족이란 나의 삶의 원동력이다.

「고통을 웃음으로 참아내며
아버지의 그늘진 모습
축 늘어진 어깨 보이기 싫어서
때론 큰소리로 윽박을 지르기도 하지만

평생 어루만질 나의 가족들
그리울 땐
한달음에 달려가 끌어안을
가족이 있어 행복합니다.」

- 강동환 시 〈가족〉 중에서 -

2015년 진료실에서
청목 **최일생**

차례

머리말 iii

제1대

태조의 왕비
자식대에 왕후 대접받은 추존 신의왕후 한씨 3
조선의 첫 왕비 신덕왕후 강씨 7

제2대

정종의 왕비
지고지순한 왕비 정안왕후 김씨 39

제3대

태종의 왕비
믿는 도끼에 발등 찍힌 왕비 원경왕후 민씨 55

제4대

세종의 왕비
숨죽이며 내조한 왕비 소헌왕후 심씨 85

제5대

문종의 왕비
폐서인으로 강등되었다가 복위된 추존 현덕왕후 권씨 105

제6대

단종의 왕비
떠난 임 그리며 수절한 왕비 정순왕후 송씨 121

제7대

세조의 왕비
세번의 행운을 잡은 왕비 정희왕후 윤씨 137

예종의 왕비
17세에 요절한 추존 장순왕후 한씨   163
황금들녘 허수아비처럼 살아온 왕비 안순왕후 한씨   168

 성종의 왕비
배려심 깊은 왕비 공혜왕후 한씨   183
질투의 화신이었던 폐왕비 폐비 윤씨   192
전례를 거울 삼아 침묵을 지킨 왕비 정현왕후 윤씨   201

 연산군의 왕비
남편의 황음무도에 노심초사한 왕비 폐비 신씨   211

 중종의 왕비
7일간의 왕비 단경왕후 신씨   223
박복하게 단명한 왕비 장경왕후 윤씨   230
후일을 기약하며 인내로 참은 왕비 문정왕후 윤씨   238

 인종의 왕비
아랫 동서에 밀려 수렴청정을 못한 왕비 인성왕후 박씨   259

 명종의 왕비
문자를 몰랐어도 수렴청정한 왕비 인순왕후 심씨   269

 선조의 왕비
실속 없었던 왕비 의인왕후 박씨   281
어린 아들의 증살에 한을 품은 왕비 인목왕후 김씨   295

제15대 광해군의 왕비
미신을 신봉한 왕비 폐비 유씨 317

제16대 인조의 왕비
현숙한 왕비 인열왕후 한씨 327
허울뿐인 왕비 장렬왕후 조씨 335

제17대 효종의 왕비
부창부수인 왕비 인선왕후 장씨 345

제18대 현종의 왕비
자식이라면 물불을 가리지 않은 왕비 명성왕후 김씨 357

제19대 숙종의 왕비
온순하고 신중한 왕비 인경왕후 김씨 367
비련의 왕비 인현왕후 민씨 372
자기애적 성격의 희생양이 된 폐왕비 희빈 장씨 377
영조의 든든한 후견인인 왕비 인원왕후 김씨 391

제20대 경종의 왕비
태몽대로 귀하게 되었으나 단명한 추존 단의왕후 심씨 401
왕비 책봉이 늦어진 왕비 선의왕후 어씨 408

제21대 영조의 왕비
첫날밤 뱉은 말 한마디로 버림받은 왕비 정성왕후 서씨 423
천주교를 탄압한 왕비 정순왕후 김씨 429

정조의 왕비
효성과 공손함이 몸에 벤 왕비 효의왕후 김씨   441

순조의 왕비
안동 김씨 세도시대를 연 왕비 순원왕후 김씨   453

헌종의 왕비
피기도 전에 꿈을 접은 왕비 효현왕후 김씨   465
19세에 대비가 된 왕비 효정왕후 홍씨   472

철종의 왕비
안동 김씨가문의 희생양이 된 왕비 철인왕후 김씨   479

고종의 황비
시아버지와 실권 다툼을 한 황비 명성황후 민씨   491

순종의 황비
시어머니 살해 현장을 목격한 후 실신한 추존
순명효황후 민씨   503
조선 마지막 황비 순정효황후 윤씨   511

조선 왕비들의 사인은?   516
조선 왕비들의 생애 요약   522

신의왕후 한씨

생몰년 1337 – 1391

재위기간 추존

자녀수 6남 2녀

사인 위장병

신덕왕후 강씨

생몰년 1356? – 1396

재위기간 1392 – 1396

자녀수 2남 1녀

사인 화병

조선시대는 일부일처제가 규범화되어 한 명의 왕비만을 둘 수 있었지만, 태조 이성계는 고려말 관습에 따라 두 명의 부인이 있었다. 그 당시 첫 부인은 부모가 정해주고, 계비는 본인이 정하는 것이 관례였다.

고향에서 젊었을 때부터 동고동락한 정비인 한씨를 향처(鄕妻)라 불렀고, 개경에서 생활 터전을 마련하고 이성계의 조선 개국 수립에 도움을 준 계비인 강씨를 경처(京妻)라 불렀다.

1392년 7월 17일 태조 이성계는 조선왕조를 개국하고, 그 해 8월 7일 계비인 강씨를 현비(顯妃)로 삼으니 조선왕조 최초의 왕비가 탄생한 것이다.

자식대에 왕후 대접받은 추존 신의왕후(神懿王后) 한씨

— 위장병으로 55세에 사망하다

어버이를 공경함은 으뜸가는 자연의 법칙이다.
- Valerius Maximus -

「제릉(齊陵)의 비(碑)를 세웠다. 그 비문(碑文)은 이러하였다.

예로부터 제왕(帝王)이 천명(天命)을 받아 일어남에는 반드시 어진 비필(妃匹)이 덕(德)을 같이하고 경사(慶事)를 기르는데 힘입어서 그 계통을 영구히 한다.

하(夏)나라에 도산(塗山; 하나라 창시자 우〈禹〉임금의 장인)이 있어 계(啓; 순임금)가 능히 계승하였고, 주(周)나라에 태사(太姒; 문왕의 비)가 있어 무왕(武王)이 크게 계승하여, 우(禹)임금과 문왕(文王)의 하늘을 짝하는 제사(祭祀)가 이것으로 말미암아 영원히 계속하였으니, 아름답고 성하도다! 우리 신의왕후(神懿王后)께서 천자

(天資; 타고난 기품)가 현숙(賢淑)하고 아름다우며, 곤덕(坤德; 왕후의 덕)이 유순(柔順)하고 발라[貞]서, 일찍이 용연(龍淵; 용이 사는 연못)에 빈(嬪)이 되어 왕업(王業)을 도와서 이루게 하였고, 후하게 성철(聖哲; 성인과 철인)을 낳아서 대통(大統)을 끝없이 전하였으니, 신이(神異)한 공(功)과 아름다운 의범(儀範)이 옛사람에 비교하여 부끄러울 것이 없다. 아깝게도 대훈(大勳)이 이루어지게 되자 선유(仙遊; 사람의 죽음을 높여 이르는 말)가 심히 급하여, 태상(太上; 태조 이성계)께서 개국(開國)하신 뒤에 곤의(壼儀; 왕비의 덕)를 높일 수가 없고, 이성(二聖; 정종과 태종)이 대통(大統)을 이으매 영양(榮養; 부모를 영화롭게 봉양함)을 이룰 수 없어서 산릉(山陵)이 빛을 가리고 상로(霜露; 서리와 이슬)가 슬픔을 더하니, 아아! 슬프다.
－후략－」태종실록 7권, 태종 4년 2월 18일

신의왕후 한씨는 조선 개국 후 절비(節妃)로 추존되었으나 상징적인 왕후였다. 그러나 그녀의 아들인 정종이 즉위한 뒤 신의왕후로 승격 추봉된 후 비로소 왕후 대접을 받게 되었다.

신의왕후 한씨는 증 영문하부사(領門下府事; 정1품)였던 안천부원군(安川府院君) 한경(韓卿)과 어머니 평산 신씨의 딸로, 안변 풍류산 아래 금리(琴理)에서 충숙왕 복위 6년(1337) 9월에 태어났다.

신의왕후의 고향인 안변은 육령(毓靈: 신령스러움을 기름)한 상서로운 지역으로 남쪽 수리쯤에 풍류산(風流山)이 있는데 신의왕후의 삼조(三祖)가 묻힌 곳이다. 원래 풍류산의 이름은 청학산(靑鶴山)이었는데 신의왕후가 태어날 때 풍류지음(風流之音; 공중에서 음악소리가 남)이 3년이나 끊이지 않았다 하여 풍류산이라 불리게 되었다. 한국민족문화대백과

신의왕후 한씨는 15세 되던 해 신분이 엇비슷했던 17세 이성계와 혼인하여 함흥 운정리에 삶의 터전을 잡고 이성계와 사이에 6남 2녀의 자녀를 두었다.

첫째 아들 진안대군 방우, 둘째 아들 영안대군 방과(정종), 셋째 아들 익안대군 방의, 넷째 아들 희안대군 방간, 다섯째 아들 정안대군 방원(태종), 여섯째 아들 덕안대군 방연 그리고 두 딸 경신공주와 경선공주이다. 이 중 여섯째 아들 방연은 어릴 적 요절(夭折)하였다.

한씨는 결혼 후 고향에서 가정을 지키면서 남편과 자식들을 뒷바라지를 하면서 평범한 촌부로 살았다. 그러던 중 이성계가 고려 말 공양왕 때(1391년) 그에 대한 대신들의 참소와 간계가 서로 얽혀 모략이 심해지고 점점 확대되자 이럴까 저럴까 결단을 내리지 못하고 전전긍긍하면서 고민에 빠져 있었다. 태조실록 1권, 총서 128번째 기사

이런 이성계 모습을 지켜보던 한씨는 근심이 걱정이 되었고 이로 인해 스트레스가 쌓여 위장병을 얻게 되었다. 결국 절비 한씨는 조선 개국 1년 전인 고려 공양왕 3년(1391) 9월 23일 이병이 악화되어, 55세 나이로 세상을 떠났다. 조선왕비열전, 임중웅; 한국민족문화대백과

한씨는 조선 개국 후 절비(節妃)로 추존되고, 능호는 제릉(齊陵)으로 올려졌다. 그리고 6년 후 둘째 아들인 정종이 즉위하면서 그녀는 신의왕후로 재추존 승봉되어 인소전(仁昭殿; 신의왕후의 신주를

모신 사당)에 봉안되면서 왕후로서 대접을 받게 되었다. 다섯째 아들인 태종은 1408년 9월 6일 그녀의 시호를 더 높여 승인순성신의왕태후(承仁順聖神懿王太后)라 하였고 태종 10년 7월 26일에는 태조의 신주에 부제(祔祭; 삼년상을 마친 뒤에 그 신주를 조상의 신주 곁에 모실 때 지내는 제사)되어 종묘에 배향되었다.

고종 36년(1899) 12월 7일(양력)에는 의정부에서 태조 이성계를 태조고황제로, 그리고 신의왕후 한씨를 신의고황후로 의결하여 올리니 광무황제(고종)은 그대로 하라는 칙명을 내렸다.

그녀의 무덤인 제릉은 황해북도 개풍군 대련리 부소산 남쪽 기슭에 있다. 1952년 12월 행정구역 개편으로 개성직할시 판문군 상도리로 바뀌었다. 태종실록 7권. 태종 4년 2월 18일; 태종실록 17권, 태종 9년 윤 4월 13일; 연려실기술 제 1권

만일 절비 한씨가 개국 전에 죽지 않고 1년 여만 더 생존하여 살았다면 조선 개국 후 태조 이성계는 본처를 제치고 계비인 강씨 편을 들어 선뜻 강씨를 조선의 첫번째 왕비로 책봉할 수 있었을까? 반대로 본처인 한씨를 왕비로 책봉시켰다면 강씨의 반응은 어떠하였을런지? 그리고 왕자의 난과 같은 형제 간의 칼부림도 일어나지 않았을런지?

어쨌든 행운의 여신은 현비 강씨 편이었는지 절비 한씨가 개국 1년 전에 사망하니 태조 이성계는 망설임 없이 사랑하는 강씨를 왕비로 책봉할 수 있었던 것이다.

조선의 첫 왕비
신덕왕후(神德王后) 강씨

— 그녀의 공격성 욕망이 불행의 씨앗을 낳다

승자의 주머니 속에는 꿈이 있고, 패자의 주머니 속에는 욕심이 있다.

- Talmud 중에서 -

「무인년(1398) 가을 8월에 태상왕(이성계)께서 편치 못하시매, 간신 정도전(鄭道傳) 등이 나라의 권세를 제멋대로 할 것을 생각하고, 여러 적자(嫡子)를 없애고 장차 어린 얼자(孽子; 천인 첩에게서 낳은 자손)를 세우려고 음모하여 여러 무리들과 붕당(朋黨)을 만들어서, 화란(禍亂; 재앙과 난리)의 발생이 눈앞에 다가왔다. 전하(태종)께서 그 기미를 밝게 살피어 발(發)하기 전에 앞질러 베어 멸(滅)하고, 태상왕께 아뢰어 청하여서 적장(嫡長; 정실에서 난 맏아들)인 상왕(上王; 정종)을 맞아 세자(世子)로 책봉하니, 이륜(彛倫; 사람으로서 떳떳하게 지켜야 할 도리)이 발라[正]지고 종사(宗社; 종묘와 사직 즉 나라)가 정하여졌다.」 태종실록 7권, 태종 4년 2월 18일

신덕왕후 강씨의 무모한 욕망은 자신뿐 아니라 자식에게도 끔찍한 화를 입혔다.

신덕왕후 강씨는 조선왕실 최초의 왕비이지만 실제 강씨에 대해 전해진 기록이나 기념물은 거의 없는 상태이다. 출생일과 기일만 알려졌을 뿐 심지어 출생지와 출생년도에 대해서도 전해지는 기록은 없다. 이는 태종이 이성계 사후 신덕왕후 강씨를 태조의 첩으로 간주하고 왕후로 인정하는 모든 기록과 기념물을 없애버렸기 때문이다.

신덕왕후 강씨가 사망한 지 400년이 지난 정조 21년(1797) 6월 정조는 다산 정약용을 황해도 곡산부사로 임명하면서 강씨에 대한 사적을 조사해서 보고토록 하였다. 곡산부사로 임명된 그는 2년 가까이 재임 중 조사하였던 신덕왕후 강씨에 대한 자세한 내용을 정조에게 보고하였는데 그 내용은 「여유당전서」에 다음과 같이 기록되어 있다.

「곡산부에서 동쪽으로 5리쯤에 당저란 곳이 있어 이를 궁하라고도 하는데, 돌 기둥 한 쌍(하나는 넘어졌고 하나는 서 있다)이 있습니다. 노인들이 전하는 말에 의하면, 신덕왕후의 본궁이라 합니다. 뒤편에는 용봉이 있고 앞쪽에는 용연(작은 시내가 굽어돌아 못이 되었는데 깊어 헤아릴 수 없다)이 있는데, 지리가 특이합니다. 노인들이 말하기를, 태조대왕이 영흥에서 송경(개성)에 왕래할 때 이 시내

에 이르러 매우 갈증을 느꼈는데, 그 때 왕후가 마침 시냇가에서 물을 긷고 있었습니다. 태조가 물을 청하니 물을 떠서 버들잎을 띄워 드리자, 태조가 그를 노여워하였다. 왕후가 '급히 마시면 물에 체할까 염려해서 입니다.' 하니 태조가 그 말을 가상히 여겨 드디어 예를 갖추어 아내로 맞이했다고 하였습니다. 또 곡산에서 북쪽으로 80리쯤에 있는 가람산의 남쪽에 치도(馳道; 천자나 귀인이 나들이 하는 길)가 몇 리에 걸쳐 산꼭대기에 뻗쳐있는데, 주민들은 〈치마곡(馳馬谷)〉이라고 합니다. 그 북쪽에는 〈태조성〉이 있는데 노인들의 말에 의하면, 태조가 일찍이 이 산에서 말을 달리며 말타기와 활쏘기를 익혔다고 합니다.

신은 살피건데, 신덕왕후의 본적은 곡산이고, 국구(임금의 장인)는 바로 상산부원군 강윤성인데, 상산은 곧 곡산의 별칭입니다. 또 함흥, 영흥에서 송도에 가려면 곡산이 실로 직통길이오 지름길입니다. 대개 고원에서 서쪽으로 양덕을 거치고 남쪽으로 곡산을 거치면 도정(道程; 어떤 장소에 이르기까지의 과정)이 매우 가까우니, 노인들의 말이 근거는 없지 않습니다. 또 '돌 기둥은 분명히 궁가의 물건입니다.' 고(故) 감사 이의준도 직접 그 모양새를 살펴보고 '유적은 분명한데 문헌이 없는 것이 한스럽다. 연주(임금의 연전에서 아룀)는 가하나 계문(글로 써서 상주함)은 불가하다.' 하였습니다. 신은 생각건대, 버들잎 고사는 야사에 두루 실려있지만(고려 왕건과 장화왕후의 만남에 대한 버들잎 설화), 두메 산골 백성이 야사를 보지 못했을 것이니 그것은 전래되는 옛말인 것입니다. 정릉(신덕왕후의 능)의 일에 마침 추모함이 있는 것이 마치 온릉(중종의 폐비 단경왕후의 능)의 일과 흡사합니다. 여기는 또 태조가 왕업을 일으킨 사적과 연관이 있는 곳이니, 돌 기둥의 곁에 비석을 세우고 비각을 지어서 택리임을 표시하는 것이 태평성대의 훌륭한 일인 듯합니다. 정릉의 탄일은 바로 6월 14일이고, 기일은 바로 8월 13일인데, 이 때에 하문 하신 것은 우연한 일이 아니라 하겠습니다. 돌을 나를 때 강화에서 부터는 물길로 운반하여 평산 기탄까지 이르고, 기탄에서부터는 육 로로 곡산까지 이르면 백여리에 불과하여 곡식이 상할까 염려할 필 요가 없습니다.」 다산시문집 제10권 문집

정조는 이후 친필로 〈성후사제구기(聖后私第舊基)〉라고 써서 내 어주며 이것을 비석에 새겨 돌기둥 옆에 세우도록 했다. 정조실록 52권, 정조 23년 10월 7일

하지만 그곳이 정말 신덕왕후 강씨의 고향집 터인지는 지금까지 도 분명하게 밝혀지지 않았다. 이유는 확실한 문헌 기록이 없기 때문 이다.

신덕왕후 강씨는 고려 28대 충혜왕 시절 세도를 떨친 권문세가 집안의 규수로 황해도 곡산에서 태어났다.

그녀의 아버지 강윤성은 생존 시 문하찬성사를, 사후 영돈영부사 에 추증된 상산부원군으로, 그는 슬하에 4남(득령, 순령, 유권, 계권) 2녀를 두었는데 강씨는 막내 딸이었다. 강윤성의 부친은 강서이며 강서는 아들 여섯을 두었다. 첫째 윤귀 밑으로 윤성, 윤충, 윤의, 윤

휘, 윤부였는데 그 중 셋째 아들인 윤충이 고려 말에 출중하였다.

고려 28대 충혜왕은 조선시대 연산군에 비견할 정도로 황음무도한 왕이었다.

충숙왕 복위 8년(1339) 8월 〈조적의 난〉이 일어났는데, 당시 정승이었던 조적 등은 충숙왕이 죽자 충혜왕 대신 심양왕(고려 말 원나라에서 고려의 세력을 견제하기 위하여 심양에 두었던 왕) 왕고를 왕으로 추대하려는 난을 일으켰으나 실패하였다. 그때 강씨의 숙부인 강윤충이 공을 세워 1등공신이 되었다.

윤충은 충혜왕의 충신으로 충혜왕이 황음무도한 생활을 하는데 일조를 하였다. 그는 미남에다 바람둥이로 심지어 왕비조차도 그에게 매혹되었을 정도로 호남이었다. 충혜왕의 왕비였던 역련진반(亦憐眞斑, 德寧公主; 원나라 진서무정왕의 딸)은 충혜왕 사후 윤충에게 빠져 항간에 소문이 날 정도로 '부적절한 관계'를 맺었다고 한다.

「당시 한창 나이였던 덕녕공주(德寧公主)가 대궐에 거처하고 있었는데, 강윤충과 배전(裵佺)이 그 거처에 드나들며 총애를 받아 정권을 잡고 세력을 부렸다. 어떤 사람이 감행령(監行領)에 다음과 같은 익명의 방(榜)을 붙였다. '찬성사(贊成事) 강윤충은 내시와 시녀 각 한 명을 통해 임금의 모친과 만나 음란한 짓을 자행하고 그 총애를 받고 있다. 하유원(河有源)과 함께 정치도감(整治都監)의 일을 방해하고 있으니, 이 두 사람만 처형시키면 나라에 근심이 없을 것이다.' 밀직사(密直使) 인당(印璫)과 찬성사(贊成事) 권겸(權謙), 이수산(李壽山)이 자정원사(資政院使) 고용보(高龍普)에게, '강윤충이 임금의 모후와 간통하는 큰 죄악을 저질렀습니다. 지금 강윤충이 원사께서 오신다는 소식을 듣자 왕에게, 「고용보의 모함으로 선왕(先王; 충혜왕)께서 악양(岳陽; 지금의 중국 후난성[湖南省] 위에양(岳陽市])에서 돌아가셨습니다. 이제 죄를 짓고 귀국한 터에 전하께서 무엇하러 정중한 예의로 대우합니까.」라고 말했습니다. 라고 일러바쳤다. 고용보가 그 말을 듣고 그에게 앙심을 품고 있다가 강윤충에게, '그대는 내신(內臣)으로 무례한 짓을 자행하니 어찌된 일인가? 이제부터 내전에 가까이 오지 말라'고 꾸짖자 겁이 난 강윤충이 병을 핑계하고 며칠간 출근하지 않다가 고용보의 모친에게 뇌물을 주고 선처를 부탁했다.」 국역 고려사 124권, 열전 37

이런 덕분에 신덕왕후 강씨의 친정가문은 충혜왕, 충목왕(29대), 충정왕(30대) 때까지 실세로 군림할 수 있었고 대표적인 부원세력(附元勢力; 원에 기대어 고려와 고려인에게 심각한 피해를 입힌 세력)이었다. 또한 강씨의 언니는 신귀(중 신돈의 측근)와 혼인하였으나 훗날 개경을 떠들썩하게 뒤흔든 〈성스캔들의 장본인〉이기도 할 정도로 그녀 또한 미인이었다고 한다.

그러나 고려 31대 공민왕 때에 이르러 부원 세력을 견제하기 시작 하였다.

공민왕 5년(1356) 6월 강윤충은 모반 사건에 연류되어 동래 현령으로 좌천되었고, 일년 후 강윤성, 강윤휘, 신귀 등은 모반에 연류되어 체포 수감되었다. 역모에 연류된 아버지 강윤성은 공민왕 7년(1358) 12월에 죽음을 당했고, 숙부 강윤충도 그 이듬해 12월에 처형되니 신덕왕후의 친정 가문은 공민왕 5년을 기점으로 급속하게 몰락하였다. 신덕왕후 강씨는 친정 가문이 몰락하기 이전인 1356년에 태어났을 것으로 추정한다. 생후 1년에 아버지는 역적으로 체포되어 3세 때에 죽음을 당해 그녀가 4-5세 쯤 되었을 때, 그녀 어머니는 큰 오빠 득룡과 둘째 오빠 순룡만 개경에 남겨두고 언니와 그녀를 데리고 개경을 떠나 곡산으로 옮겨 살게 되었다. 그 후 그녀 16-17세되던 봄쯤에 이성계와 혼인하였고 10여년을 곡산에서 살았다.

강씨 슬하에는 무안대군 방번, 의안대군 방석과 경순공주 2남 1녀를 두었다.

우왕이 즉위하던 해인 1374년경에 강씨는 곡산 생활을 청산하고 다시 개경으로 귀경했다고 한다. 한국민족문화대백과; 조선왕비실록, 신명호; 국역 고려사 124권, 열전 37

설화와는 달리 태조 이성계와 신덕왕후 강씨의 결혼은 정략결혼이었다는 것이 중론이다. 이를 뒷받침해주는 확실한 사료(史料)는 없다. 그러나 추측건대 강씨의 사촌 오빠인 강우가 이성계의 사촌매제였고, 또한 강씨의 친오빠인 순룡은 집안이 위기에 처해 있을 때 이성계와 친밀한 관계를 맺고 있어, 강씨 집안에서는 친오빠인 순룡이, 이성계에게는 강씨의 사촌 오빠인 강우가 나서서 두 사람의 결혼을 성사시켜 주었을 가능성이 있고 또한 이성계는 젊은 강씨의 미모에 반해 거절하지 못했을 것이다.

신덕왕후 강씨와 태종 방원의 관계

신덕왕후 강씨와 방원 두 사람은 자신의 목적을 추구하기 위해서는 다른 사람의 희생도 꺼리지 않는 공격성 에너지(aggressive drive)의 성격 소유자로, 목적을 위해서는 놀라운 결단력과 실천력을 발휘하는 사람들이다. 이런 성격의 소유자들은 공동 목적을 가지고 일을 추구하면 시너지 효과를 내 상승되지만, 반면 각각 목적이 다른 경우에는 한 사람은 희생되기 마련이다. 이들은 조선왕조의 개국이라는 공동 목적 하에서는 힘을 합쳐 배가의 효과를 올렸지만, 개국 후에는 각자의 목적이 다르기 때문에 왕자의 난과 같은 끔찍한 사건이 벌어진 것이다.

1. 개국 전의 강씨와 방원의 관계: 『오월동주(吳越同舟)』

개국하기 전까지는 신덕왕후 강씨와 방원의 사이는 어느 가정에서나 보는 것처럼 자상한 어머니와 효성스러운 아들 사이였다.

원래 방원은 친 어머니인 신의왕후 한씨와 함께 어릴 시절은 동북면에서 보냈다.

태조는 가문에 유학을 업으로 하는 선비가 없음을 늘 불만스럽게 여겨 일찍부터 방원에게 스승을 찾아가 학문을 배울 것을 권하였다. 이런 태조의 뜻에 따라 방원은 학업을 위해 10세 쯤 개경에 와서 신덕왕후 집에서 거주하게 되었다.

개경에 온 방원은 배움을 게을리하지 않았다. 집에 돌아와서도

방에 들어 앉아 책만 읽으니 강씨는 매번 방원의 글 읽는 소리를 들을 때마다 탄식하며, '어찌하여 내 아들이 아니란 말인가?' 라고 말할 정도로 방원을 탐내었다고 한다.

우왕 7년(1381) 방번이, 그 이듬해인 1382년 방석이 탄생했다. 그리고 방원은 1382년 진사시험에 합격하고, 우왕 9년(1383)에는 태조가 바라던 과거에도 합격하였다. 방원이 과거에 급제하자 태조는 대궐 뜰에 절하며 매우 감격하여 눈물을 흘렸다고 한다. 그리고 태조는 매번 빈객과 연회 할 적에 방원에게 연귀(聯句; 한사람이 각각 한 구절씩 지어 이를 합하여 만든 시)를 짓게 하고는 '내가 손님과 함께 즐김에 있어서 네 힘이 매우 컸다.'고 말하였다.

방원이 학문을 성취한 것은 비록 그의 천성도 있었지만 또한 태조의 배움에 대한 열의도 한몫을 하였다. 그 당시 방원은 강씨를 '어머니'라고 부르며 따랐고, 강씨도 방원을 귀하게 여기고 사랑으로 대해 주었고, 또한 방원도 그녀에게 효성을 다 했다고 한다. 태조실록 1권,

총서 70번째 기사; 태종실록 총서

조선왕조 개국 전 신덕왕후 강씨와 방원 간에 서로 협력한 사례들은 많다. 그 중 몇 예를 살펴보면 아래와 같다.

첫 번째 사례는 우왕 14년(1388) 5월 최영이 요동공략에 나선 장수의 가족을 볼모로 삼으려 하자 방원이 가족들을 피신시킨 일이다.

우왕 14년(1388) 초에 명나라 주원장은 '철령을 따라 이어진 북쪽과 동쪽, 서쪽은 원래 개원로(開元路; 원나라 때 동북지역에 설치한 지방행정구)에서 관할하던 군민이 소속해 있던 곳이니 중국인,

여진인, 달달인, 고려인을 그대로 요동에 소속시켜야 한다.' 라는 친서를 고려에 보냈다. 태조실록 1권, 총서 81번째 기사

이에 우왕은 최영과 상의한 후 요동을 정벌하기로 하고 조민수와 이성계를 좌우도통사로 삼아 조선군은 우왕 14년 4월 18일 평양을 출발하여 5월 7일 압록강 하류 위화도에 도착하였다. 그러나 군이 위화도에 도착한 후부터 큰 비가 내려 강물이 범람하였고 병졸 중 환자가 많이 발생하자 이성계는 요동정벌의 〈4불가론〉을 내세워 왕에게 회군을 청하였다. 그러나 왕과 최영은 회군을 허락지 않았을 뿐만 아니라 오히려 속히 진군하라는 명령을 내리자 이성계는 회군을 결행했다. 회군 소식을 들은 최영은 요동정벌에 나선 장군 가족들을 볼모로 삼으려고 했다. 볼모 소식을 미리 알아낸 방원은 가족들을 피신시키기 위해 급히 포천으로 가 무사히 가족들을 피신시켰다. 그 당시 상황을 보면;

「처음에 신의왕후는 포천 재벽동의 전장에 있고, 강비는 포천의 철현의 전장에 있었는데, 전하(태종)가 전리전량이 되어 서울(개경)에 있으면서 변고가 발생했다는 말을 듣고 사제에 들어가지 않고 곧 말을 달려 포천에 이르니, 간사하는 노복들이 이미 다 흩어져 도망하였다. 전하가 왕후(신의왕후)와 강비를 모시고 동북면으로 가면서, 말을 탈 때든지 말에서 내릴 때든지 전하께서 모두 친히 부축해 주고, 스스로 허리 춤에 불에 익힌 음식을 싸 가지고 봉양하였다. 경신공주, 경선공주, 무안군(방번), 소도군(방석)이 모두 나이 어렸으나 또한 따라왔으므로, 전하께서 자기가 안아서 말에 태우고 길이 험하

고 물이 깊은 곳에는 전하가 또한 말을 이끌기도 하였다. 가는 길이 매우 험하고 양식이 모자라서 길가의 민가에서 밥을 얻어 먹었다. 철원관을 지나다가 관리들이 잡고자 한다는 말을 전해 듣고는, 밤을 이용하여 몰래 가면서 감히 남의 집에 들어가지 못하고 들판에 유숙하였다. 이천의 한충의 집에 이르러서 가까운 마을의 장정 백여명을 모아 항오(行伍; 군대를 편성한 대오)를 나누고 변고를 대비하면서 말하기를, '최영은 일을 환하게 알지 못하는 사람이니 반드시 능히 나를 뒤쫓지는 못할 것이다. 비록 오더라도 나는 두려워하지 않을 것이다.' 하였다. 7일 동안을 머물다가 일이 안정된 것을 듣고 돌아왔다.

－후략－」 태조실록 1권, 총서 89번째 기사

두 번째 사례는 공양왕 3년(1391) 공양왕과 권문세력이 이성계를 꺼려하고 모략이 심해 태조가 고향으로 돌아가려는 마음을 굳혔을 때 태조의 낙향 의지를 접게 한 일이다.

태조 이성계는 공양왕과 권문세력들이 자신을 모략하자 우선 정도전 등과 동북면으로 낙향할 것인지를 의논하였다.

「태조가 정도전, 남은, 조인옥 등에게 이르기를, '내가 경 등과 함께 왕실에 힘껏 협력하였는데도 참소(讒訴; 남을 헐뜯어서 죄가 있는 것처럼 꾸며 윗사람에게 고하여 바침)하는 일이 자주 일어나니, 우리들이 용납되지 않을까 염려된다. 내가 마땅히 동쪽으로 돌아가서 피하겠다.' 하면서 먼저 집안 사람들로 하여금 행장을 재촉하여 장차 떠나려 하니, 도전 등이 말하기를 '공(태조)의 한 몸은 종사와 백성이 매여 있으니, 어찌 그 거취를 경솔히 할 수가 있겠습니까? 왕실에 남아 도와서 현인을 등용시키고, 불초한 사람을 물리쳐서 기강을 진작시키는 것만 못하니, 그렇게 하면 참소하는 일이 저절로 그칠 것입니다. 지금 만약 한 모퉁이에 물러나 있게 된다면, 참소하는 말이 더욱 불처럼 일어나서 재화가 반드시 헤아릴 수 없는 지경에 이르게 될 것입니다.' 하였다. -중략-

　가신 김지경이 강비에게 사뢰기를, '정도전과 남은 등이 공을 권고하여 동쪽으로 돌아가게 하니, 일이 장차 그릇될 것입니다. 이 두서너 사람을 제거하는 것만 같지 못합니다.' 거짓을 고하니, 강비가 그말을 믿고 우리 전하(태종)에게 알리기를, '정도전과 남은 등은 모두 믿을 수가 없소.' 하니, 대답하기를 '공(태조)이 참소하는 말에 시달려 물러가실 뜻이 있는데, 정도전과 남은 등은 이해(利害) 문제를 힘써 진술하여 그 가시는 것을 중지시킨 사람입니다.' 하므로 이에 강씨는 거짓 고발임을 알고 지경을 책망하였다.」태조실록 1권, 총서 120번째 기사

　태조 이성계가 마음을 잡지 못하고 낙향할 것인지 망설이고 있을 때, 정도전 등이 직언을 하여 이성계의 낙향 의지를 말린 사실을 방원이 강씨에게 알려주자 강씨는 태조를 설득하여 개경에 남게 하였던 것이다.

　세 번째 사례는 공양왕이 연회를 핑계로 궁궐 내에서 이성계 가족을 초청해 죽이려고 하였던 사건이 있었는데 방원의 기지로 모면

한 일이다.

공양왕 3년(1391) 7월 9일 이성계는 오랜만에 입궐했다. 그리고 4일 후 이성계는 강씨와 방원과 함께 궁궐로 들어가 공양왕에게 잔치를 올렸다.

「이성계가 강씨와 함께 궁궐에 들어가 공양왕에게 잔치를 올렸다. 왕은 이성계에게 옷, 모자, 갓끈, 안마 등을 하사하였다. 이성계는 옷을 입고 절하며 감사를 표했다. 밤이 되자 유민수가 문을 잠갔는데, 방원이 몰래 이성계에게 알려 물러나기를 요청하였다. 이에 이성계는 열쇠 담당자를 시켜 대궐문을 열게 하였다. 이성계는 집으로 돌아오는 길에 방원을 돌아보고 말하기를 '갓끈은 진기한 물품이니 내 장차 너에게 전해주겠다.' 하였다.」국역고려사 46권, 세가 46 공양왕 2

실은 그날 공양왕은 이성계에게 잔뜩 술을 먹여 취하게 한 후 그 핑계로 대궐에서 자게 한 후 한밤중에 이성계 가족을 살해할 계획이었다. 그러나 다행히도 방원이 이를 미리 눈치채고 이성계에게 알려 무사히 집으로 귀가할 수 있었다. 이때 이성계가 방원에게 '갓끈은 진기한 물품이니 내 장차 너에게 전해주겠다.'고 한 말은 그 때만 해도 차후 방원에게 자신의 뒤를 승계해주겠다는 간접적인 시사였던 것이다.

네 번째 사례는 공양왕 4년(1392) 3월 해주에서 사냥 중 낙마해서 몸을 다쳐 위기에 처해 있을 때 신덕왕후 강씨가 방원에게 알려

위기를 모면한 일이다.

「3월 세자 석이 중국에 조현하고 돌아오니, 태조가 황주에 나가서 맞이하고, 해주에서 사냥하였다. 장차 길을 떠나려 하매 무당 방울이 강비에게 말하기를, '공(태조)의 이번 행차는, 사람이 백척의 높은 다락에 오르다가 실족하여 떨어져서 거의 땅에 이르매, 만인이 모여서 받드는 것과 같습니다.' 하니, 강비가 매우 걱정하였다. 태조가 활을 쏘아 사냥하면서 새를 쫓다가, 말이 진창에 빠져 넘어졌으므로 태조도 떨어져 몸을 다쳐 교자를 타고 돌아왔다. 공양왕이 중사(中使; 왕의 명령을 전하던 내시)를 연달아 보내어 문병하였다. 처음에는 정몽주가 태조의 위엄과 덕망이 날로 성하여 조정과 민간이 진심으로 붙좇음(존경하거나 섬겨 따름)을 꺼려하였는데, 태조가 말에서 떨어졌다는 말을 듣고는 기뻐하는 기색이 있으면서 기회를 타서 태조를 제거하고자 하여 대간을 사주하여 말하기를, '먼저 그의 보조관인 조준 등을 제거한 후에 그를 도모할 것이다.' 하였다. -후략-」태조실록 1권, 총서 129번째 기사

태조가 낙마하여 큰 부상을 입어 움직일 수 없게 되자 이 틈을 노려 정몽주 등이 이성계의 신복들을 귀양보내고, 그들을 처치한 후 이성계도 제거하려 했다. 이런 계획을 강씨가 미리 알아차리고 그 때 신의왕후 한씨가 죽어 묘 옆에서 시묘살이를 하고 있는 방원에게 이 사실을 알렸다. 그러자 방원은 급히 벽란도에 달려가 태조를 위급 상황에서 구해 무사히 집으로 모셔왔던 것이다. 이 사건을 계기로 방원

은 정몽주를 제거해 버리겠다는 결심을 하게 되었다.

다섯 번째 사례는 공양왕 4년(1392) 4월 26일 정몽주를 살해한 후 태조 이성계를 설득하는 일이다.

정몽주가 대간을 사주하여 번갈아 글을 올려 귀양간 조준, 정도전 등을 목 베기를 공양왕에 청하자, 이에 맞서 방과(정종), 이화(태조의 이복 동생), 이제(태조의 사위) 등 이성계 측근들은 조준, 정도준 등을 불러와서 대간과 대질 심문해줄 것을 청하였다. 그러나 공양왕이 이를 묵살하자 방원은 정몽주를 살해할 것을 (마음)굳게 결심을 하고, 마침내 공양왕 4년(1392) 4월 26일 방원은 조영규 등을 시켜 정몽주를 살해했다, 방원이 정몽주를 죽이고 나서 태조에게 보고하자 그는 크게 노하며 병석에서 일어나 방원에게 이르기를,

「'우리 집안은 본디 충효로써 세상에 알렸는데, 너희들은 마음대로 대신을 죽였으나, 나라 사람들이 내가 이 일을 몰랐다고 여기겠는가? 부모가 자식에게 경시를 가르친 것은 그 자식이 충성하고 효도하기를 원한 것인데, 네가 감히 불효한 짓을 이렇게 하니, 내가 사약을 마시고 죽고 싶은 심정이다.' 하매, 방원이 대답하기를 '몽주 등이 장차 우리 집을 모함하려고 하는데, 어찌 앉아서 망하기를 기다리는 것이 합하겠습니까?(몽주를 살해한) 이것이 곧 효도가 되는 까닭입니다.' 하였다. 태조가 성난 기색이 한창 성한데, 강비가 곁에 있으면서 감히 말하지 못하는지라, 방원이 말하기를, '어머니께서는 어찌 변명해 주지 않습니까? 하니 강비가 노기를 띠고 고하기를, '공(방

원)은 항상 대장군으로 자처하였는데, 어찌 놀라고 두려워함이 이 같은 지경에 이릅니까?' 하였다. -후략-」태조실록 1권, 총서 131번째 기사

방원이 '왜 변명해주지 않으십니까?' 라고 강비에게 따진 것을 보면 사전에 강씨와 방원간의 사전 밀약이 있었던 것 같다. 그러자 강씨는 방원을 두둔해 주는 말 대신 대장부가 정몽주 하나쯤 죽인 일로 놀라고 두려워하느냐고 역으로 방원을 꾸짖어 태조 이성계의 노염을 누그리게 하는 고도의 술수를 썼던 것이다.

정몽주 살해 후 남은 52인이 태조를 왕으로 추대하기로 결정하니 태조 이성계는 처음에는 거절하였으나 마침내 수락하고 1392년 7월 17일 수창궁에서 왕위에 올랐다.

2. 개국 후 강씨와 방원의 관계: 『견원지간(犬猿之間)』

개국 후 이튼 날인 7월 18일 이성계는 기존에 있던 도총중외제군사부(都摠中外諸軍事府)를 폐지하고 의흥친군위(義興親軍衛)을 설치하였다.

고려말 이성계가 당대의 무장으로 성장할 수 있었던 것은 함흥, 영흥, 안변 출신의 병력이 있었기 때문이고 이 병력은 사실상 이성계의 사병이었다. 이성계는 왕에 즉위하자 제일 먼저 이 병력을 의흥친군위로 편제하고 궁궐과 도성 수비를 맡겼다. 그리고 8월 17일에 책임자인 절제사를 영안군 방과(정종), 무안군 방번, 부마 이제 3인으로 임명하고 정안군 방원은 제외시켰다.

이성계는 8월 20일엔 전격적으로 방석을 왕세로 책봉하였다. 그리고 9월 16일에 발표된 개국공신 명단에도 방원은 제외시켰으니, 조선왕조 개국에 있어 특등공신인 방원은 개국과 함께 팽 당했던 것이다.

개국 전에는 방원과 밀접한 관계를 유지하였던 정도전도 강씨 편이 되어 세자 방석의 사부가 되었고, 또 얼마 후 의흥친군위 총책임자로 선임되자 군권은 완전히 정도전 손아귀로 들어갔다.

정도전은 태조 3년(1394) 2월 29일 군제 개정에 관한 상소문을 올렸다,

그 내용을 요약하면 현직에 있는 임금의 친위부대와 궁궐 호위부대에 근무하는 병사들의 실제 무술과 병법을 다시 검증하여 병사들을 능력에 따라 분산 재배치하자는 것이었다. 그러나 실은 반란이 있기 전에 왕자들의 병사들을 미리 분산 재배치시킴으로써 그 세력을 약화시키려는 목적이었다. 또한 정도전과 그의 측근들이 병사들 검증에 직접 참여하여 중앙군과 임금의 경호부대 지휘권을 독차지하려는 의도였다. 상소 당시 정도전 측근들의 직위를 보면 정도전은 병권 최고책임자인 판의흥삼군부사였고, 남은은 부총리급인 참찬문화부사, 심효생은 수도방위사령부의 부사령관급인 첨절제사 겸 대장군, 이방번은 수도방위사령부의 사단장격인 좌군절제사, 이제는 우군절제사, 박위는 참찬문화부사, 이근은 감사원장격인 대사헌이었다.

같은 해 7월 21일에 올린 숙위군(궁궐을 숙직하며 지키는 군사)의 기강확립에 대한 의흥삼군부의 장계를 살펴보면,

「고려조 말기에 부병의 제도가 크게 무너졌습니다. 지금 다시 나라를 여는 초기에 있어서 옛날의 폐단을 없애고 법을 거행해야 할 것입니다. 숙위를 엄하게 하여 비상에 대비하고, 임금의 위신을 높여서 국세를 중하게 하는 것은 관계가 심히 중한 것이므로, 각각 마음을 다하여 준수해야 하는 것인데 그 중에 무식한 무리들이 위령의 직책을 받아 나라에서 관직을 설치한 뜻은 생각지 않고 단지 자기에게 불편한 것만 가지고 입을 모아 비방하면 법을 파괴시키니 대단히 충성되지 못한 것입니다.」태조실록 6권, 태조 3년 7월 21일

이 때 의흥삼군부의 최고책임자는 정도전이었고, 무식한 무리들이란 함은 개국에 공헌한 관리들과 이성계, 이방원의 주력부대인 동북면 출신들의 무장을 가리키는 것으로 특히 이방원을 뒤따르던 무리들을 의미하는 것이었다.

이렇듯 조선왕조 개국과 동시에 신덕왕후 강씨와 정도전 등에 밀려 이방원은 정권 실세에서 완전 배제되었다.

그러나 태조 2년(1393) 6월 방석의 세자빈인 현빈 유씨와 내시 이만이 간통한 사건이 벌어졌다. 이에 방원에게 좋은 기회가 오는 듯 하였으나 태조 이성계의 엄한 입 단속과 함께 세자빈 간통사건을 문제 삼는 신하들을 강력하게 처벌하니 이 사건은 곧 유야무야하게 되었다. 그 이후 태종은 평범한 반복된 생활을 하였는데 그 당시의 그의 심정을 후일에 토로한 내용이 있으니 다음과 같다.

「- 전략 -

내가 젊은 시절에 아들 셋을 연이어 여의고 갑술년(1394)에 양녕을 낳았는데, 그도 죽을까 두려워서 본방댁〈즉 여흥부원군〉에 두게 했고, 병자년(1396)에 효녕을 낳았으나, 열흘이 채 못 되어 병을 얻었으므로 홍영리의 집에 두게 했고, 정축년(1397)에 주상(세종)을 낳았다. 그 때 내가 정도전 일파의 시기로 말미암아 형세가 용납되지 못하게 되니, 실은 남은 날이 얼마 없지 않나 생각되어 항상 가슴이 답답하고 아무 낙이 없었다.」세종실록 3권, 세종 1년 2월 3일

평범한 일상이었으나 방원에 있어서는 잊을 수 없는 치욕의 나날이었다.

태조 4년(1395) 11월 태조는 국왕의 고명과 조선국의 인장을 내려 달라고 청하는 글을 가지고 정총을 명나라 사신으로 보냈다.

그러나 명 태조 주원장은 표문과 전문 속에 경박하고 모멸하는 귀절이 있다고 정총을 억류하고 표·전문을 지은자를 명나라에 보내라고 하였다. 표·전문사건으로 명나라와 조선 간에 한동안 실갱이가 있었다. 명나라는 표문을 지은자로 정도전을 지목하고 그를 즉시 명나라에 보내라고 하였으나, 궁지에 몰린 정도전은 병중이라 칭병하여 이 사건으로부터 모면할 수 있었다(참고 표·전문제사건).

이런 와중에 태조 5년(1396) 8월 13일 신덕왕후 강씨가 41세 한창 나이에 급환으로 사망하였다. 신덕왕후 강씨의 죽음은 앞으로 방원이 재기할 수 있는 좋은 계기가 되었던 것이다.

표·전문사건 이 후 정도전 등은 1397년 6월과 1398년 8월 북벌

계획을 세웠으나 조준의 반대로 실패했다. 그러나 정도전은 요동정벌을 빌미로 제 1차 왕자의 난이 일어나기 10여일 전에 모든 왕자들의 시위패(侍衛牌; 조선 초 양인, 농민으로 구성된 국방의 주담당 병종으로 일명 시위군)를 폐하였으나 오로지 왕세자 형인 방번만이 군사를 전과 같이 거닐게 하였다.

궁지에 빠져있던 방원은 1398년 8월 26일 태조가 병중에 있는 틈을 타 불시에 제 1차 왕자의 난을 일으켜 정도전 일당과 신덕왕후 가족들을 일망타진(一網打盡)하고 왕권을 되찾아 왔다. 신덕왕후 강씨와 방원 간의 오랜 싸움에서 신은 결국 방원의 손을 들어주었던 것이다.

표전문제사건

조선 초기 명나라에 보낸 표문과 전문의 글귀 때문에 일어난 사건으로, 본래 중국에 대한 사대문서로 국왕이 중국 황제에게 올리는 글을 표문(表文)이라 하고 황태후, 황후 또는 황태자에게 올리는 글을 전문(箋文)이라 한다.

표전문제의 발단은 태조 4년(1395) 11월 11일 국왕의 고명(誥命; 중국황제가 제후나 5품 이상의 벼슬아치에 내리는 임명장)과 조선국의 인장을 내려 달라고 청하는 글을 가지고 정총을 명나라 사신으로 보냈다.

그러나 명나라 태조 주원장은 표문과 전문 속에 경박하고 모멸하는 구절이 있다고 정총을 억류하고 표·전문을 지은 자를 보내라고 하였다. 그러자 조선에서는 1396년 2월 15일 표문은 정탁이 지었고 전문은 김익향이 지었다고 하고, 정탁은 병이 있어 보내지 않았고 김익향 혼자 보냈다. 그러자 명나라는 김익향 역시 억류하였다. 그러던 중 같은 해 6월 11일 중국 사신 우우 등이 표문을 지은 정도전을 보내라는 명나라 예부의 지문을 갖고 왔다. 그러자 조선 정부에서는 정도전은 복창과 각기병으로 병환 중이고 또한 그는 표문을 기초하거나 교정한 사실이 없다는 해명서를 가지고 한성부윤 하륜이 계품사로 정도전 대신 표문 제찬에 참여했다고 자원한 권근과 함께 명나라에 가서 표·전문 작성에 관한 전말을 보고하고 해명하여 명황제를 설득한 외교 사건이었다.

그러면 왜 명태조 주원장이 표전문 속에 있는 구절에 대해 예민하였는지 이유는 아래와 같다.

원래 주원장은 소작농 집안에 태어나 중이 되어 3년 동안 전국을 떠돌며 유랑 생활을 하다가 우연히 반란군 조직인 홍건적에 들어가서 출세를 거듭하여 황제가 된 인물이다. 따라서 명 황제가 되어서 싫어하는 여섯 문자가 있었다. 즉 광(光), 독(禿), 승(僧), 생(生), 적(賊), 칙(則)이다. 광과 독은 중의 특징인 빛나는 대머리, 승은 중을 의미, 생은 승과 발음이 같아서, 적은 도적, 칙은 적과 비슷하다고 싫어했던 것이다. 그러나 또 다른 이면에는 공민왕 23년(1374)에 김의가 명나라 사신 채빈을 죽이고 고려가 원나라에 붙은 데에 대한 명조의 보복도 있었던 것이었다. 중국 역사이야기, 박덕규

신덕왕후 강씨의 죽음

조선왕조실록에서 신덕왕후 강씨의 병상기록을 보면 태조 4년 (1395) 7월 12일 '현비가 병이 나니 중에게 기도하게 하고 죄수를 석방하였다.'는 한 차례 기록만 있어 강씨는 평소 건강에는 이상이 없었던 것 같다.

이렇게 건강했던 신덕왕후 강씨가 1396년 6월 갑자기 병환이 났다.

태조실록에 의하면 태조 5년(1396) 6월 26일 '현비가 병이 나니 구궁으로 거처를 옮겼다.'는 첫 기록 이후 '중 50명을 내전에 모아 부처에게 빌게하다.', '부처에 빌고 초제를 지내며 죄수를 석방하다.', 8월 9일에는 '현비의 병환이 위독해 판내시부사 이득분 집으로 거처를 옮기다.' 그리고 8월 12일 '현비의 병환이 더 위독해져 8월 13일 현비가 이득분의 집에서 훙하였다.'는 기록 이외는 병명이나 병세에 대한 기록은 없다. 신덕왕후 강씨는 발병 1개월여 만에 갑작히 사망한 것이다.

그러나 야사에서는 평소에 놀기 좋아하던 왕세자 방석이 궁궐로 기생을 불러들여 논 사실을 방원이 알게되었다고 한다. 이에 방원 (태종)이 북과 장구를 치며 궁궐에 들어가 이성계에게 방석의 어리석은 짓을 일러 바쳤다고 한다.

이성계는 강씨에게 방석의 어리석음을 나무라고 그녀를 탓하자 강씨는 철부지인 방석에 대한 실망과 방석의 짓을 조롱하는 방원의 태도에 분노하게 되었고, 결국 화병을 얻어 병석에 눕게 되었고 이로

인해 죽었다는 것이다. 조선왕비열전, 임중웅; 조선왕비 오백년사, 윤정란

태조실록에도 강씨가 화병을 얻을 만한 간접적인 내용들이 있다.

조선 개국 1개월이 지난 1392년 8월 20일 7명의 형들을, 특히 조선 개국에 있어 지대한 공을 세운 방원을 제치고 어머니 강씨 힘에 의해 11세의 어린 나이에 왕세자로 책봉되었다. 방석은 왕세자로 책봉된 후 왕세자의 덕목을 기르는 노력을 하지 않을 뿐 아니라 학업을 게을리 하고 노는 것만 좋아했다.

일예로 12세 되던 1393년 5월 7일 자신의 거처가 더워서 못 살겠다고 세자전의 양청(凉廳; 여름철에 거처하는 청사)을 짓는 공사를 방석이 시행하였는데 이성계가 이를 저지했다. 그 해 6월에는 세자빈 현빈 유씨가 내시 이만과의 간통 사건으로 조정이 떠들썩하였으나 이성계의 단호한 함구령과 이 사건을 가지고 논하려는 신하들을 순군옥에 가두고 유배를 보내는 단호한 조치로 무마하였다. 태조실록 3권, 태조 2년 6월 19일

그리고 방석이 13세 되던 해인 태조 3년(1394) 10월 16일에 새로운 세자빈으로 심효생의 딸을 맞이했다. 재혼 후에도 방석은 놀기에만 빠져 공부는 안하자 간관이 세자가 학문을 좋아하지 않는다고 태조에게 아뢰자, 태조는 즉시 세자에게 분부하여 매일 서연에 나아가 강습을 게을리 말라고 당부한 적도 있다. 태조실록 8권, 태조 4년 9월 18일

15세 되던 태조 5년(1396) 1월 3일에는 송사(訟事; 백성끼리 분쟁이 있을 때 관부에 호소하여 판결을 구하던 일) 판결문에 세자의 이름을 거론한 형조 장무정랑 김온을 순군옥에 가두는 일이 있었는데, 이는 세자가 철없이 백성들의 일에도 간여하였음을 시사하는 것

이다. 또 태조는 판사복사사 여칭에게 왕이 궁궐에 없는 동안 세자가 나가서 놀려고 타는 말을 올리라고 해도 올리지 말라고 할 정도로 방석은 태조가 없으면 항시 말을 타고 나가 놀려고만 하였다. 이처럼 세자 방석은 공부는 안 하고 궁궐 밖으로 나가 철없는 짓만 하였다. 태조실록 9권, 태조 5년 1월 19일

세자빈 유씨 간통사건 이후 평소 어른스럽지 못하다는 강씨의 꾸지람을 들었던 방석은 15세부터는 다 큰 어른임을 과시하기 위해 기생집을 출입하게 되었고, 심지어는 기생을 궁궐 안까지 데리고 와 놀았다.

태조 5년(1396) 1월 20일부터 2월 22일 까지 1개월간 태조는 신덕왕후 강씨와 함께 유후사(留後司; 조선 초기 개성을 통치하기 위하여 두었던 지방 관아)로 간 일이 있었다. 이 틈을 이용해 방석은 기생을 궁궐로 데리고 와서 놀았다. 이 사실을 안 우보덕(右輔德; 세자의 경연과 교도 등을 담당한 서연관의 종3품) 함부림이 1월 24일 세자에게 다시는 기생을 만나거나 궁궐에 들여오는 일은 하지 말라고 직접 간언하자 그는 다시는 그러지 않겠다고 대답하였다. 태조실록 9권, 태조 5년 1월 24일

그러나 세자 방석은 함부림의 직언을 어기고 4월 밤에 궁궐을 벗어나 외도를 하였다. 태조실록 9권, 태조 5년 4월 19일

참고로 정종 1년 5월 16일자 정종실록에 방석이 사귄 기생 시첩인 작은효도(小斤孝道)와 효양(孝養)이란 이름이 실려있다.

태조 2년(1393) 6월에 일어났던 세자빈 유씨의 간통 사건은 태조 이성계의 단호한 후속 조치로 큰 무리없이 마무리 되었지만, 태조 5

년(1396) 1월에 발생한 세자의 궁궐내 창기 출입사건은 그렇지 않아도 기회만을 노리고 있었던 방원으로서는 이번만은 놓칠 수 없는 좋은 호기였다. 방원은 이 사실을 안 즉시 태조 이성계에게 알렸을 것이다. 따라서 이성계는 강씨에게 자식 교육에 대해 질책을 했고, 위험을 무릅쓰고 어렵게 얻어준 왕세자 자리인데 철없이 행동하는 방석에 대한 실망감과 방원에 대한 분노를 삭이지 못해 강씨는 마침내 화병이 생겼던 것이다. 그리고 화병에 의한 이차적인 증상인 불안, 식욕부진, 의욕상실, 불면증 등이 병발하였고 이로 인해 탈수, 전해질장애, 저혈압 증상이 지속되다가 신장장애가 생겨 신부전증에 빠져 강씨는 사망하였을 것으로 추정된다 .

현대 같으면 화병으로 죽는 경우는 매우 드물다. 그러나 조선시대에는 수액도 없고 신경안정제와 같은 약물도 없어 화병에 의한 합병증으로 사망할 수 있었다.

강씨가 세상을 떠나자 태조 이성계는 이제 자신을 도와 줄 사람이 없다고 몹시 애통하였다.

「내가 잠저(潛邸)에 있을 당시 중외에서 근로할 때나 화가위국(化家爲國)하는 날에 있어서도 신덕왕후의 내조가 실로 많았다. 여러 가지 중요한 정무를 임할 때에도 충고하고 돕기를 부지런히 하였는데, 이제 뜻밖에 세상을 떠나니 경계하는 말을 들을 수 없고 어진 정승을 잃은 것 같아서 내가 매우 슬프다.」동문선 제78권

태조 5년(1396) 9월 28일 현비의 존호를 신덕황후로, 능호를 정

[그림 1] 광통교의 현재 모습

[그림 2] **광통교의 기단석으로 쓰인 정릉의 신장석**　세련된 여러 문양이 새겨신 신장석(능침 앞에 세워놓는 돌)이 거꾸로 놓여 있다. 이것은 태종이 신덕왕후에게 원한을 가지고 고의로 한 것이라 한다.

히포크라테스
조선 왕비를 만나다

릉으로 헌의하고, 그 이듬해 1월 3일 신덕왕후를 장례하였다.

원래 정릉은 덕수궁 부근인 서울시 중구 정동에 있었으나 '옛 제왕의 능이 모두 성밖에 있고 정릉이 중국사신이 묵는 태평관에 가까이 있으므로 성 밖으로 옮겨야 한다.'는 의정부의 진언에 따라 태종 9년(1409) 2월 23일에 오늘날 성북구 정릉동으로 이장되었다. 그리고 일년 후 신덕왕후의 능침석은 청계천 복원 공사 시 광통교를 놓을 때 사용케 하여 백성들이 밟고 지나게 하였다 [그림 1, 그림 2].

「큰 비가 내려 물이 넘쳐서, 백성 가운데 빠져 죽은 자가 있었다. 의정부(議政府)에서 아뢰기를, '광통교(廣通橋)의 흙다리[土橋]가 비만 오면 곧 무너지니, 청컨대 정릉(貞陵) 구기(舊基)의 돌로 돌다리[石橋]를 만드소서?' 하니, 그대로 따랐다.」태종실록 20권, 태종 10년 8월 8일

그리고 태종은 신덕왕후 강씨의 왕후에 관한 기록, 기념물, 유물 등 모든 사적(史蹟)을 없애버렸다.

이후 신덕왕후 강씨는 한동안 역사 속에 묻혀진 왕후가 되었다. 그러던 중 그녀가 죽은 지 백 년이 지난 선조 14년(1501) 11월에 처음으로 신덕왕후 강씨의 복위 문제가 거론되었다.

「만력(萬曆) 신사년(1501년, 선조 14) 11월에 신덕왕후(神德王后)에 대한 의논이 비로소 일어났다. 당초 신덕왕후 강씨(康氏)가 우리 태조를 도와서 집안을 변화시켜 국가를 세웠으므로 중전의 자리

에 올라 천조(天朝)의 고명(誥命)까지 받았으며, 돌아간 뒤에도 시호를 신덕(神德), 능호를 정릉(貞陵)이라 하는 등 신의왕후(神懿王后)와 조금도 다른 것이 없었는데, 태조가 승하하니 신의왕후만을 종묘에 모시고, 신덕왕후에 대하여는 모든 전례(典禮)를 전부 폐하여 거행하지 않았다. 그리하여 세월이 오래되자, 산릉(山陵)의 소재마저 알지 못한 것이 백 년이나 되었다. 이 때에 이르러 덕원(德源)에 사는 강순일(康純一)이란 자가 어가(御駕) 앞에서 소장을 올려 스스로 말하기를,

'판삼사사(判三司事) 강윤성(康允成)의 후손으로서 현재 군역(軍役)에 책정되어 있으니, 국묘 봉사(國墓奉祀)하는 사람들의 예에 의하여 개정하도록 은혜를 베풀어 주소서.' 하였다. 아마 강윤성은 곧 신덕왕후의 아버지이리라. 그때 북쪽에 위치하고 있는 사조(四祖)의 왕후들의 부모 산소는 관에서 한 사람씩 책정해서 국묘 봉사(國墓奉祀)라는 명칭으로 군역을 면제해 준 예가 있었다. 그러므로 강순일이 이러한 소장을 내게 된 것이다. 이에 율곡 이공(李公)이 앞장서 말하기를,

'신덕왕후는 응당 종묘에 배향해야 할 분으로서 까닭없이 제사를 지내지 않는 것은 윤기(倫紀)에 관계되는 것이니, 마땅히 존숭하는 일을 행하여야 한다.' 하였다.

조정에서 이 문제가 거론되어 비로소 예관을 명하여 먼저 능침(陵寢)을 찾기로 하였는데, 문관 이창(李昌)이라는 자가 신덕왕후의 외손으로서 조정에 벼슬하고 있어서, 해조(該曹)가 계청해서 합동으로 능소가 있을 만한 곳을 찾게 되었다. 그리하여 아차산(峩嵯山) 안

팎을 두루 돌아 보았으나 끝내 찾지 못하였는데, 마침 〈변춘정집(卞春亭集)〉 중에 실려 있는 정릉 이조 축문(貞陵移厝祝文)에서 서울 동북쪽에 능이 있다는 글귀를 보았다. 이에 따라 물색하여 산 아래 마을에서 찾은 결과, 과연 국장(國葬)으로 지낸 능실(陵室)이 산골짜기에 몹시 퇴폐되어 있었다. ─중략─

강순일이 당초 하소연한 것은 다만 신역(身役)을 면제받기 위해서였는데, 사론(士論)이 분연히 일어났다. 이로 인해서 천도가 좋게 돌아와 하늘이 은연중에 복을 내리는 일대 기회가 될까 하였더니, 발단만 하고 도로 그쳐서 논쟁을 벌인 지 3년 만에 겨우 한식날 제사 한 번 지내게 되고 말았으니, 참으로 애석하다 하겠다.」유천찬기(柳川箚記), 대동야승

그 뒤 현종 대에 이르러 정통명분주의에 입각한 유교이념이 강조되면서 예론이 크게 일어나자 강씨의 부묘 문제는 다시 대두하였다. 마침내 현종 10년(1669) 2월 판중추부사 송시열(宋時烈) 등은 정릉과 흥천사기문(興天寺記文)이 갖추어 있음을 지적하면서 신덕왕후를 종묘에 배향해야 한다는 차자(箚子; 사실만을 간략히 적어 올리던 상소문)를 올림으로서 복위 문제는 일단락되었다.

현재 정릉은 서울시 성북구 정릉로 12길 103번지에 위치하고 있다.

정안왕후 김씨

생몰년   1355 - 1412
재위기간 1398 - 1400
자녀수   무자녀
사인   우울증

지고지순(至高至純)한
왕비 정안왕후(定安王后) 김씨

— 말년에 고독한 삶을 살다 58세에 사망하다

자기를 좋아하는 사람도, 필요로 하는 사람도 없다고 느낄 때
오는 고독감은 가난 중의 가난이다.

－Teresa 수녀－

「상왕(上王, 정종)이 광연루(廣延樓)에서 꽃을 감상하고자 하다가 실
행하지 못하였다. 상왕이 지신사(知申事) 김여지(金汝知)를 불러, '명
일에 광연루(廣延樓)에 가서 작약(芍藥)이 만개한 것을 보고자 한
다.' 하므로, 김여지가 돌아와서 아뢰니 임금(태종)이 김여지에게, '금
년 봄에 상왕을 받들고 놀이하고 잔치한 것이 잦았으니 바깥 의논이
있을까 두렵다. 또 상왕이 피방(避方) 하는 곳에 있으므로 나갈 수도
없다. 예에 어긋남이 있으니, 네가 가서 여쭈어 정지하게 하라.' 일렀
다.」 태종실록 23권, 태종 12년 4월 12일

정안왕후 김씨가 사망하던 해인 태종 12년(1412) 봄에는 얼마나 자주 정종을 모시고 놀았으면 태종이 이런 말을 했을까?

이렇듯 정종은 자기 자신의 행락(行樂)에만 관심이 있었고 부인인 정안왕후 김씨에 대한 배려는 전혀 생각조차 하지 않았다. 정안왕후 김씨가 고독과 외로움에 지쳐 우울증으로 고생하는 줄도 모르고 정종은 하루가 멀다고 할 정도로 연회, 사냥, 격구 등 자기 취미생활에만 빠져있었다.

정안왕후 김씨는 남편에 순종하고 복종하는 전형적인 한국의 여인상이다.

정안왕후 김씨는 고려 공민왕 4년(1355) 1월 9일 증 문하좌시중 월성부원군 김천서의 딸로 태어났다.

김씨가 정종과 결혼할 때 나이는 알 수 없으나, 2세 연하인 정종과 고려 말에 결혼했다. 정종과 정안왕후 김씨 사이에는 소생은 없었다.

고려 말에는 정실부인 이외 여러 명의 부인을 둘 수 있었으나 정종은 정안왕후 김씨와의 의리와 정 때문에 부인을 더 얻을 수 없다고 하며 둘 사이에서 자식이 없는데도 불구하고 첩실은 들일 망정 정실은 더 두지 않았다. 이런 점에 정안왕후 김씨는 정종을 고맙게 여기고 진심으로 그를 보살폈다.

김씨는 타고난 성품이 아름답고 부드러웠고, 심덕도 검소하고 공손하였다. 또한 덕행으로 아랫 사람들을 다스렸으며, 진심에서 우러나오는 우애로써 친교를 두텁게 다졌고, 남을 투기하지 않아 비첩까지도 예로써 대하니, 이런 김씨의 성품 때문에 정종은 태종에게 전위한 후 낙천적인 생애를 누릴 수 있었던 것이다. 세종실록 7권, 세종 2년 1월 3일

1398년 8월 26일 정안군 방원이 일으킨 1차 왕자의 난이 성공하자 세자 책봉 문제가 재론되었다. 이때 영안군 방과(정종)는 '당초부터 대의를 주창하고 개국하여 오늘에 이르기까지 업적은 모두 정안군의 공인데 내가 어찌 세자가 될 수 있느냐'며 세자되기를 극구 사양했다. 그러나 방원의 양보와 권유로 세자가 되자, 9월 1일 김씨도 덕빈(德嬪)으로 책봉되었다. 같은 해 9월 5일 영안군 방과가 조선의 제 2대 왕으로 취임하자 김씨도 덕비가 되었다.

정종은 왕으로 등극한 뒤 개국 초 개국공신으로 추대받지 못한 정안군 방원, 익안군 방의, 회안공 방간을 그 해 12월 15일 일등공신 대열에 추가해서 봉했다.

1399년 2월 정종은 수도를 한양에서 개경으로 다시 천도하였고, 1400년 1월 28일 2차 왕자의 난 이후인 2월 1일 방원을 왕세자로 삼았다.

그러나 재위 중 태종이 들어와 정종을 뵐 때마다 태종의 눈을 마주치지 못하는 남편의 모습을 보고 어느 날 정안왕후 김씨는 정종에게 아뢰기를 '전하께서는 그(태종)의 눈을 어찌하여 못 보십니까? 속히 왕위를 전하시어 편하게 하소서.' 하였더니 정종이 그녀의 말을 좇아서 왕위를 태종에게 물려주었다고 한다. 연려실기술 제2권

1400년 11월에 정종은 정안군 방원에게 왕위를 물려주자, 태종은 김씨의 존호를 순덕왕대비(順德王大妃)로 올렸다. 퇴위 후 정종부부는

거처를 개성 백룡산 기슭에 위치한 인덕궁으로 옮겨 여생을 보냈다.

정종의 서자들

정종과 정안왕후 김씨 사이에는 자녀가 없었지만, 정종은 후궁들 사이에서 17남 10녀의 자녀를 두었다. 정종의 17명의 아들 중 불노(佛奴)와 지운(志云) 2명은 아들로 인정받지 못했다.

정종이 왕위에 등극한지 2개월 만인 1398년 11월 7일 대사헌 조박은 유씨와 그녀의 아들 불노를 정종에게 알렸다. 그러자 정종은 유씨와 그 아들을 궐내에 들어오게 해 그녀를 가의옹주로 삼고 그녀의 아들인 불노를 일컬어 원자(왕의 맏아들)라 하였다. 이는 정종도 인간인지라 자신의 자손으로 대를 이을려는 인간 본능이 발동되었던 것이다.

가의궁주(가의옹주) 유씨는 원래 고려 우왕 시절 문하시중이었던 이인임의 최측근인 임견미의 사위인 반복해의 후실이었으나, 반복해가 장인 임견미와 함께 우왕 말에 사사된 후 정종이 잠저에 있을 때 맞이한 정종의 첩이었다.

조박은 태조 이성계의 손위 동서로 유씨와도 족매(族妹; 성과 본이 같은 일가) 사이였다. 조박은 정종이 즉위하자 친정인 죽주(안성)에서 살고 있던 유씨와 그녀의 아들 불노를 궁궐로 불러 들이자, 정종은 유씨를 후궁으로 삼고 그의 아들 불노를 원자로 삼았던 것이다.

「'사직(社稷)을 안정한 지가 지금 몇 달이 되지 않았는데, 조박이 공(公)의 가까운 인척(姻戚)임에도 그 마음이 조금 변했으니, 그 나머지 사람의 마음도 또한 알 수가 없습니다. 다만 공께서는 스스로 편안하게 할 계책을 깊이 생각하시고, 병비(兵備)도 또한 해이(解弛)하게 할 수가 없습니다.'」

유씨(柳氏)를 후궁(後宮)에 맞아들이었다. 유씨는 임금의 잠저(潛邸) 때의 첩으로 대사헌 조박(趙璞)의 족매(族妹)이다. 일찍이 다른 사람에게 시집가서 이름이 불노(佛奴)라는 아들이 있으며, 죽주(竹州)에 살고 있었는데, 이 때에 와서 조박(趙璞)이 임금에게 아뢰니, 임금이 유씨와 그 아들을 맞이하여 그 집에 두었다가 장비를 갖추어 궐내(闕內)에 들어오게 하고서, 그를 책봉하여 가의옹주(嘉懿翁主)로 삼고, 그 아들을 일컬어 원자(元子)라 하였다.

이숙번(李叔蕃)이 정안공(靖安公)의 사저(私邸)에 나아가니, 정안공이 그를 침실 안으로 불러 들였다. 이에 숙번이 말하였다. 태조실록 15권, 태조 7년 11월 7일

태종이 이 사실을 알게되자 정종은 동생 태종이 두려워서 불노가 자기 자식이 아니라고 멀리 물리쳐 없던 일로 하였다.

이유인 즉 불노의 외할머니가 말하기를 '세째 딸이 반복해에게 시집갔다가 지나간 무진년(우왕 14, 1388년) 정월에 복해가 주형을 당하였는데, 그 해 8월에 불노가 태어났으니, 상왕(정종)의 아들이 아닌 것이 분명하다.' 하였기 때문이었다.

「대저 부자(父子) 사이는 이름[名]이 바른 연후에야 말[言]이 순(順)한 것이니, 이름이 바르지 않으면 말이 순해지지 않는 법입니다. 지금 유씨(柳氏)의 아들 불노(佛奴)란 자를, 상왕(上王)께서 '내 자식이 아니라' 하여 외방(外方)에 내쫓아, 그 외할미[外姑]를 따라 죽주(竹州)에 있은 지가 이미 몇 해가 되었는데, 근자에 망녕되게 '상왕의 아들이라.' 일컫고 서울 안에 몰래 들어와서 가만히 그 어미를 만나 보아 시청(視聽)을 어지럽히니, 그 마음이 헤아리기 어렵습니다. 심문(審問)할 때를 당하여 그 외할미는 말하기를, '세째 딸이 반복해(潘福海)에게 시집갔다가 지나간 무진년 정월에 복해(福海)가 주형(誅刑)을 당하였는데, 그해 8월에 불노(佛奴)가 태어났으니, 상왕(上王)의 아들이 아닌 것이 분명하다.' 하고, 유씨(柳氏)의 아우의 남편 박종주(朴從周)는 말하기를, '신년(申年; 1391년)에 낳았다.'고 하였으니, 두 말이 같지 않으니 진실로 분변하지 않을 수 없습니다.」 태종실록18권, 태종 9년 10월 27일

한편 유씨의 아우 남편인 박종주(정종의 동서)는 불로가 1388년이 아닌 3년 후인 1391년에 태어났다고 말했다. 그러니 불노의 출생년도에 대한 두 사람 말이 달라 그 당시 누구 말이 옳은지는 알 수 없었다고 한다.

이후 불노는 외할머니를 따라 죽주에 살다가 중이 되었다. 그후 불노는 '상왕의 아들이다'고 일컫고 항간에서 떠들고 다니니, 태종은 1409년(태종 9) 10월 27일 그를 공주에 안치시켰고, 불노는 그 후 떠돌이 생활을 하다가 태종 16년 7월에 횡사를 하였다. 태종실록 32권, 태종

또 다른 서자 지운은 정종의 시비 기매에서 태어난 아들이다.

기매는 정종의 첩실이었으나 환관 정사징 등 다른 사람과 음란한 행동을 하므로 정종이 그녀를 내치자 정사징은 도망을 쳤다. 태종실록 34권, 태종 17년 8월 8일

기매의 음란한 행동으로 지운이 태어나자 정종은 애초 자기의 자식이 아님을 알고는 지운을 아예 여러 아들의 항렬에 넣지도 않았다. 세종실록 24권, 세종 6년 6월 4일

정종이 죽은 뒤 지운은 머리를 깎고 절에 우거하면서 조선의 왕자라 칭하였다.

태종은 이런 소식을 듣고 지운을 불쌍하게 여겨 '너는 지금부터 왕자라고 지칭하지 말고 멀리 도망하는 것이 옳다.' 하고 타일러 선처를 했다. 그러나 지운은 세종 때에는 인덕전의 아들이라 일컬으면서 각 도에 떠돌고 다니니 세종은 그를 잡아 〈난언죄〉로 참형시켰다. 세종실록 24권, 세종 6년 6월 7일

불노, 지운 뿐 아니라 정종의 서자들 대부분은 간통, 불륜, 사패사건, 태만 등으로 세간을 떠들썩하게 만들었다. 다른 서자들의 난잡한 일면을 살펴보면 다음과 같다.

서장남 이원생은 태종이 친히 도장 찍어 내리신 양으로 사패(賜牌; 조선시대 왕이 신하에게 토지나 노비를 내려주거나 공이 있는 향리의 역을 면제해줄 때에 내리는 문서)를 위조하여 세종 7년 3월 28일에 죄를 받았고, 얼마 후인 4월 3일 서차남 이군생과 서 3남 이의생(군생과 의생은 글자를 모르는 문맹임)도 사패 위조사건으로 안치

된 적이 있다. 세종실록 28권, 세종 7년 4월 3일

서차남 이군생은 문종 즉위년 8월에는 그 당시 〈어배동 사족의 자녀〉라고 일컫는 설씨와의 불륜으로 세상을 떠들썩하게 만든 장본인이다. 세종 9년 5월 9일 서 3남 이의생은 기생 매소월을 첩으로 삼고 그녀를 시켜 기생들을 중매하기도 하였고, 서 4남 이무생은 기생 지동선, 간설매, 죽간대와 간통하였고, 서 9남 이복생은 약계금과 보금이라는 기생과 간통하였다고 한다. 세종실록 36권, 세종 9년 5월 9일

또한 서 9남 이복생은 세종 18년 10월 23일에 서차남 순평군 이군생이라 사칭하고 기생이 있는 춘천에 가서 매사냥을 하였다.

세종 21년 6월 6일 기록에 의하면 서 11남 이호생, 서 12남 이말생, 서 14남 이융생은 인덕전의 여러 아들 중에 더욱 음란한 자들이고, 그 음란함이 형들에 비해 더욱 심했다고 한다. 세종실록 85권 세종 21년 6월 6일

또한 서 7남 이덕생과 서 8남 이녹생은 세종 13년 4월 8일 태만으로 징계를 받기도 했다.

이렇듯 정종의 서자 대부분이 망나니들로 정안왕후 김씨는 서자라도 마음놓고 정을 주고 의지할 만한 자식은 한 명도 없었던 것이다.

선조의 정비인 의인왕후 박씨는 자식은 없었지만 생존에 의지할 수 있었던 서자인 광해군에게 의지하였고, 영조의 정비인 정성왕후 서씨도 자식은 없었지만 사도세자에 의지하였던 것과는 달리 정안왕후는 남편은 있었으나 의지할 자식이 없어 말년에 홀로 외롭게 살았던 것이다.

정안왕후 김씨의 죽음

정안왕후 김씨의 행록이나 조선왕조실록에는 그녀의 병력에 대한 기록은 거의 없는 상태이다.

병력은 단지 태종 12년(1412) 6월 18일 '임금(태종)이 상왕전에 나갔으니, 대비를 문병하기 위해서다.'만 있을 정도다. 그리고 그 해 6월 25일 '순덕왕대비가 졸하였다.'는 내용이 있다.

정종은 퇴임 후 자신만의 취미생활에 취해 바빴기 때문에, 자식도 없이 홀로 지낸 정안왕후 김씨는 말년에 고독한 여생을 보내야만 했을 것이라는 추측은 쉽사리 할 수 있을 것이다.

이를 뒷받침해 주는 근거로는 조선왕조실록에 기록된 정종 퇴임 후 행적을 보면 알 수 있다.

우선 태종은 등극 초반에는 왕자의 난으로 인해 심기가 틀어지고 자신과 관계가 불편해진 태조 이성계의 마음을 돌리기 위해 모든 노력을 하였으며, 또 한편으로는 왕권을 확립한다는 미명 하에 후궁 수를 늘리고 비대해진 처가집 민씨 일가 세력을 약화시키기 위해 10여 년 간은 이 일에만 치중하였다.

태종 8년(1408) 5월 24일 태조 이성계가 사망하고, 2년 후인 1410년 3월에는 처남인 민무구와 무질 형제를 자진하게끔 하여 처가 민씨일가 세력을 일단 약화시켰다. 이후 1410년 후반부터는 태종은 순순히 왕위를 물려준 정종을 상왕으로서 모시면서 극진한 대접을 해주었다.

정종은 퇴임 후 인덕궁으로 거처를 옮기고 초궁장이란 기생도 궁으로 불러 들였다. 그리고 평소에 자신이 즐겨했던 격구, 사냥, 온천, 연회 등을 하면서 낙천적인 생활을 하게 되었다. 그러나 정종은 태종 9년(1409) 4월부터 2개월 여를 심한 병을 앓아 한 동안 풍류 생활을 멈추기도 했다. 그 후 건강히 서서히 회복되자 1410년 가을부터는 격구, 사냥, 연회 등을 재개하였다.

특히 정안왕후 김씨가 돌아간 해인 태종 12년(1412)에 있었던 정종의 행적을 보면 태종은 틈만 나면 정종을 잘 모시고 대접하였다. 면면을 살펴보면,

3월에는 태종과 함께 서교에서 매사냥, 해온정에서 연회, 정종이 고봉에서 사냥하고 7일 만에 돌아옴, 4월에는 태종과 함께 광연루에서 모란을 감상하고 격구 구경 후 연회, 정종이 지방의 절간에 향을 올리게 하려고 말 3필을 요구하자 태종이 들어줌, 종친과 함께 광연루에서 태종과 함게 격구 놀이를 함 등 하루가 멀다고 느낄 정도로 분주한 나날을 보냈다.

그러다 어느 날 상왕(정종)이 태종에게 광연루에서 같이 꽃을 감상하자고 하였으나 그간 정종과 함께 너무나 잦은 연회로 태종은 백성들을 의식해서 정종의 청을 거절하였다.

그리고 태종 12년(1412) 5월과 6월에도 놀이는 지속되어 정안왕후 김씨가 사망하기 10일 전인 6월 15일에도 태종은 정종을 위해 경회루에서 연회를 열었다. 그러니 정종은 평소 정안왕후 김씨의 건강이나 심기가 어떠한지, 언제 병이 들었는지도 모르고 태종과 함께 행낙(行樂)에만 빠졌던 것이었다.

아무리 남편에 순종하고 복종하는 정안왕후 김씨라도 퇴임 후 무

심한 정종을 보고 겉으로는 태연한 척 하였지만, 속마음은 편하지 않았을 것이다.

자의에 의해 왕의 자리를 내놓았다고 하나 아우가 무서워 왕자리를 물려준 남편의 무능함, 의지할 자식은 없고 서자들은 많으나 의인왕후 박씨나 정성왕후 서씨 처럼 의지할 서자도 없었다. 남편은 자기 자신만을 챙기고 따로 노니 그녀는 산 기슭에 있는 인덕궁에서 고독과 외로움에 빠져 기나긴 밤을 지새웠을 것이다.

정안왕후 김씨는 조선시대 왕비의 평균 수명(49.5세)에 비해 58세까지 살았다면 그 당시로서는 오래 살았다고 할 수 있으나 성인병, 전염병, 영양실조, 지병도 없었는데 남편 정종에 비해 빨리 죽은 것은 그녀의 마음 속에 쌓인 고독과 외로움을 표출시킬 수 있는 방법이 없어 결국 우울증에 빠지게 되었고 이로 인한 합병증으로 사망하였을 것으로 추정한다.

정안왕후 김씨는 태종 1년(1412) 6월 25일 58세의 나이로 한 많은 삶을 마감하였다. 능호는 후릉(厚陵)으로 정종과 함께 쌍릉에 묻혔고, 황해북도 개평군 령정리 백마산 기슭에 있다.

정안왕후의 삶을 정리하다 보니 문득 떠오르는 가수가 있다.

이 가수도 유복한 어린 시절도 있었으나 중년에 이르러 외로움에 지쳐 음독 후 입원 치료를 받기도 하였다. 그러다가 결국 외로운 삶을 살다 간 여인이다. 바로 〈산장의 여인〉을 부른 가수 고(故) 권혜경씨다.

정안왕후 김씨도 '산장의 여인' 대신 '궁궐의 여인'이란 제목하에 밤마다 노래를 부르면서 쓸쓸하게 죽음을 맞이하였을 것 같은 느낌이 든다.

아무도 날 찾는이 없는 이 인덕궁에
풀벌레만 애처로이 밤새워 울고 있네
추억을 더듬어 적막만 이 한밤에
님 뵈올 그 날을 생각하며
쓸쓸히 살아가네

우울증이란 의욕 저하와 우울감을 주요 증상으로 하는 질환으로, 다양한 인지 및 정신 신체적 증상을 일으켜 일상 기능의 저하를 가져오는 질환이다 [그림 3].

우울장애는 평생 유병율이 15%로 여자에서는 25% 정도이며, 최근에는 중노년층에서 많이 발생하는 질환이다.

| 1. 지속적인 우울(2주 이상) |
| 2. 의욕저하, 흥미저하 |
| 3. 불면 등 수면장애 |
| 4. 식욕저하 또는 식욕증가 |
| 5. 집중력 및 기억력 저하 |
| 6. 자살에 대한 반복적인 생각, 자살시도 |
| 7. 부정적인 사고, 무가치관, 지나친 죄책감 |
| 8. 일상생활 기능의 저하, 가족갈등, 이혼 등 |
| 9. 두통, 소화장애 등 신체적 증상 |

[그림 3] 우울증

우울증의 가장 심각한 문제는 자살 충동을 느끼는 것인데, 우울증 환자의 2/3에서 자살을 생각하게 되고 실제로 10 – 15%에서는 자살을 실행한다.

많은 환자가 의욕소실을 보이고 불면증, 식욕저하, 불안 증상을 가지게 된다. 우울 증상도 일일 변화가 심하며, 집중력 저하와 인지 기능 저하 증상도 상당 수에서 나타날 수 있다. 일부 환자에서는 두통, 어지러움과 같은 신체 증상도 호소한다.

현대에서는 우울증으로 자살하는 것 이외는 사망하는 경우는 거의 없으나, 과거에는 항우울제와 같은 약물도 없고 정신과적 치료를 시행할 수 없어서 오랫동안 방치해 두면 이차적으로 병발하는 탈수, 영양실조, 전해질장애 등에 의한 장기 손상으로 사망하게 된다. 특히 신장이 이차적 장애에 예민하여 급성신부전증을 일으켜 배뇨도 못하게 되고 혈압도 떨어져 사망하게 된다.

원경왕후 민씨

생몰년	1365 – 1420
재위기간	1400 – 1418
자녀수	7남 4녀
사인	불명열

믿는 도끼에 발등 찍힌
왕비 원경왕후(元敬王后) 민씨

— 불명열로 56세에 사망하다

만약 사랑하는 사람, 믿는 사람이 없다면 배신은 존재하지 않는다.
- 어느 목사의 설교 중에서 -

「1398년 8월 26일 방원의 둘째 처남인 민무질은 정안군(방원)의 사저에 들어가서 누님인 원경왕후 민씨와 마주 앉아 이야기를 한참 동안 나눈 후, 민씨는 종 소근을 불렀다.

'네가 빨리 대궐에 나아가서 공(정안군; 태종)을 오시라 청하라.' 라고 말하니 소근이 '여러 군들이 모두 한 청에 모여 있는데 제가 감히 무슨 말로써 아뢰겠습니까?' 라고 대답하였다. 그러자 부인이 말하기를 '나의 가슴과 배가 창졸히 아프다고 달려가 아뢰면 공께서 빨리 오실 것이다.' 라고 하였다. 원경왕후 민씨의 소식을 전해 들은 정안군은 대궐을 빠져나와 즉시 사저로 돌아왔다. 조금 후에는 민무질이 다시 들어와 세 사람은 서서 비밀리 한동안 이야기를 나눈 후 다시 남편인 정안군이 대궐로 가려고 하니 민씨는 정안군의 옷을 잡고서 대궐에 나아가지 말기를 청하니, 정안군이 말하였다. '어찌 죽음을 두려워하여 대궐에 나아가지 않겠소! 더구나 여러 형들이 모두 대궐안에 있으니 사실을 알리지 않을 수가 없소. 만약 변고가 있으면 내가 마땅히 나와서 군사를 일으켜 나라 사람들의 마음을 살펴 보아야 될 것이오.'

이에 옷소매를 떨치며 나가니, 부인이 지게문 밖에까지 뒤따라 오면서 말하였다.

'조심하고 조심하세요.'」 태조실록 14권, 태조 7년 8월 26일

원경왕후 민씨는 제 1차 왕자의 난 때 태종을 도와 숨은 공을 세웠다.

그러나 태종은 자신이 왕에 오르는데 큰 일조를 한 원경왕후 민씨를 등극 후 팽(烹)시켰고, 민씨 4명의 남동생들도 죽음으로 몰아 넣었다.

원경왕후 민씨는 남편 일에 적극 참여하고 자기 주장을 피력하는 능동적이고 활동적인 여성으로 추정된다.

원경왕후 민씨는 공민왕 14년(1365) 7월 11일에 여흥부원군 민제와 어머니 송씨 사이에 태어난 4남 3녀 중 둘째 딸이다. 언니는 조박(조선 개국 1등공신인 평원군)에게 출가하였고, 남동생은 4명인데

무구, 무질, 무휼, 무회이다.

민씨 집안은 고려말 권문세족 중 하나로 '권학유착(權學癒着)' 즉 권력과 학문이 밀착할 수 있는 대표할 만한 집안이라 하겠다.

아버지인 민제는 청렴하기로 소문난 학자적 관료로서, 신흥사대부의 사상인 주자학을 받아들여 그 실천에 힘썼다. 그는 고려말 상의밀직, 예문관제학, 예조판서, 한양부윤 등 여러 관직을 거쳤다.

민제가 고려 우왕 8년(1382)에 성균관 사성(현재 부총장급)을 맡고 있을 때 16세인 방원이 성균관에 입학하였다. 처음에는 방원은 민제와는 학생과 스승 사이로 인연을 맺었으나, 그 해 2살 연상인 원경왕후 민씨와 혼인하니 민제는 방원의 스승 겸 장인이 된 것이다.

훗날 방원은 왕이 되어서도 사사로운 자리에서는 민제를 사부라 불렀다. 태종 6년 12월 10일자 실록을 보면 태종과 민제 간의 관계를 잘 나타내고 있는 내용이 있다.

「임금(태종)이 여흥부원군 민제의 집으로 행차하였는데, 왕비 민씨도 따라갔다. 여러 왕자들이 모두 따라가서 잔치를 베풀었다. 민제가 시 세 편을 이어서 바쳤다. 첫 번째 시는 문정(文定; 청혼 혹은 혼인을 의미) 초반에 궁색하였던 집안 살림, 두 번째 시는 태종이 왕위에 올라 기쁘고 축하하는 심정을, 그리고 세 번째 시는 여흥 민씨 일문이 사사로이 왕의 은혜를 두텁게 받았음을 읊었다. 태종이 몹시 즐거워하며 서로 대하기를 왕위에 오르기 전처럼 하였다. 민제는 태종을 '선달'이라 부르고, 태종은 민제를 '사부'라 불렀다. 술자리가 파하자, 민제가 임금을 전송하며 대문 밖에 서 있으니, 임금이 민제에게 들어가라고 청했다. 민제가 황공함을 견디지 못하여 말 앞으로 나아가서 섰다. 아들 민무질이 말하기를, '아버님이 들어 가셔야 성상께서 말에 오르실 것입니다.' 하니, 민제가 말하기를, '네가 어찌 아느냐?' 하며, 공읍하고 서서 물러가지 않았다. 임금이 10여 보나 걷다가 말에 올랐다.」 태종실록 12권, 태종 6년 12월 10일

이는 태종이 왕이 된 후에도 태종과 민제는 사석에서는 스승과 제자로서 허물없이 대하였으나, 이를 떠나서는 민제는 깍듯이 군신 간의 예의를 지켰음을 알 수 있다

태종과 원경왕후 민씨 사이에는 7남 4녀를 낳았으나, 위로 세 명의 아들은 1389년, 1390년, 1392년에 각각 일찍 잃었다.

1392년 7월 태조 이성계는 조선왕조를 개국하였고, 8월 20일에는 적자 형들을 제치고 서자이며 막내인 11세 방석을 전격적으로 왕세자로 책봉하였다. 이 뒷배경에는 어머니인 신덕왕후 강씨의 힘이 크게 작용하였다.

조선개국에 있어서 누구보다 혁혁한 공을 세운 방원은 1등공신 반열에도 들지 못했고, 개국 후 설치된 의흥친군위(태조때 설치한 태조의 친위군대)의 책임자인 3명의 절제사 자리에도 끼지 못했다.

방원은 개국과 함께 뒷전으로 물러나 6년여 동안 할 일 없이 원경왕후 민씨와 자식들과 함께 집안에서 한가로운 시간을 보낼 수 밖에 없었다. 그러나 방원은 겉으로는 태연한 척 했지만 실은 기회만을 노리고 있었다.

왕자의 난과 원경왕후 민씨의 내조

1396년 8월 13일 신덕왕후 강씨가 화병으로 41세 나이에 급서하자 방원으로서는 제일 꺼렸던 경쟁자가 사라지게 되었다. 방원은 쾌재를 부르면서 기회를 노렸을 것이다.

그러던 중 태조 7년(1398) 8월에 태조 이성계가 한 달여 동안 병석에 눕게 되어 왕자들은 경복궁 근정전에 모여 숙직을 하게 되었다.

정도전은 왕자의 난이 일어나기 10여일 전에 요동정벌을 준비한다는 미명 하에 여러 왕자들의 시위패(조선 초기에 병종 가운데 중앙에 번을 들러 올라오는 지방의 장정)를 폐했지만, 방석의 형인 방번만은 군사를 거느릴 수 있게 하였다.

방원은 태조 이성계가 병환이 들자 이틈을 타 1398년 8월 26일 1차 왕자의 난을 일으키는데 그 때의 상황을 요약하면 다음과 같다.

「정도전 등은 방석의 이복왕자들을 제거하고자 내시 김시행을 사주하여 방원의 형제들의 힘을 분산시키기 위해 왕자들을 각도에 각각 보낼 것을 태조 이성계에게 주청케 하였으나 이성계는 이에 응하지 않았다.

어느날 태조는 정안군 방원에게 타이르는 말로, '외간의 의논을 너희들이 몰라서는 안되니, 마땅히 여러 형들에게도 타일러서 이를 경계하고 조심하게끔 하여라.' 라고 궐내에서 일고있는 조짐을 넌지시 방원에게 귀뜸해 주었다.

다른 한편으로 정도전은 산기상시 변중량을 사주하여 상소를 두세 번에 걸쳐 태조에게 올려 여러 왕자의 병권을 빼앗으려고 하였다.

의안군 이화(이성계의 이복동생)가 정도전의 계획을 알고 비밀리에 정안군에게 알려 주었다. 그러나 이보다 앞서 정안군도 이상한 낌새를 느꼈는지 비밀리에 지안산군사 이숙번에게 '간악한 무리들은 평상시 겉으로 의심스러움을 나타내지 않지만, 임금이 병환이 났을 때를 기다려 반드시 변고를 낼 것이니, 그 때 내가 그대를 부르거든 마땅히 빨리와야 할 것이다.' 라고 말하고 도움을 미리 요청하였다. 이화의 말을 들은 즉시 정안군은 큰 처남인 민무구에게 이숙번을 불러서 대기케 하였다.

이 때는 정도전의 지시로 여러 왕자들의 병사들은 없는 상태이고 군기도 모두 불에 태워버려져 무방비 상태였다. 그러나 원경왕후 민씨는 후일 언젠가는 이런 일이 일어날 것을 예측하고 대비해 사전에 동생들 편에 몰래 병장기를 준비하도록 하여 변고에 대응할 계책을 세우고 있었다.

태조의 병환으로 정안군(방원)이 대궐에 들어가기 전 처남인 민무구에게 명령하여 이숙번으로 하여금 병갑을 준비하여 본저의 문 앞에 있는 신극례의 집에 유숙하면서 변고를 기다리게 하였다. 그날 밤 초경에 이르러 어느 사람이 안으로부터 나와서, '임금께서 병이 위급하니. 여러 왕자들은 빨리 안으로 들어오되 수행하는 사람들은 모두 대동하지 못하게 하시오.' 말하였다. 이때 정안군과 익안군(益安君) 이방의(李芳毅), 회안군(懷安君) 이방간(李芳幹), 의안군(義安君) 이화(李和)와 이제(李濟) 등 모든 왕자와 종실들이 근정문(勤政

門) 밖의 서쪽 행랑(行廊)에서 모여 숙직(宿直)하고 있었다.

한편 같은 시간 민무질(閔無疾)은 정안군의 사저(私邸)에 들어가 정안군의 부인(夫人)과 마주앉아 이야기를 한참 한 후, 부인이 갑자기 복통이 생겼으니 정안군을 빨리 집으로 모시고 오라고 종 소근(小斤)을 불러 말하였다. 그러자 소근이 말을 이끌고 서쪽 행랑에 나아가서 자세히 정안군에게 사실대로 알렸다. 이때 정안군은 여러 군들과 더불어 지게문 밖에 잠시 서서 있다가, 갑자기 정안군은 배가 아프다고 말하면서 서쪽 행랑 밖으로 나와서 뒷간에 들어가 앉아서 한참 생각하더니 즉시 말을 달려 궁성의 서문으로 빠져나가 사저(私邸)로 돌아갔다.

조금 후 민무질(閔無疾)이 다시 와서 정안군 및 부인과 함께 세 사람이 서서 비밀리 한참 동안을 이야기하다가, 부인이 정안군의 옷을 잡고서 대궐에 나아가지 말기를 청하니, 정안군이 말하였다. '어찌 죽음을 두려워하여 대궐에 나아가지 않겠소! 더구나 여러 형들이 모두 대궐 안에 있으니 사실을 알리지 않을 수가 없소. 만약 변고가 있으면 내가 마땅히 나와서 군사를 일으켜 나라 사람들의 마음을 살펴보아야 될 것이오' 하고 옷소매를 떨치며 나가니, 부인이 지게문 밖에까지 뒤따라 오면서 몸조심하라고 말을 하였다.

정안군이 본저 동구(本邸洞口)의 군영 앞길에 이르러 말을 멈추고 이숙번을 불렀다. 이숙번이 장사 두 사람을 거느리고 갑옷차림으로 나왔으며. 방의, 방간의 부자들도 또한 말을 타고 뒤따랐다. 이어 이거이, 조영무, 신극례 등과 민무구, 무질 형제도 합류했으나 기병은 겨우 10명 뿐이고 보졸은 겨우 9명 뿐이었다. 이들에게 부인 민씨가 준비해 둔 철창을 내어 그 절반을 군사에게 나누어 주었으며 여러 군의 종자들과 각 사람의 노복이 10여 명인데 모두 작대기로 무장했고 방원의 종 소근만이 홀로 칼을 쥐었다.

한편 왕세자 방석은 변고가 일어났다는 말을 듣고 군사를 거느리고 나가서 싸우려고 하면서, 군사 예빈소경 봉원량을 시켜 궁의 남문에 올라가서 방원의 군사가 많고 적음을 엿보게 했다. 광화문으로부터 남산에 이르기까지 정예한 기병이 꽉 찼다는 보고를 듣고서는 방석은 두려워서 감히 나갈 엄두를 내지 못하였다.

한편 정안군 방원은 이숙번을 불러 정도전 등에 대해서 묻기를 '어찌하면 좋겠는가?' 하니 숙번이 대답하기를, '간당이 모인 장소에 가서 군사들로 포위하고 불을 질러 밖으로 나오는 사람들을 죽이는 것이 좋겠습니다.' 라고 대답하였다. 그러자 방원은 즉시 정도전 등이 모여있는 소동에 있는 남은의 첩집으로 쳐들어 갔다. 집 앞에 이르러 방원은 말을 멈추고 보졸과 소근 등 10인으로 하여금 그 집을 포위하게 하였다. 그 당시 안장 갖춘 말 두서너 필이 그 문 밖에 있었고 노복은 모두 잠들었는데, 정도전과 남은 등은 등불을 밝히고 모여 앉아 웃으면서 이야기를 나누고 있었다. 소근 등으로 하여금 그 집을 포위하고 그 이웃집 세 곳을 불을 지르게 하였더니 정도전 등은 도망하여 숨었으나, 심효생, 남은 등은 그 자리에서 살해되었다. 정도전은 도망하여 그 이웃의 전 판서 민부 집으로 피했다. 방원 등이 민부의 집에 이르니 민부가 아뢰기를, '배가 불룩한 사람이 내 집에 들어와 있습니다.' 라고 말하니, 방원은 정도전임을 직감하고 소근 등으로 하여금 집을 수색하여 민부의 집 침실 안에 숨어있던 정도전을

끌어내어 목을 베어 사살했다.」태조실록 14권, 태조 7년 8월 26일

이렇듯 1차 왕자의 난은 방원의 승리로 끝났다. 이 난의 승리의 주인공은 정안군 방원이지만, 실은 그의 뒤에 원경왕후 민씨의 기지와 철저한 사전 준비가 있었기에 성공이 가능했고, 또한 처남 민무구, 민무질 형제의 도움이 있어서 난을 쉽게 끝마칠 수 있었다.

그러나 1차 왕자의 난이 끝난 지 2년도 채 안 된 1400년 1월 28일에 동복 형제간에 벌어진 2차 왕자의 난이 일어났다.

1차 왕자의 난 이후 방원은 정종을 즉위시킨 후 정권을 장악했다. 그러자 1차 왕자의 난 때 공을 세운 박포가 공적에 대한 불만을 품고 태조 이성계의 넷째 아들인 회안군 방간에게 동생 방원이 조만간에 당신을 죽일려는 계획을 세우고 있다는 거짓 밀고를 하였다. 그러자 방간은 이를 확인도 하지 않고 박포의 말만 믿고 거사를 일으켰다. 그러나 방원은 친 형제 간에 칼을 겨누어야 한다는 사실에 못 견디도록 괴로워하며 망설이고 있었다.

「회안군 방간이 처조카 판교서감사 이내에게 말하기를, '정안공이 나를 시기하고 있으니, 내가 어찌 필부처럼 남의 손에 개죽음하겠는가?' 하니, 이내가 깜짝 놀라 말하기를, '공(방간)이 소인(박포)의 참소를 듣고 골육을 해치고자 하니, 어찌 차마 들을 수 있겠습니까? 하며 말렸다. 그러자 방간이 불끈 성을 내면서 싫은 내색으로, '나를 도울 사람이면 말이 이와 같지 않을 것이다.' 라고 말하였다. 방간의 처양부인 내시 강인부는 방간 앞에서 끊어 앉아서 손을 비비며 말하기

를, '공은 왜 이런 말을 하십니까? 다시는 하지 마십시오.'라고 하였다.

우현보의 문생인 이내는 방간이 자기의 말을 듣지 않자 그는 즉시 우현보의 집에 가서 '방간이 이달 그믐날에 거사하려 한다'고 전하고, '정안공도 또한 공의 문생이니, 빨리 이 사실을 정안공에게 비밀리에 알려야 합니다.'라고 하였다. 우현보가 그의 아들 우홍부를 시켜 정안공 방원에게 이 사실을 알렸다.

그러자 그날 밤에 정안공은 하륜, 이무, 등과 더불어 임기응변할 계책을 비밀히 의논하였고, 의안공 이화, 완산군 이천우 등 10인이 모두 방원의 집에 모였다.

이에 앞서 방간은 다른 음모를 꾸며 가지고 방원을 그의 집으로 청하여 제거하려고 하였으나, 방원이 가려고 하다가 그 날 갑자기 병이 나서 가지 못한 일도 있었다.

방간의 계교를 들은 후 그의 동태를 알고도 정안공은 군사로 하여금 호위만 하게 하고 나가지 않으려 하니, 이화와 이천우가 곧 침실로 들어가 군사를 내어 대응할 것을 극력하게 청하였다. 방원이 눈물을 흘리며 굳이 거절하기를, '골육을 서로 해치는 것은 불의가 심한 것이다. 내가 무슨 얼굴로 응전하겠는가?'라고 말하였다. 그러자 이화와 이천우 등이 울며 응전을 청하였으나 방원은 따르지 아니하고, 그는 곧 사람을 방간에게 보내어 대의에 입각해서 감정을 풀고 서로 만나기를 청하였다. 그러나 방간이 노하며 말하기를, '내 뜻이 이미 정하여졌으니, 어찌 다시 돌이킬 수 있겠는가?'라고 하였다. 이렇게 되자 이화는 방원에게 사뢰기를, '방간의 흉악함이 이미 극에 달하여 사세가 여기에 이르렀으니, 어찌 작은 절개와 지조를 지키자고 종사의 대계를 돌보지 않을 수 있겠습니까?' 라고 하였으나, 방원은 오히려 싸움만은 거절하고 나오지 않았다.

할 수 없어 이화가 방원을 힘껏 끌어 외청으로 나오게 하니 방원이 부득이 종 소근을 불러 갑옷을 내어 여러 장수에게 나누어 주게 하고 안으로 들어갔다. 그러자 부인이 곧 방원에게 갑옷을 꺼내 입히고 단의(비단 옷)를 입히면서 이번 거사는 대의에 의해 출병하는 것이니 용기를 내어 나가라고 간절하게 원하자 방원도 이에 응했다. 방원이 나오자 이화, 이천우 등이 껴안아서 말에 오르게 하였다. 부인의 말 한마디에 방원은 용기를 내어 싸움에 나가 승리했던 것이다.」 정종실록 3권, 정종 2년 1월 28일

이처럼 원경왕후 민씨는 방원이 위기에 처할 때마다 매번 재치있는 기지와 격려로 방원을 내조하여 그가 왕으로 등극하는데 커다란 역할을 하였다.

원경왕후 민씨 집안의 몰락과 효빈 김씨

태종이 왕위에 오르는데 큰 역할을 한 원경왕후 민씨의 기쁨도 잠시 방원이 왕에 등극한 지 얼마 안되어 둘 사이에 불길한 징후가 나타났던 것이다.

1400년 11월 13일 정종의 선위에 의해 방원은 수창궁에서 즉위

하였다.

즉위 1개월 여만인 그 해 12월 19일 태종은 원경왕후 민씨의 투기 때문에 경연청에 나와서 10여일 동안 홀로 거처한 일이 있었으나, 1401년 1월 10일 태종은 민씨를 정비(靜妃)로 책봉하였다.

그러나 그 해 6월 18일 태종이 가까이 한 궁인을 트집잡아 문책한 원경왕후의 시녀와 환관들을 내리친 일이 발생하였다. 이 사건에 관련해 태종이 가까이 한 궁인의 이름은 거명되지 않았으나 아마도 원경왕후 민씨의 몸종인 김씨(후에 효빈 김씨)였을 것이다. 실은 태종이 왕에 등극하기 전 잠저시절부터 태종과 민씨의 몸종 김씨 사이에는 부적절한 관계가 있었으나 원경왕후 민씨는 태종이 왕으로 등극한 후에야 둘 사이의 관계를 알게 되었던 것 같았다.

태종과 민씨의 몸종인 김씨와의 관계에 계기가 되었을 것으로 추측되는 기록들이 태종실록에 실려있다.

「기묘년(1399) 가을 9월에 태종이 송도의 추동 잠저에 있을 때 어느 날 날은 새려하여 별은 드문드문한데, 흰 용이 침실 동마루 위에 나타났다. 그 크기는 서까래만 하고 비늘이 있어 광채가 찬란하고 꼬리는 궁틀궁틀하고 머리는 바로 태종이 있는 곳을 향했다. 시녀 김씨가 처마 밑에 앉았다가 이를 보았는데, 김씨는 경녕군 이비의 어머니이다. 달려가 집찬인(執饌人) 김소근 등 여덟 사람에게 알리어 소근 등이 또한 나와서 이를 보았다. 조금 있다가 운무가 자욱하게 끼더니 간 곳을 알 수 없었다. 이후 공정왕이 아들이 없고하여 태조께 사뢰고 정안공을 왕세자로 삼았다.」 태종실록, 총서 일개 하찮은 몸종인 김씨의 이름을 거명하여 실록에 기록한 것은 어떤 의미를 뜻하는지? 아마도 앞으로 벌어질 태종, 원경왕후 민씨와 김씨간의 삼각관계를 알리는 의미가 아닐는지??

또 다른 일화로 1400년 1월 28일에 일어난 2차 왕자의 난 당시 정안공 방원이 군사를 이끌고 형 방간의 군사와 맞대응하여 싸움터에 있을 때 원경왕후 민씨는 전쟁 결과를 몹시 애를 태우면서 기다리고 있었다. 이때 목인해가 탔던 정안공의 말이 화살을 맞고 도망해 와서 스스로 제 집 마구간으로 들어가는 것을 보았다. 이를 보고 원경왕후 민씨는 남편이 싸움에 패한 것이라 생각하고, 자신이 직접 싸움터에 가서 방원과 함께 죽으려고 걸어서 나갔다. 이에 시녀 김씨(효빈 김씨) 등 다섯 사람이 만류하였으나 그녀를 멈추게 할 수 없어서, 종 한기 등이 길을 가로 막아서 겨우 멈추게 하였다. 얼마 후 방원의 승전보를 정사파가 가지고 온 후에야 원경왕후 민씨는 한시름을 놓고 집으로 들어갔던 일도 있었다.

역사 기록들의 내용을 토대로 유추해 보면 방원과 시녀 김씨와의 부적절한 관계가 이루어진 시점은 1400년도 방원이 세자로 책봉된 이후였을 것으로 추정된다.

태종이 왕에 등극한 후 원경왕후 민씨와 불화에 대한 원인은 여러 가지였지만 그중 태종과 민씨의 몸종인 김씨와의 부적절한 관계가 큰 요인이 되었던 것이다.

1400년 11월 13일 방원이 왕으로 즉위한 후 1개월여 만에 중전의 투기 때문에 태종이 경연청에 나와서 10여일 동안 홀로 거처한 일을 시작으로, 태종 1년 6월에는 임금이 가까이 한 궁인(아마도 시녀 김씨)에 대해 원경왕후 민씨가 분개하고 노하자 그 궁인을 힐문한 중궁전의 시녀들과 환관들을 내친 이후로 태종과 원경왕후 사이는 급속하게 나빠졌던 것이었다.

태종은 평소 나라가 튼튼하려면 왕실이 튼튼해야 하는데, 그러려면 왕자가 많아야 한다는 지론을 가지고 있었다.

태종 2년(1402) 1월 8일 왕이 첩을 몇 명까지 들일 수 있는지를 태종은 하륜과 권근과 상의하였고, 1월 17일에는 하륜, 김사형, 이무 등을 가례색(조선시대 왕 또는 왕세자의 가례를 담당하던 부서) 제조에 임명하였으나, 2월 11일 태조 이성계의 충고를 듣고 가례색을 파한 일이 있었다. 그러나 곧 태종은 3월 7일에 권홍의 딸을 공식적인 후궁으로 삼아 별궁으로 맞아 들였다.

태종 4년(1404) 8월 6일에 원자 이제를 왕세자로 삼았다. 그러나 왕세자를 책봉한지 2년 만인 1406년 8월 18일 왕세자 이제(양녕대군)에게 전격적으로 전위하겠다는 폭탄 선언을 한다. 이에 모든 신하들은 극구 반대하였지만, 태종은 이튼 날에는 환관 노희봉을 시켜 옥새를 세자궁에 보냈다. 그러자 계속 모든 백관들이 전위 반대 상소를 올리자 태종은 마지 못한 양 8월 26일 세자에게 전위한다는 명을 거두었다. 한편 태종은 전위소동 내내 처남인 민무구, 민무질 형제들은 내면으로는 반기는 듯한 표정을 읽었던 것이다. 그러나 태종은 그런 내색을 하지 않았으며 그 해 12월에는 태종은 왕비, 여러 왕자와 함께 장인인 여흥 부원군 민제의 집으로 행차하여 오래간만에 처가 식구들과 즐거운 시간을 보내기도 하였다.

그러던 중 태종 7년(1407) 7월 10일 영의정부사 이화 등이 민무

구, 민무질의 죄를 청하는 상소문을 다시 올렸다. 상소내용인 즉

「지난 해에 전하께서 장차 내선(內禪; 임금이 살아 있는 동안 그 아들에게 임금 자리를 물려줌)을 행하려 할 때, 온 나라 신민(臣民)이 마음 아프게 생각하지 않는 이가 없었으나, 민무구 등은 스스로 다행하게 여겨 기뻐하는 빛을 얼굴에 나타냈으며, 전하께서 여망(輿望)에 굽어 좇으시어 복위(復位)하신 뒤에 이르러서도, 온 나라 신민(臣民)이 기쁘게 여기지 않는 이가 없었으나, 민무구 등은 도리어 슬프게 여겼습니다. 이는 대개 어린아이를 끼고 위복(威福; 벌과 복을 주는 임금의 권력)을 마음대로 하고자 한 것이니, 불충한 자취가 소연(昭然; 치가 밝고 선명함)히 나타나, 여러 사람이 함께 아는 바입니다.」 태종실록 14권, 태종 7년 7월 10일

1406년 8월 태종의 전위소동 시 민무구 형제의 기뻐하는 표정을 문제 삼아 올린 상소문이었다. 그러자 민무질이 무죄를 주장함에 따라 관련자들과 대질 신문을 하였다. 구종지는 대질 신문에서 지난 해 (1408년) 8월에 구종지가 민무질의 집에 갔을 때 민무질이, '상담군(이저)이 폄출(물러남)된 뒤로 나는 항상 주상께서 의심하고 꺼릴까 두려워 하였다. 이제 병권을 내놓으니 마음이 편안하다.' 는 말을 한 것을 들었다는 것이다. 구종지는 이 말을 듣고 성발도에게 알렸다고 한다. 성발도도 대질하니 대답하기를 '구종자의 말이 맞습니다.' 라고 하였고, 윤항 등들도 같은 대답이었다.

이렇게 되자 민무구, 무질 형제는 민무구는 연안, 무질은 장단으

로 자진해서 유배를 갔다. 그러나 이들의 낮은 형벌에 대해 불만을 품은 대간들은 연명으로 보다 무거운 벌을 청하는 상소문을 끊이지 않고 올렸다.

그 해 10월 12일에 태종이 강무(조선시대 왕의 참석 하에 실시하는 군사 훈련으로서의 수렵대회)를 위해 궁궐을 비우게 됐다. 민씨는 이 틈을 타서 친정에 사람을 보내, 민무질의 부인을 부르자 밤에 몰래 입궐하였다. 두 사람은 밤새 무슨 일인가를 의논하고 다음날 새벽에야 그녀는 몰래 궁궐을 빠져나갔다. 그 때 민씨는 세자를 왕으로 만들려는 의논을 하지 않았을까? 이런 민씨의 계획이 사전에 태종에게 발각되었던 것이었다. 그 때 상황을 태종실록에서는,

「태종이 말하기를, –전략–

"내 일찍이 중궁에게 민무구 등의 불충한 음모와 장래의 화를 되풀이하여 타일렀더니 중궁이 남김없이 모두 알고서 분이 나서 이를 갈며 절대로 구원하거나 보호할 생각이 없다고 하며 말하기를, '부모님 생전에나 목숨을 보전할 수 있으면 족하겠습니다.' 하였다. 그러나 부인이 어진 마음으로 차마 갑자기 끊지 못하고, 지금 강무하는 틈을 타서 몰래 민무질의 아내를 불러 궁중에 출입하게 하였다. 그 사이의 사상을 추측하기가 어려우나, 어떻게 처리할까? 아무리 생각하여도 그 묘안을 얻지 못하겠다. 한두 사람의 환자와 시녀로 하여금 공상만 끊기지 않게 하여 그대로 이궁에 두고, 나는 경복궁으로 옮겨 거처하여 겉으로 소박하는 뜻을 보여, 뉘우치고 깨닫도록 하고자 한다. '그러나 폐하여 내버릴 생각은 없다.' 하니 황희가 대답하기를, '인군의

일거일동은 경솔하고 가볍게 할 수 없습니다. 신의 어리석은 생각으로는 심히 불가하다고 생각합니다.' 하였다. 임금이 '내가 다시 생각해 보겠다.' 하고 다시는 말하지 않았다.'」태종실록14권, 태종 7년 11월 10일

이 일이 있은 후 태종은 혼자 고민을 하였고 심지어는 민씨를 폐비시켜 내버릴 생각까지 하였으나 황희의 만류도 있고 해서 민씨의 폐비만은 그만두게 하였다.

그리고 그 해 11월 21일 민무구는 여흥, 민무질은 대구로 유배 보냈다. 태종은 목숨만은 살려 주려고 하였으나, 후일 양녕대군이 보위에 올랐을 때 민씨 형제들의 세력이 막강해질 것을 우려해 그들을 처형해야 한다는 대신들의 상소가 끊이지 않았다.

실은 세자 양녕대군과 민씨 형제들은 돈독한 관계를 이루고 있었다. 잠저 시절 원경왕후 민씨 사이에서 태어난 양녕대군 위의 3형제를 일찍이 잃은 후 태종 부부는 양녕이 태어나자 마자 외가로 보내 양육시켜 어린 시절을 외삼촌들과 보내는 시간이 많았던 양녕은 다른 왕자들에 비해 특히 외삼촌들을 잘 따르는 사이였다. 세종실록 3권, 세종 1년 2월 3일

태종 8년(1408) 5월 24일 태조 이성계가 사망하고, 9월 15일에는 스승이며 장인인 여흥부원군 민제가 사망했다. 민제가 사망한 후에 원경왕후 민씨는 두 남동생들을 구해내기 위해 모든 노력을 취했으나 결국 민무구와 민무질은 제주도로 유배되었고, 태종 10년(1410) 3월 17일 태종은 두 처남에게 자진을 명하였다.

태종 11년 9월 6일에 태종은 가례색을 설치하고, 10월 27일에 판

통례문사 김구덕의 딸을 빈으로 삼고, 전 제학 노귀신의 딸과 전 지성주사 김점의 딸을 잉(媵; 시첩)으로 삼았다가, 11월 20일에 김씨를 명빈, 노씨를 소혜궁주, 김씨를 숙공궁주로 책봉하였다.

그 후 한동안 잠잠하더니 생존해 있던 민씨 셋째, 넷째 형제들에게 또 다른 사건이 터지고 말았다.

내용인 즉, 1413년 4월 원경왕후 민씨의 병환 중에 문병하러 온 넷째 동생인 민무회가 두 형들의 억울한 죽음을 양녕에게 토로한 적이 있었다. 그 내용을 2년 후인 1415년 6월 6일 양녕대군이 태종에게 아뢰자, 이 사실을 들은 대간과 형조에서 민무휼·무회 형제를 탄핵하고 나섰다.

「대간과 형조에서 민무휼(閔無恤)·민무회(閔無悔)의 죄를 탄핵하였다. 임금이 일찍이 편전(便殿)에 나아와서 세자(世子; 양녕대군)와 효령 대군(孝寧大君)·충녕 대군(忠寧大君) 두 대군이 모시고 있었는데, 세자가 아뢰었다.

"지난 계사년 4월에 중궁(中宮)이 편찮아서 신(臣)과 효령(孝寧)·충녕(忠寧)이 궐내(闕內)에 있었는데, 민무회와 민무휼도 문안(問安)을 왔었습니다. 두 아우가 약(藥)을 받들고 안으로 들어가서, 신과 두 민씨만이 있게 되었습니다. 민무회의 말이 가문(家門)이 패망하고 두 형이 득죄(得罪)한 연유에 대하여 미치기에, 신이 책망하기를, '민씨의 가문은 교만 방자하여 불법(不法)함이 다른 성(姓)에 비할 바가 아니니, 화(禍)를 입음이 마땅하다.' 하였더니, 민무회가 신에게 이르기를, '세자는 우리 가문에서 자라지 않으셨습니까?' 하므로, 신이 잠자코 있었습니다. 조금 있다가 안으로 들어가는데 민무휼이 신을 따라와 말하기를, '민무회가 실언(失言)을 하였으니 이 말을 드러내지 마십시오.' 하기에, 신이 오래도록 여쭙지 못했습니다. 오늘날에도 개전(改悛)할 마음이 없고, 또 원망하는 말이 있으므로 감히 아룁니다."」 태종실록 29권, 태종 15년 6월 6일

그런데 엎친데 덮친격으로 1415년 12월 15일 원경왕후 민씨가 1402년도에 임신한 가노 김씨(효빈 김씨)를 죽이려 했던 사실을 태종이 알게 되었다.

「왕비 민씨가 음참하고 교활하여 원윤 이비(효빈 김씨의 아들이며 태조의 서장자)가 처음 태어났을 때에 모자를 사지에 둔죄를 물어 태종이 춘추관에서 왕지를 내렸다. 내용인 즉, '임오년(1402) 여름 5월에 민씨의 가비가 본래부터 궁에 들어온 자가 임신하여 3개월이 된 뒤에 나가서 밖에 거하고 있었는데, 민씨가 행랑방에 두고 그 계집종 삼덕과 함께 있게 하였다. 그 해 12월에 이르러 산삭이 되어 이 달 13일 아침에 태동하여 배가 아프기 시작하였다. 삼덕이 고하자, 민씨가 문바깥 다듬잇돌 옆에 내다 두게 하였으니 죽게 하고자 한 것이다. 그녀의 형으로 화상이라는 자가 불쌍히 여기어 담에 서까래 두어 개(지붕의 방언)를 거치고 거적으로 덮어서 겨우 바람과 해를 가리웠다. 진시에 아들을 낳았는데 지금의 원윤(元尹; 대군 혹은 군의 양첩 장자) 이비이다. 그날 민씨가 그 계집종 소장, 금대 등을 시켜 부축하여 끌고 아이를 안고 숭교리 궁노인 별개의 집 앞 토

담집에 옮겨 두고 또 사람을 시켜 화상이 가져온 금침, 요자리를 빼앗았다. 종 한상자란 자가 있어 그 추위를 무릅쓰는 것을 애석하게 여기어 마의(삼베옷)를 주어서 7일이 지나도 죽지 않았다. 민씨가 또 그 아비와 화상으로 하여금 데려다 소에 실어 교하의 집으로 보냈다. 바람과 추위의 핍박과 옮겨 다니는 괴로움으로 인하여 병을 얻고 또 유종이 났으나 그 모자가 함께 산 것이 특별한 천행이었다. 내가 그 때에 알지 못하였다. -후략-」 태종실록 30권, 태종 15년 12월 15일

이 일로 인하여 12월에는 두 민씨 형제의 죄를 청하는 사헌부, 사간원의 상소문이 잇따랐고, 민무휼·무회 형제는 귀양지에서 다시 불려와 고문을 당한 후, 1416년 1월 13일에 스스로 목숨을 끊게 하였다.

두 형제의 죄명은 첫째 항상 불충한 마음을 품고 있다가 종지(宗支; 종중에서 종파와 지파)를 제거 할 것을 꾀하였으며, 둘째 무망한 말을 꾸며 대어 고명(임금의 총명)에 누를 끼치고자 하였고, 셋째 민무구, 무질의 죽음은 자기 죄가 아니었다는 것이다. 이렇게 민씨의 남동생 4명 모두가 비참한 최후를 마친 것이다,

아버지인 민제는 생존시 일찍이 아들 무구·무질 등에게 말하기를 '너희들이 교만하고 방자한 것을 고치지 않으면, 반드시 망하리라.'라고 말한 적이 있었다고 한다. 이는 민제는 일찍이 아들들의 앞날을 직시하고 걱정을 하여 주의를 주었으나 아들들은 아버지의 말을 귀담아 듣지 않아 참변을 당했던 것이다. 연려실기술 제2권

원경왕후 민씨의 죽음

적극적이고 활달한 외향적인 성격을 가진 원경왕후 민씨는 태종이 등극한 후 태종의 여성 편력과 잘 나가던 친정 집안의 몰락으로 하루도 마음 편할 일이 없어 스트레스가 쌓이고 울분이 겹쳐 심각한 마음의 병을 안고 여생을 보냈던 것이다.

태종 18년(1418) 1월 26일 가장 사랑하던 넷째 아들인 성녕대군이 천연두로 사망하고 그 해 6월에는 양녕대군이 왕세자에서 폐위되자 원경왕후 민씨는 불교에 귀의하여 불심을 가지고 여생을 보냈다.

조선왕조실록에 기록된 원경왕후 민씨의 병력을 살펴보면, 태종 13년(1413) 4월 중궁이 편찮아서 왕자들이 궐내에 있었는데 민무회무·휼이 문안을 왔었다는 기록이〈태종 15년 6월 6일자〉, 5월 1일에는 태종이 본궁(本宮)으로 이어(移御)하니, 정비(靜妃)가 편안치 못하기 때문에 복자(卜者; 점쟁이)의 도액(度厄; 액막이)하라는 설(說)을 따름이었다. 임금이 세자(세종)에게 일렀다. '너는 밖에 나가지 말고 모비(母妃)의 약을 시중들고 오로지 삼가도록 하라.' 는 기록 이외는 없다.

원경왕후 민씨가 사망 직전 당시 그녀의 병력을 요약해 보면, 세종 2년(1420) 5월 27일 임금(세종)이 풍양으로부터 낙천정으로 가서 대비(원경왕후)에게 문안하였다. 이유는 대비가 이 날부터 학질병으로 앓기 시작했기 때문이다.

아마도 한열이 주기적으로 나기 시작했던 것 같다. 그 날 이후 세종은 대비를 위해 환관과 신하들을 여러차례 개경사에 보내 관음보살과 약사여래에게 기도케 하고, 소격전에 가서 북두칠성께 초제를 지내게 하였다. 그리고 세종이 대비를 모시고 개경사에 피병도 하고 오부의 집, 최전의 집 등 여러 신하들의 집을 전전하면서 옮겨 다녔다. 심지어는 무당을 시켜 성신께 제사를 지내게 하거나 학질을 잘 다스리는 자로 알려진 황해도 곡산군 사람 홍흡에게 학질을 다스리는 방술(方術; 방사가 행하는 갖가지 술법)로 치료하게 하였다. 그간 병은 약간의 호전과 악화가 반복되었다. 그러다가 그 해 7월 7일 병이 다시 악화되자 그 이튿날 세종은 관곽(시체를 넣는 널)을 준비하도록 지시하였고, 7월 10일 원경왕후 민씨는 56세로 한 많은 세상을 마감하였다.

세종 2년 6월 13일자 실록에 '비는 성녕이 죽은 뒤로 부터 상심하고 슬퍼하여 먹지 않더니 오늘에 이르러 학질에 걸려서 파리하고 쇠약함이 더욱 심했으나 오히려 언어와 안색은 여전하였다.'고 원경왕후 민씨 죽음의 선행 요인과 병에 대한 요약된 기록이 있다.

조선시대는 한열 증상만 있으면 대부분 환자를 학질로 진단하고 치료를 했으나 치료는 원초적인 치료법이었다.

동의보감에서는 '학질은 몸을 덜덜 떨면서 주기적으로 한열이 나는 병이다.'라고 정의하였다. 학질은 사람이 견디지 못할 정도로 포악스러운 질병이라 하면서 내경에서는 여름철 더위에 상하면 학질이 생긴다고 하였다. 학질에 걸리면 일정한 시간 간격을 두고 오한과 열증이 반복되는 증상을 보이는데, 학질의 원인을 정기(精氣)와 사기(邪氣)의 투쟁으로 인식하였다.

「양이 부족하면 음의 사기가 겉으로 나와 양과 싸워서 이기므로 오한이 나고, 음이 부족하면 양의 사기가 속으로 들어가 음과 싸워 이기므로 열이 난다. 만일 사기가 들어와 정기와 싸우지 않으면 열만 있고 오한이 나지 않으며, 발작은 하루 걸러, 또는 이틀 걸러, 때로는 사흘 걸러 규칙적으로 나타난다. 그리고 병이 위치한 곳이 얕고 깊음에 따라 발열 주기에 차이가 있다.」 동의보감

증상으로만 보면 현대의 말라리아와 비슷하나 원인적 면에서는 전혀 다르다.

주기적 간격을 두고 한열은 학질 이외도 모든 감염질환, 종양, 결합조직질환 등 수많은 질환에서 생길 수 있는 증상이다.

말라리아는 단세포동물인 원충(protozoa)을 얼룩날개 모기류(Anopheles species)가 사람에게 매개하여 발생한 감염 질환이다.

말라리아를 일으키는 원충은 Plasmodium속인 3일 열 원충(P. vivax), 난형열 원충(P. ovale), 4일 열 원충(P. malariae), 열대성 원충(P. falciparum) 4종류가 있다. 이 중 우리나라에 토착된 말라리아는 3일 열 원충이며 이 원충을 매개하는 모기는 중국 얼룩날개모기(Anopheles sinensis)이다.

감염된 모기에게 물리면 사람에서 임상 증상이 나타날 때까지의 잠복기는 약 14일 이지만, 3일 열 말라리아의 경우는 길게는 1년 정도(5개월－1년 6개월)까지 간 속에 잠복해 있다.

3일 열 말라리아의 증상을 보면 한두 시간 동안 오한, 두통, 구역 등의 증세가 나타나는 오한기가 먼저 나타나고, 고열과 빈맥, 빠른

호흡 등을 보이는 발열기가 3－6시간 이상 지속 된 후 땀을 흘리는 발한기로 이어진다.

이런 증상이 하루 건너 반복하기 때문에 하루거리 열이라고도 한다. 말라리아는 온대지방에서는 모기가 서식하는 여름 철에만 유행하지만, 열대지방에서는 1년 내내 유행한다. 이는 말라리아 원충이 모기의 체내에서 자랄 수 있는 기온이 필요하기 때문이다.

열대성 말라리아에서는 10% 정도의 환자가 사망하는 무서운 질병이지만 그 외의 말라리아에서는 사망하는 경우는 거의 없다.

원경왕후 민씨가 40여일 동안 학질을 앓다가 사망하였다는 조선왕조실록의 기록은 현대의학적 견해에서 보면 신빙성이 아주 희박하다. 이는 한국에 주로 발생하는 3일 열 말라리아에 걸려 앓다가 사망하는 예는 거의 없기 때문이다.

민씨가 앓은 병명을 현대의학적 견지에서 진단해 보면 학질 보다는 '불명열'이라는 진단이 더 타당성이 있을 것 같다.

'불명열'이란 적어도 세 차례 이상 체온이 38도 이상의 고열이 3주 이상 지속되고 여러 가지 검사에도 그 원인이 밝혀지지 않는 경우를 말한다.

불명열의 원인으로 보고된 질환은 수백여 가지에 이르지만 그 중 감염질환, 종양, 결합조직 질환이 가장 흔한 원인 중의 하나이다.

조선시대에는 임상병리검사나 영상검사 등을 시행할 수 없었고 오직 병력과 진맥에 의해 병을 진단하였기에 질병의 원인을 규명하기에는 어려운 점이 많았을 것이다 .

56세 나이에 세상을 떠난 원경왕후 민씨는 생존 시에는 서로 앙

숙이었지만 부부인지라 죽어서는 남편 태종과 함께 헌인릉 내에 쌍릉을 이루고 잠들고 있다.

헌인릉은 서울특별시 서초구 헌인릉길 34번지에 위치하고 있다.

사람 사귐에 있어서 가장 가까이 있는 사람을, 특히 남녀관계에 있어서는 조심하라는 말이 있다. 김씨(효빈 김씨)는 원경왕후 민씨가 시집오기 전부터 민씨를 돌봐주었던 수족 같던 몸종이었다. 그런데 어느 날 자기 남편의 마음을 빼앗는 연적이 되었으니 민씨는 얼마나 기가 막히고 배신감을 느꼈을까? '씨앗을 보면 길가의 돌부처도 돌아 앉는다.'는 속담이 있듯이 민씨가 아무리 왕비이고 여장부라지만 그녀 역시 여자인지라 태종의 여인이 된 김씨에게 대한 배신감과 질투로 왕비의 체통을 잊고 김씨를 처참하게 응징을 하였던 것이다.

방원이 왕에 등극한 후 태종, 민경왕후 민씨, 몸종 김씨 간의 관계를 보면 최근 항간에 떠돌고 있는 '좋은 소식/나쁜 소식'이라는 우스게 소리가 떠 오른다.

> 좋은 소식; 남편(방원)이 왕에 등극했다네
> 나쁜 소식; 비서(민씨의 몸종 김씨)가 엄청 이쁘다네
> 환장할 소식; 둘(태종과 김씨)은 부적절한 관계를 가졌다네

참고로 성균관은 인재양성을 위한 조선시대 최고 학부로 기원은 중국 주대(周代)에 천자의 도읍에 설립한 벽옹(辟雍)과 제후(諸侯)

의 도읍에 설립한 반궁(泮宮)의 제도에서 찾을 수 있지만, 우리나라에서는 고려시대의 국자감(國子監), 신라시대의 국학(國學), 고구려의 태학(太學)으로 까지 거슬러 올라갈 수 있다.

우리나라 최고학부의 명칭으로 '성균(成均)'이라는 말이 처음 사용된 것은 고려 충렬왕 24년(1298)에 국학(국자감을 개칭한 것)을 성균감(成均監)이라 개칭한 데서 비롯되었다. 그 뒤 1308년에 충렬왕이 죽고 충선왕이 즉위하면서 성균감을 성균관이라 개칭하였다. 그러나 공민왕 5년(1356)에는 배원정책(排元政策)에 따른 관제의 복구로 국자감으로 환원되었다가, 공민왕 11년(1362) 다시 성균관으로 복구되었다. 한편 공민왕 즉위 초에는 종래까지 성균관(국자감)에 유교학부(儒敎學部)와 함께 설치되어온 율학(律學), 서학(書學), 산학(算學) 등의 기술학부를 완전히 분리시켜 따로 교육시키게 함으로써, 성균관은 명실공히 유학 교육만을 전담하는 최고 학부가 되었다.

이와 같은 성균관은 조선 왕조가 들어선 뒤에도 그대로 이어졌다. 조선왕조의 한양천도(漢陽遷都)에 따라 새 도읍지의 동북부 지역인 숭교방(崇敎坊) 부근(지금의 종로구 명륜동 성균관대학교 구내)에 터가 정해져서 태조 4년(1395)부터 건축 공사가 시작되어 3년 만에 대성전(大聖殿; 단종 때 大成殿으로 개칭됨. 공자의 위패를 모시는 전각)과 동무(東廡; 문묘안에서 대성전의 동쪽에 두었던 행각), 서무(西廡)의 문묘(文廟)를 비롯하여 명륜당(明倫堂; 성균관 유생들이 강의를 듣던 講學堂), 동재(東齋; 동쪽에 있는 유생이 공부하고 거처하던 곳), 서재(西齋), 정록소(正錄所; 성균관 직원이 당시의 정사를 뽑아 적어서 보관하던 곳), 식당, 양현고(養賢庫; 성균관 유생들의 식량을 공급하던 곳) 등의 건물이 완성됨으로써 새로운 모습을 보이게 되었다.

조선 개국 초에는 고려시대의 직제를 그대로 이어받아 대사성(大司成; 정3품) 1인, 좨주(祭酒; 종3품) 1인, 악정(樂正; 정4품) 2인, 직강(直講; 정5품) 1인, 전부(典簿; 정6품) 1인, 박사(博士; 정7품) 2인, 순유박사(諄諭博士; 종7품) 2인, 진덕박사(進德博士; 정8품) 2인, 학정(學正; 정9품) 2인, 학록(學錄; 정9품) 2인, 직학(直學; 종9품) 2인, 학유(學諭; 종9품) 4인을 두고, 서리(書吏) 2인을 배속시켰다. 또한 2품 이상의 대신(大臣) 가운데 학덕이 높은 자를 성균관제조(成均館提調) 또는 겸대사성(兼大司成)에 겸임시켜 교육에 임하도록 하는 제도도 그대로 답습되었다.

태조의 장인인 민제가 맡은 성균관 사성(司成)은 종삼품 관직으로 고려시대에는 좨주(祭酒)라 하였는데 태종 1년(1401)에 사성으로 고쳤다. 경국대전에는 정원이 2원으로 증원되었으나, 효종 9년(1658)에 1원을 감원하고, 좨주 1원을 새로 두었다. 사성은 대사성 다음의 관직으로 현재 대학 부총장급에 해당된다. 한국민족문화대백과

소헌왕후 심씨

생몰년   1395 - 1446
재위기간 1418 - 1446
자녀수   8남 2녀
사인   화병

숨죽이며 내조한
왕비 소헌왕후(昭憲王后) 심씨

— 한을 가슴에 품은 것이 화병이 되어 52세에 사망하다

왕이건 농부이건 자신의 가정에 평화를 찾아낼 수 있는
사람이 가장 행복한 사람이다.

-Johann Wolfgang von Goethe-

「소헌왕후 심씨는 세종 즉위 몇 개월만에 친정아버지인 심온이 사사
되고, 친정 집안이 풍지박살이 났으나 이 고난을 꿋꿋이 참고 인내를
가지고 숨죽이며 살아 왕실과 가정을 지켰으니 쾨테의 말처럼 가정
의 평화를 위해 솔선수범한 왕비였다.」

소헌왕후 심씨는 친정 집안의 몰락을 내색하지 않고 혼자만이 아
픔을 품고 남편만을 믿고 내조하였던 외유내강(外柔內剛)의 현모양
처였다.

소헌왕후 심씨는 태조 4년(1395) 9월 28일 청천부원군 심온과 안씨 사이에 태어난 3남 6녀 중 장녀이다.

할아버지 심덕부는 고려말 우상사, 예의판서, 지문하부사, 서해도 원수, 문하찬성사 등을 두루 걸친 문신으로 조선의 개국공신이기도 하다. 그리고 그는 위화도회군 때 서경도원수로서 이성계를 도왔다.

그는 슬하에 7형제를 두었는데, 그 중 5남인 심온은 세종의 장인이고, 6남인 심종은 태조 이성계의 차녀인 경선공주의 시아버지이다. 따라서 태조의 딸인 경선공주는 소헌왕후 심씨에게는 시고모였으나, 친정 쪽으로는 시누 올케 지간이었다. 또한 7남인 심정은 고려 공양왕의 형인 정원대원군 왕우의 딸이 며느리였고, 태조의 서자인 방번은 왕우의 사위였다. 따라서 심덕부의 가계는 고려와 조선시대 두루 걸처 요직을 맡았고, 또한 왕가와 혈족 관계를 맺었던 집안이다.

아버지 심온은 고려말과 조선 초의 문신인 심덕부의 7형제 중 5남으로 태조 때에는 병조와 공조 의랑, 태종 때 풍해도관찰사, 대사헌, 공조판서, 이조판서, 한성부판윤 등을 두루 거쳤다. 세종이 국왕으로 즉위한 1418년 9월에는 청천부원군의 봉작 책봉과 동시에 영의정에 올랐다.

소헌왕후 심씨는 태종 8년(1408) 2월 16일 14세 나이에 12세인 충녕군과 혼인하여 경숙옹주(敬淑翁主)에 봉해졌고 둘 사이에 8남 2녀의 자식을 두었다. 태종 17년(1417)에 삼한국부인(三韓國夫人)에 봉해졌고, 태종 18년(1418) 6월 3일 양녕대군을 폐하고 충녕대군을 왕세자로 삼자 심씨는 6월 5일에 경빈(敬嬪)이 되었다. 그 해 8월 10

일 충녕대군이 태종의 뒤를 이어 즉위하자 공비(恭妃)라는 책봉명을 받았다.

원래는 중궁의 호를 검비(儉妃)로 정했으나 공비로 고쳤다. 이유인 즉 세종이 검약함을 좋아해 검비라는 호를 좋아했지만 음이 호에는 적당치 않다고 해서 공비로 고쳤던 것이다.

조선 초기에는 왕비라는 칭호 대신 아름다운 칭호(미칭)를 사용했는데, 예를 들면 신의왕후 한씨는 절비(節妃), 신덕왕후 강씨는 현비(顯妃), 정안왕후 김씨는 덕비(德妃), 소헌왕후 심씨는 공비(恭妃)라는 미칭이 주어져 호칭되었다. 그러나 세종 14년(1432) 1월 18일 왕비와 왕세자 빈의 칭호를 정하고, 그 해 5월 11일 세종은 근정전에서 심씨를 왕비로 책봉하는 식을 거행했다. 이후부터는 미칭은 사용하지 않고 ○○왕비라는 호칭를 사용했던 것이다.

심씨 집안의 몰락

1418년 8월 10일 세종이 태종의 뒤를 이어 즉위하였지만 군권은 태종이 가지고 있었다.

소헌왕후 아버지인 심온은 세종 즉위 후 청천부원군이 되었고 태종이 심온을 명나라 사은사로 추천하니 그대로 시행하기로 하였다. 그런데 심온이 사은사로 떠나기 전에 뜻하지 않은 일이 벌어졌다.

같은 해 8월 25일 병조참판 강상인 등이 군사의 일을 세종에게만 알리고 태종에게 알리지 않자 태종은 그들을 가두는 사건이, 그리고 그 이튿 날에는 병조판서 박습 등이 상왕(태종)에게 군사 일을 아뢰지 않은 일이 연이어 일어나자 태종은 그들을 의금부에 가두고 고문한 사건이 일어났다. 이는 실제로 군사권을 가지고 있는 자신(태종)이 아닌 군사의 일을 세종에게만 알리자 태종은 화가 치밀었던 것이다. 그러나 곧 태종은 마음을 추스리고 박습과 강상인을 원종공신(왕을 수종해 공을 세운 사람에게 준 칭호)이라 하여 용서하고 면죄부를 주었다.

심온은 사은사로 떠나기 전 9월 3일에 영의정이 되었다.

잠시 잠잠했던 군사 업무 보고 사건은 박습이 스스로 자신은 죄가 없음을 호소하는 상소를 올리자 태종의 심기가 상했다. 태종의 의중을 감지한 삼성(의정부, 사헌부, 의금부)에서 박습의 죄를 청하자 태종은 박습을 지방에 안치시켰다.

세종 즉위년(1418) 9월 8일 심온이 명나라 사은사로 떠나는 날 태종, 세종, 소헌왕후가 각각 환관을 보내어 연서역(延曙驛; 조선시대 공무여행자에게 말과 숙식을 제공하던 역. 현재 지하철 6호선 역촌역 부근)에서 심온을 전송케 하였다. 이때 심온을 환송하는 인파가 너무 많아 인산인해를 이루어 왕의 행차를 방불케 하였다고 한다. 심온의 화려한 행차 소식은 태종의 귀에 들어가게 되었고 태종의 분노를 사게 되었다.

심온이 사은사로 떠난 후 대간과 형조에서 박습, 강상인 등의 죄를 다스리길 바라는 청원을 끊임없이 올렸다. 그러자 태종은 강상인은 관노로 만들고, 박습 등은 귀양보냈다. 그리고 박습, 강상인 등을 심문하고 4번의 압슬형(꿇어앉은 죄인의 무릎 위에 무거운 물건을 올려놓고 압력을 가하는 형벌)을 하니 강상인은 공모자로 심청, 이관, 조흠 등이 있다고 자백하였고 주모자가 심온이라고 실토를 했던 것이다. 결국 강상인은 백관이 모인 가운데 거열(팔과 다리를 각각 다른 수레에 매고 수레를 끌어서 죄인을 죽이는 형벌)을 당했고, 박습과 이관은 참수되었고 친족들은 귀양보내졌다. 세종실록 2권, 세종 즉위년 11월 26일

태종은 귀국 중 심온이 도주할 것을 우려하여 11월 29일 평안도 관찰사에게 심온을 체포할 대비책을 하명하였다. 그리고 태종은 유정현, 박은 등을 공비(소헌왕후)에게 보내 염려말라는 말을 전해 소헌왕후를 안심시키는 반면 한편으로는 심온과 친밀했던 임군계, 김을현, 신이, 장합 등을 파면시켰다. 그 후 태종은 심온의 일이 중국 사신들에게 누설되지 않도록 12월 18일 평안도로 강권선을 보내 사전에 철저한 대비를 하게 하였다.

그 해 12월 22일 명나라에서 업무를 마치고 돌아 오는 심온을 이우가 체포해 왔다. 체포 당시 심온은 자세한 내막도 알지 못했고 또한 강상인 등이 이미 죽은 줄도 모르고 그들과 대면하기를 요구하였다. 그러자 태종은 심온을 매로 치고 압슬형으로 다루니 견디기가 힘든 심온은 복죄하기를 '강상인 등 여러 사람이 아뢴 바와 모두 같습니다. 신은 무인인 까닭으로 병권을 홀로 잡아 보자는 것뿐이고, 함께 모의한 자는 상인 등 여러 사람 외에 다른 사람은 없습니다.' 하였다.

그 다음 날로 심온은 사사(賜死)되었고, 태종은 그 후속 조치로 그의 부인과 자식들을 관노로 삼았다. 세종실록 2권, 세종 즉위년 12월 15일

하루 아침에 친정 집이 몰락하고 어머니는 관노가 되었으니 소헌왕후 심씨의 억울한 심정과 슬픔은 어떤 말로도 표현할 수 없었다. 다만 폐비가 안 된 것만으로 자위하였지만 무고한 친정아버지의 갑작스러운 사사는 말로서는 형언할 수 없었을 것이다. 또한 살아서 노비 생활을 하고 계시는 어머니를 생각하면 소헌왕후 심씨로서는 늘 마음의 고통을 안고 지냈지만 내색도 못하고 묵묵히 왕비 자리만을 지켰다.

태종이 세종 4년(1422) 5월 10일 세상을 떠났으나, 선왕이 내린 조치라 세종은 소헌왕후 어머니의 신분을 복원시키지지 못하고 4년 동안 망설이다 비로소 세종 8년(1426) 5월 17일에서야 장모인 심씨의 어머니를 면천시켰고, 그 이튿날 직첩을 돌려받게 하였다. 그해 6월 4일 소헌왕후 심씨는 마침내 어머니 안씨 집으로 찾아가서 꿈에도 그리던 어머니와의 감격적인 재회를 하고 연회를 베풀어 그간의 쌓였던 회포를 풀었던 것이다.

세자빈들의 불륜, 왕자들의 이혼과 요졸

세종과 소헌왕후 심씨 사이에 8남 2녀를 두었다.

장남인 문종, 차남 수양대군 세조, 삼남 안평대군, 4남 임영대군, 5남 광평대군, 6남 금성대군, 7남 평원대군, 8남 영응대군 그리고 정소공주와 정의공주이다. 이 중 광평대군은 20세에, 평원대군은 19세에, 큰 딸 정소공주는 13세 때 창진(천연두)으로 젊은 나이에 요절하였다.

소헌왕후 심씨는 친정 집안 문제 뿐 아니라 가지 많은 나무 바람 잘 날 없듯이 자식들 문제로 하루도 편안한 날이 없었다. 즉 문종 세자빈들의 불미사건, 왕자들의 이혼 문제, 어린 자식들의 죽음 등이다.

우선 문종 세자빈의 사건을 들추어 보자.

세종 3년(1421) 9월 9일 세종은 원자(문종)의 이름을 이향이라고 명하고, 9월 24일 왕세자로 책봉하니 세자 나이 8세였다. 세자 나이 14세 때인 세종 9년(1427) 4월 김오문의 딸을 왕세자의 휘빈으로 봉하였다. 그러나 세자는 혼인 후에 세자빈에게 별 관심을 보이지 않고 오히려 전 부터 알고 지내던 시녀 효동과 덕금에게 관심을 보이자, 어느 날 세자빈은 세자의 사랑을 받기 위해 시녀 호초에게 민간에서 쓰는 갖가지 비법을 물었다고 한다.

「내(세종)가 전년에 세자를 책봉하고 김씨를 누대 명가의 딸이라고 하여 간택하여서 세자빈으로 삼았더니 뜻밖에도 김씨가 미혹시키는 방법으로써 압승술을 쓴 단서가 발각되었다. 과인이 듣고 매우 놀라 즉시 궁인을 보내어 심문하였더니, 김씨가 대답하기를, '시녀 호초가 나에게 가르쳤습니다.' 하므로 곧 호초를 불러들여 친히 그 사유를 물으니, 호초가 말하기를, '거년(지난해) 겨울에 주빈(휘빈 김씨)께서 부인이 남자에게 사랑을 받는 술법을 묻기에 모른다.'고 대답하였으나, 주빈께서 강요하므로 비(호초)가 드디어 가르쳐 말하기를, '남자가 좋아하는 부인의 신을 베어다가 불에 태워서 가루를 만들어 가지고 술에 타서 남자에게 마시게 하면 내가 사랑을 받게 되고 저쪽 여자는 멀어져서 배척을 받는다.' 하고, '효동, 덕금 두 시녀의 신을 가지고 시험해 보는 것이 좋겠습니다.' 했는데, 〈효동 덕금〉 두 여인은 김씨가 시기하는 자이다. 김씨는 즉시 그 두 여인의 신을 가져다가 자기 손으로 베내어 스스로 가지고 있었다. 이렇게 하기를 세 번이나 하여 그 술법을 써 보고자 하였으나 그러한 틈을 얻지 못하였다고 한다. 호초가 또 말하기를, 그 뒤 주빈께서 다시 묻기를, '그 밖에 또 무슨 술법이 있느냐?'고 하기에 비가 또 가르쳐 말하기를, '두 뱀이 교접할 때 흘린 정기를 수건으로 닦아서 차고 있으면 반드시 남자의 사랑을 받는다.' 하였습니다. '가르친 두 가지 술법의 전자는 박신이 버린 첩 중가이에게서 전해 들었고, 후자는 정효문의 기생첩 하봉래에게 전해 들었습니다.' 라고 하였다. 또 세자궁에 순덕이라는 시녀가 있는데, 본래 김씨의 집종이었다. 일찍이 김씨의 약낭 속에 베어 넣은 가죽신 껍질이 있는 것을 발견하고 괴이하게 여겨, 호초에게 보이며 말하기를, '우리 빈께 이런 짓을 하라고 가르친 자는 누구냐?' 하고 즉시 그것을 꺼내어 감춰버렸다 한다. －후략－」세종실록 45권, 세종 11년 7월 20일

　세자빈의 방술 사건은 세자빈의 시녀 순덕이 우연히 세자빈 약낭에서 가죽신 껍질을 발견하고 세자빈의 어머니에게 이 일을 알림으로서 발각되었다. 결국 뒤늦게 세자빈이 남편의 사랑을 얻기 위해 각종 비방을 쓴다는 사실을 알게 된 세종과 소헌왕후는 추국을 통해 세자빈의 자백과 가죽신의 증거물로 모든 사실이 명확하게 밝혀졌다. 세종 11년(1429) 7월 18일에 세자빈을 사가로 폐출시키고 김씨의 아

버지 김오문과 호초의 아버지 직책을 거뒀다. 그 후 세자빈에게 압승술을 가르쳤다는 죄로 호초는 참형에 처해졌고 휘빈 김씨는 아버지와 함께 자결해 버렸다.

세자빈인 휘빈 김씨를 폐출시킨 후 세종 11년(1429) 8월 4일에는 세자빈 간택 방식에 대해 세종은 신하들과 의논하고, 10월 15일에 지방 현감 봉여의 딸을 폐출된 휘빈 김씨의 뒤를 이어 세자빈으로 책봉하고 순빈으로 봉했다. 그러나 이번에도 세자와 순빈 봉씨의 사이는 소원했다.

그런데 엎친데 덮친격으로 세자가 봉씨에게 깊은 애정을 가지기도 전에 예조에서 세자도 후궁을 들여야 한다고 주청을 했다. 이러한 예조의 건의에 따라 세종 13년(1431) 3월 15일 세자는 세 명의 후궁을 맞아 들이는데, 권전의 딸, 정갑손의 딸, 홍심의 딸이었다.

후궁을 맞이한 지 일년여 만인 1432년 5월에 후궁인 승휘 권씨(훗날 현덕왕후)가 임신을 하자 세자빈은 후사가 없는 자신의 위치가 위협받을 것을 두려워해 궁중 밖까지 새어나갈 정도로 큰 소리를 내어 울기도 하였다. 이에 세종은 '여러 후궁들이 있다고는 하나 정부인에게서 아들을 두는 것만큼 귀한 일이 있겠느냐?'고 세자를 타이르자 세자는 잠시 봉씨를 가까이 하였다. 그러나 그 후 봉씨는 거짓으로 회임했다고 하고서는 나중에는 유산을 하였다고 거짓말을 하였고, 한편으로는 승휘 권씨를 못살게 구는 등 못된 짓을 일삼았다.

세종 17년(1435) 11월 즈음해서 부터 봉씨는 자신이 부리는 궁녀 소쌍과 동성애를 하면서 동침하였고, 결국 세종 18년(1436) 10월 시

아버지인 세종에게 발각되었다.

「 – 전략 –

　그 후에 봉씨가 스스로 말하기를, '태기(胎氣)가 있다.' 하여, 궁중에서 모두 기뻐하였다. 그가 혹시 놀람이 있을까 염려하여 중궁으로 옮겨 들어와서 조용히 거처한 지가 한 달 남짓했는데, 어느 날 봉씨가 또 스스로 말하기를, '낙태(落胎)를 하였다.'고 하면서, '단단한 물건이 형체를 이루어 나왔는데 지금 이불 속에 있다.'고 하므로, 늙은 궁궐 여종으로 하여금 가서 이를 보게 했으나, 이불 속에는 아무 것도 보이는 것이 없었으니, 그가 말한 '임신(妊娠)했다.'는 것은 거짓말이었다. – 중략 –

　요사이 듣건대, 봉씨가 궁궐의 여종 소쌍(召雙)이란 사람을 사랑하여 항상 그 곁을 떠나지 못하게 하니, 궁인들이 혹 서로 수군거리기를, '빈께서 소쌍과 항상 잠자리와 거처를 같이 한다.'고 하였다. 어느날 소쌍이 궁궐 안에서 소제를 하고 있는데, 세자가 갑자기 묻기를, '네가 정말 빈과 같이 자느냐'고 하니, 소쌍이 깜짝 놀라서 대답하기를, '그러하옵니다.' 하였다. 그 후에도 자주 듣건대, 봉씨가 소쌍을 몹시 사랑하여 잠시라도 그 곁을 떠나기만 하면 원망하고 성을 내면서 말하기를, '나는 비록 너를 매우 사랑하나, 너는 그다지 나를 사랑하지 않는구나.' 하였고, 소쌍도 다른 사람에게 늘 말하기를, '빈께서 나를 사랑하기를 보통보다 매우 다르게 하므로, 나는 매우 무섭다.' 하였다. 소쌍이 또 권 승휘의 사비(私婢) 단지(端之)와 서로 좋아하여 혹시 함께 자기도 하였는데, 봉씨가 사비 석가이(石加伊)를 시켜 항상 그 뒤를 따라 다니게 하여 단지와 함께 놀지 못하게 하였다. 이 앞서는 봉씨가 새벽에 일어나면 항상 시중드는 여종들로 하여금 이불과 베개를 거두게 했는데, 자기가 소쌍과 함께 동침하고 자리를 같이 한 이후로는, 다시는 시중드는 여종을 시키지 아니하고 자기가 이불과 베개를 거두었으며, 또 몰래 그 여종에게 그 이불을 세탁하게 하였다. 이러한 일들이 궁중에서 자못 떠들썩한 까닭으로, 내가 중궁과 더불어 소쌍을 불러서 그 진상을 물으니, 소쌍이 말하기를, '지난해 동짓날에 빈께서 저를 불러 내전으로 들어오게 하셨는데, 다른 여종들은 모두 지게문 밖에 있었습니다. 저에게 같이 자기를 요구하므로 저는 이를 사양했으나, 빈께서 억박지르므로 마지못하여 옷을 한 반쯤 벗고 병풍 속에 들어갔더니, 빈께서 저의 나머지 옷을 다 빼앗고 강제로 들어와 눕게하여, 남자의 교합하는 형상과 같이 서로 희롱하였습니다.' 하였다.」 세종실록 75권, 세종 18년 10월 26일

또 세종은 같은 해 11월 7일에는 봉씨의 음주 등 다른 비행에 대해서 부연해서 대신들에게 알리었다. 내용인 즉,

「 - 전략 -

또 성품이 술을 즐겨 항상 방 속에 술을 준비해 두고는, 큰 그릇으로 연거푸 술을 마시어 몹시 취하기를 좋아하며, 혹 어떤 때는 시중드는 여종으로 하여금 업고 뜰 가운데로 다니게 하고, 혹 어떤 때는 술이 모자라면 사사로이 집에서 가져와서 마시기도 하며, 또 좋은 음식물을 얻으면 시령 속에 갈무리해 두고서는, 손수 그릇 속에 있

는 것을 꺼내어서 먹고 다시 손수 이를 갈무리하니, 이것이 어찌 빈이 마땅히 할 짓이겠는가. 또 내가 중궁과 함께 항상 세자를 가르쳐서 마땅히 빈궁을 접대하도록 했는데, 세자가 며칠 동안 왕래하였다가 그 후에 드물게 가매, 봉씨가 노래를 지어 궁궐의 여종으로 하여금 이를 부르게 하니, 그 대개는 세자를 사랑하는 내용이었다. 또 그 아버지가 죽은 초기에는 술을 마시지 않고 이를 두었다가 그 어머니 집에 보내므로 세자가 알고 이를 금지시키니, 그 술을 모두 안으로 들여오게 하고는, 말하기를, '이 술은 내 몫인데 이미 이것을 집에 보내지 못할진댄, 마땅히 내가 스스로 마셔야 되겠다.' 하면서, 상이 1백 일을 지나지 않았는데도 평상시와 같이 술을 마셨다. 또 중궁이 궁인을 대우하는데 매우 은혜와 예절이 있었으므로, 궁인이 죄가 있으면 몸소 책망하거나 벌주지 않고 반드시 나에게 아뢰어 이를 결정하였는데, 봉씨는 여러 번 투기 때문에 몸소 궁인을 구타하여, 혹 어떤 때에는 거의 죽을 지경에까지 이르게 하니, 어진 부인이 진실로 이와 같을 수 있겠는가. 시골의 여자로 궁중에 들어왔으니, 마땅히 공손하고 잠잠하여 자기 몸을 지켜 경계하기에 여가가 없을 것인데도, 교만하고 무례함이 이와 같았다. - 후략 -」세종실록 75권, 세종 18년 11월 7일

일반 민가에서도 일어나서는 안 되는데 하물며 세자빈이 동성애도 모자라 술을 먹고 궁녀들에게 술주정을 부리는 등 빈으로서는 체통이 안되는 행위를 하니, 세종은 결국 첫 번째 며느리인 휘빈 김씨에 이어 세종 18년(1436) 10월 26일 봉씨를 폐출시켰다. 폐출 이후

봉씨는 아버지에 의해 살해되었다고 알려졌는데 이는 잘못된 것이다. 순빈 봉씨의 아버지 봉여는 1436년 7월 12일에 병으로 먼저 사망하였고, 봉씨의 폐출은 같은 해 10월 26일의 일이기 때문이다. 세종실록 74권, 세종 18년 7월 12일

세종은 같은 해 12월 28일 양원 권씨(현덕왕후)를 세자빈으로 삼았다.

큰 아들인 문종의 세자빈들의 불미스러운 사건에 의해 두 차례나 며느리를 폐출시킨 소헌왕후 심씨의 마음은 편하지 못했을 것이다.

넷째 아들인 임영대군 역시 첫 번째 부인을 버려야 하는 일이 벌어졌다.

임영대군은 둘째 아들인 수양대군처럼 무술에 능하였으나 궁녀와 대궐의 하녀들과의 부적절한 관계로 물의를 빚기도 했다. 임영대군은 세종 10년인 1428년 6월에 원윤(조선시대 초기에 종실 대군)이 되고, 1430년 5월에 성균관에 입학하고, 그해 12월에 임영대군으로 봉해졌다.

임영대군은 세종 15년(1433) 12세 때 조선 개국공신인 남은 의 손자이며 문종 때 좌의정을 지낸 남지의 딸과 혼인하였으나 한 달 뒤인 6월 14일에 강제 이혼을 하였다. 이유인 즉 남씨가 심한 정신질환을 어릴 적부터 앓아왔다는 사실을 알고서였다.

「임영대군(臨瀛大君)의 아내 남(南)씨는 나이가 12세가 넘었는데 아직 오줌을 싸고, 안정(眼精; 눈)이 바르지 못하여 혀가 심히 짧고, 행동이 놀라고 미친 듯한 모습이 있기에, 병이 있는 줄 의심하였

으나, 감히 말을 내지 못하고 있은 지가 달포나 되었다. 근일에 자세히 보니 인중(人中)에 뜬[灸] 흔적이 있고, 또 머리와 이마 위에도 뜬 것이 있기에, 의원 노중례로 하여금 비밀히 남씨 집에 출입하는 의원 김사지(金四知)에게 묻게 하였더니, 그가 말하기를, '어릴 때에 미친 병이 생겨 화엄종(華嚴宗)의 중 을유(乙乳)가 치료하였다.' 하고, 의산군(宜山君) 집의 여종으로 효령 대군 집에 출입하는 자가 있는데, 말하기를, '남씨는 본디 미친 병이 있는데 다행이 운수가 좋아서 대군의 배필이 되었다.'하고, 정충경(鄭忠卿)의 집에 드나드는 무당이 남씨의 집에도 드나드는데 말하기를, '남씨가 아이 때에 미친 병이 생겨 거의 죽을 지경에 이르렀으나 백방으로 치료하여 오늘까지 연명하였다.'고 했다. -후략-」세종실록 60권, 세종 15년 6월 14일

문종에 이어 임영대군도 첫 부인이 정신박약자라는 정신질환 때문에 강제 이혼을 하였던 것이었다.

참고로 정신박약자란 생후 비교적 이른 시기에 선천적이거나 후천적인 요인으로 중추신경계통에 장애를 받아 정신 발달이 저지되거나 뒤져 있는 사람(a mentally deficient person)을 지칭하는 것이다.

그리고 막내인 영응대군도 세종 31년(1449) 3월에 첫 부인인 송씨를 병 때문에 이혼하게 되는데 다행히도 소헌왕후 심씨 사후에 있었던 일이었다.

세자빈들의 비행과 불륜, 왕자들의 이혼 이외 자손들 3명이 요절하였다.

소헌왕후의 큰 딸인 정소공주는 1424년에 두창(천연두)으로 13세 나이에 요절했다.

　　무엇보다 소헌왕후에게 커다란 아픔을 준 것은 세종 26년(1444) 12월에 20세인 다섯째 아들인 광평대군을, 그리고 1445년 1월에는 일곱째 19세인 아들인 평원대군을 한 달 사이에 젊은 두 아들을 두창으로 잃은 것이다.

소헌왕후 심씨의 죽음

소헌왕후 심씨는 희로애락 특히 괴롭고 슬픈 것을 상대방에게 표출 못하고 자기 맘 속에만 간직한 채 혼자서 아픔을 삭이며 내색을 잘 안하는 내성적 성격의 소유자였던 것으로 사료된다.

　　세종이 등극하자마자 친정 아버지인 심온의 갑작스러운 사사와 친정집의 몰락으로 소헌왕후 심씨는 커다란 한을 가슴 속에 품고 왕비라는 채통 때문에 누구에게도 하소연도 못하고 벙어리 냉가슴 앓듯이 살았을 것이다. 그리고 두 번의 세자빈의 폐출, 임영대군의 이혼 등 자식들의 가정파탄은 소헌왕후의 아픔을 더욱 가중시켜 그녀의 가슴 속은 타고 남은 검은 숯덩이와 같았을 것이다. 이러한 요인들만이라도 화병의 원인이 되었을턴데, 세종 26년(1444) 12월에 광평대군이, 세종 27년(1445) 1월에 평원대군이 천연두로 1개월에 두 아들이 요절하니 그동안 억누르고 참아왔던 울화가 폭발하였던 것이다.

일반적으로 스트레스를 받으면 개개인의 차는 있지만 역치(threshold; 자극에 대해 어떤 반응을 일으키는데 필요한 최소한의 자극의 세기)가 있어 어느 정도의 스트레스는 참고 지낼 수 있다. 그러나 남편이나 자식의 죽음과 같은 가까운 사람들의 죽음 특히 자식의 죽음은 '부모는 자식의 죽음을 한평생 안고 간다'는 말처럼 어떠한 자극보다 강한 정신적 자극이 된다. 또한 질병의 발병 시에 유발점(trigger point)이 있는데 부모에 있어서는 자식의 죽음만큼 강력한 유발점은 없다.

조선왕조 실록에 기록된 소헌왕후 심씨가 죽을 당시의 상황을 살펴보면; 세종 22년(1440) 4월 10일 중궁이 일찍이 중풍을 앓았는데, 온천에 목욕한 이후로는 전의 병이 아주 나았다는 기록 이외 당뇨나 다른 질병은 없었던 것 같고, 단지 심적 고통으로 고생하였던 것 같다.

세종 28년(1446) 3월 10일 중궁이 병환이 나자 동궁(문종)이 여러 왕자들과 더불어 산천 등에 기도를 하고, 승려들에게 시어소(時御所; 그때의 임금이 거처하던 집)의 서청에 정진기도를 설치하여 소라를 불고 북을 치게 하였고, 신하들을 명산, 대천, 신사 등에 보내 기도를 하게 하고, 세자를 비롯한 여러 대군들의 팔에 불을 태우게 하거나, 죄수 석방 등 고식적인 방법으로 치료하였으나 발병 2주 만인 3월 24일 수양대군의 제택에서 사망하니 소헌왕후 나이 52세였다.

소헌왕후는 광평대군과 평원대군을 연달아 잃은 후 화병이 악화되어 사망한 것으로 사료된다.

소헌왕후 심씨는 처음에는 헌릉에 장사 지냈으나 뒤에 세종의 능인 영릉으로 이장하였다. 영릉은 경기도 여주군 능서면 영릉로 269 - 50번지에 위치해 있다.

소헌왕후가 죽은 '화병'에 대해서 기술하면 다음과 같다.

동의보감에서는 화는 불길이 표상하는 것처럼 사람의 움직임을 주관한다고 하였다. 한의학에서는 두 종류의 화가 있다고 한다. 그중 하나는 몸 안의 화인 군화(君火), 또 다른 화는 원래 자연 세계의 화인 상화(相火)가 있다. 하늘로부터 받은 상화와 몸에 있는 군화가 서로 작용함으로서 인간의 모든 움직임이 가능해진다고 한다.

또한 화를 논할 때 양허와 음허의 개념이 중요하다고 한다.

즉 음이 허하면 속에 열이 있는데 이는 위 속에 생긴 열이 가슴을 훈증하기 때문이라 하였고 과로해서 피곤하면 형체와 기운이 쇠약하고 영양이 부족해 상초(上焦)가 작용하지 못하여 위의 위쪽이 막힘으로서 속에 열이 생기는 것이라고 한다. 반면 양이 허하면 겉이 차게 된다고 한다. 이유는 양은 상초에서 기를 받아 피부와 분육(分肉; 피와 골의 중간의 살)의 사이를 따뜻하게 하는데 찬 기운이 밖

[표1] **나도 혹시, 화병일까?**

가슴이 답답하거나 숨이 막혀 힘이 든다.
치밀어오르는 느낌이 들어 힘이 든다.
얼굴이나 가슴으로 열감이 느껴진다.
목, 명치에 뭉친 덩어리가 느껴져 힘이 든다.
억울하고 분한 마음이 많이 든다.
마음 속에 화가 쌓여 있거나 분노가 치민다.

[그림 4] 화병은 고유의 한국인의 병

에 있으면 상초와 잘 통하지 않기 때문에 추워서 떠는 것이라고 하였다. 그리고 화를 억제하는 방법으로 열을 없애기 위해서 마음의 화를 내리는 약제를 쓰고 평소에 화를 억제하는 것이 무엇보다도 중요하다고 하였다. 화를 억제하는 방법으로 경전에서는 수양을 강조했다. 즉 '마음을 바르게(正心)', '마음을 가다듬어라(收心)', '마음을 기르라(養心)'고 한 것 등이다.

현대의학에서의 화병은 1995년 미국정신의학회에서 한국의 특유한 문화증후군으로 인정한 질환이다. 즉 분노를 표현 못하고 계속 마음 속에 담아둘 때 생기는 분노의 억제로 인한 분노증후군이다. 억울함이나 화(분노)가 적절히 말로 표현되어 배출되지 못하고 가슴 속에 응어리로 남아서 생기는 병이다 [그림 4].

화병은 신체 증상을 동반하는 우울증으로, 우울감, 식욕저하, 불면증 등의 우울 증상 이외도, 호흡 곤란, 심계항진, 몸 전체의 통증 또는 명치에 뭔가 걸려 있는 느낌 등의 신체 증상이 동반되어 나타난다[표 1].

화병에 잘 걸리는 사람은 참는 것에 익숙하고 자신의 감정을 적절하게 표현하지 못하는 소극적이고 내성적인 성격을 가지고 있는 경우가 대부분이다. 따라서 사람은 분노가 있을 때에 경우에 따라서는 분노를 밖으로 표출할 줄 알아야 하고 가슴 속에 담아두지 말고 적절한 말로 상대방에게 표현하는 것이 화병 예방의 지름길이 된다.

현덕왕후 권씨

생몰년　1418 - 1441
재위기간　추존
자녀수　1남 2녀
사인　　양수색전증

폐서인으로 강등되었다가 복위된
추존 현덕왕후(顯德王后) 권씨

— 분만 후 양수색전증으로 24세에 요절하다

용서가 없는 인생은 끊임없는 원한과 보복의 악순환으로 점철된다.
-Roberto Assagioli -

「의정부에서 아뢰기를, '현덕왕후(顯德王后) 권씨(權氏)의 어미 아지 (阿只)와 그 동생 권자신(權自愼)이 모반(謀反)하다가 주살(誅殺)을 당하였는데, 그 아비 권전(權專)이 이미 추후하여 폐(廢)하여서 서인 (庶人)으로 만들었으며, 또 노산군(魯山君)이 종사(宗社)에 죄를 지어 이미 군(君)으로 강봉(降封)하였으나, 그 어미는 아직도 명위(名 位)를 보존하고 있으므로 마땅하지 않으니, 청컨대 추후하여 폐(廢)하여서 서인(庶人)으로 만들어 개장(改葬)하소서.' 하니, 그대로 따랐다.」세조실록 8권, 세조 3년 6월 26일

「능(현덕왕후 권씨의 능)을 파헤치기 며칠 전 밤중에, 부인의 울

음소리가 능 안에서 나오는데, '내 집을 부수려 하니 나는 장차 어디 가서 의탁할꼬.' 였다. 그 소리가 마을 백성의 마음을 아프게 흔들었다. 얼마 후에 역마(驛馬)를 탄 사신이 갑자기 달려왔다. 언덕벌에 옮겨 묻었어도, 영이(靈異; 신령스럽고 이상함)함을 매우 드러내서 예전 능이 있었던 터의 나무, 돌을 범하든지 마소를 풀어놓아 그 무덤자리를 짓밟으면 맑은 하늘이 갑자기 캄캄해지고 비바람이 불어닥치므로, 누구나 서로 경계하고 감히 가까이 가지 못하였다. 이 일의 본말을 눈으로 직접 목격하고 얘기해 준 노인들이 있다.」 음애일기

현덕왕후 권씨는 사후 세조 3년(1457) 6월 26일 서인으로 폐해져 능은 개장(改葬)되었고, 성종 7년(1476) 4월 15일에는 현덕왕후의 교명, 죽책과 보(책봉관련 문서)를 종부시(왕실 족보의 편찬과 종실의 비위를 규찰하는 임무를 관장한 부서)에 보내져 불살라졌다.

현덕왕후 권씨는 세종 즉위년(1418) 3월 12일에 태어난 화산부원군 권전의 딸로, 문종의 세자 시절 폐출된 휘빈 김씨와 순빈 봉씨를 이어 세 번째로 맞이한 세자빈이다.

권전(權專)은 경상도경력(慶尙道經歷)을 거쳐 지가산군사(知嘉山郡事)를 지내는 중, 1431년(세종 13) 딸이 세자궁 승휘(世子宮承徽)로 간택되면서 사재감부정(司宰監副正)이 되었다. 그 뒤 세종의 총애를 받으면서 지위가 높아졌다. 1434년 판봉상시사(判奉常寺事)를 거쳐 곧 통정대부에 승자(陞資; 지위가 정3품 이상의 품계

가 오르던 일)되면서 첨지중추원사, 1435년 공조참의, 호조참의를 지냈다. 1437년 가선대부에 승자하면서 중추원부사, 이어 공조참판과 동지돈녕부사를 지냈다. 1439년 다시 자헌대부에 초자(超資 : 품계를 뛰어넘음)되면서 지중추원사가 되었다. 1440년 공조판서에 발탁, 곧 중추원사로 자리를 옮기고, 지돈녕부사를 거쳐 판한성부사가 되었다. 사후 1445년 원손의 외할아버지라 하여 좌의정에 추증되고, 1454년(단종 2) 다시 영의정부사 화산부원군(領議政府事花山府院君)에 추증되었다. 그러나 1456년(세조 2) 단종복위사건에 참여한 아들 자신(自愼)이 피해를 받아 주살되면서 관작을 추탈당하고 서인으로 격하되었다. 1699년(숙종 25) 중종대의 소릉(昭陵; 顯德王后의 능) 추복과 관련되어 관직이 복구되면서 신원되었고, 1718년 화산부원군에 추증되었다. 한국민족문화대백과

문종은 세종 3년(1421) 10월 27일 8세 때 세자로 책봉되었고, 14세되던 해인 세종 9년(1427) 4월 9일에 김오문 딸을 왕세자의 휘빈으로 삼았다. 그러나 휘빈 김씨는 세자가 김씨에게 정을 주지 않자 세종 11년(1429) 7월에 세자의 사랑을 얻기 위해 압승술 등 술법을 썼다가 발각되어 폐출되었다.

그 후 세종은 같은 해 10월 15일 봉여의 딸을 왕세자의 순빈으로 삼았다. 그런데 세자빈 책봉 후 신하들이 세자도 후궁을 들일 것을 주청함에 따라 문종은 세종 13년(1431) 3월 15일 권씨, 정씨, 홍씨를 승휘로 삼고 3명의 후궁을 맞아 들였다. 문종은 휘빈 김씨, 순빈 봉씨와는 관계가 좋지 않았으나 후궁들 특히 권씨와 홍씨와의 관계는 원만하였다.

세종 14년(1432)에 권씨가 임신하자 순빈 봉씨는 매우 분개하여 권씨를 못 살게 구는 등 못된 행동을 했다. 권씨는 세종 15년(1433) 3월에 첫 딸을 낳지만 이 딸은 곧 죽었고, 세종 18년(1436) 권씨는 또 다시 둘째 딸인 경혜공주를 낳았다.

순빈 봉씨는 세자의 사랑을 얻지 못하고 있는 것도 분한데 권씨는 계속 세자의 자식들을 낳으니 자신의 위치가 불안해져 음주도 하고 시녀 소쌍과 동성애를 하였다. 이 사실을 알게된 세종은 1436년 11월에 봉씨를 전격적으로 폐출시키고, 그 해 12월 28일 양원 권씨를 세자빈으로 책봉하였다.

세 번째 세자빈 책봉시 새 사람을 다시 간택하여 뽑을 지 기존에 있던 3명의 후궁 중에서 세자빈을 선택할지 고민하는 세종의 모습이 세종실록에 실려있다.

「내(세종)가 어제 갑자기 생각해 보니, 시험해 보지 않은 사람을 새로 얻는 것과 본래부터 궁중에 있으면서 부인의 도리에 삼가하고 공손한 사람을 뽑아 세우는 것이 어찌 같을 수가 있겠는가. 그렇게 하면 후회가 없을 것이다. 전에 세자빈을 세울 것을 의논할 때에 대신들도 또한, '양원(良媛)과 승휘(承徽) 중에서 승진시켜 빈으로 삼아야 될 것입니다.' 하였으나, 내 의사로서는 첩을 아내로 만드는 일은 옛날 사람의 경계한 바인데, 더군다나 우리 조종의 가법에도 또한 이런 예가 없었던 까닭으로 그 일을 중대하게 여겨 윤허하지 않았으나, 지금에 와서 이를 생각해 보니, 서울과 지방에 널리 뽑았으나 이 적임자를 얻지 못했으니, 차라리 대신의 말을 따르겠다. 어젯밤에 역대의 고사를 상고하게 했더니, 한나라 당나라 이후로 황후가 혹은 죽든지 혹은 폐위되든지 하면, 으레 후궁의 귀인(貴人)과 비빈을 승진시켜 황후로 삼게 했으며, 역대에서 모두 그렇게 하였다. 다만 큰일은 억측(臆測)으로 정할 수 없으니, 두 의정과 찬성의 집에 가서 그 가부를 의논하고 오라. 만약 옳다고 한다면 권양원(權良媛)과 홍승휘(洪承徽) 중에서 누구가 적임자인가. 두 사람은 모두 세자의 우대하는 사람이며 우리 양궁(兩宮)의 돌보아 사랑하는 사람이다. 그러나 세자의 뜻은 홍씨를 낮게 여기는 듯하나, 내 뜻은 권씨를 적당하다고 생각한다. -후략-」세종실록 75권, 18년 12월 28일

세자(문종)는 홍씨에게 더 마음을 두고 있었으나, 세종은 혹시나 후사를 두지 못할것을 걱정하여 딸이라도 낳은 권씨를 세자빈으로 봉하였던 것이다. 그리고 권씨는 세종 23년(1441) 7월 23일 모든 사람들이 학수고대하던 왕손을 낳으니 그가 바로 비운의 단종이다. 그러나 권씨는 단종을 낳은 다음날 갑자기 사망하였다.

세조 꿈 속의 현덕왕후 권씨

수양대군은 단종 1년(1453) 10월 10일 김종서, 황보인 등 단종을 보필하였던 신하들을 제거하고 자신이 정권의 실세가 된 계유정난을 일으켰고, 1455년 윤 6월 11일 단종에 이어 왕위에 등극했다.

세조 2년(1456) 6월 2일 김질과 정창손이 성삼문의 불궤를 고발

함으로 사육신들이 단종의 복위를 도모하려던 거사는 실행하기 전에 실패로 끝났고, 세조는 6월 21일 단종을 노산군으로 강등시켜 영월로 유배를 보냈다. 그리고 6월 26일 현덕왕후도 서인으로 강등시켰다.

이어 세조 3년(1457) 9월 금성대군에 의한 이차 단종 복위사건이 실패로 돌아가자, 단종은 그 해 10월 21일 17세 나이에 세조에 의해서 교살되었다.

단종이 죽은 후 세조는 잦은 악몽에 시달렸고 꿈에 현덕왕후 권씨의 혼령이 세조의 꿈 속에 자주 나타나 그를 괴롭혔다. 그러나 이런 꿈 내용은 조선왕조실록에서는 없고 야사에서만 찾아 볼수 있는데 그 실례를 살펴보면 아래와 같다.

연려실기술 제 14권 문종조 고사본말 현덕왕후 능인 소릉의 폐위와 복위에 관한 기록이 있는데 그 내용의 일부를 살펴보면,

「동궁과 배필인 권씨는 덕과 위엄을 겸비하여, 세종의 자애를 많이 받더니, 나이 24세에 단종을 낳고 이틀 뒤에 죽었다. 처음 안산(安山)에 장사하여 능호(陵號)를 소릉이라 불렀으나, 성삼문의 사건에 왕후의 어머니 최씨(崔氏)와 왕후의 아우 권자신이 극형을 당하자, 왕후마저 폐위되었다. 의정부에서 아뢰기를, '현덕왕후의 어머니 아기[阿只]와 아우 자신이 반역을 꾀하다가 처형되었습니다. 그리고, 그 아버지 전(專)은 이미 죽었으나 폐해서 서인으로 삼고 노산군(魯山君) 단종(端宗)은 종사(宗社)에 죄를 지어, 군(君)으로 강봉(降封)되었는데도 그 어머니가 왕후의 명위(名位)를 보존함이 마땅하지 아

니합니다. 추폐(追廢)하여 서인으로 끌어내리고, 다시 묻으소서.'하니, 세조는 그대로 따랐다. 〈금석일반〉에 노산 강봉(魯山降封)을 28일에 하였다 하지만, 26일 이전에 이미 강봉하고서, 8일에 비로소 영월(寧越)로 떠나고, 소릉의 개장(改葬)만은 정축년 능(陵)을 파헤치기 전에 이미 개장을 청하였던 듯하다.」

「세조 3년인 정축(1457)년 겨울에 세조가 궁궐에서 낮잠을 자다가 가위에 눌린 일이 생기니, 곧 소릉을 파헤치라고 명하였다. 사신이 석실(石室)을 부수고 관을 끌어내려 하였으나, 무거워서 들어낼 도리가 없었다. 군민(軍民)이 놀라고 괴이쩍어하더니, 글을 지어 제를 지내고서야 관이 나왔다. 사나흘을 노천(露天)에 방치해 두었다가 곧 명을 따라 평민의 예로 장사 지내고서 물가에 옮겨 묻었다.」음애일기(陰崖日記)

「하룻밤에 세조가 꿈을 꾸었는데 현덕왕후가 매우 분노하여, '네가 죄 없는 내 자식을 죽였으니, 나도 네 자식을 죽이겠다. 너는 알아두어라.' 하였다. 세조가 놀라 일어나니, 갑자기 동궁(東宮; 덕종)이 죽었다는 기별이 들려왔다. 그 때문에 소릉을 파헤치는 변고가 있었다. 왕권을 빼앗긴 임금도 화가 땅 속까지 미친 예를 보지 못하였는데, 우리나라에는 정릉, 소릉 두 왕비의 능이 변을 당하였다.」축수편(逐睡篇)

이 외에도 꿈에서 나타난 현덕왕후 권씨가 세조에게 침을 뱉었는데 얼마 후 침 뱉은 자리에서부터 피부병이 생겨 그 후 세조는 피부병으로 오랫동안 고생하였다는 일화도 있다.

지그문트 프로이드(Sigmund Freud)는 꿈은 의식되지 않는것(또는 심층의식)의 욕구 충족을 의미한다고 하였다. 즉 꿈은 소망의 표현이자 잠재의식의 표출이지만 앞으로 일어날 일을 상징적으로 보여 줄 수 있다는 것이다. 꿈의 작용 방식은 의식되지 않는 것이 어떻게 작용하는지에 대한 체계적인 암시를 보여주는 것이라 하였다.

인간의 정신 과정(영혼 과정)은 의식되지 않는 것, 의식되기 이전의 것, 의식된 것 등 세 가지 동적 요소들에 의해서 구성되었고, 두 가지의 정신(영혼)을 가지고 있다고 한다. 하나는 의식적 영혼(정신)으로 의식적인 모든 생각과 기억을 포함하고, 또 하나는 무의식적 영혼으로 성적이고 파괴적이며 충동과 욕구를 함께 가지고 있다고 한다. 정상인은 두 정신을 조화시킬 수 있는 인간이지만, 신경증 환자는 두 정신 간의 조화가 상실되어 정신이 병든 인간이라고 하였다.

세조는 정변을 일으켜 왕에 등극할 당시에는 자신이 저지른 죄질에 대해서 죄책감을 느끼지 못하였던 것 같다. 이후 세조 자신의 지위가 안정되자 단종을 비롯한 왕실 가족들, 수많은 공신들과 가족들을 희생시킨 자신의 만행에 대해서 회한이 생기고 번뇌에 빠져 세조는 급기야는 신경쇠약에 빠졌다. 따라서 세조는 프로이트가 말한 의식적 영혼과 무의식적 영혼 간의 조화가 상실되었고 결국은 매일 밤 악몽에 시달려 나쁜 꿈을 꾸었다. 이로 인해 세조는 결국 죽음까지 이르게 되었다.

세조가 죽은 후 현덕왕후 권씨의 능에 대한 복위 논의는 성종 9

년(1478) 4월 15일 남효온의 상소로부터 시작하여 연산군 초에도 올려졌지만 윗 임금의 뜻을 버리고 거행하기는 어렵다는 이유로 묵살되었다. 그러다가 중종 7년 여러 신하들과 논의하여 권씨의 능을 복원하기로 결정하였다. 그리고 권씨의 재궁을 양주로 옮겨 문종의 현릉 옆에 소릉을 만들었고, 현덕왕후를 문종의 배위로서 부묘(삼년상이 지난 뒤에 그 신주를 종묘에 모심)한다는 부묘제도 지냈다. 이로서 50여년 만에 그녀의 시호와 능이 모두 복구되었던 것이다. 중종실록 17권, 중종 7년 11월 25일

현릉(소릉)은 경기도 구리시 동구릉로 197번지에 위치한 동구릉 내에 있다.

현덕왕후 권씨의 죽음

현덕왕후 권씨는 세자빈 시절인 세종 23년(1441) 7월 23일 단종을 낳고 그 다음 날인 24일 갑자기 사망하였으니 그녀의 나이 24세였다. 그리고 9월 7일 왕세자 빈의 시호를 현덕(顯德)이라 하였다.

세종실록에는 그 당시 상황을 다음과 같이 기록하고 있다.

「왕세자빈(王世子嬪) 권씨(權氏)가 동궁(東宮) 자선당(資善堂)에서 원손(元孫)을 낳아 도승지 조서강(趙瑞康) 등이 진하(陳賀)하매, 임금이 말하기를, '세자(世子)의 연령이 이미 장년이 되었는데도, 후사(後嗣)가 없어서 내가 매우 염려하였다. 이제 적손(嫡孫)이 생겼으

니 나의 마음이 기쁘기가 진실로 이와 같을 수 없다.' 하였다.」세종 실
록 93권, 세종 23년 7월 23일

그러나 곧 이어 7월 24일자에는 세자빈 권씨가 흥서하였다는 슬
픈 소식이 담겨있다.

「왕세자빈 권씨가 졸(卒)하였다. 빈(嬪)은 아름다운 덕(德)이 있
어 동정(動靜)과 위의(威儀)에 모두 예법(禮法)이 있으므로, 양궁(兩
宮)의 총애가 두터웠다. 병이 위독하게 되매, 임금이 친히 가서 문병
하기를 잠시 동안에 두세 번에 이르렀더니, 죽게 되매 양궁이 매우
슬퍼하여 수라[膳]를 폐하였고, 궁중(宮中)의 시어(侍御; 임금을 가
까이에서 받드는 일을 맡아보던 사람)들이 눈물을 흘리며 울지 않는
이 없었다. -중략-
예조에서 아뢰기를, '거애(擧哀; 상례에서 죽은 사람의 혼을 부르
고 나서 상제가 머리를 풀고 슬피 울어 초상난 것을 알림)는 외조모
(外祖母)의 예(例)에 의(依)하게 하소서.' 하니, 임금이 말하기를, '빈
은 나와 한집에 살던 며느리인데, 어찌 차마 밖에 나가 거애(擧哀)하
겠는가. 하물며, 빈이 죽어서 거애하는 것은 예전에 정례(正禮)가 없
는 것임에랴.' 하였다. 백관(百官)이 시복(時服)으로 근정전(勤政殿)
뜰에 나아가서 조례(弔禮)를 행하였다. 예조에서 아뢰기를, '동궁(東
宮)은 소대(素帶)를 30일 동안 띠다가 제(除)하고, 임금과 중궁(中
宮)은 소대를 5일 동안 띠다가 제하며, 조회를 5일 동안 정지하게 하
소서.' 하니, 그대로 따랐다.」세종실록 93권, 세종 23년 7월 24일

현덕왕후 권씨가 단종을 낳은 지 하루도 지나지 않아 갑자기 사망하게 된 정확한 원인은 당시 기록만으로는 알 수 없지만 현대 의학적 견지에서 그녀의 사망 원인을 추론하면 다음과 같이 할 수 있을 것같다.

먼저 사인에 앞서 이해를 돕기 위해 정상 분만 후 산모의 신체 변화를 살펴보겠다.

보통 성인 여성의 자궁은 보통 50그람 정도 무게로 크기는 달걀만하고 서양 배를 거꾸로 한 모양이다. 출산 직전에는 산모 자궁의 무게가 1,000그람 정도 늘어나 자궁이 커지고 양수 무게도 5 - 6Kg 되어 실제로 산모의 체중은 10Kg 이상 증가하게 된다.

그러나 출산 시 태반이 나온 후 자궁의 크기는 어른 머리 크기 정도로 줄어들고, 일주일 후는 어른 주먹 크기로, 산후 4 - 6주 경에는 임신 전과 같은 달걀 크기가 된다. 자궁 경관도 4 - 6주가 되면 완전히 닫히고, 난소에는 분만이 종료되면서 동시에 난자가 만들어지기 시작되지만 월경은 개인차가 있지만 빠르면 분만 후 6 - 8주부터 있게 되고 수유하는 경우에는 1년까지 월경이 없을 수 있다.

정상 분만에서도 산후 3일까지는 자궁수축에 의한 산후 진통이 있을 수 있으며, 산후 진통은 초산부가 더 심하고 모유를 하면 자궁수축이 빨라져 통증도 더 심해질 수 있다. 또한 산후 12시간 이내와 산후 3 - 4일경에는 미열이 날 수 있는 경우도 있지만 정상 분만에서는 고열이 나는 경우는 없다.

출산 전이나 분만 후 4 - 6주 이내는 자궁이 커져있고, 자궁내 조직 및 혈관 손상 등이 있어 문제를 일으킬 만한 요건이 형성되어 있

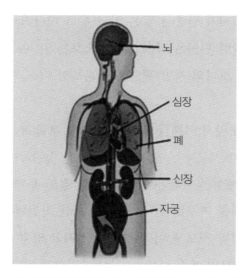

[그림 5]　**양수색전증** 분만 진통 중이나 분만 후 ① 갑작스러운 저혈압과 심장마비증상, ② 호흡곤란, 청색증, 호흡부전 등의 급성 저산소증, ③ 응고 장애 또는 달리 설명되지 않는 심한 출혈이 있는 경우

기 때문에 이 기간 중에는 출혈, 감염, 색전, 파열 등과 같은 합병증이 언제든지 생길 수 있는 것이다.

　분만과 관련해 산모 사망의 원인은 다양하지만, 직접 산과적 원인에 의한 것이 2/3를 차지하고, 평소 산모가 가지고 있던 고혈압, 당뇨, 비만 등과 같은 지병에 의해 생기는 간접 산과적 원인이 나머지 1/3정도를 차지한다.

　직접 산과적 원인으로는 분만 중이나 후 출혈(atonic bleeding; 이완성 출혈), 산과적 색전증(양수색전증), 임신중독 등과 같은 임신 합병증, 자궁파열, 감염이 흔한 원인이 된다.

　현덕왕후 권씨는 정상 분만을 한 후 얼마 지나지 않아 갑자기 사망하였는데 이런 경우 여러 원인들이 있지만, 정상 분만 조건 하에서 가장 먼저 고려해야 할 원인으로는 산과적 색전증인 양수색전증(amniotic fluid embolism)이다.

분만 중이나 혹은 출산 후 갑자기 호흡 곤란, 청색증 등과 같은 호흡부전 증상이 생기면서 저혈압과 심장마비 증상이 생기는 경우, 또는 갑자기 원인 모를 대량의 출혈이 생겨 순식간에 산모가 위험에 처하게 되는 경우에는 우선 양수색전증을 염두에 두고 지체 없이 응급조치를 해야한다[그림 5].

이 질환은 시간을 다투고 응급을 요하는 치명적인 산과적 질환이기 때문이다.

양수색전증의 발생 기전은 아직 밝혀져 있지 않고 있다. 과거에는 양수와 그 내용물이 분만시 손상된 산모 자궁 내의 정맥으로 들어가 폐순환을 방해함으로써 폐색전증과 같은 저산소혈증이 생기고 좌심부전을 일으키는 것으로 생각했으나, 최근에는 양수와 그 내용물이 모체 순환계로 들어갔을 때 일부 산모에서 생기는 과민반응으로 인해 발생하는 임신 과민반응증후군(anaphylactoid syndrome of pregnancy)으로 생각하는 견해도 있다.

양수색전증의 발생은 전 임신 기간 중에 생길 수 있으나 분만 중이나 출산 후 많이 발생한다. 양수색전증의 약 70%는 질식 분만 중이나 후에 발생하나 제왕절개 후, 자연유산, 임신중절시술, 양수 검사 후에도 발생할 수 있다.

정순왕후 송씨

생몰년 1440 – 1521
재위기간 1454 – 1455
자녀수 무자녀
사인 노환

떠난 임 그리며 수절한
왕비 정순왕후(定順王后) 송씨

― 님 그리며 82세까지 천수를 누리다

기다림이란 절망 속에 피어나는 희망의 꽃과 같다.
- 정읍사 망부상에 쓰여있던 글 중에서 -

영조 47년 9월 6일 실록에 정업원과 동망봉에 대한 기록이 있는데
소개하면 다음과 같다.

「임금(영조)이 왕세손(정조)을 거느리고 창덕궁(昌德宮)에 나아
갔다가, 이어서 정업원(淨業院)에 나아갔다. 이 때 임금이 사릉(思
陵; 정순왕후 능)의 능역(陵役; 능을 만들거나 고치는 일)으로 인하
여 사릉의 옛일에 대해 물었는데, 승지 임희교(任希敎)가 전 참판 정
운유(鄭運維)가 그 사적(事蹟)을 자세히 알고 있다고 우러러 대답하
니, 임금이 정운유에게 명하여 정업원에 와서 기다리고 있다가 입시

토록 명하였다. 임금이 말하기를, '성후(聖后; 정순왕후)께서 언제 이 곳에 와서 거주하셨는가?' 하니, 대답하기를, '어느 해인지 징험(어떤 징조를 경험함)할 만한 문자가 없습니다. 그 당시 광묘(光廟; 세조)께서 정순왕후(定順王后)가 외롭게 의지할 곳이 없는 것을 불쌍히 여기시고 경중(京中; 서울의 안)에 집을 내려 주고자 하였으나, 왕후께서 동문(東門) 밖의 동쪽 땅이 바라보이는 곳에 살기를 원하니, 재목을 내려 주어 짓도록 명하였는데, 이것이 곧 정업원 기지(基址)입니다. 그런데 사형(師兄; 나이나 학덕이 자기보다 높은 사람을 높여 이르는 말) 윤씨로 이름이 혜은(惠誾)인 사람 처소의 금득(衿得)이라는 자에 대해 지금 그 문안(文案; 나중에 자세하게 참고하거나 검토할 문서와 장부)이 아직도 신의 집에 있으므로 알고 있습니다. 문서(文書) 가운데 사당(祠堂) 3간, 숙설청(熟設廳; 나라의 잔치 때에 음식을 만들던 곳) 2간이라는 글이 있었으니, 성후(聖后)께서 친히 이 곳에서 단묘(端廟; 단종)의 제사를 행하신 것이 분명합니다. 신의 선조 정미수(鄭眉壽)로 하여금 시양(侍養; 시중을 들며 봉사함)하도록 정한 후 신의 선조 집으로 이어(移御)하셨는데, 대개 시양을 정하기 전에 정업원 주지 노산군 부인(魯山君夫人)이라고 일컬었으나, 이것은 불씨(佛氏)를 숭신(崇信)한 때문이 아니었습니다.' 하였다. 임금이 말하기를, '경의 선조는 성후와 어떤 친척이 되는가?' 하니, 대답하기를, '신의 선조는 곧 문묘(文廟; 문종)의 외손(外孫)이고, 경혜 공주(敬惠公主; 단종의 친누나) 아들입니다. 이 때문에 성후께서 신의 선조로 하여금 시양하게 하셨고, 신의 집에서 예척(禮陟; 승하)하셨던 것입니다.' 하였다. 임금이 말하기를, '그 당시 경의 집이 어디에 있었

[그림 6] 정업원 옛터(정업원구기)에 영조가 친히 세운 비석

는가?' 하니, 대답하기를, '지금 광은 부위(光恩副尉) 김두성(金斗性)의 집입니다.' 하였다. 인하여 임금이 정운유에게 가자(加資; 품계를 올리도록 함)하도록 명하였다. 이보다 앞서 임금이 정업원의 유지(遺址)가 이곳에 있다는 것을 들었기 때문에 비석을 세워 표지(表識)하게 하였다[그림 6].

비석이 완성되자 임금이 먼저 창덕궁에 나아가 진전(眞殿; 창덕궁 안에 조선 역대 왕들의 어전을 모신 전각 즉 선원전)에 비석 세운 일을 직접 아뢰고, 이어서 정업원 유지에 거둥하여 비각(碑閣)을 봉심(奉審)하고, 비각 앞에서 사배례(四拜禮)를 행한 다음 말하기를, '오르내리시는 성후의 영령(英靈)께서 오늘 반드시 이곳에 임어하셨을 것이다.' 하였다. 그리고 친히 〈동망봉(東望峰)〉 세 글자를 쓰고

원(院)과 마주 대하고 있는 봉우리 바위에 새기도록 명하였는데, 곧 정순 왕후가 올라가서 영월(寧越) 쪽을 바라다보던 곳이다.」

정순왕후 송씨는 여량부원군 송현수의 딸로 세종 22년(1440)에 태어났다.

송씨는 단종 2년(1454) 1월 22일 15세 나이로 한 살 연하인 단종 과 혼인하여 세자빈을 거치지 않고 곧 왕비로 책봉된 첫 왕비이다.

아버지인 송현수(宋玹壽)는 풍저창부사(豊儲倉副使)로 있을 때 딸이 비로 책봉되자 돈령부지사가 되었고 여량군에 책봉되었다. 단종 3년(1455) 세조가 단종에 이어 왕으로 즉위하자 송현수는 돈령부 판사가 되어 세조를 적극 보필하였다. 세조 2년(1456) 사육신 사건 이 일어나자 대간의 참소로 송현수의 처벌이 불가피하였으나 세조 의 적극적인 두둔으로 무사할 수 있었다. 그러나 결국 송현수는 세조 3년(1457) 금성대군의 단종 복위 사건의 실패 때 주살당하고 말았다.

그는 세조 잠저 시절부터 세조와는 알고 지낸 사이이다. 세조 잠 저시절 둘 사이에 있었던 일화 한 토막을 소개하면 아래와 같다.

세종의 여덟째 아들인 영응대군의 첫 부인인 대방부부인 송씨는 송현수의 여동생으로 정순왕후 송씨의 친고모였으나, 세종이 1449 년 3월에 영응대군의 부인인 송씨가 병이 있다고 폐출시켰다. 세종실록 123권, 세종 31년 3월 18일

그 후 영응대군은 춘성부부인인 정씨와 재혼했으나 재혼 후에도 송씨를 잊지 못하고 있었다. 이를 눈치챈 수양대군은 영응대군을 친 구인 송현수의 집으로 자주 데리고 다녔다. 이러한 잠행으로 영응대

군은 궐 밖에서 살던 송씨와의 사이에 두 딸까지 얻게 되었다. 결국 영응대군은 단종 1년(1453) 11월에 두 번째 부인인 정씨와 이혼하고, 송씨를 다시 부인으로 맞아 들였다.

「이조(吏曹)에 전지(傳旨)하여 춘성부부인(春城府夫人) 정씨(鄭氏)에게 봉작(封爵)한 관교(官敎; 조선조 때 문무관 4품 이상과 종친 및 내명부·외명부에게 내려 주던 사령장)를 거두게 하였다. 처음에 영응대군(永膺大君) 이염(李琰)이 상호군(上護軍) 송복원(宋復元)의 딸에게 장가들어 부인을 삼았었는데, 부인이 병이 있게 되자, 세종이 이를 폐하고 다시 참판(參判) 정충경(鄭忠敬)의 딸에게 장가를 들였다. 그러나 영응대군 염은 송씨를 잊지 못하여 송씨와 잠통(潛通)하고 두 딸을 낳았기 때문에, 정씨를 폐출하고 송씨를 다시 봉하여 부인(夫人)으로 삼았다.」단종실록 9권, 1년 11월 28일

이 사실 하나만으로도 세조와 송현수 둘 사이는 얼마나 가깝게 지냈는지를 짐작할 수 있다.

1452년 4월 문종의 승하로 단종은 12세의 어린 나이에 왕으로 등극했다.

단종 1년(1453) 5월 17일 수양대군이 여러 종친과 함께 단종에게 왕비를 맞아 들이기를 간청하였다. 그러나 단종은 상왕의 상중이라고 수양대군과 종친들의 간청을 거절하였다. 그러던 중 그 해 10월 10일 수양대군은 계유정난을 일으켰고 곧 자신이 영의정부사에 올랐다.

계유정난을 계기로 권력이 수양대군으로 넘어갔고, 12월부터 수양대군은 정인지, 한확 등과 함께 다시 3차례나 왕비를 맞아 들일 것을 청하였다.

단종 2년(1454) 1월 4일 수양대군은 한확, 김조 등과 함께 창덕궁에서 처녀 간택을, 1월 6일에는 효령대군 이보, 정인지 등과 함께, 그리고 2일 후에는 효령대군 이보, 임영대군 이구 등과 처녀를 간택하여 왕비 후보자로 풍저창부사 송현수, 예원군사 김사우, 전 사정 권완의 딸 3명을 뽑았다. 그리고 1월 10일에는 수양대군, 효령대군 이보, 영응대군 이염 등이 모여서 송현수의 딸을 비로, 김사우, 권완의 딸을 잉(媵; 시첩)으로 삼을 것을 결정하였다. 그리고 1454년 1월 22일 정순왕후 송씨는 근정전에 나아가서 왕비로 책봉되었다.

왕비 책봉은 간택이란 절차에 의해서 결정되었지만 실제에 있어서는 수양대군이 잠저시절부터 송현수와의 맺어온 옛 친분이 정순왕후 송씨가 왕비로 간택된 결정적인 요인이 되었다고 한다.

그러나 단란했던 결혼 생활도 잠시 단종 3년(1455) 윤 6월 11일 단종은 왕위를 수양대군에게 반강제적으로 선위하고 말았다. 단종이 세조에게 왕위를 선위하자 세조는 사육신의 단종 복위 사건을 일으키기 전 약 1년간은 단종을 극진히 모셨다.

그러나 세조 2년(1456) 6월 2일 성균사예 김질과 우찬성 정창손이 성상문의 불궤를 고발함으로서 사육신의 단종 복위 사건이 터졌다. 결국 세조 3년(1457) 6월 21일 단종의 장인인 송현수도 반역에 가담하게 되었고 단종도 그 모의에 참여하였다고 하여 세조는 단종을 노산군으로 강봉시켜 영월에 거주케 하였다.

세조는 그 이튿날 영월로 떠나는 노산군을 환관 안노로 하여금 화양정(세종의 별장; 현재 광진구 화양동 110번지 일원)에서 전송케 하였고(세조실록 8권, 세조 3년 6월 22일), 중전 송씨는 〈영도교(永渡橋)〉에서 영월로 귀양가는 남편과 마지막 작별을 나눴는데 그 때 그녀 나이 18세였다. 그리고 6월 26일에 세조는 단종의 어머니인 현덕왕후도 서민으로 강등시켰던 것이다. 그 후 궁궐에서 쫓겨난 중전 송씨는 정업원(청룡사)에 잠시 지내다가 그 부근에 집을 짓고 여생을 보냈다.

정순왕후 송씨와 정업원에 얽힌 이야기들

정순왕후 송씨는 단종 2년(1454) 1월 15세 나이에 한 살 어린 단종과 결혼하여, 결혼 생활 3년 5개월 만인 1457년 6월 그녀 18세 나이에 영월로 귀양가는 단종과 생이별을 하였다.

정순왕후 송씨는 수강궁을 나온 후 동대문 밖 숭인동 정업원에서 잠시 거주를 한 후 정업원 앞 동망봉(東望峰) 기슭에 천막을 짓고 시녀들과 여생을 보냈다고 한다.

단종 사후에는 평생 흰옷만 입으면서 고기와 생선을 먹지 않고 수절하였다.

동망봉 아래 청계천의 영도교에는 애절한 사연이 있는데, 단종과 송씨가 그 다리에서 마지막 이별을 한 후 다시는 만나지 못했다. 그래서 사람들이 '영 이별다리'라 불렀다가 후세에 '영원히 건너가신

다리'라는 뜻으로 영도교(永渡橋)라 불리워 졌다.

단종이 노산군으로 강등되어 영월에 유배되어 청룡포를 바라보면서 자신의 신세를 읊은 시 '영월군 누대에서 짓다.'를 보면 단종의 애절한 심정을 헤아릴 수 있다.

원통한 새 한 마리 궁궐을 떠나니	(一自冤禽出帝宮)
외론 몸 그림자 하나 푸른 산속을 헤매구나	(孤身隻影碧山中)
밤마다 잠을 청하나 잠은 오지 않고	(假眠夜夜眠無假)
해마다 쌓인 한 삭여도 다하지 않네	(窮恨年年恨不窮)
울음소리 새벽 산에 끊기고 그믐 달만 밝은데	(聲斷曉岑殘月白)
핏빛 물 봄 골짝에 떨어진 꽃잎 붉도다	(血流春谷落花紅)
하늘은 귀머거리인 양 애절한 하소연 못 듣는데	(天聲尙未聞哀訴)
어찌하여 근심 어린 사람 귀만 밝은가?	(何奈愁人耳獨聽)」

정순왕후 송씨가 궁궐에서 나와 잠시 정업원(혹은 청룡사)에서 거처하였다는데 정업원에 대한 내력은 다음과 같다.

정업원은 고려. 조선시대 도성 안에 있었던 여승방(女僧房)으로 창건연대는 미상이나, 1164년 고려 18대 왕 의종이 정업원에 이어(移御 : 임금이 행차함)한 기록이 있는 것으로 보아 그 이전부터 정업원이 있었음을 알 수 있다. 몽골 침입으로 강화도 천도(38년간 피난 임시수도) 이후인 1252년 고려 23대 왕인 고종은 박훤(朴暄)의 집을 정업원으로 삼아 성 안에 있던 비구니를 살게 하였고, 환도 후에는 다시 개경에 정업원을 두었다. 고려 27대 왕인 충숙왕 때는 남편 이집

(李緝)을 살해한 반씨(潘氏)를 정업원에 있게 하였고 고려 말에는 비구니 묘장(妙藏)이 한때 정업원의 주지로 있었고, 고려 31대왕인 공민왕의 후궁였던 혜화궁주(惠和宮主)가 여승이 되어 정업원에 머물기도 하였다. 조선 초기 제1차 왕자난 이후 소도군(昭悼君; 방석)의 처인 심씨도 정업원 주지로 있었다. 한국민족문화대백과; 태종실록 15권, 태종 8년 2월 3일

한양에 도읍을 건설한 조선 초에는 개경의 정업원을 옮겨 건립하였다. 정업원의 소재지에 대해서는 북한산 응봉(鷹峰) 아래 창경궁(昌慶宮)의 서쪽이었다는 설과 동대문 밖 동망봉(東望峰) 아래였다는 설이 있다.

조선시대 정업원은 척불정책에 의해 1448년(세종 30)에 폐지되었으나, 1457년(세조 3)에 다시 정업원 복립(復立)이 결정되어 1459년에 원사(院舍)가 중창되었다. 그러나 정업원은 연산군 11년(1505)에 다시 혁파되고 이승들은 성 밖으로 축출되었다. 그 뒤 정업원은 독서당(讀書堂)으로 사용되다가, 독서당을 두모포(頭毛浦; 성동구 옥수동에 있던 나루터)로 옮긴 중종 12년(1517) 이후에는 빈 절로 남게 되었다. 그후 중종은 정업원을 다시 개축하려 했지만 유생들의 반대에 부딪쳐 뜻을 이루지 못하다가, 명종 5년(1550) 3월에 다시 세웠다. 이 때에도 유생들의 강한 반발이 있었기 때문에 정업원을 후궁들의 별처로 한다는 구실을 붙여 인수궁(仁壽宮)이라고 했다가 뒤에 다시 정업원이라고 하였다. 유생들의 정업원 폐 지운동은 꾸준히 계속되었고, 특히 선조가 즉위한 이후에 격심해졌다. 그리하여 선조 40년(1607) 5월 정업원은 폐지되고 비구니들은 성 밖으로 쫓겨났으

며, 그 뒤로는 다시 복구되지 못하였다.

정업원이 동망봉 아래 있었다는 설은 단종의 비 송씨가 동망봉에 있었던 사실과, 또한 그녀가 정업원 주지로 있었던 사실이 얽혀서 잘 못 전해졌기 때문에 생겨난 것이다. 한국민족문화대백과; 영조실록 117권, 영조 47년 8월 28일과 9월 6일

처음 수강궁을 나온 정순왕후 송씨는 청룡사에서 잠시나마 그곳에 몸을 의지하고 있었다. 송씨는 날마다 청룡사에 가서 부처님께 예불하고 불경을 외우고 죄업을 참회하였다.

정순왕후 송씨가 서인으로 강등된 후 수강궁을 떠나 청룡사로 나오게 되자 귀양길에 오른 단종도 청룡사에 함께 들러 우화루(雨花樓; 청룡사 안에 있는 누각)에 잠시 머무르면서 송씨와 눈물을 흘리면서 마지막 작별을 하였다고 한다. 이 우화루는 마지막 이별을 하였다고 하여 세상 사람들은 〈영리정(永離亭)〉 즉 '영원이 이별을 나눈 집'이라는 뜻으로 부르게 되었으며 마침내 동네 이름도 변하게 되었다.

청룡사는 현재 서울시 종로구 숭인동에 위치한 사찰로, 고려 태조 5년(992)에 태조 왕건 때 도선국사 유언에 따라 창건되었고 비구니 혜원(慧圓)을 제1세 주석(主席)으로 삼았다. 세조 3년(1456) 6월 단종이 영월로 유배되자 정순왕후 송씨가 이 절에 들려 단종을 위해 예불을 올렸고, 날마다 '동망봉'에 올라 단종이 귀양간 영월 쪽을 바라보며 사부(思夫)의 정을 가지고 울었다. 영조 47년(1771)에 영조가 절내에 정업원 구기(舊基)라는 비석을 세우고 '동망봉'이라는 친필 표석을 세워 단종을 애도하였는데, 이 때부터 절 이름을 정업원이

라 불렀다. 그러나 1823년(순조 23)에 순조비인 순원왕후 김씨의 병세가 깊어지자 부원군인 김조순이 이 절에서 기도를 올려 왕후의 병이 낫자 후에 김조순이 절 이름을 다시 청룡사로 바꿨다. 한국민족문화대백과

정순왕후 송씨가 청룡사로 올 때 함께 온 시녀 세명은 모두 송씨를 따라 스님이 되었는데 그 가운데 시녀 세 사람 법명은 각각 희안(希安), 지심(智心), 계지(戒智)였다.

「사릉(정순왕후)이 정업원에 출가할 때에 시녀 세 사람이 동시에 머리를 깎았는데, 승명(僧名)은 희안(希安)·지심(智心)·계지(戒智)였다. 한 사람은 옆에서 모셨고 두 사람은 동냥을 하여 땔감과 양식을 공급하였는데, 사릉이 해평부원군 정미수를 시양자(侍養子)로 삼아서 정미수의 집에 옮겨 거처하매, 두 여승이 따라갔다. 여승이 죽자, 사릉 옆 가까운 땅에 장사지냈다.」 해평가전(海平家傳), 연려실기술 제4권

정순왕후는 청룡사에서 나온 이후 바깥 세상과는 인연을 끊고 일념으로 단종을 위해 기도하면서 생활을 위해 자주물을 들여서 댕기, 저고리깃, 고름 끝동 등을 만들며 힘든 생활을 하면서도 세조의 도움은 일체 거절하였다. 자주물을 들여서 바위 위에 말리고 하였으므로 이 바위를 〈자주바위〉라고, 바위 밑에 있는 샘물을 〈자주우물〉이라 하였고, 마을 이름도 자주동이라 부르게 되었다.

정순왕후는 비가 오나 눈이 오나 하루도 빠짐없이 청룡사 앞에 있는 동망봉에 올라가서 동쪽을 바라보면서 단종의 귀양살이를 비통해 하였다.

그리고 정순왕후가 날마다 오르내리던 동망봉의 풀들마저 5백년이 지나도록 모두 동쪽으로만 고개를 숙이고 있다고 하는데 이는 정순왕후가 단종을 그리워하는 애달픈 한맺힘이 풀들에게도 전해져 그렇게 된 것이라는 이야기도 구전되고 있다.

정순왕후 송씨의 죽음

「왕비 의덕단양제경정순왕후(懿德端良齊敬定順王后)송씨는, 본관은 여산(礪山)이오 판돈녕부사 여양군 증 영돈녕부사 여양부원군(判敦寧府事礪良君贈領敦寧府事礪良府院君) 현수(玹壽)의 딸이다. 세종 22년(1440) 경신에 탄생하여, 갑술년(1454년) 정월 22일 갑술에 왕비에 책봉되고, 을해년(1455) 7월에 높여 의덕왕대비(懿德王大妃)로 되었다가, 세조 3년(1457) 6월에 강봉되어서 부인(夫人)으로 되었으며, 중종 16년(1521) 6월 4일 갑신에 죽으니, 수(壽)는 82세이다. 숙종 24년(1698) 11월에 왕비위에 추복되었다. 능은 사릉(思陵)이다. 사릉은 경기도 남양주시 진건읍 사릉리에 있다.」연려실기술 제4권

정순왕후 송씨는 단종이 수양대군에게 왕위를 빼앗긴 뒤 영월로 귀양가자 왕실을 떠나 청룡사 부근 산기슭에 작은 집을 지어 평생을 흰옷만 입고 고기와 생선은 입에 대지도 않고 수절하였다.

정순왕후가 후사 없이 승하하자 단종의 누나인 정혜공주의 시가인 해주 정씨가의 묘역에 묻혔고 제사도 정씨가에서 지냈다. 숙종

24년(1698) 단종이 복위되자 '정순왕후'라 봉해졌고, 능호는 정순왕후가 평생 단종만을 그리워 하면서 일생을 보냈다고 하여 '사릉(思陵)'이라 붙였다. 훗날 영조는 정순왕후가 궁궐을 떠나 평생을 보낸 정업원 터(청룡사 내)에 비각을 세우고 단종이 있는 영월 쪽을 좀 더 잘 보기 위해 올랐던 곳으로 알려진 숭인동 뒷산 바위에 '동망봉'이라는 글자를 친필로 새겼다.

정순왕후 송씨는 82세까지 수절하며 살아 그 당시로는 천수를 누렸다. 그리고 왕비들 중에 최장수한 왕비였다.

조선시대 장수한 비결을 보면 동의보감에서는 다음과 같은 일곱 가지로 요약한다.

> 첫째 말을 적게 하여 내기(內氣)를 기른다.
> 둘째 색욕을 경계하여 정기(精氣)를 기른다.
> 셋째 음식을 단백하게 먹어 혈기(血氣)를 기른다.
> 넷째 침을 삼켜 오장(五臟)의 기를 기른다.
> 다섯째 화를 내지 않아 간기(肝氣)를 기른다.
> 여섯째 음식을 맛있게 먹어 위기(胃氣)를 기른다.
> 일곱째 생각을 적게 하여 심기(心氣)를 기른다.

즉 말, 정욕, 음식, 소화기능, 스트레스, 마음을 잘 다스리면 장수할 수 있다는 것이다.

정순왕후 송씨는 18세라는 어린 나이에 홀로 되었는데 아마도 이것이 전화위복이 되었던 것 같다. 일찍 홀로 되니 그녀는 자식이나 가족에 대한 근심걱정, 사욕, 물욕, 권력욕 등과 같은 모든 욕심을 저버리고 무념, 무상, 무소유 마음을 가지게 되었고 세상사를 모두 접고 오직 단종의 극락만을 기원하면서 일편단심 단종을 그리워하는 사부의 정을 가지고 여생을 보냈다. 그리고 육류를 제외한 단백한 식사를 하고 평범한 아낙네처럼 단순하게 살았던 것이 천수를 누릴 수 있었던 요인이 되지 않았을까? 마음을 비우고 욕심을 버리면 오래 살 수 있기 때문이다.

정희왕후 윤씨

생몰년	1418 – 1483
재위기간	1455 – 1468
자녀수	2남 2녀
사인	탈수

세 번의 행운을 잡은 왕비 정희왕후(貞熹王后) 윤씨

— 지병을 앓고 있는 66세 고령에 온천 후 탈수로 사망하다

많은 사람들은 저마다 초목과 마찬가지로 우연히 발견되는 감추어진 특질을 가지고 있다.

－ La Rochefoucauld －

이기가 지은 〈송와잡설〉에 세조와 정희왕후 윤씨의 혼인에 얽힌 일화가 있다.

「영묘(英廟; 세종) 때에 광묘(光廟; 세조)는 아직 수양대군(首陽大君)으로 잠저(潛邸)에 있었는데, 길례(吉禮; 혼인)를 치르기 전의 일이다. 처음에 정희왕후(貞熹王后)의 언니와 혼인 말이 있어 감찰 각씨[監察可氏]가 그의 집에 가니, 주부인(主夫人)이 처녀와 함께 나와서 마주 앉았다. 그 때 정희왕후는 나이가 아직 어렸으므로 짧은 옷과 땋은 머리로 주부인의 뒤에 숨어서 보는 것이었다. 주부인이 밀어 들어가라 하면서, '너의 좌차(坐次; 앉은 자리의 차례 즉 순서)는 아직도 멀다. 어찌 감히 나왔느냐?' 하였다. 감찰 각씨는 주부인에게, '그 아기의 기상이 범상치 않아 보통 사람과 겨눌 바가 아니니, 다시 보기를 청합니다.' 하고, 아름답게 여겨 마지않고 대궐에 들어와서 아뢰어 드디어 정혼하였다. 각씨의 사람 알아보는 안목을 지금까지도 일컫는다.」

정희왕후 윤씨는 동심의 호기심에 이끌려 언니 선보는 자리에 무심코 있다가 궁궐에서 나온 감찰상궁 각씨에 의해 그녀의 범창치 않은 기상이 감지되어 언니 대신 수양대군 배필로 간택되었다.

정희왕후 윤씨는 조선시대 최초로 대왕대비의 칭호를 받았고, 또한 최초로 수렴청정을 한 행운의 왕비이다.

정희왕후 윤씨는 파평부원군 정정공 윤번의 3남 7녀 중 아홉째(막내딸)로, 태종 18년(1418) 11월 11일 태어났다.

아버지 윤번은 떳떳하지 못한 사람이었기 때문에 정희왕후의 친정 부모에 관한 기록은 변변하지 못하다.

윤번은 과거에 합격하지 못하고 음서(蔭敍; 조선시대 조상이 관직생활을 했거나 국가에 공훈을 세웠을 경우에 그 자손을 과거에 의하지 않고 특별히 서용하는 제도)로 벼슬길에 나아갔다. 그는 조상 덕으로 벼슬길에 올랐지만 원리원칙이 없는 사람이었다. 그 일례로 충주 판관 시절 직무를 태만한 죄목으로 태 50대를 맞고 원래 임소로 돌아가야 하는 처벌을 받았다. 태종실록 35권, 태종 18년 1월 17

이 일이 있은 지 9개월 후인 태종 18년(1418) 11월 18일 정희왕후가 홍주의 관아에서 태어났다.

정희왕후 윤씨가 5세 되던 해인 세종 4년(1422) 봄에 윤번이 황해도 신천 현감으로 승진해서 갔을 때도 또 처벌을 받았다. 이유인즉 재직 시 유지와 짜고 이권에 개입해 부정 축제를 하였다는 것이었다.

「문화현감(文化縣監) 왕효건(王孝乾)을 곤장 1백을 쳐서 영암(靈巖)에 유배하고, 봉례(奉禮) 유지(柳地)는 곤장 90을 치고, 전 신천 현감(信川縣監) 윤번(尹璠)은 곤장 80을 쳤다. 유지는 감사 유장(柳璋)의 종제(從弟)이며, 윤번과 같은 동리 사람이었다. 유지가 권세를 믿고 왕효건에게 간청(干請)하여 문화현에서 공(貢)으로 바쳐야 할 칠(漆) 2되 8홉을 대납(代納)하고, 효건을 시켜 관문(關文; 관공서에서 작성한 서류)을 신천에 보내 칠 값을 묻게 하고, 번은 칠 값을 올려서 회답하니, 왕효건이 드디어 백성에게서 쌀 54석을 거두어 유지에게 주었던 것인데 찰방(察訪) 옥고(玉沽)의 안핵(按劾)으로 이에 죄를 받았다.」 세종실록 24권, 세종 6년 5월 11일

이후 딸이 수양대군의 부인이 되자 윤번은 군기시부정(軍器寺副正)에 승진되고, 이어 공조참의가 되었다. 1434년 이조와 호조의 참판, 경창부윤(慶昌府尹)을 거쳐 1439년 경기도관찰사, 대사헌 등을

지냈다. 1440년 우참찬·공조판서에 이어 지중추원사가 되었으나 풍병으로 사직하고, 1447년 판중추원사가 되었다. 영의정에 추증되고 파평부원군(坡平府院君)에 추봉되었다

세종 10년(1428) 10월 13일 정희왕후 윤씨는 11세 때 한 살 연상인 진평대군과 혼인했다. 참고로 세조는 대군시절 초에는 진평대군이라 칭하였으나, 세종 27년(1445) 2월 11일에 수양대군으로 고쳤다.

원래 수양대군과의 혼담 상대는 정희왕후 언니였는데 감찰상궁의 눈에 띈 정희왕후가 언니를 제치고 수양대군과 결혼하게 되었다. 이야말로 정희왕후의 운명을 바꾸어 놓은 첫 번째 행운이었던 것이다.

결혼 후 세조와 정희왕후 윤씨 사이에서 2남 2녀가 태어났다.

수양대군은 젊은 시절 활쏘기와 말타기를 좋아했던 무예의 기질이 많았다고 한다. 그리고 왕위에 오르기 전에는 기방 출입도 하고 세 명의 후궁을 두었는데, 즉 박팽년의 딸인 '근빈 박씨', '덕중'이라는 폐소용 박씨, 신숙주의 서녀인 숙원 신씨이다. 그러나 왕으로 등극한 후에는 한 명의 후궁도 맞이 하지 않았다.

수양대군이 잠저 시절에 기방에 출입했다가 봉변을 당했던 일과 수양대군이 왕이 될 것이라고 예측한 관상감에 대한 일화가 선조 때 문신인 차천로가 지은 〈오산설림〉에 실려있다.

「광묘(세조)가 수양대군(首陽大君)이었을 때, 나이 14세에 어떤 창녀의 집에서 잤는데, 밤중에 그녀와 사통하는 자가 와서 문을 두

들기었다. 광묘가 놀라 일어나 발로 뒷벽을 차니, 벽이 쓰러지자 밖으로 나와 몸을 솟구쳐 두어 길 되는 담을 뛰어 넘었는데, 그 사람도 뛰어 넘었다. 광묘가 세 겹 성을 뛰어 넘으니, 그 사람도 같이 했다. 광묘가 대로를 따라 1리쯤 달리다가 길가에 묵은 버드나무가 있어, 마침내 그 속에 숨으니 그 사람이 따라 잡지 못하고 또한 종적을 잃었는지라, 혀를 차고 욕을 하면서 갔다. 얼마 뒤에 점잖은 사람이 문을 열고 나와 작은 다리 가에 오줌을 누고 나서 성문(星文; 천문)을 쳐다보고 이상히 여겨, 혼잣말로, '자미(紫微)별이 유수[柳宿; 이십팔수(二十八宿)의 하나]를 거쳤으니, 반드시 임금이 버들에 의지한 상이다. 매우 이상한 일이다.' 하고, 얼마 있다 들어갔다. 광묘가 바로 돌아와 다음날 그 사람을 물색하니, 바로 관상감(觀象監)으로 추보(推步; 천체의 운행을 관측함)를 잘하는 사람이었다. 광묘가 그 성명을 암기하고 마음으로 홀로 기뻐하였다. 뒤에 등극하여 물으니, 그 사람이 죽은 지 이미 오래였으므로 그 자손에게 후히 하사했다.」 오산 설림초고, 대동야승

계유정난과 왕비 등극

단종이 왕에 오를 때에는 조부모, 부모 모두가 사망하여 홀홀 단신이었다. 단종을 키운 세종의 후궁 혜빈 양씨만 유일한 생존자이지만 그 당시 후궁은 수렴청정을 할 수 없었다. 따라서 단종 즉위 교서에서 밝혔던 것처럼 임시 체제로 들어간 것이다. 즉 '모든 업무를 매양 대

신에게 물어 한결같이 열성(대대의 임금)의 헌장에 따라서 어려움을 크게 구제하기를 바란다'는 것이었다.

영의정 황보인, 좌의정 정분, 우의정 김종서의 의정부 삼정승이 단종을 보좌하는 비상 체제로 간다는 뜻이었다. 그러나 실은 고명대신인 황보인과 김종서 두 사람이 단종을 보필하며 황표정사를 통해 정사를 이끌었다.

황표정사란 두 정승이 정책 사항이나 인사 대상자의 이름에 황색점을 찍어 올리면 단종은 그 위에 형식적으로 점을 찍어 추인하는 방식이었다.

따라서 의정부의 권한은 막강해졌고 신하들은 황보인과 김종서의 눈치를 보게 되었다. 이렇듯 왕권이 약해지고 신권이 강해지자 당시 36세인 수양대군을 비롯한 안평대군, 금성대군 등 왕자들이 반발했고, 성삼문, 신숙주 등 집현전 출신 신료들도 황표정사의 폐단을 거론하고 의정부 권한 확대를 우려했다.

드디어 수양대군은 김종서 등의 횡포에 분개하여 단종 1년(1453) 10월 10일 김종서 등을 제거하는 거사를 일으켰다. 이를 계유정난이라 하는데, 그 당시 상황을 요약하면 다음과 같다.

「수양대군이 새벽에 권남(權擥), 한명회(韓明澮), 홍달손(洪達孫)을 불러 말하기를, '오늘은 요망한 도적을 소탕하여 종사를 편안히 하겠으니, 그대들은 마땅히 약속과 같이 하라. 내가 깊이 생각하여 보니 간당(奸黨) 중에서 가장 간사하고 교활한 자로는 김종서(金宗瑞) 같은 자가 없다. 저 자가 만일 먼저 알면 일은 성사되지 못할 것이다. 내가 한두 역사를 거느리고 곧장 그의 집에 가서 김종서를 선자리에서 베고 오면, 나머지 도적은 평정할 필요도 없다. 그대들은 어떻게 생각하는가?' 하니, 모두 수양대군의 말에 동조하였다. 그리고 수양대군은 무사들을 불러 후원에서 과녁에 활을 쏘게 하고 술자리를 베풀었다. 해가 저물자 수양대군이 활 쏘는 것을 핑계하고 멀찌 감치 무사 등을 이끌고 후원 송정(松亭; 솔숲 사이에 지은 정자)에서 말하기를, '지금 간신 김종서(金宗瑞) 등이 권세를 희롱하고 정사를 독차지하여 군사와 백성을 돌보지 않아서 원망이 하늘에 닿았으며, 군상(君上; 임금)을 무시하고 간사함이 날로 심해져 앞으로 비밀리에 불궤(不軌; 반역을 꾀함)한 짓을 도모하려 한다. 이 때야말로 충신 열사가 대의를 분발하여 죽기를 다할 날이다. 내가 이것들을 베어 없애서 종사를 편안히 하고자 하는데, 어떠한가?' 하니, 대부분은 수양대군의 말대로 따르겠다고 하나, 송석손(宋碩孫), 유형(柳亨) 등은 먼저 임금에게 아뢰어야 한다고 하였다. 이렇듯 의논이 분분하자 북문을 따라 도망하여 나가는 사람도 있었다. 이에 수양대군이 한명회에게 '불가하다고 여기는 사람이 많으니, 계교(요리조리 헤아려 보고 생각해 낸 꾀)가 장차 어디에서 나오겠는가?' 말하자, 한명회는 '길 옆에 집을 지으면 3년이 되어도 이루지 못하는 것입니다. 작은 일도 오히려 그러한데, 하물며 큰 일이겠습니까? 일에는 역(逆)과 순(順)이 있는데, 순으로 움직이면 어디를 간들 이루지 못하겠습니까? 모의(謀議)가 이미 먼저 정하여졌으니, 지금 의논이 비록 통일되지 않더라도 그만둘 수 있습니까? 청컨대 공(公)이 먼저 일어나면 따르지 않을 자가 없을 것입니다.' 말하자, 또한 홍윤성(洪允成)도 '군사를 쓰는 데에 있어 해가 되는 것은 이럴까 저럴까 결단 못하는 것이 가장 큽니다. 지금 사기가 심히 급박하니, 만일 여러 사람의 의견을 따르다면 일을 다 틀릴 것입니다.' 말하였다.

송석손 등이 옷을 끌어당기면서 두세 번 만류하자 수양대군은 노하여 말하기를, '너희들은 다 가서 먼저 고하라. 나는 너희들을 의지하지 않겠다.' 하고서는 활을 끌고 일어서서, 말리는 자를 발로 차고 하늘을 가리켜 맹세하기를, '지금 내 한 몸에 종사의 앞날이 매었으니, 운명을 하늘에 맡긴다. 장부가 죽으면 사직(社稷)에 죽을 뿐이다. 따를 자는 따르고, 갈 자는 가라. 나는 너희들에게 강요하지 않겠다.' 하고, 중문에 나오니 자성왕비(慈聖王妃; 정희왕후)가 갑옷을 끌어 입혀주었다. 드디어 갑옷을 입고 가동(家僮; 집안 심부름을 하는 사내아이 종) 임어을운(林於乙云)을 데리고 단기(單騎)로 김종서(金宗瑞)의 집으로 갔다.

수양대군이 임어을운만 데리고 김종서의 집으로 가자, 권남과 한명회는 의논하여 권언(權躽), 권경(權擎), 등으로 하여금 돈의문(敦義門) 안 내성(內城) 위에 잠복하게 하고, 또 양정(楊汀) 등에게 경계하여 미복(微服; 남의 눈을 피할려고 입는 남루한 옷차림) 차림으로 따라가게 하였다.

이에 앞서 수양대군은 처음에 권남에게 명하여 김종서를 그 집에 가서 엿보게 하였다. 권남이 돌아와 보고하니, 수양대군은 이미 말에 올라타고 있었다. 수양대군이 김종서의 집 동구(洞口)에 이르니, 집앞에 무사 세 사람이 병기를 가지고 귀엣말을 하고 있었고 무장한 기사 30여 인이 길 좌우를 끼고 있었고 서로 무예를 자랑하고 있었다. 수양대군은 이미 김종서측의 방어 태세가 되어있는 것을 알고 웃으며 '누구냐?'고 말하자 그 사람들이 흩어졌다. 양정(楊汀)은 칼을, 유서(柳溆)는 궁전(弓箭; 활과 화살)을 차고 수양대군의 뒤를 따라왔다. 수양대군이 김종서의 집에 이르니, 김승규가 문 앞에 앉아서 신사면(辛思勉), 윤광은(尹匡殷)과 얘기하고 있었다. 수양대군이 김승규에게 김종서를 보기를 청하니 그는 들어가서 고하였다.

김종서가 한참 만에 나와 멀찍이 서서 앞으로 나오지 않는 수양대군을 보고 들어오기를 청하니, 수양대군이 말하기를, '해가 저물었으니 문에는 들어가지 못하겠고, 다만 한 가지 일을 청하려고 왔습니다.' 하였다. 김종서가 두세 번 들어오기를 청하였으나 수양대군은 굳이 거절하니, 김종서가 대문 앞으로 나왔다. 김종서가 나오기 전에 수양대군은 사모(紗帽) 뿔이 떨어져 잃어버린 것을 깨닫고 웃으며 말하기를, '정승(政丞)의 사모 뿔을 빌립시다.' 하니, 김종서가 사모 뿔을 빼어 주었다. 그리자 수양대군이 말하기를, '종부사(宗簿寺)에서 영응대군(永膺大君) 부인의 일을 탄핵하고자 하는데, 정승이 지휘하십니까? 정승은 누대(累代; 여러 대) 조정의 훈로(勳老)이시니, 정승이 편을 들지 않으면 어느 곳에 부탁하겠습니까?' 하였다. 이 때에 임어을운이 앞으로 나오니, 세조가 꾸짖어 물리쳤다. 김종서는 하늘을 우러러보며 한참 말이 없었다. 윤광은과 신사면이 굳게 앉아 물러가지 않을 기미를 보이자, 수양대군이 말하기를, '비밀한 청이 있으니, 너희들은 물러가라. 또 청을 드리는 편지가 있다.' 하고, 종자(從者; 남에게 종속되어 따라다니는 사람)를 불러 편지를 가져오게 하였다. 김종서가 편지를 받아 물러서서 달에 비춰 보는데, 수양대군이 눈짓을 하자 임어을운이 철퇴로 김종서를 쳐서 땅에 쓰러뜨렸다. 김승규가 놀라서 그 위에 엎드리니, 양정이 칼을 뽑아 쳤다.

　이 날 김종서는 역사(力士)를 모아 음식을 먹이고 병기를 정돈하다가 수양대군이 오자 사람을 시켜 담 위에서 엿보게 하며 말하기를, '사람이 적으면 나아가 접하고, 많으면 쏘라.' 하였다. 엿보는 자가 말하기를, '적습니다.' 하니, 김종서가 방심하고 오히려 두어 자루 칼을 뽑아 벽 사이에 걸어 놓고 나와 변을 당했던 것이다.

　한편 한명회(韓明澮)는 김종서를 작퇴하고 돌아오는 수양대군을 따라 성문 부근까지 왔다가 먼저 혼자 성문으로 돌아와서는, 수양대군의 명령을 반복해서 전달하면서, 수양대군이 돌아올 때까지 머물러 기다리게 하였다. 그러자 권남이 달려가 순청(巡廳)에 가서 '수양대군(首陽大君)께서 일로 인하여 문 밖에 갔으니, 비록 종(鍾)소리가 다하더라도 문을 닫지 말고 기다리라.' 하고, 권언(權躽)을 시켜 문을 감독하게 하였다. 얼마 후 세조가 이르렀다. 웃으며 권남에게 이르기를, '김종서(金宗瑞), 김승규(金承珪)를 이미 죽였다.' 하였다. 수양대군이 순청(巡廳)에 이르러 홍달손을 시켜 순졸(巡卒)을 거느려 뒤에 따르게 하고, 시좌소(時坐所; 임금이 임시로 지내던 궁전)로 달려가서 권남을 시켜 입직(入直) 승지(承旨) 최항(崔恒)을 불러내었다.

　수양대군은 손을 잡고 최항에게, '황보인(皇甫仁), 김종서(金宗瑞) 등이 안평대군(安平大君)에게 당부(黨附)하고, 함길도 도절제사(咸吉道都節制使) 이징옥(李澄玉), 경성부사(鏡城府使) 이경유(李耕㽥) 등과 연결하여 불궤(不軌)한 짓을 공모하여 거사할 날짜까지 정하여 형세가 심히 위급하여 조금도 시간 여유가 없다. 김연(金衍),

한숭(韓崧)이 또 주상의 곁에 있으므로 와서 아뢸 겨를이 없어서 이미 적괴(賊魁) 김종서(金宗瑞) 부자를 먼저 베어 없애고 그 나머지 잔당을 지금 아뢰어 토벌하고자 한다.'고 말하고, 환관 전균(田畇)에게도 사실을 알리고 임금께 아뢰도록 하였다.

한편 한명회 등은 살생부를 만들어 제 3문으로 들어오는 조극관(趙克寬), 황보인(皇甫仁) 등을 철퇴로 때려 죽이고, 사람을 보내어 윤처공(尹處恭), 이명민(李命敏) 등을 죽였다. 한편 삼군진무(三軍鎭撫) 최사기(崔賜起)를 보내어 김연(金衍)을 그 집에서 죽이고, 삼군진무 서조(徐遭)를 보내어 민신(閔伸)을 비석소(碑石所; 비문을 작성하고 새기고 운반하는 전 과정을 담당))에서 베고 또 최사기(崔賜起)와 의금부도사(義禁府都事) 신선경(愼先庚)을 보내어 군사 1백을 거느리고 안평대군 용(瑢)을 성녕대군(誠寧大君)의 집에서 잡아서 압송(押送)하여 강화(江華)로 압송하였다.」

한편 수양대군은 김종서가 정변 당일 죽은 줄 알았으나, 나중에 홍달손을 통해 김종서가 살아 있다는 사실을 알고 양정 등을 보내 김승벽(김종서의 둘째 아들)의 처가에 숨어 있던 김종서를 찾아서 효수하였다. 단종실록 8권, 단종 1년 10월 10일

이렇듯 계유정난으로 실권을 잡은 수양대군은 영의정, 이조판서, 병조판서 등 요직을 한 손에 틀어잡고 정권을 좌지우지하였던 것이었다.

계유정난을 계기로 단종 3년(1455) 윤 6월 11일 한명회, 권남 등은 단종에게 선위를 강요하자 그는 수양대군에게 왕위를 물려주고

상왕으로 물러났다.

단종은 거처를 창덕궁으로 옮기고 수양대군은 경복궁 근정전에서 즉위하였다. 그리고 그 해 7월 20일 정희왕후 윤씨도 왕비로 책봉되었다.

정희왕후 윤씨는 계유정난 초 망설이는 수양대군에게 단지 갑옷을 입혀주고 격려해 준 공로치고는 전혀 꿈에도 생각치 못했던 왕비 자리에 오르니 두 번째 행운이 그녀에게 찾아왔던 것이다.

최초의 수렴청정

세조 2년(1456) 6월 2일 김질과 정창손이 성삼문의 불궤를 고변함으로 사육신의 단종 복위사건의 실패, 그리고 1년 후인 1457년 6월 27일 관노 이동이 금성대군의 모반을 알려 금성대군의 단종 복위사건 실패, 그해 9월 2일 20세인 세조의 큰아들인 의경세자의 죽음, 그리고 10월 21일에는 단종의 죽음이 있었다.

정난이 끝나고 정권이 안정되자 세조는 자신이 저지른 죄에 대한 마음의 고통으로 신경쇠약에 걸려 시달리다가, 세조 14년(1468) 9월 8일 수강궁에서 승하하니 정희왕후 윤씨 나이 51세였다. 세조의 둘째아들인 예종이 세조에 이어 왕위에 등극하였으나 또한 예종도 1469년 11월 28일 20세 나이로 요절했다.

급변 상황에서도 예종 사망 즉시 정희왕후는 예상을 깨고 등극 서열 3위인 자산군을 왕으로 삼는다는 교서를 발표했다.

「대비가 말하기를, '원자(元子)는 바야흐로 포대기 속에 있고, 월산군(月山君)은 본디부터 질병이 있다. 「자산군(者山君; 자을산군)은 비록 나이는 어리지만 세조(世祖)께서 매양 그의 기상과 도량을 일컬으면서 태조(太祖)에게 견주기까지 하였으니, 그로 하여금 주상(主喪)하게 하는 것이 어떻겠는가?' 하니 신숙주 등이 대답하기를, '진실로 마땅합니다.' 하였다」 성종실록 1권, 성종 즉위년 11월 28일

서열 1위인 제안대군은 4세로 어리고, 서열 2위인 자산군의 형인 월산군은 병 때문이라고 하고, 자산군은 생존에 세조가 그의 기상과 도량을 태조와 견줄만큼 높게 사 왕으로 택한다고 하였다. 그러나 실은 자산군의 장인이 그 당시 실세인 한명회였기 때문에 그는 장인의 덕을 톡톡히 본 셈이다.

신숙주 등은 성종의 왕위 계승과 함께 정희왕후 윤씨에게 수렴청정을 부탁드렸다.

「신숙주는 아뢰기를, '신(臣) 등은 밖으로 나가지 않고 사정전(思政殿) 뒷뜰에 남아서 여러 가지 일을 의논하겠습니다.' 하고는, 드디어 뒷뜰로 나아갔다. 신숙주가 최항(崔恒)과 더불어 같이 교서(敎書)를 찬술(撰述; 글을 지음)하고, 또 위사(衛士; 대궐을 지키던 장교)를 보내어 자산군(者山君)을 맞이하려고 했는데, 미처 아뢰기 전에 자산군(者山君)이 이미 부름을 받고서 대궐 안에 들어왔다. 드디어 승지 한계순(韓繼純)을 보내어 내관(內官) 3인, 겸사복(兼司僕) 10인과 오장 차비인(烏杖差備人)을 보내어 자산군부인(者山君夫人) 한씨

(韓氏)를 그 사제(私第)에서 맞이해 왔다. 신숙주 등이 대비(大妃)에게 같이 정사(政事)를 청단(聽斷; 송사를 자세히 듣고 판단함)하기를 청하니, 대비가 전교(傳敎)하기를, '내가 복이 적어서 이러한 자식(子息)의 흉사(凶事)를 당했으므로, 별궁(別宮)으로 나아가 스스로 보양(保養; 몸을 편안하게 하며 건강을 잘 돌봄)하려고 한다. 더구나 나는 문자(文字)를 알지 못해서 정사(政事)를 청단(聽斷)하기가 어려운데, 사군(嗣君; 왕위를 이은 임금 즉 성종)의 어머니 수빈(粹嬪)은 글도 알고 또 사리(事理)도 알고 있으니, 이를 감당할 만하다.' 하였다. 신숙주 등이 아뢰기를, '온 나라 신민(臣民)의 소망(所望)이 이와 같으니, 힘써 따르시기를 원합니다.' 하니 대비가 사양하기를 두세 번이나 하였다. - 후략 - 」성종실록 1권, 성종 즉위년 11월 28일

문자도 모르는 정희왕후(실은 한글은 알았다고 함)는 52세에 조선 최초의 수렴청정을 하게 된 왕비가 되었으니 세 번째 찾아온 행운이었다.

이렇게 수렴청정을 시작한 정희왕후 윤씨는 성종 7년(1476) 1월 13일 6년 1개월 여만에 수렴청정을 마친다는 의지를 내렸다. 성종실록에 실려 있는 퇴임의 이유를 보면,

「정희왕후 의지(懿旨; 대왕대비, 왕대비, 왕비, 왕세자 등의 명령)를 의정부(議政府)에 내리기를, '국가의 모든 정무(政務)는 진실로 마땅히 1인(임금)에게 들어 처리해야 할 것이다. 간혹 모후(母后)가 있어 정무에 참여하는 일이 있으나, 이것은 한때의 임시 편의(便宜)

일 뿐이다. 주상(主上)께서 즉위하신 초기(初期)에는 춘추(春秋)가 아직 어리시니, 비록 성지(聖智; 임금의 지혜)는 하늘이 준 것이지마는 오히려 겸손한 덕을 가지고는 과부(寡婦; 대왕대비 자신을 지칭)가 문견(보거나 듣거나 하여 깨달아 얻은 지식)이 없다고 인정하지 않고서 모든 시책(施策)과 조치(措置)를 반드시 물은 후에 시행하였으며, 조정에 있는 대신(大臣)들도 또한 고사(故事)에 의거하여 결정에 참여하기를 굳이 청하니, 내가 비록 덕이 없어 이를 감내할 수가 없지마는 국가의 일에 또한 관심이 없겠는가? 이에 마지 못해서 힘써 따랐지만 다스리는 방법에 도움은 없고 국가의 체통(體統)에만 어긋남이 있었으므로, 매양 자문(咨問)과 품고(稟告; 웃어른에게 여쭘)를 받을 때마다 문득 부끄러움을 마음 속에 품게 되어, 항상 사사(辭謝)하고는 여년(餘年)을 편안히 지내려고 한 지가 오래되었다. 마침 지금은 임금의 나이가 이미 장성(長成)하고 임금의 학문도 이미 성취되어 만기(萬幾; 임금이 보살피는 여러 가지 정무)를 재결(裁決)함이 문득 규정과 법도에 합당하니, 나 같은 늙은 부인(婦人)이 마땅히 다시 쓸데없이 간섭할 바는 아니다.' 하였다」 성종실록 63권, 성종 7년 7월 13일

그러나 실은 정희왕후가 수렴청정을 그만두게 된 결정적 이유는 성종 6년(1475) 12월 10일에 있었던 최개지라는 사람의 익명서 때문이었다.

내용인 즉 최개지가 노비 소송을 벌였는데, 최계지에게 소송을 당한 사람이 이연손이었다. 그러자 이연손은 그의 아내인 윤씨를 통

해 정희왕후에게 알렸고, 이후 정희왕후 남동생인 윤사훈이 소송을 몰래 도와, 판결사 김극유에게 부탁을 하였기 때문에 최계지가 노비 소송에 졌다는 익명서이다.

또 다른 이유는 예전에 세조를 도와 공을 세운 한 상인이 살인죄를 짓고 관에 끌려왔는데, 그 당시 세조가 써준 약속의 글을 보이며 상인은 선처를 부탁했다. 약속한 글의 내용인 즉, 당시 세조는 고마운 마음에서 그에게 소원을 묻고 나중에 혹시 상인이 죽을 죄를 지어도 살려준다는 약조를 한 글이었다. 정희왕후는 세조의 어필임을 확인하고 상인을 살려주려고 하였으나, 성종은 살인했으면 당연히 사형시켜야 한다는 주장을 하자 둘 사이에 갈등이 생겼다고 한다. 조선왕비 오백년사, 윤정란

정희왕후 윤씨는 성종이 20세의 성년이 되었기에 스스로 수렴청정을 거둔다고 말은 하였으나 실은 두 가지 사건이 연류되어 타의에 의해 그만두게 된 것이다.

정희왕후 윤씨의 죽음

정희왕후 윤씨는 정치일선에 물러난 후 대비전에 지내다가 몸이 불편하면 세조와의 추억이 어린 온양의 온궁(온양의 행궁)을 찾아 휴식을 취하곤 하였다. 세조의 피부병 치료 등 여러 임금의 행행(行幸)이 잦아서 온양에 행궁을 지었고, 또한 세조는 행궁 뜰에 있던 옛 우물에서 찬 샘물을 발견한 후 〈주필신정비〉를 온양에 세웠다. 주필신

정(駐蹕神井)이란 임금이 잠깐 머무는 곳에 새로 솟은 신비의 샘이
라는 의미이다 [그림 7].

「행궁(行宮) 뜰에 옛 우물이 있었는데, 우물을 파게 하니 샘물이
솟아 올라왔다. 물의 근원이 깊고 맑으므로, 주필신정(駐蹕神井)이
라고 사명(賜命; 임금이 이름을 지어 줌)하였다. 영의정(領議政) 신
숙주(申叔舟) 등이 전문(箋文; 임금이나 왕후, 태자에게 올리던 글)
을 올려 칭하(稱賀; 칭송하고 축하함)하여 이르기를, 임금의 수레가
멀리서 오시어 잠시 탕반(湯盤; 은나라 탕왕이 목욕하던 그릇)의 욕
정(浴井; 목욕하는 우물)에 머무르니, 천휴(天休; 하늘의 아름다운 도
리)가 성하게 이르러 후온(后媼; 지신)의 상서를 나타내었으므로, 경
사로움이 천지에 넘치고, 기쁨이 조야(朝野; 조정과 민간)에 비등(沸

[그림 7] 주필신정

[그림 8] 주필신정비 누각

騰; 높이 떠오름)합니다. 가만히 생각하건대, 옛부터 제왕(帝王)이 출현(出現)할 때에는 반드시 부서(符瑞; 상스러운 조짐)의 징조를 나타내었는데 역대의 사적을 상고해 보니 각각 특서(特書; 특별히 두드러지게 적음)하였습니다. 공손히 생각하건대, 순(舜) 임금의 온문(溫文; 마음이 온화하고 거동이 예절에 맞음)함을 만나고 탕(湯) 임금의 용지(勇智; 지혜와 용기)와 같으시어 궁전(宮殿)을 낮게 하고, 의복을 검소하게 입고, 구혁(溝洫; 전지사이의 구렁) 의 경계에까지 힘을 쓰고, 의(義)를 들으면 즐겨 행하여 마치 강하(江河; 강과 하천)의 넉넉함과 같이 〈정치를〉 결행하며, 치화(治化; 어진 정치로 백성을 다스려 안도함)가 이미 흡족하고 은택(恩澤; 은혜와 덕택)이 널리 퍼져서 -하략-」세조실록 32권, 세조 10년 3월 5일 이후 주필신정비는 성종 14년(1483) 6월 18일 정희왕후에 의해 개수되었고, 현종 6년(1665)에 마모된 비문도 또 다시 새겨졌다. 현재 주필신정비는 온양관광호텔 구내에 남아있다[그림 8].

정희왕후 윤씨에 대한 병력을 실록에서 살펴보면;

성종 12년(1481) 2월 27일에 대왕대비의 한증(汗烝) 때문에 경복궁으로 이어하였고, 성종 13년(1482) 6월 5일에는 대왕대비가 편찮아서 성종이 경복궁(景福宮)에 나아가 대왕 대비전(大王大妃殿)에 문안 드렸는데 병세에 대한 기록은 없었다. 6월 10일 성종은 대비(大妃)의 병 증세가 의약(醫藥)으로 효력이 없게 되자, 중신들을 명산, 대천 등에 보내 여러 신명(神命)에게 기도하게 하였다.

이후 대왕대비의 적취에 대한 치료가 효험이 없자 정희 대왕대비가 온천에 가서 목욕을 하는 것이 어떠할지를 성종 13년(1482) 9월 24일 성종이 승정원에 물으니 좋다고 하였다. 그러자 성종 14년(1483) 1월 4일 약방제조 정창성과 권찬은 대왕대비의 온탕을 정지해야 한다고 아뢰었다. 이유인즉 정희왕후의 연세가 60이 넘었고 병을 앓고 있어 기운이 약해져 있기 때문이라 하였다.

그러나 약방제조의 반대에도 불구하고 정순왕후 윤씨는 두 대비(인수왕후와 안순왕후)와 함께 성종 14년(1483) 2월 16일 만조백관의 전송을 받으며 궁궐을 떠나 3일만에 도착하여 온양의 행궁에서 체류하고 있었다.

1개월여 후인 1483년 3월 24일 성종은 승정원에게 전교를 내려 오는 4월 초5일에 삼전(정희왕후, 인수왕후와 안순왕후)이 궁궐로 돌아오니 잔치를 베풀 때 중국음악인 당악(중국의 음악) 대신 우리

나라 음악인 속악(우리나라 음악)을 사용할 것과 장악원 기생 전원과 악공 50명을 쓰게 하여 대왕대비 환궁을 맞이할 준비를 하게 하였다. 그런데 3월 30일에 정희왕후께서 온천물에 목욕하신 후 기체가 피로해서 음식을 드시지 못한다는 급박한 소식을 들은 성종은 급히 좌승지 김세적을 온양에 보냈다. 그러나 김세적은 하루 만에 온양에서 돌아와 대왕대비가 위독함을 알렸고, 얼마 되지 않아 내관 박인손이 대왕대비가 3월 30일 술시에 승하하셨다는 비보를 알렸다. 그 당시 그녀 나이 66세였다.

그런데 대왕대비 사후 13일째인 1483년 4월 13일에 우의정 홍응이 양전(인수왕후와 안순왕후)의 교지를 받들어 성종에게 뜻밖의 소식을 전했다.

「이승(尼僧; 여승) 윤씨(尹氏)가 온궁에 와서 머물러 있다가 한열(寒熱)의 병[疾]을 얻어, 코피가 나오고 반점[斑]이 생기어 병세를 헤아릴 수가 없으니, 우리가 재궁(梓宮; 임금이나 왕비의 관)을 모시고 추종(騶從)하여 급하게 돌아가면, 마음에 미안(未安)하게 생각되니, 원컨대 주상(主上)께서도 빈전(殯殿; 왕이나 왕비의 관을 모시던 전각)에 거동하지 말기를 바란다.」성종실록 153권, 성종 14년 4월 13일

이는 성종에게 전염될 것을 우려하여 임금이 정희왕후 빈전에 접근하지 말라는 양전의 부탁하는 교지였다. 그러자 성종은 4월 15일 의정부에게 빈전을 성 밖에 두는 뜻을 널리 알리게 하였다.

이유인 즉 대왕대비를 수행하였던 여승과 궁녀가 갑자기 발병하

여 행궁을 나가게 되었으며 오래전부터 그녀의 병을 살펴보았던 권찬마저 병을 얻으니 빈전을 성 밖에 둔다는 것이다.

이러자 여러 대신들은 빈소를 정함에 있어 재궁을 궁궐 밖인 사저에 봉안함은 나라의 지존인 국모에 대한 예의상 옳지 않고, 중국의 사신이 빈소에 조문하고 이리저리 둘러보기가 비좁으니 굳이 경복궁이 아니더라도 다른 궁궐 내에 재궁을 안치하고 빈소를 차리기를 주청하였다. 그러나 젊은 손자의 건강을 염려하여, '내 병이 이미 깊고 중해 내 죽음과 연관해 질병과 흉한 일이 발생할 수 있어 임금이 와서 보는 것을 원치 않는다.' 라고 유언한 정희왕후 윤씨의 유지와 성종의 모후인 인수대비의 뜻도 완강하여, 장지로 정한 광릉도 가깝고 편한 동대문 밖에 있는 영순군 이부(세종의 5남인 광평대군의 아들)의 사저에 빈소를 정하였다.

43일 간의 국장 절차를 마친 후 6월 3일 폭우가 내리는 악천후에도 발인하였고, 6월 12일 현 경기도 남양주시 진천읍 광릉 동혈에 안장되었다.

정희왕후는 오랫동안 적취(積聚; 몸 안에 쌓인 기로 인하여 덩어리가 생겨서 아픈 병)로 고생하였고 모든 치료에도 호전되지 않자 온욕을 하려 갔다가 환궁도 못하고 온궁에서 승하하였다.

그러면 그녀가 앓은 적취란 병은 도대체 무슨 병이었을까?

한의학에서는 몸안에 쌓인 기로 인하여 덩어리가 생겨 아픈 병을 말한다. 아마도 현대의학에서 말하는 몸 안에 생긴 종괴(腫塊)와 같은 것이다. 종괴의 원인은 다양하지만 종양, 염증, 혈종 등이 흔한 원인이 된다.

정희왕후의 병은 여러 해 동안 지속되었고, 그녀와 같이 생활했던 여러 사람도 같은 병에 걸려, 대비들도 젊은 성종도 이 병에 걸릴까봐 걱정하고 정희왕후 빈소를 성 밖에 설치하라고 한 점 등을 고려하면 정희왕후가 여러 해 동안 고생한 적취는 결핵일 가능성이 높다. 참고로 성종도 재위 당시 결핵성 적취로 고생하였다.

정희왕후는 만성 소모성 질환을 갖고 있는 상태(결핵성 적취?)에서 온천을 한 것이 직접적인 사인이 되었다.

온천은 건강한 사람에게는 혈액순환을 원활히 해 주고 근육의 피로도 풀어줘 근육 이완을 시키는 이점이 있는 반면, 온천수의 고온으로 인해 수분 손실(탈수)과 전해질 장애가 생기는 단점도 있다. 특히 결핵 같은 만성소모성질환, 암환자, 고혈압과 당뇨병과 같은 성인병 환자, 노인 등은 온천시 탈수와 전해질 장애가 쉽게 생길 수 있기 때문에 주의해서 온욕을 해야 한다. 따라서 온욕 중에는 틈틈이 수분을 섭취하는 것을 잊어서는 안된다.

보통 자신의 체중 0.8 - 2% 이상 수분이 부족할 때 갈증을 느껴 물을 마시게 되는데 특히 노인들은 이런 상황에서도 잘 갈증을 느끼지 못해 자신이 탈수 상태인지를 인지 못해 탈수가 심해질 가능성이 높다. 어린 아이들처럼 노인은 적은 탈수에도 치명적이 될 수가 있다. 노인은 몇 차례 설사를 해도 탈수가 되어 혈류 장애를 일으켜 뇌경색이나 심근경색증과 같은 합병증을 유발하기도 한다.

탈수 증상으로는 입이 마르는 갈증, 피곤감, 무려감, 식욕부진, 두통, 어지러움 같은 증상이 있다가 소변량이 줄어들면서 정신이 혼미해지고, 안절부절 못하게 되고, 혈압이 떨어지면서 치료가 늦어지면 사망에 이르게 된다.

　정희왕후는 만성 질환(아마도 결핵)을 앓고 있는 고령 환자로, 식사도 제대로 못해 더욱더 기력이 쇠잔해진 상태에서 무리하게 온천을 하다가 탈수로 인해 사망한 전형적인 사례이다.

장순왕후 한씨

생몰년   1445 – 1461

재위기간   추존

자녀수   1남

사인   임신중독증

안순왕후 한씨

생몰년   1445? – 1498

재위기간   1468 – 1469

자녀수   2남 2녀

사인   위장병

17세에 요절한
추존 장순왕후(章順王后) 한씨

— 임신중독증으로 17세에 요절하다

노력 없이 쉽게 얻은 성공은 찰나일 뿐이다.

세조 3년(1457) 9월 2일 세조의 큰 아들인 세자 도원군(의경세자)이 20세 나이로 세상을 떠났다. 사망 당시 실록에는 다음과 같은 내용이 실렸다.

「세자가 본궁 정실(正室)에서 졸(卒)하였다. 세자는 용모와 의표(儀表; 몸을 가지는 태도)가 아름답고 온량(溫良; 성품이 온화하고 무던함) 공경(恭敬; 공손히 받들음)하며, 학문을 좋아하고 또 해서(楷書)를 잘 썼다. 양궁(兩宮)이 애도(哀悼)하니, 시종한 여러 신하들이 마음 아파하지 않는 자가 없었다. 당초 세자가 병을 얻었을 때, 지필(紙筆)을 찾아 고시(古詩)를 쓰기를

비바람 무정하여 모란꽃이 떨어지고   (風雨無情落牡丹)

섬돌에 펄럭이는 붉은 작약이 주란에 가득 찼네

(飜階紅(藥)蘂滿朱欄)

명황이 촉땅에 가서 양귀비를 잃고 나니   (明皇幸蜀楊妃死)

빈장(후궁)이야 있었거만 반겨보지 않았네   (縱有嬪嬙不喜看)

하여, 한 절구(絕句)를 시질자(侍疾者; 모시고 간호하는 자)에게 보이니, 사람들이 그 시(詩)의 말이 상서롭지 못한 것을 걱정하였다.'」세조실록 9권, 세조 3년 9월 2일

도원군은 자기의 앞날을 예측한 듯 고시로써 자신의 심정을 피력하였던 것이다.

도원군인 의경세자가 불의의 병으로 사망하자 그 해 12월 15일 세조의 차남인 해양대군(예종)이 8세 나이로 세자에 책봉되어 19세에 왕에 올랐으나 13개월 만인 20세에 요절하였다.

노력 없이 얻은 것은 순간에 잃어버리기 마련인가 보다.

장순왕후 한씨는 상당부원군 충성군 한명회의 셋째 딸로, 세종 27년(1445) 1월 16일 태어났다.

세조 6년(1460) 3월 28일 세조는 병조판서 한명회의 딸을 왕세자빈으로 정하고, 4월 11일 한씨를 세자빈으로 책봉하였다. 그 당시 장순왕후 한씨는 16세, 해양대군(예종)은 11세였다.

혼인한 그 이듬해인 1461년 초에 한씨는 임신을 하였는데 그녀는 임신 말기인 11월에 병이 들었다.

「왕세자빈(王世子嬪)이 병들어서 임금이 중궁과 왕세자와 더불어 창덕궁(昌德宮)으로 이어(移御)하고, 밤에 궁문(宮門)을 잠그지 말고 후문(候問; 병 문안을 드림)을 통하게 하도록 명하였으며, 승지(承旨) 한 사람으로 하여금 경복궁(景福宮)에 숙직(宿直)하게 하고, 만일 포치(布置)할 일이 있으면 급히 행하도록 하였다. 세조실록 26권, 세조 7년 11월 1일

그러자 그녀는 녹사(錄事; 고려와 조선 초기에 중앙의 여러 관서에 설치한 하위관직) 안기의 사저로 숙소를 옮기게 되었고, 11월 30일 그곳에서 아들인 인성대군을 낳았다. 그러나 한씨는 아이를 낳은 지 6일 만인 12월 5일 17세 나이에 사망하였다. 그 때 낳은 인성대군도 세조 9년(1463) 10월 24일 3세 때 풍질(?)로 사망하였다.

총애하던 며느리의 죽음을 예기치 못한 세조는 비통해하며, 세자빈 한씨에게 온순하고 너그럽고 아름다운 것을 뜻하는 장(章)과, 유순하고 어질고 지혜로운 것을 뜻하는 순(順)을 넣어 장순의 시호를 내리고 장순빈으로 삼았고, 그 후 성종 1년(1470) 1월 22일에 그녀를 장순왕후로 추존하였다.

장순왕후 한씨의 능호는 공릉(恭陵)이다. 이 능은 경기도 파주시 조리읍 봉일천리 산 4 - 1번지에 위치하고 있다.

장순왕후는 분만 후 17세의 젊은 나이에 사망하였는데 자세한 사

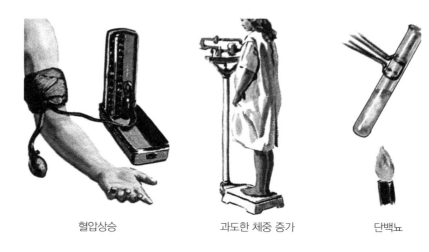

|혈압상승|과도한 체중 증가|단백뇨|

[그림 9] 임신중독증의 3대 임상소견

인은 알 수 없지만 분만전후 상황을 종합해 보면 아마도 임신중독증 (Toxemia of pregnancy)으로 사망했을 가능성이 높다.

장순왕후는 초산부로 분만 1개월을 남겨둔 세조 7년(1461) 11월 에 병에 걸려, 분만 6일 만인 12월 5일 사망하였다. 임신 중 특히 임 신 28주 이후 임신말기에 발병할 수 있는 질환들은 다양하지만, 특 히 초산부에 있어서 생길 수 있는 대표적인 질환은 임신중독증이다.

임신중독증은 임신 중에만 생기는 고혈압성 질환이다(그림 9).

이 경우 임신 전부터 고혈압이 있거나 임신 20주 이전에 고혈압 이 생긴 경우는 제외된다.

임신중독증의 원인은 아직 규명되지 않았으나, 산모의 영양상태 를 개선하면 임신중독증의 발생률을 현저히 낮출 수 있다는 것이다. 임신중독증은 전체 임산부의 약 5% 정도에서 발생한다고 알려졌다.

그러나 초산부에서는 이보다 훨씬 많이 생기고, 고혈압 가족력이 있는 경우, 비만이나 당뇨병을 수반한 임산부에서는 잘 생긴다.

초기에는 단지 혈압만 올라가 자각 증상을 느끼지 못하는 경우가 대부분이다. 그러나 진행되면 부종이 생기고 소변양이 줄어 들고, 두통, 상복부 복통, 시야장애 증상 등이 생긴다. 또한 소변에서 단백성분(단백뇨)이 검출된다.

임신중독증은 현재에도 전체 산모 사망원인 중 15% 정도 차지하는 산모의 무서운 적인 셈이다. 가장 원칙적인 치료는 아이를 분만하는 것이다. 왜냐하면 이 병은 임신이란 특수 사항에서만 생기는 병이기 때문이다.

황금들녘 허수아비처럼 살아온
왕비 안순왕후(安順王后) 한씨

— 위장병으로 고생하다 54세에 졸하다

인생이란 결코 공평하지 않다. 이 사실에 익숙해져라.

-Bil Gates-

「예조(禮曹)에 전지(傳旨)하기를, "이제 의지(懿旨; 왕비, 왕자, 왕손의 명령. 여기서는 세조비인 정희왕후의 명령을 말함)를 받으니, '왕대비(王大妃: 안순왕후)의 서차(序次; 차례)가 일찍이 인수왕비(仁粹王妃)의 위에 있었으나, 그러나 세조(世祖)가 항시 인수왕비에게 명하여 예종(睿宗)을 보호하게 하고 시양(侍養; 시중을 들며 봉사함)이라고 일컬었으며, 또 장유(長幼)의 차서(次序)가 있으니, 그 위차(位次)는 마땅히 왕대비(王大妃)의 위에 두어야 한다.'고 하였다."」성종실록 15권, 성종 3년 2월 20일 성종 3년(1472) 2월 20일 정희왕후가 예조에 내린 전지(傳旨:임금이나 왕비의 뜻을 담아 관리에게 전함)로 대비 순위가 형제의 서열로 정해지니 뒤늦게 대비로 책봉된 인수왕후가 안순왕후의 웃전이 되었다.

안순왕후 한씨는 청천부원군 양혜공 한백륜의 딸로 세종 27년(1445 추정) 3월 12일에 태어난 예종의 계비이다.

한백륜(韓伯倫)은 음보(蔭補; 조상의 덕으로 벼슬을 얻음)로 사온직장(司醞直長)이 되고, 1463년(세조 9) 사용별좌(司饔別坐)로 있을 때 장녀가 세자궁의 소훈(昭訓)으로 선발됨으로써 1466년 의빈부도사(儀賓府都事)에 발탁되었고, 1468년(예종 즉위년) 공조정랑에 승진하였다. 1468년 10월 안순왕후가 소훈에서 왕후로 책봉됨에 따라 보국숭록대부(輔國崇祿大夫)로 청천군(淸川君)에 봉하여지고, 같은 해 남이(南怡)의 옥사(獄事)를 다스린 공으로 익대공신(翊戴功臣) 3등에 책록되었다. 1469년 오위도총부도총관을 역임하고, 품계가 대광보국숭록대부(大匡輔國崇祿大夫)에 올랐다. 1470년(성종 1) 우의정에 승진, 이듬해 성종의 즉위를 도운 공으로 좌리공신(佐理功臣) 2등에 책록되었다. 이어 청천부원군(淸川府院君)에 진봉되었다. 성품이 관후하고 검소하였으며, 경학(經學)에 밝았다. 한국민족문화대백과

세조 7년(1461) 12월 장순왕후 한씨가 분만 후 17세 나이로 요절하자, 세조는 1463년 윤7월 6일 사용별좌 한백륜의 딸을 왕세자(해양대군, 예종)의 소훈으로 삼았다. 그리고 소훈 한씨는 세조 12년

(1466) 2월 14일 왕손인 제안대군을 낳았다. 그 후 한씨는 예종과 사이에 2남 2녀를 낳았으나 1남 1녀만 생존했다.

세조 14년(1468) 9월 7일 세조가 중병을 이유로 해양대군에게 보위를 물려주고, 그 이튿날 세조는 소훈 한씨를 지목하여 왕비로 삼도록하는 유지를 남기고 수강궁에서 승하하였다.

그 당시 한씨는 만삭의 몸으로 친정에 있었기에 위사(衛士; 대궐을 지키던 장교)를 보내어 집을 지키도록 하였다. 예종실록 1권, 예종 즉위년 9월 8일

1457년 큰형인 의경세자의 요절, 1468년 9월 세조의 사망으로 둘째인 예종이 즉위하니 소훈이었던 한씨도 일약 왕비가 되었다. 이는 안순왕후가 전혀 생각치도 못한 행운이었다. 그러나 이런 행운은 오래 지속되지 않았으니 즉위 1년 3개월 만인 1469년 11월 28일 예종이 급서하니 그의 나이 20세의 한창 나이에 사망한 것이다.

예종 사후 세조 비인 정희왕후 한씨는 안순왕후 한씨의 아들인 제안대군(4세)이 나이가 어리다는 이유로 한명회와 결탁하여 의경세자의 둘째 아들이자 한명회의 사위인 자산군(성종, 13세)으로 왕위를 잇게하였다.

남편(예종)이 20세 나이로 죽은 것도 분통이 터졌는데 왕위 계승 1순위인 제안대군(4세)이 어리다는 이유로 서열 3위인 성종에게 왕위를 빼앗겼으니 안순왕후는 누구에게도 하소연도 못하고 혼자 속으로 분을 삭이면서 여생을 보냈을 것이다.

안순왕후 한씨는 성종 2년(1471) 1월 18일 선왕의 왕비이자 성종의 법모로서 왕대비로 진봉되어 인혜왕대비가 되었지만, 이보다 앞

서 1년 전인 성종 1년(1470) 1월 22일에 성종의 생부인 의경세자가 의경왕으로 추존 왕이 되자, 성종의 생모인 수빈 한씨도 인수왕비로 진봉되었다.

이렇게 되자 인혜왕대비와 인수왕비의 서열이 문제되었던 것이었다.

왕가의 법칙대로 하면 인혜왕대비가 인수왕비보다 위였고, 사가의 법칙으로 하면 세조의 맏아들의 부인인 인수왕비가 둘째아들인 예종의 부인인 인혜왕대비 보다 위였기 때문이다. 두 대비 간의 서열이 문제되자 같은 해(1470년) 3월 12일 원상 신숙주가 인혜왕대비와 인수왕비의 서차를 형제의 순서로 정할 것을 아뢰었으나 미정 상태로 있다가, 성종 3년(1472) 2월 20일 자성대왕대비(정희왕후)의 윤허 아래 형제 서열로 정하기로 하였다. 그리고 성종 6년(1475) 2월 1일 의경왕이 의경대왕으로, 인수왕비는 인수왕대비로 진봉되자 이때까지 거론되었던 두 대비 간의 서열 문제는 인수대비를 웃전으로 하는 것으로 일단락 지었다.

인혜왕대비 한씨는 한동안 인수대비와의 서열 문제로 다투었으나 현왕의 실세에 눌려 웃전도 인수대비에 넘겨주고, 정희대왕대비와 인수대비 틈 사이에 끼여 허수아비 노릇을 하는 삶을 살아야 했다. 결국 인혜왕대비 한씨는 25세(?)에 청상과부가 되어 아들인 제안대군과 실랑이를 하면서 제안대군의 보살핌을 받으면서 여생을 보내다가 연산군 4년(1498) 12월 23일 50세(?)의 나이로 창경궁에서 승하하였다.

안순왕후 아들 제안대군

제안대군은 예종과 안순왕후 한씨 사이에 태어난 예종의 차남으로
세조 12년(1466) 2월 14일에 태어났다. 그는 예종이 사망 시 4세라
는 어린 나이라는 이유 때문에 성종(13세)에게 왕위를 빼앗긴(?) 비
운의 왕자로 어리석은 척 여생을 보냈다.

제안대군은 12세 때 김수말의 딸 김씨와 혼인했으나 어머니 안순
왕후 한씨가 그녀가 내쫓아 버렸다. 이유인 즉 다음과 같다.

「제안대군(齊安大君)의 부인(夫人)이 지난해 6월에 처음으로 풍
병(風病)을 얻어서 때로는 혹시 현기증(眩氣症)이 나기도 하고, 두
다리가 연약(軟弱)해져서 반걸음 걸어가는 중에도 간혹 저절로 넘어
지게 되었다. 그런 까닭으로 사제(私第)에 물러가서 병을 치료하도
록 했는데도 오히려 황홀(恍惚; 정신 착란) 하여 깨어나지 못하고 입
에서 거품이 나올 때도 있었다. 그 집에서 말하기를, '조금 나았다.'고
하므로, 대궐 안으로 도로 들어왔는데, 지난번에 대비(大妃)를 따라
후원(後苑)에 나가서 섬돌을 올라가다가 저절로 넘어진 것이 전일과
같았다. 약을 먹고 침질과 뜸질을 하기를 남은 힘이 없도록 했는데도
지금까지 오히려 낫지 않았으니, 이것은 곧 다시는 나을 수 없는 병
이다.」 성종실록 112권, 성종 10년 12월 20일

즉 김씨가 풍병을 앓아 온전치 못하다는 것이었다.

참고로 제안대군 부인인 김씨가 앓은 풍병은 아마도 뇌염일 가능

성이 높다. 다행히 그녀는 뇌염을 앓고도 죽지는 않았지만 후유증이 남아 정신착란, 보행장애, 실조증, 경련발작과 같은 증세를 보인 것이다.

그는 이혼 후 다시 14세에 박중선의 딸인 박씨와 재혼했으나, 성종 13년(1482) 6월 그녀 역시 그녀의 동성연애 문제로 인해 안순왕후 한씨한테 내쫓겼다.

「형방 승지(刑房承旨) 강자평(姜子平)이 임금의 명을 받고 제안대군(齊安大君) 이현(李琄)의 아내 박씨(朴氏)의 시비(侍婢) 및 유모(乳母) 등을 남쪽 빈청(賓廳)에서 국문(鞠問)하였는데, 곧 박씨와 비자(婢子)가 동침(同寢)한 일이었다. 함께 동침한 자를 물으니 이르기를, '내은금(內隱今)·금음덕(今音德)·둔가미(屯加未) 등입니다.' 하였다. 내은금이 말하기를, '부인(夫人)과 5월부터 동침했으며, 하루는 부인이 내은금을 위하여 곡(曲)을 지어 노래를 불렀는데, 그 노래 뜻이 내은금이 없으면 그리운 생각이 난다는 것이었습니다.' 하고, 금음덕이 말하기를, "부인이 밤에 잠자는데 오기에 내가 더럽다는 것으로 사양하니, 부인이 말하기를, '네 사내의 흔적(痕迹)이 네 몸에 붙어 있느냐?' 하며, 다음날 아침에 언문(諺文)을 써서 주면서 말하기를, '어젯밤에 몇 번이나 나를 사랑했느냐? 내가 남자(男子)의 형세가 있었다면 반드시 네 사내가 하는 일을 행했을 것인데, 너는 마음으로 나를 안타깝게 여겼을 것이다.' 하였으며, 이달 초 6일 밤에는 내은금과 함께 자는 것을 유모(乳母) 금음물(今音勿)이 부인의 집 종 녹덕(祿德)을 데리고 등불을 밝히고 들어와서 이불을 걷고 함께 보앗습니다." 하였으므로, 드디어 언문(諺文)으로 왕대비전(王大妃殿)에 알렸는데, 다음날 대비전에서 사람을 보내어 다시 국문하여 들이게 하였다.」 성종실록 142권, 성종 13년 6월 11일

그러자 제안대군의 아내 박씨가 종과의 동침한 일은 무고한 것임을 주장했다.

「내관(內官) 안중경(安仲敬)과 서경생(徐敬生)에게 명하여, 제안대군(齊安大君)의 아내 박씨(朴氏)에게 가서 묻게 하였더니 박씨가 말하기를,

"어느 날 밤에 내가 잠이 들기를 기다리고 있는데 둔가미(屯加未)가 한 자리에 동침(同寢)하기를 여러 번 청하므로, 내가 대답하기를, '내가 비록 귀신과 같고 도깨비와 같다고 하더라도 이미 명색이 주인인데 네가 어찌 동침하자고 하느냐?'고 하니, 둔가미가 물러나서 금음덕(今音德)과 더불어 같이 잤습니다. 또 어느 날 밤에 내은금(內隱今)도 나와 같이 자고자 하므로, 내가 꾸짖어 물리쳤더니 물러나서 평상 밑에 앉았다가 내가 잠들기를 기다려서 가만히 내가 누운 자리로 들어왔는데, 금음물(今音勿)이 녹덕(祿德)을 데리고 등(燈)을 밝히고 들어오므로, 내가 즉시 깨었더니, 금음물이 이르기를, '양반(兩班)이 저 모양인가? 더럽다. 더럽다.'고 하였습니다. 그때 내가 생각하기는 날이 새벽이 되었는데도 일어나지 않는다고 책망하는 줄로만 알고 한 마디도 대답하지 아니하였습니다. 또 하루는 금음덕(今音德)이 내 베개에 기대면서 내 입을 맞추려고 하기에, 내가 말하기

를, '종과 주인 사이에 감히 이와 같이 하느냐?'고 꾸짖어도 오히려 그치지 않고 억지로 맞추었으며, 또 말하기를, '부인(夫人)의 젖이 매우 좋습니다.' 하면서 문지르고 만지기를 청하기에, 내가 손으로 뿌리치고 말았습니다. 또 하룻밤에는 무심(無心)이 다락 침실(寢室) 아래에 이르러서 둔가미·내은금·금음덕·금음물 등을 추문(推問)하였는데, 나는 잠이 들어 알지 못했다가 다음날 아침에 무심의 목소리를 듣고 내은금에게 물었더니 대답하기를, '무심이 우리더러 「부인과 동침했느냐?」고 묻기에, 「부인이 시켜서 동침하였다.」고 대답했습니다.' 하였습니다. 무심이 또 나에게 묻기를, '전교(傳敎) 안에 「부인이 스스로 한 일은 부인이 손수써서 아뢰도록 하라.」하였고, 금음물·금음덕·내은금·둔가미 등이 나에게 말하기를, '부인이 스스로 했다는 것으로 대답하면 반드시 무죄(無罪)가 될 것이고, 그렇지 않으면 죄가 우리에게 돌아올 것입니다.'고 하면서 이런 것으로 간곡하게 말하기를, 내가 한 것이라고 써서 아뢴 것입니다. 그러나 사실은 내가 한 것이 아닙니다. 그리고 단오(端午) 때에 내가 백초삼(白綃衫; 흰비단 적삼)을 입고자 하였더니, 내은금이 청삼(靑衫)과 녹색 치마를 입도록 권하므로 내가 상중(喪中)이라고 물리쳤는데, 내은금이 또 인생(人生)이 가석(可惜)하다는 것으로 말하기에 그대로 따랐습니다. 또 개질동(介叱同)과 내은덕(內隱德) 등이 그네[鞦韆] 놀이를 하자고 간곡하게 말하기 때문에 잠시 올라서서 둘러보니, 사방이 훤하게 바라보이고 가린 데가 없기에 즉시 도로 내렸습니다." 하였다.」 성종실록 142권, 성종 13년 6월 16일 그러나 결국 박씨의 동성애가 밝혀져 재혼 3년 만인 그해 12월 12일 제안대군은 또 다시 이혼을 하게 되었다.

이후 제안대군은 늘 쫓겨난 첫 부인 김씨를 잊지 못하였다. 제안대군은 성종 16년(1485) 5월 29일 성종에게 첫 부인인 김씨와 재결합하기를 청하였더니, 성종은 이들의 재결합을 7월 12일 허락하였다. 그러나 이들의 재결합 생활은 오래가지 못하고 또 다시 헤어졌다. 이후 제안대군은 어머니인 안순왕후 한씨의 시중을 들면서 홀로 지냈다.

안순왕후 한씨가 죽은 후 제안대군은 홀로 살면서 평생 여자를 가까이 하지 않았고 노래를 즐기고 사죽관현(피리와 거문고) 연주를 하는 것을 낙으로 삼았다. 제안대군은 일부러 일생동안 어리석은 행동을 하면서 지내 60세의 수를 누릴 수 있었다고 한다.

제안대군은 당대에 멍청하기로 유명해서 여러 가지 일화를 남겼다. 심지어 남녀간의 일을 알지 못해서 자손을 보지 못했다는 이야기도 남아있다.

명종조에 어숙권(魚叔權)이 지은 〈패관잡기(稗官雜記)〉에 제안대군의 일화가 실려있는데,

첫 번째 일화「제안대군 이현은 예종 대왕의 아들로 성품이 어리석었다. 일찍이 문턱에 걸터앉아 있다가 거지를 보고 그 종에게 말하기를, '쌀이 없으면 꿀떡의 찌꺼기를 먹으면 될 것이다.' 하였는데, 이것은 '어째서 고기죽을 먹지 않느냐.' 한 말과 같다.」

두 번째 일화「일찍이 제안이 여자를 5·6명을 데리고 문 밖에서 산보하는 것을 보았는데, 한 여자 종이 도랑에서 오줌 누는 것을 제안이 몸을 구부리고 엿보고서 말하기를, '바로 메추리 둥지 같구나.' 하였는데, 그것은 음모가 무성한 것을 이름이다.」

세 번째 일화「여자의 음문은 더럽다 하여 죽을 때까지 남녀 관계를 몰랐다. 성종은 예종이 후사가 없음을 가슴 아프게 여겨 일찍이, '제안에게 남녀 관계를 알 수 있게 하는 자에게는 상을 주겠다.' 하였더니, 한 궁녀가 자청하여 시험해 보기로 하고, 드디어 그 집에 가서 밤중에 그가 깊이 잠든 틈을 타서 그의 음경을 더듬어 보았더니 바로 일어서고 뻣뻣하였다. 곧 몸을 굴려 서로 맞추었더니, 제안이 깜짝 놀라 큰 소리로 물을 가져오라 하여 자꾸 그것을 씻으면서 잇달아 '더럽다.'고 부르짖었다.」

네 번째 일화「중종조에 상의원(尙衣院)에서 서각(犀角; 코뿔소의 뿔)으로 만든 띠를 바쳤는데, 품질이 아주 좋았다. 제안대군이 보고 허리에 띠고 차비문 밖에 가서 아뢰어 청하기를, '이 띠를 신에게 하사하소서.' 하니, 임금이 웃으며 주었다.

혹자는, 제안이 실은 어리석은 것이 아니라, 만약 종실의 맏아들로 어질고 덕이 있다는 소문이 나면 몸을 보전하지 못할까 두려워서 늘 스스로 감춘 것이라 하기도 하는데, 남녀 사이의 욕망은 천성으로 타고난 것이어서 인정으로 막을 수 없는 것인데, 평생토록 여자를 더럽다 하여 가까이하지 않은 것은 실지로 어리석은 것이 아니고 무엇이냐? 하였다.」

그러나 중종 20년(1525) 12월 14일자 중종실록에는 다음과 같이 제안대군을 평가하고 있다.

「이현(제안대군)은 예종(睿宗)의 아들로 성격이 어리석어서 남녀관계의 일을 몰랐고, 날마다 풍류잡이며 음식 대접하는 것을 일과로 삼았다. 그러나 더러는 행사가 예에 맞는 것이 있으므로 사람들이 거짓 어리석은 체하는 것이라고 하였다.」

그 당시 똑똑한 왕자는 대부분 죽임을 당할 수 밖에 없었기에 실은 제안대군은 일부러 모자란 체 부족한 사람처럼 행세를 하였다는 것이다.

안순왕후 한씨의 죽음

안순왕후 한씨는 후궁에서 왕비로 책봉돼 한때는 잘 나가는 행운녀였지만 부군인 예종이 20세 나이로 요절한 후로는 역경의 연속이었다고 해도 과언은 아니다.

예종의 죽음도 슬픈 지경인데 왕 등극 제1순위인 제안대군이 자산군에 밀려나 제안대군이 어리석은 왕자로서 행세를 하며 지내게 되었으니 이런 자식을 바라본 어미인 안순왕후 한씨의 마음은 얼마나 비통하고 억울하였을까?

엎친데 덮친격으로 제안대군의 불행한 결혼생활, 그리고 인수대비가 손윗 동서라고 하지만 왕가 규정에 의하면 인혜왕대비가 상전이 되는 것이 당연했지만, 사가의 규정에 따라 인수대비보다 항상 아랫 사람으로 지내면서 정희대왕대비와 인수대비 틈새에 끼어 눈치를 보며 허수아비로 지내게 됐다. 이로 인해 안순왕후는 자연히 스트레스가 쌓이게 되어 한열증과 위장병으로 고생하였던 것이다.

조선왕조실록에 기록된 안순왕후 한씨의 병상일지를 보면,

성종 10년(1479) 12월 20일자 성종실록에 왕대비(인혜왕대비)는 보통 때에도 병환이 있어서 음식을 소화시키지 못하고 때로는 위로 토하기도 하였다는 기록이 있다.

성종 19년(1488) 9월 12일에는 대비가 한열증(寒熱證; 한기와 열기가 번갈아 일어나는 병)으로 오래 앓아 임금이 강무를 멈추었다는 기록은 있으나 더 이상 자세한 병증세나 병력에 대해서는 언급이 없다. 그 후 병에 대한 언급이 없다가 연산 4년(1498) 12월 22일 인혜왕대비가 안녕치 못하다고 하였고, 그 이튿날인 12월 23일 승하하였다는 기록만 있다.

연산군 5년(1499) 1월 2일 시호를 안순(安順)으로 올리고, 2월 19일 장례를 창릉에서 지냈다.

창릉은 경기도 고양시 용두동 서오릉 내에 위치했으며 남편 예종과 합장되었다.

지금까지의 기록만으로는 안순왕후 한씨의 정확한 병명과 사인을 알 수 없지만 심적 고통(스트레스로 인한)으로 수시로 한기와 열

기를 번갈아 가며 느끼는 한열증과 또한 소화가 잘 안되는 위장장애가 있어 오랫동안 고생을 하였던 것은 사실인 것 같다.

참고로 스트레스와 관련해 발생하는 질환은 많으나, 특히 만성위장질환인 소화성 궤양(peptic ulcer)이 대표적이다.

소화성 궤양은 치유와 재발이 반복되는 질환으로 원인은 스트레스, 약제, 헬리코박터균의 감염 등이 있다. 이들 원인에 의해 위나 십이지장의 점막층이 깊이 파이면서 점막근층 이상에 손상을 주어 생기는 질환을 말한다.

소화성 궤양의 합병증으로는 출혈, 위나 장 천공, 위나 장 폐색 등이 있는데, 사망하게 되는 경우는 이들 합병증에 의해서 주로 사망하게 되지만 드물게는 음식을 섭취 못해 탈수나 영양실조에 의해서도 사망하는 경우도 있다.

정확한 병명은 알 수 없으나 아마도 안순왕후 한씨는 소화성 궤양을 앓아 평소 고생을 하다가 결국 그 합병증에 의해 사망하지 않았나 추정해 본다.

공혜왕후 한씨

생몰년   1456 – 1474

재위기간   1469 – 1474

자녀수   무자녀

사인   폐결핵

폐비 윤씨

생몰년   1455 – 1482

재위기간   1476 – 1479

자녀수   3남

사인   사약

정현왕후 윤씨

생몰년   1462 – 1530

재위기간   1480 – 1494

자녀수   1남 4녀

사인   수막뇌염

배려심 깊은 왕비
공혜왕후(恭惠王后) 한씨

— 아버지의 뜻을 저바리고 19세에 요절하다

충효는 하늘이 내린 복이다(충효천조; 忠孝天祚).

「왕비로 책봉(册封)되셔서는 더욱 스스로 경외(敬畏; 공경하면서 두려워함)하여 삼전(三殿; 정희왕후 윤씨, 소혜왕후 한씨와 안순왕후 한씨)을 극진한 효도로 받들어, 매양 진기한 것을 구하여 반드시 맛있는 것을 갖추어서 바치되 오래 되어도 게을리하지 않으셨으며, 후궁(後宮)을 대접함에 있어서는 너그럽고 대범하여 중도(中道)에 맞으셨으며, 양로(養老; 노인들을 대우하여 대접하던 행사), 세원(歲元; 정초) 같은 내전(內殿; 중궁전)의 예연(禮燕; 예를 갖추어 베푼 잔치)의 의도(儀度; 예의 법도)에도 모두 규구(規矩; 일상생활에서 지켜야 할 법도)에 맞으셨으므로, 궁중(宮中)이 다 바라보고 찬복(贊服)하였다. 서사(書史; 경서와 사기)에 뜻을 두고 여전(女傳) 같은 것을 읽는 일을 일과(日課)로 삼으셨다. 왕후께서는 장차 빈어(嬪御; 후궁)를 뽑을 것이라는 말을 들으면, 의복을 극히 정려(精麗; 정교하고 화려함)하게 장만해 두었다가 들어오기를 기다려서 내리시고, 그 뒤로는 복식(服飾), 패완(佩玩; 노리개)을 끊임없이 내려주고 은례(恩禮; 은혜와 예의)로 대우하여 조금도 싫어하는 기색이 없으셨다.」 성종실록 43권, 성종 5년 6월 7일

신도 공혜왕후의 효심을 시샘했는지 빨리 그녀를 그 곁으로 데려가셨다.

1469년 11월 28일 갑자기 예종이 20세 나이로 승하하자, 즉시 정희왕후는 자산군(성종)을 왕으로 승계한다고 반포하고, 당일 경복궁에서 자산군을 왕으로 등극시키고 천안군부인 한씨(공혜왕후)를 왕비로 봉했다.

공혜왕후 한씨는 상당부원군 충성공 한명회의 막내딸로 세조 2년(1456) 10월 11일 연화방(조선 초기 한성부 동부 12방 중의 하나)에 있는 사저에서 태어났다.

그녀의 나이 12세인 세조 13년(1467년) 1월 12일 한 살 연하인 자산군과 혼인했으나 둘 사이에는 자녀는 없었다.

공혜왕후의 지문에 의하면 세조의 의향에 따라 공혜왕후 한씨를 자산군의 배필로 삼았다고 하는데, 이는 인수대비가 자산군과 함께 허계지라는 사람의 집으로 피접 나갔을 때 그의 수양딸이었던 한씨

를 눈여겨 보고 며느리감으로 세조에게 추천했을 가능성도 있다. 이런 사실을 간접적으로 뒷바침해 줄 내용이 성종실록에 있으니,

「허계지(許繼智)는 분경죄(奔競罪; 벼슬을 하고 싶은 자들이 권문세가를 찾아 다니는 인사청탁죄)에 연좌되어 강계(江界)로 귀양갔는데, 이제 본원(本院; 사간원) 에서 도망해온 것을 듣고 잡아서 물으니, 말하기를, '처음에 양식을 구하려고 주관(州官; 한주의 벼슬아치) 에게 고하고, 인하여 도망해 와서 상언(上言; 임금에게 글을 올리던 일)하여 면방(免放; 죄에서 벗어나 석방됨)되고자 한다. 라고 하였습니다. 허계지는 죄인인데 주관(州官)이 놓아주어서 출입하게 하였으니, 청컨대 아울러 국문하소서.' 하였다. 대왕대비(大王大妃)가 전교하기를, '허계지의 죄는 진실로 용서할 수 없으나, 주상(主上; 성종)과 인수왕비(仁粹王妃)가 모두 일찍이 그 집에 피어(避御; 임금이 피난을 감)하였고, 또 중궁(中宮)의 수양(收養)이기 때문에 특별히 방면하였으니, 말하지 말라.' 하였다」 성종실록 5권, 성종 1년 5월 28일

공혜왕후는 총예가 남달랐으며 온화하였고 삼전(정희왕후, 인혜왕후, 안순왕후)에 대한 효도도 극진했고 아래 사람들에 대한 배려심도 많았다고 한다. 일례로 기생에게 베푼 온정을 보면 다음과 같다.

「중궁(中宮; 공혜왕후)이 선정전(宣政殿)에 나아가서 양로연(養老宴)을 베풀었다. 상전(尙傳) 조진(曺珍)에게 명하여 기생 연경비(燕輕飛)를 데리고 나가게 하고, 승정원에 전교하기를, '이 기생은 의복

이 매우 깨끗하지 못하니, 어찌 능히 생활하겠느냐? 다른 의식(衣食)이 넉넉한 자는 청탁(請托)할 능력이 있어서 모두 물러갈 수 있었는데, 이들처럼 가난한 자는 도리어 머물러 있으니, 어떻게 생활하겠는가? 이처럼 가난한 자는 모두 놓아 보내게 하라.' 하였다.」성종실록 34권, 성종 4년 9월 21일

한씨가 결혼한 지 여러 해가 지났어도 자식을 두지 못하자, 성종은 1473년(성종 4) 3월부터 후궁을 들이기 시작하였는데 그녀는 싫어하는 내색도 하지 않았고 오히려 그녀들에게 옷을 준비해서 내리고 패물 등을 선물했다고 한다.

성종 4년 7월 5일부터 중궁이 편찮아 성종은 사직과 명산대천에 신하들을 보내 기도하게 했다. 그리고 21일에는 친정(한명회의 집)으로 거처를 옮겼는데, 성종이 하루 걸러 한명회의 집에 들러 그녀의 상태를 살폈다. 병세가 어느 정도 호전되자 그 해 9월 11일에는 다시 환궁하였다. 그 후 그녀의 병세는 한동안 호전되는 듯 하였는데 같은 해 12월 18일에 병환이 재발되었다. 재발 이후로는 병세의 호전은 없었고 점점 악화되어 성종 5년(1474) 4월 15일 창덕궁의 별실인 구현전에서 19세의 젊은 나이로 공혜왕후 한씨는 훙서하였다.

「계사년(1473) 7월에 왕후께서 병환으로 한명회의 집으로 옮겨 거처하시니, 상께서 하루 걸러 거동하여 애써 약을 드리도록 이르셨다. 병환이 나아 궁으로 돌아오셨으나 12월에 병환이 도지시니, 왕후께서 증세가 낫기 어려움을 여러 번 아뢰고 하루 아침에 불숙(不淑;

죽음)이 오게 될까 참으로 염려하여 별전(別殿)에 나가려고 원하는 뜻이 간절하시므로, 갑오년(1474) 3월에 구현전(求賢殿)으로 옮겨 거처하도록 명하고 상과 삼전(三殿)께서 날마다 거동하여 보살피시고 종묘(宗廟), 사직(社稷)과 뭇 사(祠; 사당)에 기도하고 또 대사(大赦; 대사면)를 내렸다. 상께서 한명회에게 명하여 부인과 함께 때때로 들어와 병환을 돌보게 하였는데, 왕후께서 훙서(薨逝)하기에 임박하여, 한명회와 부인이 여러 날 먹지 않는 것을 보고 명하여 밥을 먹게 하고, 더불어 결별(訣別)하여 이르기를, '죽고 사는 데에는 천명이 있으니 영영 삼전(三殿)을 여의고 끝내 효도를 다하지 못하여 부모에게 근심을 끼치는 것을 한탄할 뿐이다.' 하시고 드디어 훙서하시니, 이 날이 4월 15일(기사)이었다.」 성종실록 43권, 성종 5년 6월 7일

이에 성종은 공경하고 유순하게 윗사람을 섬김을 잘한다는 뜻에서 공(恭)이라 하고, 너그럽고 부드러우며 인자함을 나타내는 뜻에서 혜(惠)라 하여 공혜왕후의 시호를 올렸고 능호는 순혼(順魂; 나중에 순릉)이라 하였다. 순릉은 경기도 파주시 조리읍 봉일천리 파주삼릉 내에 위치하고 있다.

조선왕조실록에는 공혜왕후 한씨의 병에 대한 구체적인 증상이나 병력이 없어 사인은 알 수 없지만, 공혜왕후 한씨는 10개월 이상의 투병생활을 하였고, 18세에 발병한 점과 성종도 그녀 사후 2년인 1476년 20세부터 결핵 증세를 보였던 점은 공혜왕후 한씨는 폐결핵을 앓다가 사망하였을 가능성이 높다.

일반적으로 폐결핵은 20세 전후 청년기에 잘 걸리는 병이기 때문

이다.

한명회(1415 - 1487)
인생은 공수래 공수거(空手來 空手去)

「한명회는 일곱 달 만에 낳았는데 처음에는 사지가 갖추어지지 못하
여 늙은 여종이 떨어진 흰 솜옷에 싸 두었더니 몇 달이 지난 후에 점
점 형체가 이루어졌는데 등과 배에 검은 사마귀가 있어 천태(천태
종), 북두성의 형을 상징하여 사람들이 특이하게 여겼다.」

「일찍이 영통사(靈通寺)에서 놀 때 밤중에 한 노승이 있는데 모양
이 괴상하였다. 은밀히 말하기를, '공의 머리 위에 광채가 번쩍번쩍
하고 있으니 모두 귀한 징조이다. 명년을 넘지 않아 반드시 뜻을 이
루리라.' 하였다.」 해동잡록3, 대동야승

한명회는 칠삭둥이로 태어나 어릴 적에는 불우하게 자랐다.

단종 1년(1453) 계유정난을 계기로 큰 공을 세운 한명회는 20여
년 동안 네 번이나 일등공신에 책록되었고, 삼정승을 두루 걸친 명신
으로, 4명의 딸 중 두 명이 왕비(그 중 1명은 추존왕비)가 된 당대의
실력가였다.

계유정난이 일어나기 1년 전 한명회에게 있었던 일화가 〈대동기
문〉 '한명회가 송도계원(松都契員)에 참여하지 못하다.' 라는 제목하
에 실려있다.

「한명회는 청주 사람이니, 젊었을 때에 불우하고 영락(零落; 세력이나 살림이 줄어들어 보잘 것 없이됨)해서 나이 40세에 비로소 경복궁직(당시에는 경복궁이 송도에 있었음)이 되었는데, 마침 명절을 당해서 부료(府僚; 관청동료)들이 만월대에 모여 잔치를 벌이다가 술이 얼근하자 약속하기를, '우리들이 모두 서울 친구들로서 여기에 와서 벼슬하고 있으니 계를 만들어 길이 좋게 지내자.' 했다. 이 때 명회도 역시 그 계에 참여하고자 했으나 여러 사람들은 눈을 흘기고 허락하지 않았다. 그러나 그 이듬해에 명회는 세조를 도와서 일등훈이 되고 또 두 번이나 국구가 되자, 당시에 계를 만들었던 사람은 모두 영락해서 뉘우치고 있었다. 이리하여 조그만 세력을 끼고 남에게 거만히 구는 자를 〈송도계원〉이라고 한다.」

한명회에게 찾아온 첫 번째 행운은 그의 셋째 딸인 장순왕후가 1460년(세조 6) 왕세자빈에 책봉된 일이다. 그러나 그녀는 그 이듬해에 인성대군을 출산하고 6일 만에 산후병인 임신중독증으로 17세 나이에 요절했고, 그녀의 아들인 인성대군도 3세 때 조졸했다. 찾아온 행운이 일순간에 사라져 한명회의 실망은 매우 컸을 것이다.

그러던 중 세조 13년(1467) 1월 막내 딸인 공혜왕후가 의경세자 둘째 아들인 자산군과 혼인을 하게 되었다. 이 때만해도 자산군이 차기 왕으로 등극하리라고는 어느 누구도 예측하지 못했다. 그러나 1469년 11월에 뜻하지 않게 예종이 급서하고 한명회의 사위인 자산군이 왕위에 올랐다. 따라서 한명회의 막내딸인 공혜왕후도 왕비로 책봉되었으니 두 번째의 행운이 한명회에게 뒤 따랐다.

그러나 운명의 장난이었는지 성종 5년(1474) 4월 15일 공혜왕후도 질병(폐결핵으로 추정)으로 19세 나이에 요절하였던 것이다.

그 후 한명회는 남은 여생을 한강 변에서 갈매기를 벗 삼아 유유자적하게 지내려고 성종 7년(1476) 압구정이란 정자를 지어 살다가 성종 18년(1487) 73세의 나이로 세상을 떠났다. 한국민족문화대백과; 해동잡록3, 대동야승

그러나 그의 불행은 사후에 있었으니 연산 10년(1504) 갑자사화 때 폐비 윤씨 사사 사건에 연류되어 그의 무덤은 헤쳐지고 시신도 훼손되고 목이 잘리는 부관참시(剖棺斬屍)의 수모를 당하였다.

만일 두 명의 딸 중 한명이라도 왕비로 오래 생존하였더라면, 또는 장순왕후가 낳은 그의 외손자인 인성대군이 조졸하지 않고 성장하여 왕위를 계승하였더라면 부관참시와 같은 끔직한 일은 안 당했을턴데 - - 인간사는 세옹지마(塞翁之馬)인가 보다.

두 딸을 왕비로 만드는데 보이지 않게 피나는 노력을 하였을 한명회를 생각하면 '공든 탑이 무너질리 있으랴' 하는 속담이 무색하기만 하다.

문득 미당 서정주 시인의 「국화 옆에서」라는 시의 한소절이 생각난다.

> 한 송이 국화 꽃을 피우기 위해
> 봄부터 소쩍새는 그렇게 울었나 보다
> 한 송이 국화 꽃을 피우기 위해
> 천둥은 먹구름 속에서 또 그렇게 울었나 보다

꽃 한송이를 피우기 위해서도 세 계절이란 긴 세월과 많은 고난이 필요한데, 하물며 한 생명을 탄생시켜 왕비로 등극시키기 위해서는 더 많은 인고의 시간과 노력이 필요했을 것이다. 그런데 한 명도 아닌 두 명의 딸을 잘 키워 왕비로 탄생시킨 한명회의 보이지 않은 인고의 노력은 경이스럽기만 하다. 그러나 공든 탑이 한 순간에 무너졌으니 한명회의 허무한 종말을 보면서 인생무상함을 새삼 느끼게 한다.

질투의 화신이었던
폐왕비 폐비(廢妃) 윤씨

— 사약을 받고 28세에 죽음을 당하다

영리한 여자와 질투심이 많은 여자는 전혀 별개의 사람이다.
그러나 아무리 영리한 여자라도 동시에 질투심 많은 여자로
변할 수 있다.

-Fyodor Mikhallovich Dostoevski-

「바르게 시작하는 길은 반드시 내치(內治)를 먼저 해야 하는 것이
니, 하(夏)나라는 도산(塗山; 우임금의 아내)으로써 일어났고, 주(周)
나라는 포사(褒姒; 주나라 유왕의 비)로써 패망(敗亡)했다. 후비(后
妃)의 어질고 어질지 못함은 국가(國家)의 성쇠(盛衰)가 매인 것이
니, 돌아보건대 중하지 아니한가? 왕비(王妃) 윤씨(尹氏)는 후궁(後
宮)으로부터 드디어 곤극(坤極; 왕비)의 정위(正位)가 되었으나, 음
조(陰助; 도움받는 사람도 모르게 넌지시 뒤에서 도와줌)의 공은 없

고, 도리어 투기(妬忌)하는 마음만 가지어, 지난 정유년(성종 8년인 1477년)에는 몰래 독약(毒藥)을 품고서 궁인(宮人)을 해치고자 하다가 음모(陰謀)가 분명히 드러났으므로, 내가 이를 폐(廢)하고자 하였다. 그러나 조정의 대신(大臣)들이 합사(合辭; 모두 함께 하소연함)해서 청하여 개과천선하기를 바랐으며, 나도 폐치(廢置; 폐한 채 내버려 둠)는 큰일이고 허물은 또한 고칠 수 있으리라고 여겨, 감히 결단하지 못하고 오늘에 이르렀는데, 뉘우쳐 고칠 마음은 가지지 아니하고, 실덕(失德)함이 더욱 심하여 일일이 열거하기가 어렵다. 그러니 결단코 위로는 종묘(宗廟)를 이어 받들고, 아래로는 국가(國家)에 모범이 될 수가 없으므로, 이에 성화(成化) 15년 6월 2일에 윤씨(尹氏)를 폐하여 서인(庶人)으로 삼는다.」 성종실록 105권, 성종 10년 6월 2일

성종 10년(1479) 6월 2일 폐비 윤씨는 그녀의 심한 질투로 인해 서인으로 강등되어 폐출되었고 28세에 사사되었다.

폐비 윤씨는 판봉상시사 윤기견의 딸로 세조 1년(1455) 윤 6월 1일에 태어났다. 그녀는 3명의 이복 오빠와 한 명의 친오빠가 있었다.

윤기견(尹起畎)은 1439년(세종 21) 생원으로 친시문과에 병과로 급제하여, 1452년(문종 2) 집현전부교리로서 춘추관기주관을 겸직하면서 『세종실록』의 편찬에 참여하였으며, 같은 해에 완성된 『고려사절요』의 편찬에도 김종서(金宗瑞)의 지휘를 받아 참여하였다. 이어 지평(持平; 사헌부에 속한 종5품)을 역임하면서 단종대에 언론활

동을 하였으며, 관직은 판봉상시사(判奉常寺事)에 이르렀다. 죽은 뒤인 1473년(성종 4) 딸이 숙의(淑儀)로 봉하여지고 뒤의 연산군을 낳았으므로 연산군 때 부원군(府院君)에 추봉되고 영의정을 추증받았으나 1506년 중종반정으로 삭직되었다. 한국민족문화대백과

성종의 첫 부인인 공혜왕후 한씨가 결혼 후 여러 해가 지나도록 자녀를 두지 못하자 성종 4년(1473) 3월 19일 고 판봉상시사 윤기견의 딸을 숙의로 맞아들였다. 그 때 그녀의 나이 19세로 성종보다 두 살 연상이었다

성종 5년(1474) 4월 15일 공혜왕후 한씨가 질병으로 세상을 떠나자, 성종은 1476년 7월 11일 숙의 윤씨를 곤위로 삼을 것을 전교하고, 8월 9일 윤씨는 인정전에서 중궁으로 책봉되었다. 그녀 나이 22세였다.

당시 윤씨는 임신 중으로 3개월 뒤인 성종 7년(1476) 11월 7일 원자(연산군)를 낳았다. 이로 인해 중전의 위상이 더욱 확고해졌고, 바로 그녀의 아버지는 영의정에 추증되고 함안군으로 추봉되었다.

윤씨는 숙의로 있을 때인 성종 6년(1475) 초에 아들인 효신을 낳았으나 이 아들은 생후 5개월 만인 5월 20일 요졸했다.

이후 윤씨는 성종 9년(1478)에 또 아들을 낳았으나 이 아들도 이듬해에 죽었다.

평소 윤씨는 질투심이 많은 여인으로 알려져 있지만 실은 남편인 성종의 복잡한 여자관계 때문에 그럴 수 밖에 없었던 것이다. 속담에 '시앗을 보면 길가의 돌부처도 돌아 앉는다'는 말처럼 윤씨는 성종의 복잡한 여자관계로 인해 질투의 화신으로 변했던 것이다. 또한 일개

후궁에서 왕비로 오르고 원자도 낳으니 하늘 아래 무서운 것이 없었다. 여자의 투기 본심은 어쩔 수 없었는지 결국은 성종의 용안에 상처를 입히는 사건으로 왕비 책봉 3년 만인 성종 10년(1479) 6월 2일 중궁의 자격이 박탈되었다. 그리고 1482년 8월 16일 사약을 받고 죽으니 그녀 나이 28세로 한창 때였다.

폐비 윤씨가 죽을 당시 상황을 연려실기술에서는 다음과 같이 기술하였다.

「윤씨가 죽을 때에 약을 토하면서 목숨이 끊어졌는데, 그 약물이 흰 비단 적삼에 뿌려졌다. 윤씨의 어미가 그 적삼을 전하여 뒤에 폐주에게 드리니 폐주는 밤낮으로 적삼을 안고 울었다. 그가 장성하자 그만 심병(心病)이 되어 마침내 나라를 잃고 말았다. 성종(成宗)이 한 번 집안 다스리는 도리를 잃게 되자 중전의 덕도 허물어지고 원자도 또한 보전하지 못하였으니 뒷 세상의 임금들은 이 일로 거울을 삼을 것이다.」 연려실기술 제6권

사후 윤씨는 경기도 장단에 매장되었으나 장지가 좋지 않다는 지관의 지적으로 신하들의 건의가 있자, 성종은 1488년경 동대문구 회기동 현재 경희의료원 자리로 이장시켜 주었다. 성종은 폐비 윤씨의 묘를 '윤씨지묘'라 비석을 세우고 묘의 이름을 영구히 고치지 못하도록 하였다. 그러나 연산군 때 폐비 윤씨는 제헌왕후로 추숭되고 묘도 회묘(懷墓)에서 효사묘 '孝思墓'로 바꿨다가 다시 회릉으로 격상되었으나, 중종반정 후 회묘로 다시 격하되었다. 그녀의 묘 이름에서 회

기동의 지명이 유래되었다.

　조금만 질투를 자제하였으면 모처럼 맞이한 왕비의 영위와 권한을 누렸을 것이고, 또한 연산군과 그의 가족들이 참혹하게 죽음을 당하지 안했을 것이다. 한순간의 분을 참지 못해 불행을 자초했으니 여자는 시앗 앞에서는 질투를 벗어버리지 못하는가 보다. 여자 질투의 원인 제공자는 남자이니 모든 남자들은 성종의 사례를 거울삼아 여자 앞에서는 조심 또 조심해야 할 것이다.

사약

성종의 제1계빈인 제헌왕후 윤씨(폐비)는 사약을 받고 사사되었는데 이외도 장희빈과 송시열도 사약을 받고 죽었고, 단종은 사약을 내렸지만 거절하고 마시지 않았다고 한다.

　그러면 대체 사약의 정체는 무엇일까?

　사약은 왕족 또는 사대부가 죄를 지었을 때 임금이 내리는 극약이다.

　사약의 역사를 보면 중국에서 전해진 것으로 사료된다.

　고대 중국에서는 사약의 재료로 짐새의 독(짐독)을 사용했다. 짐새는 검은 자색의 깃털, 긴목, 붉은 부리를 가진 새로 수리나 독수리와 비슷하다. 전해오는 이야기로 짐새는 독사만 먹고 살았기 때문에 독사의 독이 짐새의 온몸에 퍼져 있다고 한다. 이 짐새의 깃털을 술에 담가서 독주로 사용하였다.

그러나 진나라 이후에는 짐독이 아닌 비소를 사용한 독살 방법이 일반적으로 사용되었고 이외 뿌리에 독성이 있는 식물인 부자를 비상과 함께 조제하였을 것이라는 추측도 있다.

조선시대에서 내의원 사약제조법은 비밀이라 알려진 것은 없으나, 온갖 독성의 재료를 섞은 혼합제일 것이라고 추정한다. 비상, 부자 이외 생금, 생청, 게의 알, 독초들이 사약의 원료로 사용되었다.

제일 흔히 사용한 재료는 비상이다.

비상은 비소와 황의 화합물로 웅황(As_2S_3), 계관석(AsS), 독사($FeAsS$) 등을 총칭한다. 옛날에 비상을 만드는 과정을 보면 비소덩어리(비석)을 흙가마에 올려 놓고 그 위에 솥을 거꾸로 엎어 놓은 상태로 태우면 비소 증기가 위로 올라가 솥 안쪽 벽에 붙게 되는데 이것을 떼어 내면 비상이 된다.

비소의 급성 치사량은 약 120mg이며, 주사나 입으로 복용하면 빨리 혈류로 통해 간, 신장 등 전신으로 퍼져 증상은 수분에서 수시간 내에 일어난다. 특히 심한 위장관 증상, 심한 체액 감소, 급성신부전증을 일으켜 사망하게 된다.

작용기전은 비소가 인체에 들어가면 사람의 에너지원인 ATP 생산을 방해한다. 따라서 세포 호흡을 방해하여 많은 장기가 기능을 잃게된다. 결국 세포의 괴사(壞死; 조직이나 세포가 부분적으로 죽는일)를 유발하고, 세포 호흡을 방해하여 세포독성 작용을 일으켜 죽음에 이르게 한다.

만성비소중독 시에는 다발성신경염과 사지마비 증상이 나타난다.

만성비소중독으로 사망한 예의 대표적 인물로는 나폴레옹이다.

나폴레옹은 1821년 52세로 사망하였는데 1815년 6월 워트루전투에 패한 후 유배된 세인트 헬레나 섬을 온통 녹색으로 꾸몄다고 한다. 그가 사용했던 카펫트, 가구, 가죽제품 등 모두 것이 녹색이었는데 이 색은 나폴레옹이 가장 좋아하는 색(황제의 녹색 혹은 라이프치히의 녹색)으로 구리 조각을 비소에 용해해 더 진한 녹색으로 만든 것이다. 그러나 이 녹색은 습기가 차면 비소는 눈에 보이지 않은 가스로 변하는데, 나폴레옹 자신은 이 사실을 모르고 이곳에서 생활하다가 만성비소중독이 되어 사망하게 되었다. 나폴레옹 사후 그의 손톱, 머리카락 등에서 많은 비소가 검출되었다고 한다.

조선시대 법의학서인 '무원록'에 비상을 먹고 자살한 자들의 모습을 묘사한 부분이 있어 소개해 보면,

「비상에 중독되어 죽은 자는 만 하루가 지나면 온몸에 작은 포진이 발생하고, 몸의 색깔도 청흑색으로 변하고, 눈동자와 혀가 터져 나오고 입술이 파열되고 두 귀가 부어서 커질 뿐 아니라 복부도 팽창하고 항문이 부어 벌어진다.」

두 번째로 사용된 재료는 부자이다.

부자(附子)는 미나리아재비과에 속하며 바곳의 덩이뿌리로 오두(烏頭)라고 한다. 옛날에 뿌리 줄기를 짓 찧어서 화살촉에 발라 동물 사냥에 이용했고, 마늘쪽 모양으로 생긴 뿌리를 부자라 한다.

부자 다진 물을 사약으로 쓰는데 뜨거울 때 마시는 부자는 사약이 되지만, 식혀서 마시게 되면 오히려 보약이 된다. 그래서 사약으로 마시고 죽지 않으면 더 먹이고 그래도 죽지 않으면 방안에 가두고 불을 때워 약기운이 퍼지게 하였다고 한다.

부자를 그대로 말린 것을 생부자, 소금물에 담갔다가 석회가루를 뿌려서 말린 것을 백하부자, 약 섭씨 120도로 가열하여 다소 유효 성분이 변질한 것을 포부자라고 하며 모두 약용으로 쓰인다.

부자의 주성분은 아코니틴(aconitine)으로, 성인의 피하 치사량은 2 – 4mg 정도로 맹독성이며, 생약의 경우 5gm 이상 먹으면 위험하다.

Aconitine의 작용기전은 나트륨 이온 채널(voltage dependent sodium – ion channel)을 차단하여 모든 근육과 신경의 작용을 방해하여 무력시킨다. 따라서 심장근육을 마비시킬 수 있고, 이외 신경마비증상, 부정맥 및 저혈압 유발, 심각한 심실부정맥, 오심, 구토, 호흡곤란을 유발하게 한다. 섭취 후 20분에서 2시간 지나면 감각 이상과 미식거림이 나타나고 점차 설사와 근육 마비를 유발하게 된다. 이후 부정맥이 생기고 심정지와 호흡마비로 사망하게 된다.

이 외도 독성이 강해 장희빈 독살시 사약으로 사용했다는 여러해살이 풀인 천남성(天南星)도 있다.

천남성은 코닌(conine; 폴리아세틸 알칼로이드)을 함유한 맹독성 식물이다. 이는 피부에 닿기만 해도 물집이 생길 정도로 강한 독성을 나타낸다. 그러나 코닌은 끓여 중화시키면 약용으로 활용할 수 있다. 코닌의 작용기전을 보면 중추신경계의 니코티닉 아세틸콜린 수용체(nicotinic acetylcholine receptors)에 작용해 신경계를 무력시킨다. 결국은 큐라레(curare)와 같은 양상으로 신경근접합 부위에서 근육을 마비시키는데 호흡근육마비로 인해 뇌와 심장허혈증상이 발생하여 사망하게 된다. 소크라테스도 천남성과 동일한 독성 성분인 코닌을 함유한 독당근(snake weed, poison hemlock)을 먹고 죽었다.

그러나 사약을 먹은 후 체질에 따라 죽지 않은 경우가 더 많았다고 한다. 이럴 경우 사약을 가져갔던 금부도사가 활줄로 목을 졸라 죽이는 경우도 비일 비재하였다고 한다. 예로 단종도 사약을 거절하자 관노가 활시위로 목을 졸라 질식사 시켰다. 송시열 경우 특이체질이라 사약을 네 사발 마시고도 약기운이 잘 돌지 않았다고 한다. 야사에서는 칭송을 받고 있던 송시열인지라 금부도사도 감히 활줄로 목을 조이지 못하고 '제발 대감 죽어 주시오' 라고 간청하자 송시열이 손톱으로 입천장을 데어서 상처를 낸 후 사약을 한 사발 더 마시고 죽었다는 일화도 있다.

전례를 거울 삼아 침묵을 지킨
왕비 정현왕후(貞顯王后) 윤씨

— 수막뇌염으로 69세에 사망하다

침묵은 미덕이다.

-Mahatma Gandhi-

「마침 왕비 윤씨(尹氏)가 죄로 폐위(廢位)되던 해인 경자년(성종 11년) 10월에 드디어 중궁(中宮)의 자리에 서시게 되었는데, 훌륭한 부덕을 지녀 너그러운 교화를 베풀었으므로 궁녀들의 신임을 받았으며, 예절을 따르고 화평하게 행동하기를 오랠수록 더욱 경건히 하셨고, 국가의 정사에 일체 간섭하는 바가 없으셨다. 그러나 깊고 원대한 계책을 잠시도 잊지 않았고 고식적인 혜택은 조금도 베푸는 일이 없으셨다.」 중종실록 69권, 중종 25년 9월 7일

정현왕후 윤씨는 폐비 윤씨의 전례를 거울삼아 인내를 가지고 침

묵하면서 국사에 일체 간여하지 않고 조용히 왕비의 자리만 지켰다.

정현왕후 윤씨는 영원부원군 평정공 윤호의 딸로서 세조 8년(1462) 6월 25일에 태어났다.

윤호(尹壕)는 1472년(성종 3) 식년문과에 병과로 급제, 벼슬이 병조참판에 이르렀다. 1480년 성종이 그의 딸을 왕비로 삼자 국구(國舅; 임금의 장인)로서 영원부원군(鈴原府院君)에 봉하여졌다. 공조참판으로 정조사(正朝使)가 되어 명나라에 다녀왔으며, 1488년 영돈녕부사에 이르고 이듬해 사복시제조(司僕寺提調)를 겸하였다. 1494년 우의정으로서 기로소(耆老所)에 들어가 궤장(几杖; 70세 이상의 연로한 대신들에게 하사한 안석 – 앉을 때 몸을 기대는 방석과 지팡이)을 하사받았다. 성품이 검소하고 무교(無驕; 교만하지 않음)하며 외척으로서 세도는 추호도 찾을 수 없었다. 저서로는『파천집(坡川集)』이 있다. 한국민족문화대백과

공혜왕후 윤씨가 결혼 후 여러 해 동안 자녀를 두지 못하자 성종은 성종 4년(1473) 3월 19일 판봉상시사 윤기견의 딸(폐비 윤씨)을 숙의로, 그 해 6월 14일에는 병조참지 윤호의 딸(정현왕후)을 숙의로 삼아 후궁으로 맞이했다. 그 당시 정현왕후의 나이 12세였다.

성종은 성종 10년(1479) 6월 2일 투기가 심한 폐비 윤씨를 쫓아내고, 그 이듬 해인 성종 11년(1480) 10월 4일 숙의 윤씨(정현왕후)를 새왕비로 삼는다는 전교를 내리고, 11월 8일 그녀를 왕비로 책봉했다. 성종의 제2계비인 정현왕후 윤씨는 폐비 윤씨가 물러난 지 1

년여 만에 왕비에 등극한 것이다. 그때 정현왕후 윤씨의 나이 19세였고 성종은 24세였다.

성종과 정현왕후 윤씨 사이에는 1남 4녀를 두었는데 장녀인 순숙공주와 차녀인 신숙공주는 어릴 때 병사하였고 나머지 2명의 딸에 대한 기록은 불분명하다.

아들인 진성대군(중종)은 성종 19년인 1488년 3월 5일에 태어났다.

1494년 12월 24일 성종이 결핵으로 승하할 때 정현왕후의 나이는 33세였다.

정현왕후 윤씨는 폐비 윤씨를 거울 삼아 왕비 시절 내내 '인내의 여인'으로 지냈고, 특히 연산군 시절에는 숨 죽이며 침묵하면서 조용히 없는 듯이 살다가, 중종 25년(1530) 8월 22일 승하하였다.

중종 25년(1530) 9월 7일자 '대왕대비 정현왕후의 지문'에는 정현왕후의 성품과 왕비 책봉 당시 상황을 다음과 같이 기술하고 있다.

「왕후께서는 성품이 진실로 총명하고 예민하며 마음이 순량하고 근신스러웠다. 정희 왕후(貞熹王后)와 소혜 왕후(昭惠王后) 두 분이 돌보고 대우하기를 매우 특별히 하여 부도(婦道)로 가르치니 받들어 순종하고 어김이 없으셨다. 정희 왕후께서 매양 칭찬하고 감탄하기를, '윤 숙의(尹淑儀)를 두고 보면 여관(女官) 선택은 마땅히 나이 젊을 적에 해야 한다.'고 하였는데, 가르쳐서 쉽게 습득(習得)했었기 때문이었다. 마침 왕비 윤씨(尹氏)가 죄로 폐위(廢位)되던 해인 경자년(1480년) 10월에 드디어 중궁(中宮)의 자리에 서시게 되었는데, 홀륭한 부덕을 지녀 너그러운 교화를 베풀었으므로 궁녀들의 신임을 받았으며, 예절을 따르고 화평하게 행동하기를 오랠수록 더욱 경건히 하셨다. 성종께서 항상 칭찬하기를 '부녀는 질투하고 시기하지 않는 사람이 적은 법인데, 현명한 왕비를 맞아들임으로부터 내 마음이 편해졌다.'고 하셨고, 소혜 왕후께서도 역시 기쁨이 안색에 넘치면서 이르기를 '중궁다운 사람이 들어왔는데 낮이나 밤이나 무슨 걱정할 것 있겠는가?'고 하셨었다.」

정현왕후 윤씨의 죽음

정현왕후 윤씨의 병력 대한 기록은 없었던 점으로 보아 그녀는 평소에 지병 없이 건강하게 지냈던 것으로 사료된다.

중종 25년(1530) 6월 27일 중종은 대비가 더위증상으로 앓고 있어 잡다한 정사를 갑자기 다음으로 미루었다. 그리고 발병 1주 만인 7월 4일 실록에 정현현왕후 윤씨의 병세가 자세하게 기록되어 있다.

「대비전의 증세는 정신이 흐릿하고 맥이 풀려 졸음이 많았고 조는 가운데도 신음하는가 하면 말을 더듬거리기도 하였다. 또 손바닥에 미열이 있고 입이 마르면서 숨이 가쁜가 하면 맥박이 매우 허약했다.'고 하였다」

즉 의식이 흐려져 조는 듯 하였고, 말도 더듬거리며, 열로 인해 입이 마르고 숨이 가쁘면서 맥박도 매우 약했다. 그러나 3주가 지난 7월 29일에는 증상이 약간 호전되는 듯하더니, 8월 1일에 구역질, 8월 9일에는 토함과 열기가 더해져 병세는 악화되었다. 그리고 8월 16일부터는 완전히 혼수상태에 빠져 발병 50일 만인 중종 25년(1530) 8월 22일 신시에 사망하였다. 그 당시 그녀 나이 69세였다.

그녀의 능은 서울특별시 강남구 삼성동 선정릉 내에 위치한 선릉(宣陵)이다

평소에 지병이 없었던 정현왕후 윤씨는 여름철에 갑자기 발병한 급환으로 50여일 동안 앓다가 사망하였는데 주요 증세는 열, 구토, 의식장애였다.

그러면 노령인 그녀가 여름철에 걸린 급환은 과연 무엇이었을까?

열, 구토, 의식장애 등을 주증상으로 발병하는 질환은 수없이 많다. 그러나 이런 증상들을 가지고 여름철에 많이 발생하는 대표적인 질환은 뇌염(encephalitis)과 뇌수막염(meningitis)이다.

뇌염은 뇌 실질에 생기는 전염성 염증질환이고, 뇌수막염은 뇌를 감싸고 있는 수막에 생기는 전염성 염증질환이다.

이 질환들의 주요 임상증상은 고열, 두통, 오심, 구토, 목 뻣뻣함, 의식장애 등이며, 중요한 임상 징후로는 목강직(neck stiffness)이다 (그림 10).

뇌염이나 뇌수막염은 각각 별개의 질환으로 발현될 수 있으나 뇌 실질과 뇌수막은 서로 근접해 있어 다소 시간적인 차이는 있지만 일반적으로 두 질환이 함께 병발되는 경우가 흔하다. 이런 경우를 수막뇌염(meningoencephalitis)이라 한다.

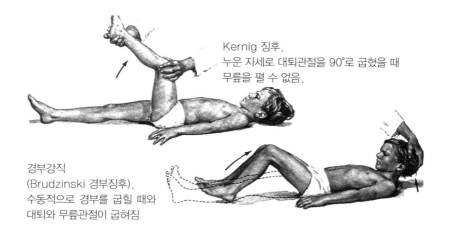

Kernig 징후.
누운 자세로 대퇴관절을 90°로 굽혔을 때
무릎을 펼 수 없음.

경부강직
(Brudzinski 경부징후).
수동적으로 경부를 굽힐 때와
대퇴와 무릎관절이 굽혀짐

[그림 10] 뇌척수막염 중요 임상징후

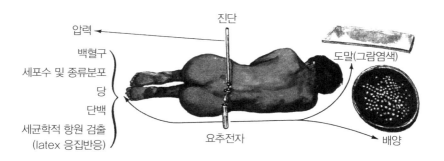

진단

압력
백혈구
세포수 및 종류분포
당
단백
세균학적 항원 검출
(latex 응집반응)

도말(그람염색)

요추전자

배양

[그림 11] 척추천자 검사법

　　임상적으로는 발병 시 의식정도에 따라 뇌염과 뇌수막염을 구분
짓는데, 병 초기부터 의식 장애가 생기거나 의식장애가 심하면 뇌염
으로, 의식장애가 있어도 경하거나 의식장애가 없으면 뇌수막염으로
진단한다. 그러나 실제에 있어서 임상증상만으로 두 질환을 감별하

는 것은 용이하지 않다. 그래서 대부분의 경우 뇌척수액 천자를 시행해서 두 질환을 감별한다.

이들 질환의 원인균으로는 세균, 바이러스, 진균 등 다양하고, 임상증상으로는 원인균을 알 수 없고 뇌척수액 소견과 뇌척수액 균 배양 검사에 의해서만 가능하다(그림 11).

이 질환의 예후는 의식장애 정도, 균종류와 년령에 따라 다르나, 일반적으로 당뇨, 암 등 면역력이 저하된 질병을 수반한 환자나 노인 환자는 비교적 예후가 나쁘다.

정현왕후 윤씨는 고령에 여름철에 발생한 수막뇌염에 걸려 사망한 것으로 추정된다.

폐비 신씨

생몰년	1476 – 1537
재위기간	1494 – 1506
자녀수	5남 2녀
사인	노환

남편의 황음무도에 노심초사한
왕비 폐비(廢妃) 신씨

— 평생 마음졸이며 살다가 66세에 생을 마감하다

남의 조언에 귀를 기울이지 않는 자는 구제가 불가능한 어리석은 자이다.

– Balthasar Graciàn –

「폐부(廢婦) 신씨(愼氏)는 어진 덕이 있어 화평하고 후중하고 온순하고 근신하여, 아랫사람들을 은혜로써 어루만졌으며, 왕이 총애하는 사람이 있으면 비(妃)가 또한 더 후하게 대하므로, 왕은 비록 미치고 포학하였지만, 매우 소중히 여김을 받았다. 매양 왕이 무고한 사람을 죽이고 음난, 방종함이 한없음을 볼 적마다 밤낮으로 근심하였으며, 때론 울며 간하되 말 뜻이 지극히 간곡하고 절실했는데, 왕이 비록 들어주지는 않았지만, 그렇다고 성내지는 않았다. 또 번번이 대군, 공주, 무보(姆保), 노복들을 계칙(戒勅; 경계하여 타이름)하여 함부로 방자한 짓을 못하게 하였는데, 이 때에 이르러서는 울부짖으며 기필코 왕을 따라 가려고 했지만 되지 않았다.」연산군일기 63권, 연산 12년 9월 2일

　폐비 신씨는 성품이 어질고 덕이 있는 여인이지만 황음무도한 남편을 만나 불우한 삶을 살게 되었으니, 연산군도 평소에 신씨의 말을 한 번쯤이라도 귀담아 들었으면 폐왕의 신세 대신 성군이 되어 복된 삶을 살았을 텐데?
　아내의 잔소리가 때로는 약이 된다는 것을 남성들은 모르는 것 같다.

　폐비 신씨는 거창부원군 장성공 신승선의 3남 1녀 중 막내딸로 성종 7년(1476) 11월 29일에 태어났다.
　아버지 신승선은 세조 14년(1468) 10월 남이의 옥사를 다스린 공으로 익대공신 3등, 성종 2년(1471)에는 성종 즉위에 공을 세워 좌리공신 3등에 녹번되었고, 1472년에 거창군으로 봉해졌다. 폐비 신씨 어머니인 중모현주 이씨는 세종의 넷째 아들인 임영대군의 딸이었다. 아버지 신승선은 첫 부인인 권람의 딸과 결혼했으나 사별해, 중모현주 이씨와 재혼하여 폐비 신씨를 낳았던 것이다. 신씨의 동복 오빠로는 신수근, 신수경, 신수영 3명이 있다.
　성종 14년(1483) 2월 6일 연산군은 8세 때 왕세자로 책봉되었다. 5년 후인 성종 19년(1488) 윤1월 26일 신씨를 인정전에서 왕세자빈

으로 책봉하고, 2월 6일 혼인 예식을 행하였다. 혼인 당시 신씨와 연산군은 13세의 동갑내기였다.

연산군과 폐비 신씨 사이에서 5남 2녀가 태어났는데, 그중 3남 1녀는 조졸하였다. 성종 25년(1494) 2월 23일 첫 원자가 태어났지만 3월 29일에 곧 잃었고, 연산군 3년(1497) 12월 18일에 왕세자 이황을 낳았다. 중종 반정 전까지 생존한 자녀들은 왕세자 이황, 창녕대군 이인, 휘순공주 3명 뿐이었다.

연산군이 폐비 신씨를 맞이하는 날 일화가 있다.

「성종(成宗) 무신년 2월 6일에 세자빈을 맞이하였는데 그날은 아침부터 비바람이 세차게 일었다. 성종(成宗)이 편지를 세자빈의 아버지 좌참찬 신승선(愼承善)에게 보냈는데, 그 편지에, '세상의 풍속은 혼인날에 바람 불고 비 오는 것을 싫어하는 모양이나 대개 바람이 만물을 움직이게 하고 비가 만물을 윤택하게 하니 만물이 사는 것은 모두 바람과 비의 공덕이라.' 하였다. 점심 때부터 날씨가 개어 청명하였다.」 연려실기술 제6권

성종은 비와 바람을 길조로 풀이하여 폐비 신씨 아버지인 신승선에게 위로의 편지를 보냈던 것이다. 그러나 이와는 반대로 폐비 신씨의 일생은 연산군의 황음무도한 행위와 폭정으로 그녀는 하루도 편한 날이 없었다.

1494년(성종 25) 12월 24일 성종이 대조전에서 승하하자, 그 이튿 날 연산군이 왕으로 등극하였고 폐비 신씨도 왕비로 책봉되었다.

연산군은 왕에 등극한 후 연산군 4년(1498) 7월 무오사화가 일어나기 전까지는 무난하게 정사를 잘 끌어갔지만, 무오사화를 시작으로 연산 10년(1504) 10월 갑자사화 이후에는 반 미치광이되어 황음무도와 폭정으로 폐비 신씨는 하루도 편한 날이 없었다. 그 결과 연산군은 조선 역사상 첫 번째로 폐위되는 왕이란 수모를 받게되었다.

박원종 등은 연산군의 폭정에 시달리다 결국 연산군 12년(1506) 9월 2일 중종 반정을 일으켜 연산군을 폐위하고 그를 교동으로 유배시켰다.

9월 5일에는 폐비 신씨의 두 아들인 왕세자 이황은 정선(旌善)으로, 창녕대군인 이성은 제천(堤川)으로, 그리고 연산군의 서자인 양평군 이인은 수안(遂安)으로, 이돈수는 우봉(牛峯)으로 유배보낸 후, 9월 24일 사약을 내려 연산군의 10세 미만인 네 아들을 한꺼번에 사사하였다.

홀로 생존한 딸인 휘순공주는 구수영의 아들인 구문경에 출가하였는데, 그녀의 아들인 구엄이 연산군 사후 연산군의 묘를 관리하고 제사를 지냈고, 이후에는 구엄의 외손인 이안눌이 이어 받아 연산군 묘를 관리하였다고 한다.

한편 휘순공주의 시아버지인 구수영은 세종의 여덟째 아들인 영응대군의 딸과 결혼하여 왕실과 인연을 맺어온 인물이다. 연산군 시대 구수영은 각지의 미녀를 구해 사돈인 연산군에 바치는 충성을 다하며 아첨을 떨다가 중종 반정이 일어나자 등을 돌려 반정군 편에 붙어 연산군을 배반한 비열한 인물이다. 한국민족문화대백과

연산군도 유배된 지 2개월 만인 11월 8일 폐비 신씨를 보고싶다

는 마지막 말을 남기고 의문의 죽음(실록에서는 역질로 사망하였다고 함)을 당하니 그의 나이 31세였다. 폐비 신씨도 31세에 홀로 되었다.

사후 연산군에 대한 총평을 연산군일기에서는 다음과 같이 간략하게 평하였다.

「연산군(燕山君), 휘(諱) 융(㦂)은 성종 강정대왕(成宗康靖大王)의 맏아들이며, 어머니 폐비(廢妃) 윤씨(尹氏), 판봉상시사(判奉常寺事) 윤기견(尹起畎)의 딸이 성화(成化) 병신년 11월 7일(정미)에 낳았다. 계묘년 2월 6일(기사)에 세자(世子)로 책봉(冊封)하고, 영중추부사(領中樞府事) 한명회(韓明澮) 등을 북경(北京)에 보내어 고명(誥命)을 청하니, 5월 6일(정유)에 황제가 태감(太監) 정동(鄭同) 등을 보내어 칙봉(勅封)을 내렸다. 소시(少時)에, 학문을 좋아하지 않아서 동궁(東宮)에 딸린 벼슬아치로서 공부하기를 권계(勸戒; 잘못함이 없도록 타일러 주의시킴)하는 이가 있으매, 매우 못마땅하게 여겼다. 즉위하여서는, 궁안에서의 행실이 흔히 좋지 못했으나, 외정(外庭; 바깥뜰)에서는 오히려 몰랐다. 만년(晩年)에는, 주색에 빠지고 도리에 어긋나며, 포학한 정치를 극도로 하여, 대신(大臣)·대간(臺諫)·시종(侍從)을 거의 다 주살(誅殺; 죄를 물어 죽임)하되 불로 지지고 가슴을 쪼개고 마디마디 끊고 백골을 부수어 바람에 날리는 형벌까지도 있었다. 드디어 폐위하고 교동(喬桐)에 옮기고 연산군으로 봉하였는데, 두어 달 살다가 병으로 죽으니, 나이 31세이며, 재위 12년이었다.」연산군일기 총서 연산군이 교동으로 유배될 때 폐비 신씨도 같이 가려고 하였으나 뜻대로 되지 않았다.

왕비 시절 폐비 신씨가 베푼 선정에 대한 일화가 있다.

「폐주의 황음(荒淫)하고 패란(悖亂; 정의에 어그러지고 정도를 어지럽힘)함이 날로 심해지자 신비(愼妃)는 매양 바른 말로 간하다가 여러 번 부당한 능욕을 당하였다. 당시 숙의(淑儀)의 노자(奴子; 사내종)라고 칭하는 자가 사방에 흩어져서 물건을 독점하여 이익을 구하고 평민들의 토지와 노비를 빼앗아 차지하였으나 공사(公私) 간에 아무도 감히 말하지 못하였다. 신비는 매양 탄식하기를, '여러 궁인들이 나라의 정치를 어지럽게 하니, 나는 그 나쁜 것을 알면서 본받을 수 없다.' 하고, 일찍이 내수사(內需司)에 간절히 경계하기를, '만약 본궁의 노자들 가운데 횡포한 자가 있다고 들리면 반드시 먼저 매를 쳐서 죽이리라.' 하였다. 이로 인하여 본궁의 노자들은 감히 그러하지 못하였다.」

「등명사(燈明師) 학조(學祖)가 직지사(直指寺)에 있을 때 절에 좋은 반시(盤柿; 납작감)가 있어 매양 두 바리씩을 내전에 바치고 비밀히 아뢰기를, '저의 절이 서울에서 멀리 떨어져 있사오니, 원컨대 본궁의 노자들을 시켜 해마다 와서 두세 바리(승려의 공양그릇)씩 실어 가도록 하소서.' 하였다. 신비는 이르기를, '이것은 매우 쉬운 일이나 다만 과실이 잘 여는 해도 있고 잘 안 여는 해도 있으니 만약 안 여는 해에 본궁의 노자가 가서 정한 바리 수대로 징수한다면 영원히 폐단이 될 것이다.' 하였으니, 그가 뒷일을 염려함이 이와 같았다. 그의 척당(戚黨; 성이 다른 일가)중 지방 고을의 원이 있었는데, 잇(紅藍, 홍남; 국화과의 두해살이 풀로 붉은 물감으로 사용) 수십 두(數十斗)와 풀솜[雪綿子] 수십 근(數十斤)을 바쳤다. 신비는 이것을 물리치면서, '백성들이 못살고 있는데 이런 물건이 어디서 나왔느냐? 나는 차마 받아 둘 수 없다.' 하였다.」 연려실기술 제6권

연산군과는 달리 폐비 신씨는 추호도 민폐를 끼치는 일은 단호히 거절하였다.

폐비 신씨는 연산군이 교동으로 유배간 후 궁궐을 나와 정청궁(貞淸宮)으로 옮겨 지내다가 (중종실록 1권, 중종 1년 9월 2일), 연산군이 죽은 다음 날인 1506년 11월 9일 친정아버지 집을 수리하여 친정 집으로 거처를 옮겨 살았다.

그러나 그 집이 비가 새어 연산군의 신주를 둘 곳이 없게 되자 중종 16년(1521) 11월 15일 중종은 안처겸의 집을 폐비 신씨에게 주어 그곳으로 이사시켜 살게 하였다.

「'듣건대, 연산군의 부인 신씨(愼氏)의 집에 비가 새어 연산군의 신주를 둘 곳이 없다고 한다. 일찍이 집을 주고 싶었지만 빈 집이 없어 실현하지 못했으니, 속공(屬公; 임자 없는 물건이나 죄인을 관부의 소유로 넘기는 일)한 죄인 안처겸(安處謙)의 집을 주라.'」 중종실록 43권, 중종 16년 11월 15일

미우나 고우나 부부의 정 때문인지 폐비 신씨는 중종 7년(1512)

12월 12일에 중종에 상소하여 강화에 있는 부군의 묘를 이장하게 해 달라고 청하였다. 그러자 중종은 폐비 신씨의 청을 들어주어 연산군의 묘를 강화에서 양주 해촌(현재 도봉구 방학동)으로 이장시켜 주었다. 그 후 폐비 신씨도 중종 32년(1537) 4월 8일 사망하였다.

무덤은 서울 도봉구 방학동에 위치한 연산군 묘이며, 남편 연산군과 쌍릉을 이루고 있다. 원래 연산군 묘역 일대는 세종의 넷째 아들인 임영대군의 땅이지만 연산군 내외 묘 이외 임영대군과 오산군 묘역, 의정궁주 조씨의 묘, 연산군의 딸인 휘순공주의 묘와 사위인 구문경의 묘가 있다.

의정궁주 조씨는 세종 4년(1422)에 태종의 후궁으로 간택되었지만 곧 태종이 승하하여 빈으로 책봉되지 못하고 궁주의 작호를 받았던 사람이다. 임영대군이 왕명(세종)으로 후사가 없던 의정궁주의 제사를 맡게되어 같은 위치에 묘를 조성하였던 것이다.

폐비 신씨의 죽음

실록이나 야사에서 폐비 신씨에 대한 병력이나 사망 원인에 대한 기록은 전혀 찾아 볼 수 없어서 그 당시 상황으로 보아 66세에 노환으로 사망한 것으로 추정한다.

폐비 신씨가 돌아가자 조선 중종 때 문신인 심언광(沈彦光)이 신비의 만장(輓章; 죽은 사람을 슬퍼하여 지은 글) 세 수(首)를 지었으니

꿈 같은 장추궁에 몇 해 봄을 지냈던가　　　(一夢長秋度幾春)

표령한 신세가 다시 슬프게 되었네　　　(飄零身世更悲辛)

매양 보통 부부간의 이별을 들어도 눈물이 흐르는데

　　　　　　　　　　　　　　(每聞契濶堪流涕)

하물며 그 당시에 신하된 사람이랴　　　(何况當時北面人)

10년 동안 소후가 수궁에 있었는데　　　(十年蕭后在隋宮)

말로의 생애는 안정되지 못했도다　　　(末路生涯逐轉蓬)

술지하라고 한 말은 참으로 약석(정성으로 훈계하는 말)이었건만

　　　　　　　　　　　　　　(述志一言眞藥石)

임금은 오히려 깊은 충곡(衷曲)을 살피지 못하였네

　　　　　　　　　　　　　　(乾心猶不省深衷)

한 시대의 충량은 모두 간하다가 죽었는데　　　(一世忠良眞剖心)

임금은 무슨 일로 날마다 음란했던가　　　(君王何事日荒淫)

그 당시에 중전이 덕이 있었으니　　　(當年中壺多陰敎)

이 계명계가 깊지 않은 것이 아니로다　　　(不是鷄鳴戒不深)

　　장추궁은 한나라의 태후가 거처하는 곳을 말하는데 여기에서는 신비가 왕비 자리에 있었던 것을 의미하며, 표령은 신세가 딱하게 되어 안착하지 못하고 이리저리 떠 돌아다님을, 술지하라고 한말의 뜻은 왕비 신씨가 연산군에게 바른 말로 경계한 것을, 계명계는 시경에 '계명편'이 있는데 여기에서는 왕후가 왕에게 정사에 부지런할 것을 권하였던 계명계를 뜻한다. 연려실기술 제6권

참고로 폐비 신씨가 폐위된 후 잠시 거처하였던 정청궁(貞淸宮)에 대한 기록을 살펴보면 아래와 같다.

원래 문종 즉위년(1450) 3월 21일 문종은 무안군(방번)의 예전 집을 수리하여 자수궁(慈壽宮)이라 명하고 선왕의 후궁을 거처하도록 하였다. 그리고 그해 6월 6일 세종의 후궁이 자수궁으로 옮겨 거처하였다.

그 후 단종은 문종의 후궁이 거처하는 곳을 수성궁(壽成宮)이라 명하였고 (단종 2년 3월 13일), 이후 자수궁과 수성궁에도 여승들도 거처하게 하였다.

연산군 10년(1504) 5월 1일 자수궁과 수성궁에 거처하던 선왕의 후궁들과 여승들을 자수궁 한곳으로 옮기고, 수성궁에는 성종의 후궁을 거처하게 하고, 그해 5월 15일에 수성궁을 정청궁이라고 이름을 고쳤다. 그리고 연산군은 11월 14일에 정청궁을 50칸 규모로, 매 1칸에 4인이 수용할 만하게 새로 증축케 하였다. 이후 연산군이 폐위되어 교동으로 유배된 날인 1506년 9월 2일부터 11월 8일 까지 2개월여 동안 폐비 신씨가 잠시 거처하였던 곳이다. 그러나 정청궁 이란 이름은 그 이후로는 기록에서 찾아볼 수 없어 곧 폐궁된 것으로 여겨진다.

그러나 수성궁은 명종 때 다시 지어 궁인들의 질병을 치료하는 곳으로 이용했다. 명종실록 9권, 명종 4년 11월 4일

단경왕후 신씨

생몰년   1487 - 1557

재위기간   7일(1506년)

자녀수   무자녀

사인   노환

장경왕후 윤씨

생몰년   1491 - 1515

재위기간   1507 - 1515

자녀수   1남 1녀

사인   산욕기감염

문정왕후 윤씨

생몰년   1501 - 1565

재위기간   1517 - 1544

자녀수   1남 4녀

사인   폐렴

7일간의 왕비 단경왕후 신씨

— 일장춘몽을 접고 님 그리며 일생을 살다

어느 날 나는 아름답고도 허무한 꿈을 꾸었다.

-Vivid Blaze-

「폐위 때 단경왕후 나이는 20세, 중종의 나이는 19세였다. 중종은 혼인해 7년을 함께했던 부부인지라 신씨를 쉽게 잊을 수 없었다. 중종은 신씨가 생각날 때마다 경회루에 올라 인왕산 기슭을 바라보곤 했다. 신씨 또한 폐비는 되었지만 중종에 대한 사랑은 조금도 변함이 없었다. 신씨는 중종이 인왕산 기슭을 바라본다는 소문을 듣고 종을 시켜 자기가 입던 붉은 치마를 경회루가 보이는 인왕산 바위에 펼쳐놓았는데 아침에 내다 걸고 저녁에는 거둬들였다고 한다. 이 때부터 사람들은 이 바위를 치마바위라고 불렀다.」금계필담 전혀 꿈에도 생각조차 못하던 왕의 자리에 남편 진성대군이 오르자 단경왕후 신씨도 20세 나이에 왕비로 등극하였으나 그 영화를 누릴 틈도 없이 왕비생활 7일 만에 폐위되니 그녀의 영광은 하루 밤의 꿈이었던가?

단경왕후 신씨는 익창부원군 신도공 신수근의 딸로 성종 18년 (1487) 1월 14일에 태어났다. 연산군의 부인인 폐비 신씨가 그녀의 친고모이다.

신수근(愼守勤)은 1484년(성종 15) 음보(蔭補)로 장령(掌令; 사헌부의 정4품 관직)에 기용되고, 1492년 우부승지로 승직된 후 첨지중추부사(僉知中樞府事), 호조참의를 역임하였다. 1495년(연산군 1)에 도승지가 되고, 이해에 선위사(宣慰使; 재해, 병란 등이 지난 뒤, 임금의 명령에 따라 백성의 질고를 위문하던 임시 벼슬)가 되어 평안도를 순무(巡撫; 여러 곳을 두루 돌아다니면서 백성들의 마음을 위로하고 달램) 하였다. 그 뒤 이조판서를 거쳐 우찬성이 되었다가 곧 파직되었다.

1504년에 돈녕부첨정(敦寧府僉正)에 재기용되고, 이듬해 우의정이 되어 등극사(登極使; 조선시대 국왕의 등극을 중국에 알리려 가던 사신)로 명나라에 다녀왔다. 1506년 좌의정으로 있을 때 박원종(朴元宗) 등이 장차 연산군을 폐하고 진성대군(晉成大君: 중종)을 임금으로 추대할 뜻을 품고 연산군의 처남이자, 진성대군의 장인인 그에게 넌지시 누이와 딸 중 그 어느 편이 더 중하냐고 물어보자, 그는 자리를 차고 일어서면서 임금은 비록 포악하나 총명한 왕을 믿고 살 겠다고 하였다. 한국민족문화대백과

연산군 5년(1499) 단경왕후 신씨 13세 때 한 살 어린 진성대군 (중종)과 결혼했으나 결혼 생활 7년 동안 둘 사이에는 자녀는 없었 다.

진성대군이 왕으로 등극하기 전 연산군과 함께 사냥가서 죽음을 당할 위기에 처해 있을 때 이복형인 영산군 전(성종의 서 13남)이 구 해주는 일화가 있어 소개하면;

「폐주(연산군)가 들로 사냥을 나갈 때, 당시 진성대군(晉城大君) 이었던 중종(中宗)이 모시고 따라갔다. 사냥을 마치고 난 뒤에 임금 은 준마를 타고서 진성대군에게 말하기를, '나는 흥인문(興仁門)으로 들어갈 터이니 너는 숭례문(崇禮門)으로 들어오라. 나보다 뒤에 오 면 마땅히 군법으로 다스리겠다.' 하니 진성대군이 매우 두려워하였 다. 영산군(寧山君) 전(恮; 성종의 13남)이 가만히 아뢰기를, '걱정마 십시오. 내 말은 임금이 타신 말보다 매우 빠른데, 내가 아니면 제어 할 수 없습니다.' 하고, 즉시 하인 옷으로 바꾸어 입고 말고삐를 잡고 따라가니 말이 나는 듯이 달려갔다. 대궐 문에 이르니 조금 후에 임 금이 이르렀다. 이에 중종이 죽음을 면하였으니 사람들은 '영산군과 그 말은 모두 진성대군을 위하여 때를 맞추어 난 것이다.' 하였다.」연 려실기술 제6권

1506년 9월 2일 박원종, 성희안, 유순종 등이 연산군의 폭정에 항

거하여 반정을 일으킨 다음 연산군 후임으로 진성대군을 국왕으로 추대하니 그 당시 그의 나이 19세였다. 그 당시 상황으로는 진성대군은 왕권 도전은 감히 꿈도 꿀 수 없었고 정치에도 관심이 없었다. 그러나 자신의 의지와는 관계없이 공신들에 떠밀리듯 옥좌에 앉게 되었다. '잠에서 깨어나 보니 하루 아침에 일약 스타가 되어 있더라.' 는 말처럼 진성대군은 자고 나니 왕이 되어 있었다. 자력에 의한 것이 아니라 타의에 의해 왕위에 올랐던 것이다.

중종 반정 당시 진성대군은 자신을 모시려 온 반정군들을 연산군 측이 자기를 해치려고 보낸 사람들로 오인하고 자결할 결심을 하였다. 이 때 부인 신씨가 진성대군의 자결을 잠시 말리고 기다리게 한 후 하인을 시켜 밖으로 나가서 집 주변의 동정을 살펴보고 들어오라고 하였다. 하인이 들어와서 말하기를 말머리가 집 밖으로 향해 있다고 하자 신씨는 군사들이 진성대군을 보호하러 왔음을 진성군에게 알려주자 그제서야 그는 상황을 파악할 수 있었다고 한다.

「반정하던 날 먼저 군사를 보내어 사제(私第; 중종이 있던 집)를 에워쌌는데, 대개 해칠 자가 있을까 염려해서였다. 임금(중종)이 놀라 자결하려고 하자 부인 신씨가 말하기를, '군사의 말 머리가 이 궁을 향해 있으면 우리 부부가 죽지 않고 무엇을 기다리겠습니까. 그러나 만일 말 꼬리가 궁을 향하고 말 머리가 밖을 향해 있으면 반드시 공자(公子)를 호위하려는 뜻이니, 알고 난 뒤에 죽어도 늦지 않습니다.' 하고, 소매를 붙잡고 굳이 말리며 사람을 보내 살피게 하였더니 말 머리가 과연 밖을 향해 있었다.」 연려실기술 제7권이 때 만일 단경왕후 신씨의 기지가 조금만 늦었어도 진성대군은 잘못 판단하고 죽음을 택해 왕도 되어보기 전에 저 세상 사람이 되었을 것이다.

거사에 앞서 반정의 주역들은 연산군을 몰아내고 중종을 옹립할 거사에 신수근에게 동참할 것을 요청하였다. 하지만 신수근이 이 제안을 거절하자 거사 후 즉시 신수근을 살해했던 것이었다.

중종과 단경왕후 신씨 둘 사이는 젊어서부터 애정이 매우 두터웠고 그녀는 중종의 곁에서 많은 도움을 준 사이였지만, 반정 후 공신들이 상의하기를, '부인의 아버지를 죽였으니 딸을 왕비로 둔다면 우리한테 무슨 보복이 올지 모른다.' 하고, 신씨를 폐비(廢妃)할 것을 중종에게 청하였다. 임금도 이들의 강요를 거절할 수 없어 하는 수 없이 신하들의 뜻에 따라 신씨를 별궁(別宮)으로 내보내기는 하였으나, 중종은 매번 모화관(慕華館; 조선시대 중국 사신을 모시던 곳)에서 명나라 조사(詔使; 중국 천자의 조칙을 가져온 사신)를 영접할 때에는 꼭 사신의 말을 보내 신씨에게 먹이를 주게 하였다. 그래서 단경왕후 신씨는 항상 직접 흰죽을 쑤어 손수 들어서 말을 먹여 보냈다고 한다. 연려실기술 제7권

중종이 등극한 지 7일 만인 1506년 9월 9일 반정군은 신씨를 궁궐 밖으로 내치니 그녀는 건춘문(경복궁의 동문)을 나와서 하성위 정현조(정인지 아들이자 세조의 딸 의숙공주의 남편)의 집에서 지내게 되었다. 그 후 단경왕후는 어의동(於義洞; 중종의 잠저 시절 지내던 집)에서 줄곧 거주하게 되는데 (중종실록 60권, 중종 23년 1월 20일), 어이동은 인종 때부터는 폐위궁으로 불렀다. 인조실록 2권, 인종 1년 4월 6일

중종 10년(1515) 3월 2일 중종의 첫 계비인 장경왕후 윤씨가 사망하자, 개혁파 선비 그룹인 사림파 측에서 신씨을 복위시키려는 움직임이 잠시 있었으나 실패로 돌아 갔다. 이후 소식이 잠잠하더니 중종이 임종하던 해인 중종 39년(1544) 11월 15일에 폐비 신씨를 궁에 들였다는 소문이 나기도 하였다. 그 당시 실록에 실린 내용을 보면,

「사알 이수천이 정원에 말하였다. '입내(入內)하는 궁인(宮人)이 있어 통화문(通化門)을 시간이 지나도록 열어 놓았기에 들어온 사람이 누구냐'고 물었더니 '모른다'고 했는데, 들으니 상이 임종시에 폐비(廢妃) 신씨(愼氏)를 보고 싶어했기 때문에 입내한 것이라고 했습니다.」 중종실록 105권, 중종 39년 11월 15일

그러나 실은 문을 열어 놓고 신씨를 불러들었다는 이야기는 헛소문이었고 중종의 옥체가 미령하기 때문에 여승들을 불러다 기도를 드리려고 한 짓이었다. 그 날 중종은 환경전 소침에서 승하하였으니 강제로 이별한 후 38년 동안 꿈에서만 그리던 단경왕후 신씨를 보지 못하고 그는 눈을 감았던 것이다.

중종이 사망한 후에도 홀로 폐비궁(어의동)에서 지내다가 명종 12년(1557) 12월 7일 71세의 나이로 사망하였다. 사망 후 시호도 없이 폐비 신씨 혹은 신비(愼妃)라고 불리다가, 영조 15년(1739) 3월 11일 김태남의 건의로 그 해 3월 28일 복위 되었다.

능호는 온릉(溫陵)으로 경기도 양주시 장흥면 일영리에 위치하고 있다.

단경왕후의 사망 원인은 알 수 없으나 그 당시 71세까지 살았다면 장수했다고 할 수 있다. 이는 단종의 부인인 정순왕후 송씨가 18세에 홀로되어 81세까지 장수하였던 것처럼 단경왕후도 20세에 홀로되어 오직 중종만을 사모하면서 무소유, 무상, 무념으로 모든 욕심을 버렸던 것이 오래 살 수 있었던 요인이 되지 않았나 추측된다. 조선시대 왕비는 일찍 홀로 되어 모든 욕심을 버리고 스트레스 없이 마음 편안하게 사는 것만이 장수의 한 비결이 되는 것 같기도 하다.

박복하게 단명한 왕비
장경왕후 윤씨

— 산욕기 감염으로 25세에 사망하다

그 어머니에 그 딸, 모전여전(母傳女傳)

「중종 26년인 1531년 4월 20일 효혜 공주(孝惠公主; 장경왕후의 딸)가 졸(卒)하였다. 3일간 조시(朝市)를 정지하였다. 공주는 바로 장경왕후(章敬王后)의 소출로, 연성위(延城尉) 김희(金禧)에게 하가(下嫁)하였다. 효혜공주는 여아를 분만한 후 산후후유증으로 21세 나이로 사망하였다.」 중종실록 70권, 중종 26년 4월 20일

　　어머니인 장경왕후 윤씨는 25세 때 인종을 낳고 산후병으로 사망하였는데, 그녀의 딸인 효혜공주도 아이를 분만한 후 산후병으로 21세의 젊은 나이에 사망하였다.

장경왕후 윤씨는 파원부원군 정헌공 윤여필과 순천부부인 박씨의 차녀로, 성종 22년(1491) 7월 6일 사저에서 태어났다.

윤여필(尹汝弼)은 1504년(연산군 10)의 갑자사화 때 죄인 윤필상(尹弼商)의 족친이라 하여 유배되었으나, 1506년의 중종반정에 참여, 정국공신(靖國功臣) 3등에 녹훈되었다. 이듬해 딸이 숙원(淑媛)에서 왕비로 책봉되자 파원부원군(坡原府院君)에 봉해지고 판돈녕부사(判敦寧府事)가 되었다. 1527년(중종 22) 동궁 내에 저주하는 물건이 나온 것을 우의정 심정(沈貞)에게 알려 조사하게 하였고, 그 뒤 아들 임(任)과 함께 세자(후일의 인종)를 보호하는 일에 진력하면서 윤원형(尹元衡) 등의 소윤과 대립하였다. 1545년(명종 즉위년) 을사사화로 아들 임은 사사(賜死)되었으나, 윤여필은 80세의 노령에다 선후(先后)의 아버지이므로 특별히 용인에 부처(府處; 장소를 지정하여 머물게 있게 하던 형벌) 되었다가 1551년(명종 6)에 풀려났다. 사후에 복관되고, 시호는 정헌(靖憲)이다. 한국민족문화대백과

장순왕후 윤씨의 친가 집안도 조선시대 세력가였지만 특히 외가 측 집안이 대단했다고 한다. 정경왕후의 외할아버지인 박중선은 세조 13년(1467) 5월 16일 이시애의 난 때 공을 세워 적개공신 1등으로 책록되고 병조판서로 승진되었다. 박중선의 모친은 영의정 청천부원군 심온의 딸로, 세종비 소헌왕후가 그녀의 언니이니 세종이 박중선의 이모부였다.

박중선은 1남 7녀의 자녀를 두었는데, 첫째 딸인 승평부부인은 성종의 형인 월산대군의 부인이 되었고, 아들인 박원종은 중종반정의 주역으로 장경왕후 윤씨의 외삼촌이고, 다섯째 딸인 순천군부인

은 윤여필의 부인으로 장경왕후의 어머니다.

윤여필은 1남 2녀를 두었는데, 큰 딸인 장경왕후의 언니는 성종의 형인 월산대군의 아들인 덕풍군 이이와 혼인하였고, 차녀인 장경왕후는 성종의 아들인 진성대군(중종)과 결혼했으니 두 자매가 세조의 큰 아들인 의경세자의 손부가 되었고, 아들인 윤임은 인종 때 주도 세력을 이끈 대윤의 대표적 인물이다.

장경왕후는 생모를 8세 때 여의고 큰 이모이자 월산대군의 부인인 승평부부인 박씨(중종반정의 주역인 박원종의 누나)의 집에서 자랐다.

중종 1년(1506) 9월 9일 중종의 첫 부인인 단경왕후가 폐출되어 쫓겨난 그 이튿 날 예조 판서와 참판이 처녀를 간택하여 중궁을 책봉할 것을 중종에 건의하였다.

그러자 9월 17일 대비(정현왕후)는 후비 간택에 있어 우선시해야 할 후비의 덕목에 대해 전교하였다.

「후비(后妃)의 덕은 얌전하고 착한 것이 제일인 것이다. 지금 중궁을 간택하는 때에 한갓 용모만을 봐서는 안 된다. 내가 먼저 두세 처녀를 간택하여 후궁에 두었다가 서서히 그 행실을 보다 배필을 삼도록 하니 어떠한가?' 하니, 정승들이 회계(回啓; 신하들이 심의하여 대답함)하기를, '대비의 분부가 이와 같으시니, 바로 신 등의 뜻에 부합합니다.' 하였다.」 중종실록 1권, 중종 1년 9월 17일

내용인 즉 왕비간택 시 용모만을 봐서는 안 되고 먼저 두세 처녀

를 간택하여 후궁에 두었다가 시간을 두고 그들의 행실을 보고서 배필로 삼도록 하는 것이었다.

그리고 12월 27일 14세에서 22세까지의 서울 안 처녀의 혼인을 금하였다.

중종 2년(1507) 1월 13일에는 박원종 등이 후사문제로 후궁 간택 시 시녀들도 뽑을 것을 권유하였으나 중종은 이 제안을 거절하였다.

1월 18일에는 박원종 등이 중궁 간택에 대해 다시 아뢰었다.

「좌의정 박원종(朴元宗), 우의정 유순정(柳順汀)이 빈청(賓廳)에 나아가 문안하고, 이어 아뢰기를, '중궁(中宮)을 지금까지 정하지 않으시니, 온 나라 신민이 모두 미안히 여기고 있습니다. 청컨대 일찍 정하소서.' 하니, 전교하기를, '아뢴 말은 당연하나 나로서도 스스로 정할 수 없다.' 하였다. 대비가 빈청에 전교하기를, '성이 이씨(李氏)라도 종친만 아니면 대궐에 들여도 무방한가?' 하니, 원종 등이 회계(回啓)하기를, '옛말에 이르기를, 동성에 장가들지 않는다.' 하였습니다. 또 '이씨에게 장가들지 말라.'는 말이 대전(大典)에 있으니, 해당 관사로 하여금 고례(古禮)를 상고하게 함이 어떻겠습니까?' 하니, 대비가 전교하기를, '국모를 하필 동성에게 취할 게 있겠는가? 고례를 상고할 것 없다.'」

이후 네명의 후보자를 선발하였는데 윤여필의 딸, 홍경주의 딸, 박수림의 딸, 나숙담의 딸이다. 6월 17일 윤여필의 딸을 왕비로 정하고, 8월 4일 근정전에서 중궁의 책봉례를 행하니 그 당시 장경왕후 윤씨 나이는 17세로 중종은 20세였다.

장경왕후 윤씨가 왕비로 책봉된 경위는 공식적인 간택에 의한 절차였지만 실은 그녀의 외삼춘인 박원종의 힘이 컸다. 그런 연유인지 중종은 장경왕후 윤씨를 왕비로 삼았으나, 박수림의 딸인 경빈 박씨와 홍경주의 딸인 희빈 홍씨를 더 총애하였다.

장경왕후는 중종 6년(1511) 5월 18일 첫 딸인 효혜공주를 낳았고, 4년 후 1515년 2월 26일 원자인 인종을 순산하였다.

그러나 장경왕후 윤씨는 분만 4일 째인 2월 29일 병이 나자 이른 새벽에 원자를 데리고 교성군(交城君) 노공필의 집으로 임시 거처를 옮겨 치료했다. 그러나 치료에도 불구하고 3월 1일에는 병세가 더 위급해져 3월 2일 경복궁의 동궁 별전에서 사망하였다. 그 당시 그녀의 나이 25세였다.

공교롭게도 장경왕후 첫 딸인 효혜공주도 중종 16년(1521) 김안로의 아들인 김희와 결혼 해 중종 26년(1531) 4월 20일에 여아를 분만한 후 산후후유증(산욕기감염?)으로 21세 젊은 나이에 훙서하였다.

능호는 희릉(禧陵)으로 경기도 고양시 덕양구 원당동 서삼릉 내에 위치한다.

장경왕후가 윤씨가 원자를 낳은 후 4일째 병환이 나자 중종이 크게 놀라서 친히 친병하면서 그녀에게 말하고 싶은 것을 물으니 그녀는 다음과 같은 말을 했다.

「'은혜를 입음이 지극히 크니, 다시 말씀드릴 것이 없습니다.' 하고 눈물만 흘릴 뿐이었다. 다음 날에 병이 다시 더해지니, 후가 부축을 받아 일어나서 글로 써서 아뢰기를 '어제는 심사가 혼미하여 잘 깨닫지 못하였습니다. 지금 생각하니, 지난해 여름 임신 중 꿈에 사람이 나타나 말하기를 〈이 아이를 낳으면 이름을 억명(億命)이라 하라.〉 하므로 벽에 써서 기록하였고, 아직 다른 사람에게 말하지 않았습니다.' 하였는데 상이 나아가 보니 과연 그러하였다. 아, 높은 중매 부러움을 주고, 서몽(瑞夢; 상서로운 꿈)의 조짐이 길하여, 우리의 억만년 가없는 명을 길이 누림을 여기서 더욱 징험할 수 있는 것이니 이 얼마나 기이한가.」중종실록 21권, 중종 10년 3월 23일

그런데 공교롭게도 장경왕후 아들인 인종은 31세에 요절(夭折)했으니, 장경왕후의 꿈대로 인종의 아명을 '억명(億命)'이라 작명했으면 그는 젊은 나이에 죽지 않고 더 오래 살아 성군의 정치를 펼칠 수 있지 않았을까?

장경왕후 윤씨가 산후 1주 만에 사망하는데 그녀의 자세한 병록이 없어 알 수는 없지만 분만 후 발생하는 산모들의 사망사례를 토대로 사인을 추정해 보면 장경왕후는 산욕기감염(puerperal Infection)으로 사망했을 가능성이 높다.

산욕기감염은 분만 후부터 6주까지의 산후기간 동안 여성생식기에 생기는 세균성 감염을 말하며[그림 12], 산욕기감염은 ① 산후 자궁감염, ② 회음부, 질 및 자궁 경부감염, ③ 독성쇼크증후군으로 크게 분류할 수 있다.

첫째 산후 자궁감염은 정상적으로 자궁 경부, 질, 회음부에 서식

하고 있던 세균들이 분만 과정을 통해서 자궁의 태반 부착 부위, 열상 부위에 침입함으로서 산욕기감염을 일으키게 된다.

자궁 경부와 질과 같은 하부 생식기와는 달리 자궁 속은 평상시 균이 없다.

질식 분만 후 발생하는 산욕기감염은 주로 태반 부위와 탈락막, 인접한 자궁 근육층에 잘 발생하는데 특히 자궁경부와 질내에 정상적으로 살고 있던 세균이 분만 도중이나 산욕기에 양수을 통해 손상된 자궁 조직으로 침투하게 된다. 또한 여성생식기 감염을 일으키는 세균들은 대개 병원성이 낮은 세균들이지만, 혈종이나 손실된 조직 내에서는 병원성이 강한 균으로 변할 수 있다.

산욕기감염을 일으키는 혐기성 세균은 대부분 그람 양성구균이고, 호기성 세균으로는 장내세균, B군사슬알균 및 대장균이 대부분이다.

[그림 12] **산욕기감염 주요 증상** ① 고열이 난다(섭시 38℃ 이상), ② 오로(lochia, 분만 후 질분비물)에서 심한 악취가 난다. ③ 아래배에 통증이 있다.

히포크라테스
조선 왕비를 만나다

둘째 회음부, 질 및 자궁 경부감염은 대부분 국소성 염증으로 병세가 경하며 사망하는 예는 거의 없다.

셋째 독성 쇼크증후군은 황색포도상구균이 주된 원인균으로 이 세균의 외독소가 자궁내 혈관내막에 손상을 입히고 이어 전신 장기도 손상을 입히는 무서운 산후 합병증이다.

산욕기감염의 증상은 주로 열이며, 감염의 정도가 심할수록 열이 높아진다. 따라서 고열은 산후 자궁감염의 진단에 있어 가장 중요한 소견이다. 그리고 오한은 패혈증을 의심하는 소견이며 자궁감염의 10 - 20%에서 나타난다. 이외 복부 통증 및 산후통, 질분비가 있으나 산욕기감염의 특징적인 소견은 아니다.

장경왕후 윤씨는 산후 4일 째에 생긴 산욕기감염에 의한 패혈증으로 사망한 것으로 추정된다.

후일을 기약하며 인내로 참은 왕비 문정왕후 윤씨

― 목욕재계 후 걸린 감기의 합병증으로 65세에 사망하다

참는다는 것은 매우 힘든 수행 중의 하나이지만 잘 참아 내는 사람 만이 최후의 승자가 된다.

-불경-

문정왕후 윤씨가 왕비로 결정되기 직전의 일화가 있어 소개하면,

「처음 중종 정축년에 계비를 간택할 때에 문정왕후의 병이 매우 위독하였다. 중종은 벌써 파성군(坡城君) 윤금손(尹金孫)의 딸을 계비로 들이기를 결정하였다. 어느 날 명을 내리기를 '윤지임(尹之任)의 딸의 병이 낫거든 파성군의 딸과 함께 대궐에 나오도록 하라.' 하였다. 이때 점 잘하기로 유명한 어떤 자가 시골서 올라와서 제가 제 점을 쳐보고, '오늘은 귀한 손님이 맨 먼저 오겠구나.' 하였다. 과연

얼마 후 첫새벽에 지임이 면회를 요청하였다. 하인이 보고하기를, '손님은 겨우 종 한 명만을 데리고 왔을 뿐인데 그가 무슨 귀한 손님이요.' 하니 점장이는 '아니다, 이 분은 귀인이다.' 하였다. 지임이 들어가서 문정왕후의 사주를 보이며, '병이 매우 위독하여 왔다.' 하니 점장이는, '이 분은 앞으로 국모가 될 운명이며, 손님도 매우 귀하게 될 운명입니다. 지금 관직에 있지 않습니까?' 하였다. 점장이가 굳이 묻자 지임이 그제야, '나는 별좌(別座; 5품에 속하는 벼슬)직에 있다.' 하였다. 그러자 점장이가, '나으리는 마땅히 국구(國舅; 임금의 장인)가 될 것입니다.' 하더니 얼마 후에 과연 금손의 딸은 판관(判官) 노첨(盧僉)의 아내가 되었다.」연려실기술 제10권

왕비는 천운을 타고 나야 된다고 하는데 이는 문정왕후 윤씨를 두고 하는 말 같다.

문정왕후 윤씨는 주변 사람들이 자신을 공격하거나 해를 입힐 것이라는 의심과 불신을 가진 편집성 성격(paranoid personality)의 소유자로 사료된다.

문정왕후는 명종을 어릴 적부터 다그쳤고 그녀 자신의 기준에 조금이라도 어긋나면 용서해주지 않았다. 즉위 후에도 그녀 자신의 주장이 관철되지 않으면 임금에게 대놓고 욕을 하거나 채벌을 가했는데, 그녀로 말하면 자식 일이라면 물불을 가리지 않은 요즈음 지성을 갖춘 '치마바람 어머니의 원조'라고 할 수 있겠다.

문정왕후 윤씨는 파산부원군 정평공 윤지임의 5남 2녀 중 차녀로 연산 7년(1501) 10월 22일 태어났다.

윤지임은 세조 비 정희왕후 윤씨의 아버지 정정공 윤번의 5대손으로, 중종의 첫 계비 장경왕후 윤씨와는 8촌지간이다. 그러니 장경왕후 윤씨는 문정왕후 윤씨의 9촌 고모 뻘이다. 성종의 제3계비인 정현왕후 윤씨 역시 문정왕후의 일족으로, 정현왕후는 윤번의 사촌 윤곤의 증손녀이므로, 정현왕후 역시 문정왕후의 12촌 할머니 뻘이 된다.

윤지임(尹之任)은 1514년(중종 9) 그의 딸이 중종의 둘째 계비로 간택되어, 국구(國舅)로서 돈녕부사, 파산부원군(坡山府院君)에 봉군되었다. 윤지임은 행동에 절제가 없어서, 농번기에 매 사냥을 하거나 다른 사람의 처첩을 빼앗기도 하였다고 한다. 한국민족문화대백과

중종 10년(1515) 3월 2일 장경왕후 윤씨가 인종을 낳은 지 일주만에 사망하자, 2년 후인 중종 12년(1517) 3월 8일 승정원에서 가례도감 두기를 청했다.

이후 간택은 빨리 진행되어 최종 간택될 후보로는 이조판서를 지낸 파성군 윤금손의 딸과 당시 별좌에 불과한 윤지임의 딸 두명이었다. 처음에 중종의 의중에는 윤금손의 딸에게 있어서 그녀를 계비로 맞이하려고 하였다. 그러나 3월 15일 최종 간택에서는 윤지임의 딸을 왕비로 결정하였다.

중종 12년(1517) 7월 19일 중종은 면복을 갖추고 태평관에서 문정왕후 윤씨를 왕비로 친영하였다. 그 때 문정왕후 나이 17세였고 중종은 30세였다.

그러나 중종은 새 왕비를 맞이 하였으나 마음은 경빈 박씨와 희빈 홍씨에 있었다.

기묘사화, 작서의 변과 목패의 변

문정왕후 윤씨가 왕비로 책봉된 지 2년 만인 중종 14년(1519) 훈·척신 세력의 계략에 의해 조광조가 제거된 후 줄지어 사림세력들을 제거하는 기묘사화가 일어났다.

기묘사화 이후에도 정쟁은 계속되자 편집성 성격을 가진 문정왕후 윤씨는 이러한 혼란스러운 분위기에 자신이 살아 남을 수 있는 길은 자신 밖에 없다는 신념을 가지게 되었다. 그녀는 자신을 보호할 수 있는 처세의 길을 도모하면서 인내로 후일을 기다렸다. 그 일환으로 중종이 아무리 후궁 처소에 드나들어도 질투하거나 내색도 하지 않고 학문에 정진하였다. 〈사기〉, 〈여장부전〉, 〈진성여왕전〉, 〈선덕여왕전〉 등을 읽으면서 기회를 기다렸다. 당시 여성들이 읽어야할 〈내훈〉, 〈열녀〉, 〈여교〉와 같은 부녀자의 덕목을 강조하는 책보다 여성들이 권력을 잡고 정사를 펼치는 책에 더 흥미를 가지고 문정왕후 윤씨는 탐독하였다.

중종 22년(1527년) 3월 22일에 동궁(인종이 세자시 거처한 궁궐))의 해방(정북에서 서로 30도 각도를 중심으로 한 15도 각도 안의 방향)에 불태운 쥐 한 마리를 걸어 놓고 나무 조각으로 방서를 만들어 걸어 세자를 저주하는 '작서의 변(灼鼠의變)'이 일어났다.

작서 사건이 일어나자 조정에서는 즉시 세자궁의 시녀들과 경빈 박씨의 시녀들 모두를 잡아 심문하였다. 20여일 지난 4월 14일 왕대비인 정현왕후는 작서의 변 사건의 관련자로 경빈 박씨를 지목하고 이를 대신들에게 알려주었다. 그러자 중종은 4월 21일 자신이 총애하던 경빈 박씨를 서인으로 폐하고, 그녀의 아들인 복성군의 작호도 박탈하였다. 그러나 대신들은 중종의 처벌에 대해 불만을 나타내며 경빈 박씨 모자의 죄를 엄하게 줄 것을 상소하면서 일부 대신은 사직하는 등 모든 방법을 동원하여 중종을 압박했으나 중종은 더 이상의 처벌은 번번히 거절하였다.

그 후 한동안 작서의 변 사건은 잠잠해 졌다. 그런데 중종 28년(1533) 5월 17일 동궁의 빈청 남쪽에 사람 모양으로 만든 목패를 걸어놓은 뜻하지 않은 사건이 다시 발생하였다.

「얼굴 모양이 분명히 새겨진 목패에 한쪽 면에 새긴 글씨는 '이와 같이 세자의 몸을 능지한다. 이와 같이 부주(父主; 한문 투의 편지에서 '아버님'의 뜻으로 쓰는 말)의 몸을 교살힌다. 이와 같이 중궁을 참한다.'라는, 또 다른 면에는 '병조의 서리 한충보 등 15인이 행한 일이다.'라고 쓰여 있었다.」

이 사건을 가작인두의 변(佳作人頭의 變) 혹은 목패의 변(木牌의 變)이라고 한다. 그 이튿날 용의자들의 필적을 조사하자, 5월 21일 별감 이은석이 익명서의 일을 자백하고, 보모 효덕이 사실을 토로하였다.

「별감 이은석을 10여 차례 형문하였더니, 다음과 같이 말했다.

"내가 당성위(唐城尉) 홍여(洪礪)의 집에 갔더니 '수견과 강손이 글을 가지고 대궐로 갔다. 네가 즉시 가서 살펴보라.' 하기에 내가 즉시 대궐로 들어가다가 승문원(承文院) 앞에서 수견과 강손을 만났다. 그래서 '너희들이 하는 일이 무슨 일이며 또 누가 지휘(指揮)하는 것이냐?' 하니, 수견과 강손이 '상전(上典)의 명령에 따라 목패와 인상(人像)을 동궁에 걸기 위해 간다.'고 하였습니다. 또 '그것을 거는 것은 무슨 뜻인가?' 라고 물으니, 수견 등이 '이는 동궁을 모해(謀害)하기 위한 방법이다.' 라고 했습니다."」

「보모 효덕을 몇 번 형문하니, 다음과 같이 말했다.

'수견·강손과 같이 모의해서 했습니다. 그렇게 한 것은, 바로 박씨(朴氏)를 위하여 동궁(東宮)을 해치려는 것이었습니다.'」 중종실록 74권, 중종 28년 5월 21일

경빈 박씨가 주범임이 알려지자, 중종은 5월 23일 박씨를 사사하고 복성군을 먼 곳에 안치시켰다.

「박씨에게는 사약을 내리고 복성군은 먼 곳에 안치시키라. 보통 사람에게 사약을 내릴 적에는 단지 도사(都事)만을 보냈었다. 박씨가 폐서인(廢庶人)이 되기는 했지만 지금 낭관(郞官)과 나장(羅將)을 보내어 살펴보게 할 수는 없다. 조종조에서 부인(婦人)에게 사약을 내리는 예(例)에 따라 도사(都事)와 의녀(醫女)에게 아울러 말을 지급하여 보내고, 그의 죄를 나라 안팎에 분명히 보이게 하라」

그러나 그 후 작서의 변은 장경왕후의 딸인 효혜공주의 시아버지인 김안로에 의해서, 목패의 변은 효혜공주의 남편인 김희가 한 짓으로 알려지자 1541년(중종 36)에 중종은 경빈 박씨 모자를 복권시켰다.

　　문정왕후는 1571년 7월 중종과 혼인 한 후 4년 뒤인 1521년 21세 때 첫 딸을 낳은 후 계속 내리 딸 셋을 낳았고, 1534년 5월 22일 명종을 낳으니, 명종은 인종과는 19세 나이 차이가 났다.

　　문정왕후가 제일 골치로 여겼던 경빈 박씨 모자는 김안로의 부자에 의해 힘들이지 않고 처리되었고, 중종이 사랑하던 희빈 홍씨는 중종 16년(1521) 그녀의 아버지인 홍경주가 사망하자 중종의 총애를 잃었다. 이제 남은 문정왕후의 골치거리는 김안로와 인종 뿐이었다.

　　경빈 세력이 몰락한 뒤 정권 장악에 성공한 김안로의 일파는 나머지 반대파 일당을 몰아내려 하였고, 그들의 뜻에 맞지 않은 사람은 지위 고하를 막론하고 몰아내겠다는 엄포를 놓아 조정을 공포 속에 몰아넣었다. 실제로 김안로 등은 중종 32년(1537) 10월 21일 대사헌 양연과 집의 안사언 등을 이용해 문정왕후 남매인 윤원로와 윤원형의 죄를 아뢰어 그들 형제를 제거하려고 하였으나 중종은 윤허하지 않았다. 오히려 역으로 윤원로 등은 김안로가 문정왕후를 몰아내려는 음모를 꾸미고 있다는 것을 음밀히 중종에게 알렸다. 중종은 문정왕후 당숙인 윤안인과 의논한 후 윤임과 윤안인으로 하여금 양사에 김안로의 음모 사실을 밀고하도록 했다. 이에 대사헌 양연과 대사간 등이 10월 24일 김안로의 죄를 물어 그를 절도에 안치할 것을 요청하였다. 그러자 중종은 양사의 뜻에 따라 김안로를 유배할 것을 윤허하였고, 10월 27일에는 김안로를 사사할 것을 승정원에 전교하였다.

「사신은 논한다. 양사(兩司)에게 김안로의 사독함과 권세를 독차
지한 죄가 극악하다는 것과, 김근사(당시 영의정)가 악의 무리라는
형상을 자세히 아뢰자, 상이 즉시 윤허하였다. 이때 양연이 대사헌으
로 이 의논을 먼저 주장한 것은 왕의 밀지(密旨; 임금이 비밀리에 내
리던 명령)를 받았기 때문이라 한다. 이보다 며칠 전에 상이 경연에
서 '위태한데도 붙들지 않으니 그런 재상을 장차 어디에 쓸 것인가.'
라는 말을 하였고 또 우의정 윤은보에게 비망기(備忘記)를 내려 조
정에 사람이 없음을 걱정한다는 뜻을 극론하였는데, 이는 대개 상이
김안로의 죄악을 알았기 때문에 이런 교시를 내려 조정에 은밀하게
보인 것이다.

또 논한다. 김안로가 윤원로 등이 장차 자기를 해칠 것을 알고는
공론을 칭탁하여 사림에 전파하여 윤원로 등을 정죄(定罪)하였다.
윤원로 등이 김안로의 흉사하고 부도한 죄상을 몰래 상께 아뢰니, 상
께서 매우 두려워하여 무사(武士)를 시켜서 김안로의 무리를 박살하
려 했는데, 초친(椒親; 왕비의 친척) 윤안인(尹安仁) 등과 의논하여,
그렇게 하지 않고 윤임과 윤안인을 시켜 은밀히 양연에게 교시하였
다. 양연이 즉시 양사를 거느리고 아뢰었는데 김안로의 일은 쾌하게
여기지 않는 사람이 없었다. 다만 그 일이 조정에서 나오지 않고 외
척에게서 나왔으므로 정대(正大; 의지나 언행이 올바르고 당당함)하
지 못하다 해서 식자들이 한스럽게 여겼다.」 중종실록 85권, 중종 32년 10월
27일

이로서 문정왕후 윤씨는 큰 적인 김안로를 제거하니 남은 사람은 인종 한 명 뿐이었다.

김안로를 제거한 6년 후 중종 38년(1543) 1월 7일 밤에 의문의 불이 동궁에서 일어났다. 빈궁이 옆에서 자다가 깨어 발을 구르면서 얼른 뛰쳐나가자고 세자에게 애원하였다. 그러나 인종은 동궁에 불이 난 것이 계모인 문정왕후의 소행이라는 것을 짐작하고는 빈궁보고 먼저 나가라고 하고는 인종 혼자 남아 죽으려고 했지만 이때 귀인 정씨(송강 정철의 누이)가 세자를 구했다고 한다. 한권으로 읽는 조선왕비열전, 유승환; 조선왕비 오백년사, 윤정란

문정왕후는 마지막 걸림돌인 인종을 제거하려고 하였으나 결국 실패하였다.

문정왕후 윤씨의 수렴청정

중종이 1544년(중종 39) 11월 15일 환경전 소침에서 승하하자 인종이 뒤이어 왕으로 등극하였다. 그러나 인종도 즉위 7개월여 만에 열탈진으로 1545년 7월 1일 청연루 아래 소침에서 승하하니 이로써 모든 것이 문정왕후 윤씨 뜻대로 이루어졌다. 인종은 운명하기 전날인 6월 29일 영상 등에게 경원대군(명종)에게 전위한다는 전교를 내렸다.

문정왕후는 꿈에도 그리던 왕의 자리가 자기 아들인 경원대군에게 돌아왔고, 그 당시 명종의 나이 12세였다. 왕이 어려 문정왕후 윤

씨가 수렴청정을 하게 되니 그녀 나이 44세였다. 그러나 문정왕후가 수렴청정을 맡기 전 인종 비인 인성왕후 박씨와의 약간의 갈등이 있었다.

「임금이 왕위를 계승하고 대비의 대리정치에 대한 의식을 행하는 데 대하여 빈청에서 회의를 열었다. 윤인경(尹仁鏡)이, '지금 대왕대비(문정왕후)와 왕대비 인성왕후(仁聖王后)가 계시는데 어느 분이 정치를 대리할 것이냐.' 하고 제의하자, 모두들 말없이 앉아 있었다. 그런데 이언적이 말하기를, '옛적 송 나라 철종(哲宗) 때에 태황태후(太皇太后)가 함께 정사를 다스린 전례는 있다. 그러나 어떻게 형수와 시숙이 함께 궁전에 나앉을 수가 있느냐.' 하니 그제야 조정에서 이의가 없었다.」 연려실기술 제10권

인성왕후 박씨가 수렴청정을 할 수 없는 이유로 형수와 시동생이 한 자리에 앉아서 정무를 볼 수 없다는 것이다.

문정왕후가 수렴청정하기로 결정되자 세조 비인 정희왕후가 행한 수렴청정 때와는 달리 발을 드리고 문정왕후가 직접 정사에 참여했다.

「임시로 대왕대비가 함께 정사를 보살폈다. 윤인경, 유관(柳灌) 등이 아뢰기를, "옛날에 임금이 어리면 황태후가 정사를 하는 것은 전례가 있었으므로 근일에 공사(公事)로 상전(上殿)에 출입하였던 것입니다. 정희왕후(貞熹王后) 때의 일기를 상고하여 보니, '아무 날

어느 전(殿)에 나앉으셨다.'는 예가 있는데, 이는 정희왕후께서 성종 대왕과 함께 앉아서 정사를 처결하였던 것입니다. 지금에도 별 상관이 없는 일에 대하여는 원상(院相)이 승전색(承傳色; 내시로서 왕명의 출납을 맡은 직책) 내관을 시켜서 출납하고, 큰 일은 대왕대비께서 대전(大殿)과 함께 앉으신 자리에서 승지가 출납하는 것이 마땅합니다. 정희왕후 때의 일기에 발[簾]을 드리웠다는 기록은 보이지 않으나, 발을 드리우는 것은 예로부터 있는 일이니 지금 설치하지 않을 수 없습니다. 승정원에 명하여 의식을 갖추도록 함이 어떻겠습니까?" 하였다. 이 때 발을 드리우는 의식에 대해 의논하면서, 임금도 발 안에 앉도록 하였다. 대사헌 홍섬(洪暹) 등이 반대하기를, '임금은 마땅히 남쪽을 향하고 정면에 앉음으로써 모든 눈이 우러러보는 것이니, 다른 데는, '모든 만물을 다 비침과 같이 한다.'고 되었다. 전하께서는 마땅히 발 밖에 나앉아서 여러 신하를 대하셔야 합니다.' 하자, 그 말대로 좇았다.」 연려실기술 제10권

　문정왕후는 수렴청정을 시작한 후 첫 척결문제로 인종의 외삼촌인 윤임의 일파를 제거하는 일이었다.
　중종 32년(1537) 이후부터 조정 신하들 사이에는 대윤(大尹)과 소윤(小尹)의 설이 있었는데 일을 좋아하는 군소배들이 부회(附會; 이치에 맞지 않는 말을 억지로 자기에게 유리하게 한 것)하여 말이 많았다.
　인종이 승하한 뒤에 윤원형은 기회를 얻게 되자 이기, 임백령, 정순붕, 최보한의 무리들과 은밀히 결탁하고 비밀리에 윤임 등에게 보

복할 생각을 품고 위험한 말을 꾸며 만들어 내어 사람들을 두렵게 만들었다. 즉 윤임이 자신의 조카인 계림군 이유을 왕으로 추대하려고 한다는 말을 만들어 퍼트렸던 것이다. 계림군 이유는 성종의 서장자인 계성군의 양자로, 월산대군(성종의 친형)의 아들 덕풍군의 차남이다.

명종이 즉위한 후 1개월여 만인 1545년 8월 22일 이기, 임백령 등이 변고를 고하자 문정왕후 윤씨는 좌찬성 이언적 등과 논의한 후 윤임, 유관, 유인숙의 일을 논하고 그들의 죄를 청했다. 이것이 을사사화의 시발점이 되었던 것이었다.

명종 즉위년(1545) 8월 24일에 윤임은 해남(海南)에 안치(安置)하고, 유관은 서천(舒川)에 부처(付處)하고, 유인숙은 무장(茂長)에, 윤흥인(尹興仁)은 낙안(樂安)에 유배하도록 하였다. 그러나 배소로 가던 윤임은 충주에서 사사되었다. 또한 계림군 이유도 9월 1일 불궤로 고변되자 안산으로 피신하였으나 잡혀 서울로 압송되어 참수됐다.

그런데 명종 2년(1547) 9월 18일에 부제학 정언각이 양재역 벽에 붙은 익명서를 가져와 관련자 처벌을 논했다. 익명서 내용인 즉,

「그 글은 붉은 글씨로 썼는데 '여주(女主)가 위에서 정권(政權)을 잡고 간신(奸臣) 이기(李芑) 등이 아래에서 권세를 농간하고 있으니 나라가 장차 망할 것을 서서 기다릴 수 있게 되었다. 어찌 한심하지 않은가. 중추월(仲秋月) 그믐날.'이라고 하였다.」

그 이튿날 정언각이 이 사건의 주범으로 이완, 심영, 임형수의 처형을 주장하였고, 이를 계기로 윤임의 잔당 세력과 정적들을 완전히 제거하였다. 이 때 중종의 서자이자 희빈 홍씨의 아들인 복성군 이완도 역모의 빌미가 될 수 있다는 이유로 함께 처형됐다. 을사사화 여파로 수년 동안 윤원형의 반대파로 몰려 100여명 사람이 처형됐다.

문정왕후와 중 보우(普雨)의 만남

중 보우는 15세인 중종 25년(1530)에 금강산 마하연암으로 출가하여 6년 만에 하산했다. 명종 3년(1548) 보우는 함흥을 떠나 호남으로 내려가는 도중 병을 얻어 경기도 천보산 회암사에 머물며 요양하고 있었다. 이 때 평소 친분이 두터웠던 함경감사 정만종이 보우대사의 인품과 도량이 크다는 것을 문정왕후에게 알리자, 불심이 깊은 문정왕후는 보우가 망설이고 사양할 틈도 주지 않고 그 해 12월 15일에 그를 봉은사 주지로 부임시켰다.

「중 보우(普雨)는 불측하고 간사한 사람으로서 경문(經文)을 약간 해독하고 있으며 문사(文士) 정만종(鄭萬鍾)과 교유하면서 부처라고 자칭하고 있는데, 어리석은 백성들만 혹신(惑信)하는 것이 아니라 정만종이 함경감사로 있을 적에 또한 보우에게 현혹되어 늘 관사(官舍)에다 두고서 떠받드는 일에 있어 하지 않은 짓이 없었다고하니, 함흥은 실로 보우가 자취를 드러낸 곳입니다.」명종실록 11권, 명종

　명종 5년(1550) 12월 15일에 보우는 문정왕후로 하여금 선(禪), 교(敎) 양종을 부활시키는 비방기를 내리도록 했다. 이로 인해 1551년 5월에 사라졌던 선종(참선 수행으로 깨달음을 얻는 것을 중요시하는 불교의 한 종파)과 교종(부처님의 설교인 경륜을 중심으로 수행하는 불교의 한종파)이 부활되었고, 그 후 연산군 때 사라졌던 승과제도도 부활되었다. 이후 서산대사인 휴정(休靜)이나 사명당 유정(惟政) 같은 고승들도 발탁되었다.

　문정왕후의 신임을 얻자 보우는 승려들에게 무한 공양하게 하는 불교의식인 무차대회(無遮大會)를 열어 국고를 낭비하고, 국사에도 간여하자 요승이라는 규탄의 소리가 높아졌다. 그러나 보우는 '지금 내가 없으면 후세에 불법이 영원히 끊어질 것이다.'라는 사명과 신념을 가지고 불법을 보호하고 종단을 소생시키기 위해 목숨을 걸었다. 하지만 그가 꿈꾸었던 세상은 오지 않았다. 항간에는 문정왕후 윤씨와 보우 관계에 대한 이상한 소문도 나돌았다고 한다.

　명종 20년(1565) 4월 6일 문정왕후 윤씨가 사망하자 조야의 배불 상소와 함께 유림들이 들고 일어나 요승 보우를 극형에 처하도록 청했으나, 명종은 그를 죽이지 않고 제주도로 유배보냈다. 그 후 그해 10월 제주목사로 부임한 변협이 보우를 잡아 장살시켰다.

문정왕후 윤씨의 여생

9년 동안 수렴청정을 한 문정왕후 윤씨는 명종 8년(1553) 7월 12일
'이제 주상의 춘추가 장성하고 학문이 고명하여져서 군국(軍國)
의 여러 정사(政事)를 재결할 수 있게 되었다. 그러므로 이제부터는
귀정하고 다시는 정사에 참여하지 않을 것이다.'라고 수렴청정을 파
하겠다고 선언했다. 그러나 이것은 형식에 불과했고, 실제로는 동생
윤원형과 협력하여 1563년까지 정사에 참견했다.

문정왕후 윤씨는 수렴청정을 마친 뒤에 대신들의 부인들과 연회
를 열어 시간을 보내면서 불교에 전념하였다.

「일찍이 문정왕후가 여러 공신의 아내들과 후원에서 잔치를 베풀
때 과부도 참석하도록 하였다. 문정왕후가 먼저 꽃을 꽂고, 차례로
꽃 꽂기를 원하는데, 임백령(林百齡)의 아내는 머리를 숙이고 따르
지 않았다. 이에 문정왕후가 타이르기를, '모든 공신은 정의가 한 집
안과 같으므로 지금 여러 부인들과 함께 일을 같이 하고자 하는 뜻
을 편안히 피력하려는 것이오. 나도 미망인이지만 오히려 먼저 꽃을
꽂은 것은 서로 즐겁게 놀자는 것이니, 부인은 따르도록 노력해 주시
오.' 하였다. 그러나 굳이 사양하고 끝내 따르지 않았으니, 이는 그의
천성이 거세고 남자 같았기 때문이었다. 이로 인해 문정왕후도 꺼려
하였다.」 기재잡기; 연려실기술 제10권

그녀는 1563년 9월 20일 유일한 손자인 순회세자가 13세 나이로

갑자기 요절하자 매우 상심하여 심화병을 얻었다. 그러던 차에 명종 20년(1565) 늦은 봄에 보우가 양주 회암사에서 무차회를 열고서, '재계하고 치성해야 부처에게 잘 보여 복을 얻을 수 있으며, 내 말이 행해지면 성수(聖壽; 임금의 나이)가 더 할 수 있고 전성(前星; 세자)도 빛날 수 있다.'고 하였다. 그러자 문정왕후는 명종을 사랑하는 마음과 종사를 근심하는 심정에 보우의 거짓 꼬임에 빠져 소식(疏食; 고기반찬이 없는 밥)을 하고 매일 목욕재계를 하면서, 삼생(三生; 세가지 동물 즉 소, 돼지, 양)의 반찬을 들지 않았다. 한 달여 동안 이런 생활을 계속하였더니 무차대회 즈음에는 그녀의 육체는 망가져 쇠약해졌으나 그녀 자신은 의식하지 못했다.

문정왕후 윤씨는 일국의 국모로 있은 지 50년 넘게 지내면서 평소 식사 때 고기 반찬이 아니면 먹지 않았고 진수성찬은 이미 몸에 배어 있었다. 극진한 대접만 받던 문정왕후는 법회를 위해 추운 날씨에도 여럿 날 매일 목욕재계하고, 평소 좋아하던 육식도 끊고, 소식만 하면서 법회에 참석하니 몸은 초췌해지고 말았다. 명종실록 31권, 명종 20년 4월 25일

그 해 3월 28일 대비가 병환이 나자 약방제조 심통원 등이 대비전에 문안하였는데 그 때 당시 이미 대비 상태는 회복하기 어려운 지경이었다고 한다.

병이 낫지 않고 지속되자 4월 1일 대신들이 대비전에 문안하니 대비는 말하기를,

'내 증세가 처음에 풍한(風寒)으로 시작되었는데 심열(心熱)까지 겸하여 이렇게 되었다.' 하였다.

그러자 명종은 계속 진행 중인 회암사의 무차대회를 중지 시켰다. 그 당시 무차대회의 규모와 피해에 대한 기록을 보면,

「이 때 세자를 갓 잃자 요승 보우(普雨)가 복을 기원해야 한다는 말을 떠벌여 무차대회를 베풀기를 청하였는데, 자전(慈殿)이 그 말에 혹하여 그대로 따랐다. 승려들이 사방에서 모여들어 몇 천 명이나 되는지 모를 정도였으며, 조각 장식의 물건을 극도로 화려 사치하게 하여 옛날에도 보지 못하던 정도였다. 또 붉은 비단으로 깃발을 만들고 황금으로 연(輦)을 꾸미고 앞뒤로 북을 치고 피리를 불어 대가(大駕; 임금이 타던 수레)가 친히 임어하는 상황처럼 베풀었으며, 또 배위(拜位; 절하는 자리)를 마련하여 마치 상이 부처에게 배례하게 하는 것처럼 하였으니, 그 흉패(兇悖; 험상궂고 패악함)함을 형언할 수 없었다. 창고의 재정이 고갈되고 종실, 척리(戚里; 임금의 외척)도 또한 곡식과 비단을 내어 그 일을 도왔다. 자전이 그 계율(戒律)을 따라 목욕 재계하고 소식(素食)하기를 수십여 일동안 하다가 병환이 나기에 이르렀던 것이다. 병세가 위독하게 되자 내관을 보내어 중지하게 하였는데, 무차 대회를 베푼 지 이미 며칠이 되었다.」 명종실록 31권, 명종 20년 4월 5일

이후 문정왕후 병세가 호전 없이 위급해지자 그녀는 직접 언서 유교를 내렸는데, 그 내용 중 그녀의 병환에 대한 언급이 있다.

「내가 본래 심열(心熱)이 있었는데 상한(傷寒)에 감기로 풍열증

(風熱證)이 겸해 발작하더니, 마침내 한 가지 증세도 줄어듦이 없고, 원기가 날로 점차 허약하여져서 장차 부지할 수 없게 되었소.'」명종실록 31권, 명종 20년 4월 6일

　그리고 4월 6일 창덕궁의 소덕당에서 승하하니 그녀의 나이 65세였다.

　원래는 죽은 뒤 서울시 강남구 선능로에 있는 중종의 능침인 정릉(靖陵) 옆에 안장하려 하였으나 경기도 양주군 노해면 공릉리(현재 서울 노원구 공릉동)의 태릉(泰陵)에 안장되었다. 그곳에는 아들 명종의 능인 강릉(康陵)도 함께 있다.

　4월 10일 명종이 써서 승정원에 내린 대왕대비의 행적에는 문정왕후의 죽음에 대해서 다음과 같이 기록되어 있다.

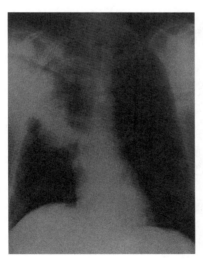

[그림 13]　폐렴의 흉부 X-선 소견

「금년 늦봄에 우연히 감기의 증세로 인하여 날로 점차 심해져서 백약이 효험이 없었다. 4월 7일에 창덕궁의 별당(別堂)에 이어하여 사시(巳時)에 승하하시니 춘추가 65세이시다. 아, 슬프다.」

결국 문정왕후 윤씨는 추운 날씨에 목욕 재계하고 얻은 감기를 이기지 못하고 결국 합병증인 폐렴으로 사망한 것이다[그림 13].

히포크라테스
조선 왕비를 만나다

인성왕후 박씨

생몰년	1514 - 1577
재위기간	1544 - 1545
자녀수	무자녀
사인	폐결핵

아랫 동서에 밀려 수렴청정을 못한 왕비 인성왕후(仁聖王后) 박씨

— 호흡기 질환인 폐결핵으로 64세에 사망하다

운이 안 닿으려면 냉수만 마셔도 이에 낀다
　　(運氣不至, 喝口凉水都塞牙).

「왕비의 승봉체계를 보면 조선시대 후반기까지는 왕후는 남편이 재위 중에는 왕비로, 남편이 왕에서 퇴위하면 왕대비로, 또다시 그 다음 왕이 즉위하면 대왕대비가 되는 3단계 체계의 절차를 거쳐 승봉되었다.

　마땅히 인성왕후 박씨는 남편인 인종이 사망한 후에는 왕대비로, 그리고 명종이 사망한 후에는 대왕대비로 승봉되는 것이 순리였으며, 설혹 대왕대비로 승봉되지 않았더라도 차기 왕의 지명권과 수렴청정권은 윗동서인 인성왕후에게 있는 것이 당연한 일이었다. 그러나 인성왕후 박씨는 명종 사후에 대왕대비로 승봉되지 못했고, 아랫

동서이며 문자도 모르는 인순왕후 심씨에게 차기 왕의 지명권과 수렴청정권도 **빼앗기는** 수모를 겪어야만 했다.」 한국민족문화대백과

    인성왕후 박씨는 인종이 31세 젊은 나이에 승하함에 따라 왕비 생활이 7개월 미만으로 역대 왕비 중 재임기간이 제일 짧았고, 명종 사후에도 대왕대비로 승봉되지 못해 왕대비로만 일생을 보낸 기구한 운명의 왕비였다.

    인성왕후 박씨는 금성부원군 박용의 딸로 중종 9년(1514) 9월 20일에 태어났다.

    그의 가문은 선대(先代) 증조할아버지 박은은 조선 초기 두 차례의 왕자의 난 때 공을 세워 태종 때 좌명공신 3등에 올랐고, 할아버지인 박강은 세조 즉위에 공을 세워 좌익공신 3등에 책록되었던 명문가 였다. 그러나 그의 아버지인 박용은 연산군 1년(1495)에 사마시(司馬試; 생원과 진사를 선발하는 과거시험)에 합격하였으나 그 이후 대과에는 합격하지 못하고 음보(蔭補; 조상의 덕으로 벼슬을 얻음)로 황해도 은율현감을 지냈다.

    인종이 7세 때인 중종 15년(1520) 4월 22일에 왕세자로 책봉되자 중종 19년(1524) 세자빈 간택에 대한 논의가 조정에서 시작되었고 중종의 계비이며 조모인 정현왕후 윤씨가 인종의 간택 일을 총괄해서 맡게 되었다. 그 후 간택 결과를 정현왕후 윤씨로부터 받은 중종은 1524년 2월 12일 세자빈으로 박호(박용으로 개명함)의 딸을 간

택하였다고 삼공과 예조의 당상에게 전교하였다.

그러나 중종은 처음에 세자빈의 아버지인 박호가 대과에도 여러 번 떨어졌고 조상 덕에 의해서 벼슬을 얻었기 때문에 탐탁하게 여기지 않았다. 그러자 영상 남곤이 '박호의 아버지 박강과 할아버지 박은이 다 훈신으로 지위가 1품이었고, 박호의 처조부인 김익겸은 원경왕후 민씨의 동생 사위입니다.' 라고 아뢰자 그때야 허락하였다고 한다. 중종실록 50권, 중종 19년 2월 12일

이후 중종은 세자 길례의 일을 논하고 1524년 10월 27일로 결정했다. 그러나 세자빈의 아버지인 박용(박호의 고친 이름)이 부종을 앓고 있었는데 병 상태가 점점 나빠지자, 세자의 길례 일을 가능한 서둘러 앞당겨 시행하라고 승정원에게 전교하여 3월 7일 박씨를 친영하여 빈으로 삼았다. 그 때 인성왕후 나이는 11세로 인종보다 한 살 연상이었다.

인성왕후 박씨의 결혼 생활은 평탄치만은 않았다. 특히 인종과 인성왕후 박씨는 21년간의 결혼생활을 하였지만 이들 사이에는 자녀가 없었고, 인종은 4명의 후궁을 두었지만 후궁들 역시 자식을 생산하지 못했다. 그 이유는 인종이 남자 불임환자였기 때문이다.

참고로 불임이란 피임을 시행하지 않은 부부가 정상적인 부부관계에도 불구하고 1년 이내에 임신에 도달하지 못하는 경우을 말한다.

재위 7개월여 만인 1545년 7월 1일 32세로 인종이 사망하자 인성왕후도 32세에 왕대비가 되었고, 명종 2년(1547) 9월 21일에 공의(恭懿)라는 존호를 받았다.

인종 사후 인종의 소생이 없어 배다른 어린 시동생인 명종에게

왕위를 물려주게 되자, 시서모인 문정왕후 윤씨가 수렴청정을 맡게 되었다. 그 후 인성왕후가 겨우 의지할만한 인척이었던 시외삼촌인 윤임도 명종 즉위 후 을사사화 때 문정왕후 형제들에 의해 제거되었다. 자신의 아들을 왕위에 올린 문정왕후 윤씨는 인성왕후 박씨를 평소 곱게 여기지 않았고, 그녀의 친정집안의 배경도 없어 인종 사후 숨죽이며 생활해 가게 되었던 것이다.

그러던 중 1565년(을축년) 9월 명종이 병환을 심하게 앓자 대신들이 양자를 들이라는 요청을 하자 명종비인 인순왕후 심씨는 그녀의 작은 할아버지인 심통원과 상의하여 하성군을 후사로 삼는다는 전교를 작성한 일이 있었다. 명종실록 31권, 명종 20년 9월 15일과 9월 17일

그러나 병석에서 회복되어 일어난 명종은 이를 취소해 버렸다.

「상이 영평 부원군(鈴平府院君) 윤개(尹漑), 영의정 이준경(李浚慶), 좌의정 심통원(沈通源), 우의정 이명(李蓂) 등을 인견했다. 상이 대신들에게 이르기를,

'얼마 전 대신을 인견했을 때, 국본(國本; 세자)의 일을 계달했으나, 내가 그때 한창 병중이라 자세히 답하지 못했다. 그 뒤 병세가 심해 인심이 불안해 하자 대신들이 누차 내전에 계를 올려 결정을 보고자 하였기 때문에, 내전이 사세상 부득이 이름을 써서 내렸었다. 이제 내가 위로 황천(皇天)과 조종(祖宗)의 음우(陰佑)를 힘입어 위태한 지경에서 다시 소생하였다. 국본의 탄생을 진실로 기다리고 바라야 하니, 이제 다시 다른 의논이 있어서는 안 된다. 벌써부터 이러한 뜻을 경들에게 직접 면대해서 말하고자 하였지만, 우선 나의 건강

이 회복되기를 기다렸기 때문에 이제 비로소 말하는 것이다.'」 명종실록 31권, 명종 20년 10월 10일

그리고 2년 후인 1567년 6월 28일 병세가 재발되어 위독해지자 명종의 후사에 대한 논의가 다시 일어났다. 당시 일부 조정대신들은 아직 생존해 있는 인종비인 인성왕후 박씨가 후계자를 정해야 한다고 주장했으나 실세인 영의정 이준경이 후계자 문제는 전임 왕의 왕비인 중전(인순왕후 심씨)이 결정해야 한다는 입장을 보였다. 명종실록 34권, 22년 6월 28일

영의정 이준경 등이 전임 왕의 왕비가 차기 왕을 결정해야 한다고 아뢰자 심씨는 을축년(1565)의 하서(下書)에 따라 즉시 중종의 서손인 하성군(선조)을 명종의 양자로 입적시켜 왕위를 승계하게 하였다.

조선시대 후계자를 결정하는 결정권자 1순위는 왕이며, 대왕대비, 왕대비, 대비순이다.

문정왕후 윤씨가 사망하여 2년이 지난 그 당시는 당연히 다음 왕위 지명권과 수렴청정을 할 왕비는 윗전인 인성왕후 박씨에게 있었다. 그러나 이런 권한들이 그녀의 아랫 동서인 문자도 모르는 명종비인 인순왕후에게 돌아간 것은 당시 그녀의 작은 할아버지이자 좌의정이었던 심통원을 중심으로 그의 집안 식구들이 정계에 진출하여 실세 노릇을 하였기 때문이다. 물론 다른 이유로 인성왕후 박씨가 유순하고 조용해 나서기를 싫어하는 성격도 한 몫을 했을 것이다.

왕위 지명에 앞서 인성왕후 박씨가 관례에 따라 대왕대비로만 승

봉되었어도 이런 일은 벌어질 수 없었는데, 아마도 왕대비로만 지내 야 할 인성왕후 박씨의 운명이었던 것으로 여겨진다.

인성왕후 박씨의 죽음

인성왕후 박씨는 만년 왕대비로 지내다가 선조 15년(1577) 11월 29 일 호흡기 질환(폐결핵)으로 64세의 나이에 승하하였다. 능호는 효 릉(孝陵)으로 경기도 고양시 덕양구 원당동 산 40 - 2 서삼릉 내에 있다.

인성왕후 박씨의 병에 대한 기록과 죽음에 대한 실록을 살펴보면, 선조 6년(1573) 5월 2일 인성왕후의 기후가 불편하였다는 기록 을 시작으로, 3일 후인 5월 5일에는 증후가 더욱 위독해졌다고 했다. 5월 10일에 처음으로 인성왕후의 병세에 대한 기록이 있는데,

「즉 '공의전(恭懿殿)이 엊저녁에 담천(痰喘; 가래가 끓어서 숨이 참)이 다시 일어나서 편안히 누워 있을 수 없으므로 계자황(鷄子黃), 죽력(竹瀝), 강즙(薑汁)을 먹고 곧 잤으나 깬 듯 자는 듯하였다.'」

가래가 끓어서 숨이 차 누워 있을 수가 없을 정도로 호흡기 증세 가 심했던 것이었다.

9월에는 다소 호전되어 병세는 이듬 해인 1574년에는 별다른 병 세의 악화 없이 지내다가, 겨울부터 담증과 심열이 재발되어 1575년

1월 12일에는 병으로 인해 몸을 움직일 수 없어 방석에 앉아 사람들에게 방석을 들게 하여 다닐 정도로 심하였다. 이때 가래가 몹시 심했는데, 인성왕후는 가래가 심해진 이유로 숭랭(숭늉)을 많이 마셔서 가래가 더 많이 생긴 것 같다고 약방조제에게 말하기도 하였다. 그리고 3월 7일부터는 병세가 조금씩 호전되자 1576년 8월에 시약청을 파하였다.

한동안 병세가 낫는 듯 하더니, 1577년 6월 23일 인성왕후의 병이 다시 악화되자 시약청을 다시 설치하고 가료했으나 6월 26일 이후부터는 병세는 악화와 호전이 반복되었다. 급기야 그해 11월 28일에 병이 위중해지자 선조는 인성왕후 박씨의 장례에 대한 제반 일을 준비하도록 하교했다. 그리고 다음 날인 11월 29일 그녀가 사망하니 인성왕후의 나이 64세였다.

지금까지의 인성왕후의 병록을 종합해 병명을 추리해보면,

인성왕후 박씨는 60세 쯤부터 가래와 숨이 찬 증세, 한열 등 호흡기 증상이 생기더니, 5년간 같은 증세가 호전 악화되는 과정을 반복하다가 사망하게 되었는데, 여러 해 동안 호흡기 증상을 보이는 질환의 원인은 다양하나, 우선 폐결핵과 만성폐쇄성 폐질환(COPD; Chronic Obstructive Pulmonary Disease)을 생각할 수 있다. 그러나 인성왕후가 앓았던 호흡기 질환은 계절적인 영향을 덜 받았던 것 같고, 또 그 당시 궁궐 내에는 결핵을 앓았던 왕들(세종, 문종, 성종 등)과 왕비(공혜왕후 등)도 많았던 점 등을 고려해 보면 인성왕후 박씨는 천식이나 만성기관염에 의한 만성폐쇄성폐질환보다는 폐결핵으로 사망했을 가능성이 높다.

인순왕후 심씨

생몰년	1532 – 1575
재위기간	1545 – 1567
자녀수	1남
사인	폐결핵

문자를 몰랐어도 수렴청정한
왕비 인순왕후(仁順王后) 심씨

— 호흡기 질환으로 44세에 사망하다

그녀도 하고 그도 하는데 나라고 왜 못해?
(She can do it, he can do it, why not me?)
- 김태연 -

명종이 승하하자 영의정 이준경 등이 인순왕후에게 수렴청정을 요
청했던 당시 실록에는 다음과 같이 기록하고 있다.

「이준경 등이 명종이 승하하자 인순왕후에게 수렴청정을 요청했
다. 이준경 등이 아뢰기를, '사자(嗣子)가 처음으로 들어오고 또 나
이가 어리니 모든 정무(政務)는 수렴(垂簾)하고 임시로 함께 처분하
셔야 합니다.' 하니, 전교하기를, '내가 본래 문자(文字)를 모르니 어
떻게 국정에 참여하겠는가. 사자가 이미 성동(成童; 15세된 사내 아

이)이 지났으니 친히 정사를 볼 수 있을 것이다.' 하였다. 이준경 등이 다시 아뢰기를, '사자가 나이는 비록 찼으나 동궁(東宮)에서 자란 것에 비교해서는 안 됩니다. 여염에서 자라 정사의 체모를 모를 것인데 군국(軍國; 군무와 국정)의 큰 일을 어찌 홀로 결단할 수 있겠습니까. 군국의 일이 많아서 한갓 사양하는 덕만 고집하실 수 없습니다. 옛일을 따라 수렴권청(垂簾權聽)하소서.' 하니, 전교하기를, '대신의 보도(輔導; 도와서 올바른 데로 이끌어 감)가 있으니, 친히 정사를 보는 것이 옳다.' 하였다. 준경 등이 세 번째 아뢰기를, '수렴해야 한다는 뜻을 이미 다 아뢰었습니다. 옛일을 따르소서.' 하니, 아뢴 뜻을 알았다고 전교하였다.」 명종실록 34권, 명종 22년 6월 28일

이 기록에 부기된 사신(史臣)의 논평에는 선조의 나이가 이미 성동(成童)을 넘었고 자전(慈殿)이 두세 번이나 사양했음에도 수렴청정을 시행하도록 했던 대신(大臣)에 대해 비판하고 있다. 사신의 비평처럼, 윗 동서이며 선대 왕비인 인성왕후 박씨를 제치고 문자도 잘 모르는 인순왕후 심씨가 가문의 힘과 전왕인 명종의 왕비라는 특권으로 수렴청정을 하게된 것이다.

인순왕후 심씨는 청릉부원군 심강의 딸로 중종 27년(1532) 5월 25일 7남 1녀 중 장녀로 태어났다. 그녀의 아버지인 심강은 명종 때 돈령부(왕실 친척에 관한 사무를 관장하던 관청) 영사를 지냈다. 그녀의 윗 조상은 고려 말엽에는 시중을, 조선 초기에 좌의정을 지낸

히포크라테스
조선 왕비를 만나다

심덕부로, 심덕부의 다섯째 아들이며 세종의 장인인 심온이 그녀의 6대조이며, 선조 때 사색당파의 서인의 영수였던 심의겸은 둘째 남동생이다.

중종 37년(1542) 11월 19일 그녀의 나이 12세 때 두 살 연하인 경원대군(명종)과 혼인했다. 혼인 후 2년 7개월여 만인 1545년 6월 29일 인종의 병이 위독해지자, 인종은 7월 1일 영의정 등에게 왕위를 경원대군에게 선위한다는 유언을 남기고 승하였다. 이에 따라 경원대군이 왕위에 오르자 인순왕후 심씨도 왕비로 책봉되었다.

그러나 명종 즉위 후 시어머니인 문정왕후 윤씨가 수렴청정을 하면서 정권을 쥐어 잡자, 어머니의 그늘에 가려 허수아비 임금을 한 명종과 마찬가지로 그녀 역시 시어머니의 눈치를 보며 기도 펴지도 못하고 숨죽이며 살아야만 했다.

혼인 후 명종과 심씨 사이에는 한동안 수태 소식이 없다가 명종 6년(1551) 5월 28일 원자인 외아들 순회세자를 낳았다.

명종은 1557년 8월 17일 7세인 순회세자를 왕세자로 책봉하였다. 그리고 명종 16년(1561) 4월 20일 윤원형의 인척인 황대임의 딸을 세자빈으로 간택하고 책봉례까지 마쳤으나 그녀에게 병이 있다는 이유로 그녀를 후궁인 양제(良娣)로 강등시켰다. 그리고 같은 해인 7월 21일 윤옥의 딸 공회빈 윤씨를 세자빈으로 정하고 9월 16일 왕세자빈의 납징례를 거행했다. 그러나 순회세자는 결혼한 지 2년 만인 명종 18년(1563) 9월 20일 병으로 13세 나이로 요절하였다.

순회세자의 죽음은 명종과 인순왕후 심씨 뿐 아니라 할머니인 문정왕후에게도 큰 충격으로 온 세상이 꺼진 듯 슬픔에 잠겼다. 슬픔

중에도 세월의 흐름은 어느 누구도 막지 못했던지 명종 20년(1565) 4월 6일 시어머니인 문정왕후 윤씨도 승하하자 인순왕후 심씨는 서서히 기지개를 펴기 시작했다. 그 당시 그녀의 작은 아버지 심통원은 좌의정이었고 친정 식구들도 정계에 입문하여 실세가 되어 있었기 때문이다.

문정왕후가 승하한지 5개월 뒤 심한 병환을 앓고 있었던 명종은 9월 15일 오래 동안 신하들을 접견하지 못한 대신들을 입궐케 하여 인견하였다. 이 때 영의정 이준경은 동궁이 오래 비어있고 세자도 정해지지 않아서 민심이 불안해져 있으니 빨리 세자 세우기를 주청했다.

「동궁을 오래 비워두고 국본(國本; 세자)을 아직 정하지 않으시니 요즈음 인심이 불안해 하고 의심하는 이유가 모두 여기에 있습니다. 성상의 춘추가 한창이시고 인신(人神)이 모두 도우니 머지 않아 성사(聖嗣; 성스러운 후계자)의 탄생이 있을 것입니다. 그러나 국본은 반드시 미리 정해야 하는 것이니, 그렇게 해야 인심이 매이는 바가 있고 종사가 힘입는 바가 있는 것입니다. 상께서 이 일에 대하여 생각해 보셨는지 모르겠습니다만 신들은 항상 절박하게 걱정하고 있었는데 오늘 인견하시니 감히 이 뜻을 여쭙니다. '때에 상이 열이 심하여 잠시도 듣기 힘들어 하므로 이 계사를 올렸는데, 상이 보시고 불편한 기색이 많았다. 재삼 읽어보고 오래 있다가 답하였다.' 하니, 답하기를, '요즈음 오랫동안 인견하지 못하였는데 오늘 인견하니 참으로 우연한 것이 아니다. 또 나의 걱정도 항상 세자에 대한 일에 있다. 그러나 큰 일을 미리 정할 수 없으니 지금 형편으론 그렇게 할 수가 없는 일이다.' 하였다.

준경 등이 재차 아뢰기를, '군신(群臣)들의 뜻도 감히 즉시 정하고자 하는 것은 아닙니다. 상께서 만일 생각하고 계신 곳이 있으시다면 미리 마음속으로 정하시고 가끔 인견하시어 배양하는 뜻을 보이시면 종사는 그래도 힘입는 바가 있게 될 것이고, 후일 성사가 탄생하게 되면 저절로 물러가게 될 것이니, 이것이 대계에 통달한 생각입니다. -중략-

(당시에 상이 하답하기가 어려워서 이같이 하교하였으나 실은 후사를 정하겠다는 뜻이 없었다. 이날 아침에 성상의 환후가 어떠한지 알지 못하여 인심이 황황(遑遑; 갈팡질팡 어쩔 줄 모름)하더니 대신을 인견하신 후로 인심이 조금 안정되었다.)」

임금을 인견한 이틀 뒤 9월 17일 인순왕후 심씨는 대신들과 세자 문제를 본격적으로 논의하게 된다.

「중전이 친필(親筆)로 써서 내리기를, '국가의 일이 망극하니 덕흥군(德興君) (중종 대왕의 서자이다. 이름은 이초(李岹)인데 죽었다.)의 셋째 아들 이균(李鈞)을 입시키켜 시약(侍藥)하도록 하라.' 하였다. 이준경 등이 함께 의논하여 중전에게 아뢰기를, 하서(下書)에 '이균을 입시키켜 시약하게 하라.' 하시니, 인심이 약간 안정되었습니다. 그러나 이는 대사인데 주상께 품하고 결정하신 것인지 알지 못하겠습니다. 만약 아직 품하지 않으셨다면 비록 한 자라도 반드시 어필

(御筆)로 써서 내리신 후에 대사를 결정하소서. 상의 환후가 조금 나아지시면 신들이 입대를 청하여 직접 전교를 받들겠습니다.」

　그러나 병에서 완쾌된 명종은 10월 10일 대신들에게 세자 세우는 일에 대해 명쾌한 지시를 내렸다.

　「임금이 영평 부원군(鈴平府院君) 윤개(尹漑), 영의정 이준경(李浚慶), 좌의정 심통원(沈通源), 우의정 이명(李蓂) 등을 인견했다. 임금이 대신들에게 이르기를, '얼마 전 대신을 인견했을 때, 국본(國本; 세자)의 일을 계달했으나, 내가 그 때 한창 병중이라 자세히 답하지 못했다. 그 뒤 병세가 심해 인심이 불안해 하자 대신들이 누차 내전에 계를 올려 결정을 보고자 하였기 때문에, 내전이 사세상 부득이 이름을 써서 내렸었다. 이제 내가 위로 황천(皇天)과 조종(祖宗)의 음우(陰佑; 음밀한 도움)를 힘입어 위태한 지경에서 다시 소생하였다. 국본의 탄생을 진실로 기다리고 바라야 하니, 이제 다시 다른 의논이 있어서는 안 된다. 벌써부터 이러한 뜻을 경들에게 직접 면대해서 말하고자 하였지만, 우선 나의 건강이 회복되기를 기다렸기 때문에 이제 비로소 말하는 것이다.」

　명종은 하성군을 양자로 삼아 왕위를 물려줄 의사가 없음을 분명하게 말했던 것이다.
　명종은 인순왕후 이외 7명의 후궁을 두었는데도 순회세자 이외는 자식이 없어 병을 앓은 후에도 계속 자기 자신의 핏줄인 자식을 낳

을 생각에만 몰두하였다. 그것도 자신의 피를 이어 받은 아들만을 광적으로 원했다

속설(俗說)에 의하면 명종은 아들만 낳을 수 있다는 소문만 들어도 신분고하를 막론하고 여인과 잠자리를 하였다. 그 일례로 한 신하가 신분이 천할수록 아이를 쉽게 가질 수 있다고 하자 무수리 중에 장씨라는 여인을 택하였다. 무수리 장씨와 매일 가까이 하며 아들 갖기를 원했으나 아들은 얻지 못했고, 오히려 장씨와의 지나친 방사가 명종을 일찍이 세상을 떠나게 한 요인이 되었다는 것이다.

평소에도 건강이 좋지 못하던 명종은 결국 명종 22년(1567) 6월 28일 병이 위독해져 침상에 누워 신음하면서 말을 못하자, 인순왕후 심씨는 승정원에게 정승들이 입시하였냐고 물으니 정승들이 미처 오지 않았다고 말하자 우선 심통원을 들게한 후 을측년(1565) 일을 논의하였다. 그 후 정승들이 입시하였으나 명종은 신음을 계속하면서 말을 하고자 하였으나 하지 못했다. 그러자 이준경 등이 중전에게 '상께서 전교를 지금 못하시는데 안에 계실 때 전교하신 일이 계셨습니까?' 하니 중전이 전교하기를,

「'지난 을축년에 하서(下書)한 일이 있었는데(그 해에 상이 미령하여 덕흥군(德興君)의 세째 아들 휘(諱) 이균(李鈞)을 후사로 삼은 일이다.) 그 일은 경들 역시 이미 알고 있다. 지금 그 일을 정하고자 한다.' 하였다.」

그러자 이준경 등이 부르짖어 울면서 '내전께서 마땅히 결정하셔

야 합니다.' 라고 말하였다. 그 날 이른 새벽에 명종은 승하하였는데 그의 나이 34세였다.

결국 명종의 뜻과는 달리 인순왕후의 뜻대로 하성군(선조)을 명종의 양자로 입적하여 왕위를 승계시켰다. 하성군이 명종의 후계자로 결정되자, 이준경은 곧 바로 사자(嗣子)(하성군)의 개명을 청하였다.

「사자(嗣子)가 이미 대행 대왕(大行大王)의 아들이 되었으니, 마땅히 순회 세자(順懷世子)의 이름을 따라 〈일(日)〉자를 좇아 개명(改名)해야 합니다. 하고, 인하여 〈경(瞰)〉·〈연(昖)〉·〈요(曜)〉 세 자로 입계하니 〈연〉자가 적당하다고 전교하였다.」 명종실록 34권, 명종 22년 6월 28일

그리고 인순왕후 심씨는 친정 집안의 든든한 배경과 영의정 이준경의 아부로 자신의 뜻대로 하성군(선조)를 왕으로 등극시키고 문자를 몰라도 조선시대 세 번째로 수렴청정을 하게 되었다.

인순왕후가 수렴청정을 하는 동안 국정이 어느 정도 안정되자, 조정의 젊은 대신들은 부패 척신인 윤원형 일파를 숙청하라는 상소를 올렸다. 그러자 인순왕후는 동생인 심의겸과 의논하여 윤원형과 친밀하게 지냈던 그녀의 작은 할아버지인 심통원의 관직을 과감하게 삭탈시켰다. 이전에는 훈신, 척신세력들 중심으로 국정이 주로 운영되었으나, 이후에는 초야에서 도학정치를 꿈꾸며서 수학해 온 사림들이 정계에 진출할 수 있었고, 그들의 뜻을 마음껏 펼칠 수 있는

계기를 인순왕후 심씨가 마련해 주었던 것이다.

인순왕후 심씨는 수렴청정이 큰 부담이 되었는지 수렴청정을 시작한 지 7개월 만인 선조 1년(1568) 2월 1일 수렴청정을 그만 두었다. 그리고 선조 2년(1569) 윤 6월 16일 의성(懿聖)의 존호를 받아 의성왕대비로 봉해졌다.

인순왕후 심씨의 죽음

인순왕후 심씨는 1563년 9월 무녀독남인 순회세자를 13세 나이에 먼저 저 세상으로 보냈으니 그녀의 슬픔과 상심은 이루 말할 수 없을 정도로 컸고 아들의 죽음을 품속에 지니고 살았을 것이다. 이로 인해 그녀는 이후 심열증으로 고생했던 것이다.

인순왕의 병록을 실록에서 살펴보면, 선조 1년(1568) 7월 16일 자전이 편치 않아 경연을 하지 못하였다는 기록이, 1571년 9월 4일에는 인순왕후 심씨가 승정원과 홍문관에게 자신의 병세를 피력하였다.

「'내 몸에 늘 심열증(心熱證)이 있고 원기도 허약하다. 더구나 놀라운 변고를 듣고는 너무나 비통하여 기후(氣候)가 순조롭지 못하다.'」

놀라운 변고란 아마도 선조 비인 의인왕후가 자식을 생산할 수 없다는 소식이 아니었는가 추측된다.

　이후 실록에는 선조 7년(1574) 12월부터 병세가 급격히 나빠졌음을 보여주는 기록이 연이어 있었다. 12월 12일 인순왕후가 편치 않았다는 사실을 시작으로 한 달 후인 윤 12월 12일에는 인순왕후가 구역질을 한다고 하였고, 그 이튿날에는 한전(寒戰) 증세가 다시 생기면서 목안에서 담 끊는 소리가 나며 옥체가 지치고 약해져 병이 지속되자 윤 12월 17일에 인순왕후는 창경궁의 외처로 거처를 옮겼다 그러나 병은 호전되지 않았고 발병 50여일 만인 선조 8년(1575년) 1월 2일 44세 나이로 통명전에서 승하하였다.

　능호는 강릉(康陵)으로 남편인 명종과 함께 묻혀있으며 위치는 서울시 노원구 공릉동에 있으며, 시어머니인 문정왕후의 태릉(泰陵)도 인근에 있다.

　실록에 기록된 병력만으로는 인순왕후 심씨의 병명이나 사인을 정확하게 알수 없다. 그러나 한전과 가래가 끊은 증세, 평소 심열증과 허약한 체력 그리고 그 당시 궁궐 내에 결핵이 많았던 점을 고려해 보면 인성왕후 박씨처럼 그녀도 호흡기질환인 결핵으로 사망했을 가능성이 높다.

의인왕후 박씨

생몰년 1555 – 1600
재위기간 1569 – 1600
자녀수 무자녀
사인 속립결핵

인목왕후 김씨

생몰년 1584 – 1632
재위기간 1602 – 1608
자녀수 1남 2녀
사인 화병

실속 없었던
왕비 의인왕후(懿仁王后) 박씨

— 속립결핵으로 46세에 사망하다

미와 슬픔은 언제나 붙어 다닌다.

–George Macdonald –

「훌륭한 미모와 현숙함, 자애로움을 한데 갖추어진 새 신부를 맞이
하고도 선조의 총애는 오직 나인 김씨만을 향해 있었다. 마치 영국
찰스 황태자(Charles Windsor)가 젊고 아릿다운 다이애나(Diana
Spencer)비 대신 결혼 전 사귄 연상의 카밀라(Camilla Parker)을 못
잊고 결국은 다이애나비를 버리고 카밀라를 택한 것 처럼이다.」

역시 여자의 아름다움만으로는 남자의 마음을 사로잡지는 못하
니 남자는 옛 정에 약한 것 같다.

선조는 1567년 6월 28일 명종에 이어 서자 출신으로는 처음으로 왕에 등극하였다,

그는 중종과 후궁 창빈 안씨 사이에서 태어난 둘째 아들 덕흥대원군의 셋째아들로 중종의 서손(庶孫)이다. 선조는 즉위 당시 이미 성동(成童)을 지난 16세였지만 세자의 경험이 전혀 없어, 명종 비인 인순왕후 심씨가 8개월간 수렴청정을 하였다.

선조가 18세가 되자 인순왕후 심씨는 선조 2년(1569) 윤6월 16일 유덕한 가문 중에 현숙한 여성들을 골라 간택하라는 전교를 내렸다. 그러나 나흘 뒤 사간원에서 담제(禫祭; 3년의 상기가 끝난 뒤 상주가 평상으로 되돌아감을 고하는 제례의식) 전에는 처녀단지를 받지 말도록 청하니 선조는 그들의 뜻을 존중해 간택을 중단케 하였다.

담제가 끝난 그 해 9월 1일 선조는 오건과 이이와 함께 왕비 간택에 대해 논의하고, 간택 시 우선적으로 가법을 보지만 또한 외척의 환난에 대한 사전 방비에 대해서도 역점을 두도록 하였다. 선조수정실록 3권, 선조 2년 9월 1일

이후 선조는 1569년 11월 1일 혼례하여 현령 박응순의 딸을 왕비로 맞이하니, 의인왕후 박씨는 당시 15세였고 선조는 18세였다.

의인왕후 박씨는 반성부원군 박응순의 딸로 명종 10년(1555) 4월 15일에 태어났다.

그녀의 아버지 박응순은 의인왕후가 태어나던 해에 진사가 되고, 이어 사복시주부감찰, 안음현감과 용인현령을 지낸 지방 관료였다.

의인왕후 박씨가 왕비로 간택된 사유는 명종 비인 인순왕후 심씨 집안과 의인왕후 박씨 집안 간에 친밀하였기 때문이라 하는데, 또 일

설에 의하면 대비 심씨가 선조의 몸을 후궁들로부터 지키기 위해 미인인 박씨를 골라 왕비로 삼았다는 것이다. 어쨌든 왕비가 재색이 뛰어나면 선조가 후궁들을 가까이하지 않을까 하는 인순왕후의 생각에 의한 것이었다.

그러나 선조는 혼인 전 이미 소주방 나인인 김씨를 총애하고 있어서 의인왕후를 정비로 맞이한 후에도 그녀에게 눈길을 주지 않았다.

의인왕후 박씨는 신혼이었지만 대부분 밤을 홀로 지내면서 구중궁궐 깊은 내전에서 독수공방을 하는 날이 허다하였다. 그런데 엎친 데 겹친격으로 혼인한 지 얼마되지 않아 의인왕후 박씨는 아이를 낳을 수 없는 몸이라는 것을 알게 되었다.

「약방 제조(藥房提調)가 의성 대비전(懿聖大妃殿)에 약물을 진상한 뒤 문안드렸다. 정원과 홍문관도 문안드리니, 전교하였다.

'내 몸에 늘 심열증(心熱證)이 있고 원기도 허약하다. 더구나 놀라운 변고를 듣고는 너무나 비통하여 기후(氣候)가 순조롭지 못하다.'」선조실록 5권, 선조 4년 9월 4일

놀라운 변고란 의인왕후가 아이를 낳을 수 없다는 사실이었다. 인순왕후는 그 동안 의인왕후의 성품을 몹시 아껴 박씨가 아이를 낳기 전까지 선조가 정식으로 후궁을 두는 것을 허락하지 않았다. 그러나 정비(正妃)인 박씨가 자손을 낳지 못한다는 사실을 알고서는 더 이상 막을 수 없어 소주방 나인 출신인 김씨를 선조의 후궁(소용)으

로 맞아들이도록 허락할 수 밖에 없었다.

나인 김씨는 후궁으로 인정받은 후 아들을 연이어 낳았다. 선조 7년(1574) 1월 15일 임해군을 낳자 숙의에서 귀인으로 승봉되었다. 이어서 선조 8년(1575) 4월 26일에는 광해군을 낳자 빈(공빈)으로 책봉되어 선조의 사랑을 독차지 하였다. 그러나 공빈 김씨는 광해군을 낳은 지 2년만인 선조 10년(1577) 5월 27일 산후 후유증으로 사망을 하였다. 사망 당시 그녀와 얽힌 일화가 있어 소개하면,

「공빈(恭嬪) 김씨(金氏)가 졸하였다. 공빈은 사포(司圃) 김희철(金希哲)의 따님으로 임해(臨海)·광해(光海) 두 왕자를 낳았는데, 이 때 산후병으로 졸하였다. 김씨는 본디 상의 총애를 입어 후궁(後宮)들이 감히 사랑에 끼어들지 못하였다. 병이 위독해지자 상에게 하소연하기를, '궁중에 나를 원수로 여기는 자가 있어 나의 신발을 가져다가 내가 병들기를 저주하였는데도 상이 조사하여 밝히지 않았으니, 오늘 죽더라도 이는 상이 그렇게 시킨것이니, 죽어도 감히 원망하거나 미워하지 않겠습니다.' 하였는데, 상이 심히 애도하여 궁인(宮人)을 만날 적에 사납게 구는 일이 많았다. 소용(昭容) 김씨(金氏; 후에 인빈(仁嬪)이 되었다.)가 곡진히 보호하면서 공빈의 묵은 잘못을 들춰내자, 상이 다시는 슬픈 생각을 하지 않으면서 '제(공빈 김씨)가 나를 저버린 것이 많다.'고 하였다. 이로부터 김소용(인빈 김씨)이 특별한 은총을 입어 방을 독차지하니 이는 전에 비할 바가 아니었다.」선조수정실록 11권, 선조 10년 5월 1일

히포크라테스
조선 왕비를 만나다

공빈 김씨는 죽기 전 후궁들이 자신을 시샘하여 저주를 하여 병들어 죽게 될 지경에 이르렀는데도 임금은 그 진상을 밝히지 않으니 임금이 저주하도록 시킨 것이라고 공빈 김씨는 선조를 원망하다. 그러자 선조는 공빈 김씨를 애도하면서 다른 궁녀들에게 매정하게 대했다. 그러나 소용 김씨(후에 인빈 김씨)만은 공빈의 병 수발을 잘 받들었다. 그녀는 공빈 김씨 수발 중 틈이 나자 선조에게 공빈 김씨의 과거 잘못을 들춰내어 상세하게 알려주었다. 그 후부터 소용 김씨는 선조의 사랑을 독차지하게 되었다는 것이다.

소용 김씨는 원래 명종 비인 인순왕후 심씨가 심부름시키던 궁녀에 더부살이하던 아이였다. 그녀가 궁궐에 들어오게 된 동기는 명종의 후궁인 숙의 이씨 때문이다. 숙의 이씨는 어려서 부모를 여의자 할머니인 나씨가 데려다 키웠는데 16세 때 문정왕후 윤씨의 시녀로 궁궐에 들어갔다. 18세 때 명종이 자손이 없자 명종의 후궁이 되었으나, 그녀 역시 자식을 두지 못했다. 숙의 이씨는 아이도 없고 궁궐생활이 하도 적적해지자 외종사촌동생인 소용 김씨를 데려다가 궁중에서 같이 기거했다. 명종이 죽은 후 숙의 이씨는 비구니가 되어 궁궐을 떠나 명종의 명복만을 빌며 지냈다. 상촌집 제 24권; 연려실기술 제22권

숙의 이씨가 떠난 후 홀로 된 김씨를 가엾게 여긴 인순왕후 심씨가 그녀를 불러들여 심부름을 시켰다. 이후 김씨는 인순왕후의 눈에 들게 되었고 선조에게 후궁으로 추천하였다. 그녀는 선조 6년(1573) 숙원을 시작으로 소용, 숙의, 귀인을 거쳐 선조 37년(1604년) 11월 12일에는 인빈에 책봉되어 40여년 동안 선조의 총애를 받은 여인이 되었다.

「과거에 명종이 늦도록 대를 물릴 아들이 없으므로 문정대비(文定大妃)가 매우 걱정하였는데 어느 날 저녁 꿈에 이인(異人)이 고하기를, '상주(尙州)의 이 아무개가 딸이 있는데 궁중에 들여오면 좋을 것이다.' 하였다. 이에 꿈을 깨어 사람을 시켜 물색했으나 그 사람을 찾지 못하였는데 문득 한 승려가 그 사람이 있는 곳을 가리켜 주어, 드디어 찾아서 후궁에 들였으니 바로 이숙의(李淑儀)였다. 숙의는 끝내 아들이 없었으나 인빈은 그(이숙의)의 외종(外從)으로서 궁중에서 길러졌는데 인순왕후(仁順王后)가 보고 기특히 여겨 선조에게 부탁하여 후궁으로 두게 했는데 이 때 나이 14세였다.」연려실기술 제22권; 계곡집 제13권; 영조실록 85권, 영조 31년 6월 14일

인빈 김씨와 선조 사이에는 4남 5녀를 두었는데. 그녀의 셋째 아들인 정원군의 장남 능양군이 훗날 반정을 통해 즉위한 인조이다.

이처럼 의인왕후 박씨는 공빈 김씨, 인빈 김씨 등 후궁들 틈새에 끼워 생존 시에 남편의 사랑을 받아본 적이 없었으니 〈빛 좋은 개살구〉, 〈외화내빈(外華內貧)〉 격인 허울뿐인 왕비였다. 그러나 의인왕후 박씨는 자신의 소생은 없었으나 일찍이 어머니를 여윈 임해군과 광해군을, 특히 광해군을 친 자식처럼 잘 보살펴 주었다.

선조 25년(1592) 4월 13일 임진왜란이 일어나 조선의 전세가 점점 불리해지자, 선조는 4월 30일 새벽에 한양을 떠나 몽진(蒙塵; 머리에 티끌을 뒤집어 쓴다는 뜻으로, 나라에 난리가 있어 임금이 피난함을 말함)하였는데, 그 날 온종일 비가 내렸다고 한다.

「새벽에 상이 인정전(仁政殿)에 나오니 백관들과 인마(人馬) 등이 대궐 뜰을 가득 메웠다. 이 날 온종일 비가 쏟아졌다. 상과 동궁은 말을 타고 중전 등은 뚜껑있는 교자를 탔었는데 홍제원(洪濟院)에 이르러 비가 심해지자 숙의(淑儀) 이하는 교자를 버리고 말을 탔다. 궁인(宮人)들은 모두 통곡하면서 걸어서 따라갔으며 종친과 호종하는 문무관은 그 수가 1백 명도 되지 않았다. 점심을 벽제관(碧蹄館)에서 먹는데 왕과 왕비의 반찬은 겨우 준비되었으나 동궁은 반찬도 없었다. 병조 판서 김응남(金應南)이 흙탕물 속을 분주히 뛰어다녔으나 여전히 어찌 해 볼 도리가 없었고, 경기 관찰사 권징(權徵)은 무릎을 끼고 앉아 눈을 휘둥그레 뜬 채 어찌할 바를 몰랐다.」

5월 1일 저녁에 개성에 도착하였고, 5월 4일 승지와 당상들과 논의 한 후 개성을 떠나 5월 7일 평양에 도착하였으나, 이 날부터 식량 문제로 정빈(貞嬪) 홍씨(洪氏), 정빈(靜嬪) 민씨(閔氏), 숙의(淑儀) 김씨(金氏), 숙용(淑容) 김씨(金氏)와 신성군(信城君), 정원군(定遠君) 및 그 부인 두 사람에게는 각각 하루에 세 끼니를, 시녀(侍女), 수모(水母)와 밑에 있는 나인(內人)들에게는 하루에 두 끼니를 지급하였던 것이다.

선조가 1개월 동안 평양에 머물러 있는 동안 평양의 인심이 흉흉해지자 선조는 다시 평양을 떠날 것을 논의하고는 6월 10일 중전은 먼저 함흥으로 보내기로 하였으나 백성들의 소란으로 중전은 이날 함흥으로 떠나지 못했다.

「중전(中殿)이 함흥으로 가기 위하여 궁속(宮屬)들이 먼저 나가자, 평양 군민(軍民)들이 난을 일으켜 몽둥이로 궁비(宮婢; 궁중의 계집종)를 쳐 말 아래로 떨어뜨렸으며, 호조 판서 홍여순(洪汝淳)은 길에서 난병(亂兵)을 만나 맞아서 등을 다쳐 부축을 받고 돌아왔다. 거리마다 칼과 창이 삼엄하게 벌여 있고 고함소리가 땅을 진동하였는데 모두들 대가(大駕; 임금이 타던 수레)가 성을 나가지 못하도록 하려 하였다.」

이튿날인 6월 11일 선조는 중전에게 함흥에 가서 기다리게 하고서는 그녀를 먼저 함흥으로 떠나 보냈다. 의인왕후가 함흥으로 떠난 후 선조는 인빈 김씨만을 데리고 함흥이 아닌 의주로 떠났는데, 원래 선조는 의주에 도착한 후 요동으로 건너갈 준비를 끝낸 후 선전관을 보내 중전을 데려올 계획이었다.

6월 22일 선조는 의주에 도착하자마자 그 이튿날 요동으로 가는 일을 준비하라고 대신들에게 전교하고 사신을 명나라로 보냈다. 그러나 명나라에서 조선왕과 관료들을 관전보(의주에서 동북으로 200리에 있는 벽촌)에 있는 빈 관아에 거처하게끔 하겠다는 소식을 전해듣자 선조는 요동행을 포기하고 의주에 오래 머물 계획을 세웠다. 그 후 의인왕후 박씨는 의주가 아닌 평안북도 강계로 가서 그곳에 머물게 되었다.

임진왜란의 전세가 호전되면서 선조는 차츰 남하했는데, 선조 26년(1593) 5월 7일 해주에 머물렀다. 8월 20일 광해군이 의인왕후 박씨와 묘사(廟社; 종묘와 사직)의 신주를 모시고 평안남도 강서에 도착하자 선조가 신하들을 대동하고 친히 예를 갖추어 맞이하였고 이후 의인왕후도 선조와 함께 해주에서 머물게 되었다. 전세가 어느 정도 안정되자 선조는 그 해 9월 22일 의인왕후 박씨만을 남겨두고 인빈 김씨와 함께 해주를 떠나 한양행을 강행했다. 한양을 떠난지 1년 6개월 만인 1593년 10월 4일 선조는 한양에 도착했다.

한편 임진왜란 때 세자인 광해군은 맹산, 양덕, 곡산, 이천 등 전국 여러 곳을 다니면서 왜군과 싸우는 군사와 백성들을 독려하며 실제로 왕의 대행 노릇을 톡톡히 하였다. 이에 광해군의 신망이 대신과 백성들 사이에 높아지자, 선조는 전쟁의 책임에 대한 위기감에 직면할 때마다 왜란 중에 15차례의 선위 파동을 일으키는 쇼 같은 촌극도 일으키기도 하였다.

선조 30년(1597) 1월에 다시 정유재란이 일어나자 광해군은 의인왕후 박씨를 모시고 피난을 떠나 황해도 산간지대를 떠 돌아 다니며 숱한 고생을 한 후 황해도 수안의 행궁에 머물게 되었다. 그해 7월 14일 원균의 칠천량해전의 대패, 8월 15일 남원성 패전으로 조선은 한때 위기에 직면하였으나, 9월 16일 이순신의 명량해전의 대승으로 조선은 반전의 기회를 잡았다. 그리고 선조 31년(1598) 8월 18일 도요토미 히데요시가 병사하고, 11월 18일 노량해전을 끝으로 7년간의 왜란은 끝났다.

전쟁이 끝난 뒤에도 중전 의인왕후가 여전히 수안 행궁에 머물고 있자, 그 해 12월 16일 예조에서 중전의 한양 환도를 주청했다. 그러나 선조는 왕비의 환도 계획을 천천히 세워 시행하라고 전교하였다. 그러던 중 선조 32년(1599) 4월 25일 중전이 병환이 나자 광해군이 수안의 행궁으로 내려갔다. 그리고 광해군은 1개월 후인 윤4월 25일 중전을 모시고 한양으로 환도하니 중전은 한양을 떠난 지 7년 1개월만의 피난생활을 마쳤던 것이다.

「미시에 중전이 수안(遂安)에서 환도하였다. 대신 · 정원 · 동서반 2품이 문안하니 평안하다고 답하고, 어선(御膳 ; 임금에게 올리는 음식)을 내어 하사하였다. 당시 중전이 정유년 변란으로 인하여 산중에 가 있어 곤위(坤位)가 오래 비게 되었다가 이제야 비로소 환도하게 되니 사람들이 모두 기뻐하였다.」

의인왕후의 죽음

의인왕후 박씨는 15세에 결혼하여 선조의 사랑도 받지 못하고 아이도 가질 수 없는 불임녀였다. 그녀는 후궁들에게 남편의 사랑을 빼앗긴 불행한 왕비였다. 의인왕후의 불행은 여기에서 끝이 아니었는데, 7년여 동안 임진왜란 중에도 왕비임에도 불구하고 어느 백성 못지않은 고생과 힘든 피난생활로 정신 뿐 아니라 몸 어느 한 곳 성한 데가 없었다. 그녀의 육체는 심신의 피로와 영양실조로 만신창이 되어 면역력은 떨어질 대로 떨어졌던 것이다.

실록에 있는 의인왕후 박씨의 병록을 보면. 그녀 32세 때인 1586년 10월 1일부터 수일간 인후증(咽喉症)으로 고생한 기록이 있고, 45세 때인 1599년 4월 25일 편찮았다는 기록만 있다. 그리고 46세

(1600년) 때 6월 24일 중전의 병세에 대해 하교하는데 그 내용은 다음과 같다.

「별로 아픈 곳은 없으나 음식이 먹고 싶지 않고 밤엔 잠을 잘 수 없으며 온 몸이 나른하여 앉으나 누우나 편안하지 못하다. 음식을 대하면 구토부터 먼저 나고 숨이 가쁘며 목에서 가르릉거리는 소리가 조금 나고 맥(脈)은 부(浮)하고 삭(數)하여 한 번 숨 쉬는 동안 7번이나 뛴다. 아마도 심열(心熱), 담열(痰熱), 서열(暑熱)이 번갈아 괴롭혀 원기가 부족한 탓으로 비(脾), 폐(肺), 심(心) 세 기관이 병난 듯하다.」

식욕이 없고 밤에 잠을 자지 못하고 온 몸이 나른하고 안절부절 못하고 음식을 먹으면 토하고 목 안에서 가래가 끓는다는 증세였다. 그 후 약방제조가 중전에게 문안하니 의인왕후는 서열(暑熱; 심한 더위) 때문이니 약방제조에게 걱정하지 말라고 하였다. 그러나 2일 뒤인 26일에도 증후가 오래되고 낫지 않아 의관들과 상의하여 양혈지황탕(涼血地黃湯)에 시호(柴胡) · 지모(知母) 각 1 돈, 조금말(條芩末) · 복신(茯神) 각 5 푼, 생강즙에 초(炒)한 황련(黃連), 막걸리에 씻은 원입(元入) 생지황(生地黃)과 감초(甘草) 각 3 푼, 막걸리에 달인 원입 건지황(乾地黃), 물에 탄 강즙(薑汁) 한 숟갈, 죽력(竹瀝) 세 숟갈을 함께 넣어서 진약(進藥)하였다.

그리고 다음날 갑자기 그녀의 병세가 위중해져 신시(申時)에 승하하니, 그 때 의인왕후의 나이는 46세였다. 선조의 비망기에 의인왕후에 대해 다음과 같이 기록하고 있다.

「대행(大行)이 곤전에 있으면서 두 대비(大妃; 인성왕후 박씨와 인순왕후 심씨)를 받들어 섬김에 그 성효(誠孝; 성심껏 효도함)를 다 했고 나를 섬김에도 공경을 다하여 한결같이 어김이 없었다. 그리고 외가(外家)의 사삿일로 요구하는 일이 없었으며, 빈어(嬪御; 임금의 첩)를 대함에도 은애가 지극하여 그들 보기를 수족같이 할 뿐만이 아니었다. 여러 아이들을 어루만지기를 자기 소생보다 지나치게 하여 항상 자신의 곁에 두기에, 내가 간혹 그 소행을 시험하여 여러 아이들을 장난삼아 질책하면 문득 대행의 뒤로 도망가 숨곤 하였는데, 대행은 곧 치마폭을 당겨 그들을 가려 주었다. 〈여기에서 대행이 여러 아이들을 친애하고 여러 아이들이 대행을 친애하여 받들었던 점을 볼 수 있기 때문에 아울러 언급하였다.〉 평생 동안 조급히 서두르는 언행과 표정을 나타내지 않으며, 궁인과 여종에 대해서도 또한 일찍이 노기를 내어 꾸짖지 않았다. 그리고 투기하는 마음, 의도적인 행동, 수식(修飾)하는 말 같은 것은 마음속에 두지 않았을 뿐 아니라 비록 권하여도 하지 않았으니, 대개 그 천성이 이와 같았다. 인자하고 관후하며 유순하고 성실한 것이 모두 사실로 저 푸른 하늘에 맹세코 감히 한 글자도 과찬하지 않는다. 아, 하늘은 착한 사람에게 복을 주어 대덕(大德)은 반드시 장수하는 법이건만, 불행히도 자식을 두지 못하고 수명 또한 길지 못하였으니, 천도는 과연 지각이 있는 것인가. 운명이란 이처럼 일정하지 않은 것인가. 마후(馬后; 후한 명제의 왕후)의 덕행으로도 자식을 두지 못하였고 또 장수

하지 못하였다. 내 이에 하늘을 원망하지 않을 수 없다.」 선조실록 127
권, 선조 33년 7월 9일

능호는 목릉(穆陵)으로 경기도 구리시 동구릉 내에 있으며 선조
와 선조의 계비인 인목왕후와 함께 같은 경내에 묻혀있다.

지금까지의 기록만으로는 의인왕후 박씨의 병명과 사인을 단정
지울 수 없지만 의인왕후는 오랜 전란으로 영양실조에다 심신도 허
약해져 면역력이 극도로 떨어진 상태라는 것은 틀림없는 사실이다.
이런 의인왕후 건강 상태에서 병 초반에는 더위 먹은 정도로 경한
증상만 있다가 갑자기 악화되어 수일 내에 사망했다. 건강하지 않은
상태에서 발병할 수 있는 질환은 다양하나 그 중 의인왕후가 앓았던
병은 결핵 중 속립결핵(miliary tuberculosis)이 아니었나 추정해 본
다.

속립결핵은 폐결핵의 한 형태로, 결핵균이 폐정맥으로 들어가면
속립결핵이 발생한다. 폐정맥 속의 균이 심장의 좌측에 도달하여 전
신순환에 들어가면 간이나 비장 등 내부 장기에 씨를 뿌리게 되고,
또는 림프절에 들어가면 정맥으로 흘러 들어가게 되어, 결국은 심장
의 우측에 도달한다. 결과적으로 심장의 우측을 통해 균이 폐에 다시
씨를 뿌려 속립결핵을 일으킨다.

속립결핵의 증상으로는 열, 식욕부진, 체중감소와 같은 비특이적
인 증상이 서서히 나타나기 때문에 환절기에는 감기로, 여름철에는
더위를 먹은 것으로 오인하기 쉽다.

속립결핵은 초반에는 증세가 경해 대수롭지 않게 여기는 경우가

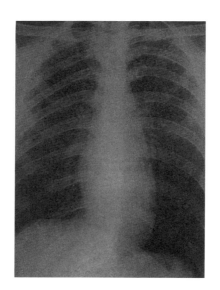

[그림 14] **속립결핵 흉부X−선 소견** 다수의 좁쌀 크기의 음영이 폐 전체에 있음.

흔하다. 그러나 어느 시점에 갑자기 호흡기 증상(기침, 가래, 호흡곤란)이 나타면서 급속하게 악화되어 사망하게 된다. 또한 뇌를 침범한 경우에는 두통, 구토, 경련, 의식장애를 일으킬 수도 있다.

속립결핵은 최근에도 열이 있는 환자에서 우연히 흉부영상 사진을 촬영하다가 폐 부위에 좁쌀을 뿌려 놓은 것 같은 소견을 보고서 진단하게 되는 경우가 대부분이다[그림 14].

증상만으로는 진단하기는 매우 어려운 질환이다. 또 이 경우 객담에서도 결핵균이 검출되지 않는 경우도 많다.

그 당시에는 X − 선 촬영기와 같은 검사기기도 없어 속립결핵의 진단은 엄두도 내지 못했던 병이다.

히포크라테스
조선 왕비를 만나다

어린 아들의 증살(蒸殺)에 한을 품은 왕비 인목왕후(仁穆王后) 김씨

— 복수의 한을 안고 49세에 저 세상으로 가다

인생은 끔찍하거나 비참하거나 둘 중 하나다.

-Woody Allen-

「애초 궁중에는 조종조로부터 금성(金姓)은 목성(木姓)에 해롭다는 말이 있었기 때문에 여자를 가릴 때 언제나 제외하였었는데, 선조가 임금이 되어 3빈(嬪)이 모두 김씨였고, 인목 왕후(仁穆王后)가 중전(中殿)의 자리를 잇게 되자 식자들은 불길하지 않을까 의심하였다고 한다.」 선조수정실록 11권, 선조 10년 5월 1일

이렇듯 인목왕후 김씨의 결혼 초부터 불길한 징조가 있었다.

인목왕후 김씨는 연흥부원군 김제남의 3남 2녀 중 막내딸로, 선조 14년(1584) 11월 14일 태어났다.

김제남은 선조 18년(1585) 사마시에 합격한 뒤 1594년 의금부도사, 공조좌랑을 거쳐 1596년 연천현감을 역임하였다. 임진왜란 때에는 의병을 모집하여 왜군과 맞서 싸웠으며, 평양성 탈환에도 기여하기도 했다. 선조 35년(1602) 이조좌랑으로 있을 때 둘째 딸인 인목왕후가 선조의 계비로 간택되면서 돈녕부도정에 제수되었다.

의인왕후 박씨의 소상(小祥)이 끝나고 선조 34년(1601) 10월 7일 예조에서 새로운 중전을 맞이할 것을 청하자 선조는 10월11일 즉시 금혼령을 내리고 14세 이상부터 처녀를 간택하라는 령을 내렸다. 그 후 예조에서 선조에게 금혼령 대상에서 제외되는 조건에 대해 아래와 같은 사항을 여쭈었다.

「중외에 일체 금혼에 대한 일을 오늘부터 이미 방을 걸어 알리었습니다. 그런데 서얼(庶孽)과 하천(下賤)들은 의당 금혼 중에 들지 않으며, 종실의 딸, 성이 이씨인 사람의 딸, 과부의 딸 및 금혼령을 내리기 전에 이미 납폐(納幣; 신부집에 대한 혼인 허락에 대한 감사의 뜻으로 신부용 혼수와 혼서, 물목을 넣어 보내는 절차)한 자는 전례에 단자(單子)를 올리지 않게 되어 있으므로 본가에서 본조(현존하는 왕조)에 정문(呈文; 하급 관아에서 동일한 계통의 상급 관아로 올리는 공문)하면 본조에서 빙열(憑閱; 거름망)하여 혼인을 허락하였다고 합니다. 이 말은 전문(傳聞; 다른 사람을 통하여 전하여 들음)에서 나왔고 등록(謄錄; 전례를 적은 기록)에 근거할 만한 것이 없습니다. 신들의 의견으로는, 종실의 딸, 성이 이씨인 사람의 딸, 과부의 딸은 분명히 알기 쉬우니 비록 혼인을 허락하더라도 가합니다. 그러나 이미 납폐(納幣)한 사람에 이르러서는 비록 단자를 올리지 않는다 하더라도, 만약 본조에 정문하게 하여 혼인을 허락한다면 혼잡스럽고 소요스러운 폐단이 없지 않을 듯싶습니다. '어떻게 해야 합니까? 감히 여쭙니다.' 하니, 선조가 전교하기를, '윤허한다. 불과 몇 달 사이이니 이미 납폐한 사람도 우선 아울러 금혼하게 하여 소요가 없게 하는 것이 무방할 듯하다.' 하였다.」선조실록 143권, 선조 34년 11월 12일

선조는 이미 납폐한 처자라도 금혼 대상에 포함시켜야 한다고 예조에 하교하였다. 그리고 그 해 12월 11일 초간택에서 6인의 처녀를, 12월19일 재간택에서는 9인의 처녀를 후보로 뽑은 후, 선조 35년(1602) 2월 3일 선조는 이덕형 등에게 이조 좌랑 김제남의 집에 대혼의 예를 정하라 전교하였다.

왕비는 결정되었으나 대신들이 중전의 책봉례에 대한 일정이나 계획은 세우지 않고, 평소 탐탁하게 여기지 않은 광해군의 세자 책봉을 주청하는 문서를 가져와 사신을 명나라에 보낼 것을 여러 차례 선조에게 요청하였다. 그러자 선조는 짜증을 내며 광해군 세자책봉 주청사(世子冊封奏請使)의 문서를 돌려 보내면서 대신들을 질책하였다.

「중궁(中宮)의 책봉을 즉시 주청했어야 하는데 이 점에 대해서는

유사가 계품(啓稟; 임금에게 아룀)하지 않으니 일이 자못 잘못된 듯하다. 먼저 국모를 바르게 한 뒤에야 인륜의 기강이 서게 되는 것이니 어찌 국모 없는 나라가 있겠는가. 살펴서 하라.」선조실록 149권, 선조 35년 4월 22일

내용인 즉 세자 책봉 주청보다 왕비 자리가 빈 중전을 맞여들이는 것이 더 시급한 일이라는 것이다.

그러자 선조의 혼례를 서둘러 선조 35년(1602) 7월 13일 거행했다. 그때 선조 나이 51세 인목왕후 나이 19세였다.

결혼식 날 몹시 비가 왔다고 한다.

「오시에 상이 면복(冕服)을 갖추고 관소에서 곧 태평관(太平館)이다. 왕비를 친영하였다. 미시 초에 상이 관소에서 돌아오고 신시(申時) 초에 중궁(中宮)이 입궐하였다. 유시(酉時)에 동뢰연(同牢宴; 전통 혼례에서 신랑과 신부가 교배를 마치고 술잔을 서로 나는 잔치)을 거행하였다. 이때 장맛비가 그치지 않아 상하가 모두 우장을 갖추었는데 관소에 이르자 구름이 흩어지고 날씨가 쾌청하였다. 예가 끝나고 환궁하였다.」선조실록 152권, 선조 35년 7월 13일

예식이 끝나고 선조가 먼저 궁궐로 돌아갔다. 왕비 김씨는 두 시간쯤 후에 궁궐에 들어갔다. 그 때 다시 비가 쏟아졌다. 선조가 옆에 있을 때는 해가 반짝 떴는데, 선조가 떠나자마자 비가 쏟아지는 것을 보면서 김씨는 자신의 음울할 미래를 예견했을까?

선조와 인목왕후 사이에는 1남 2녀를 낳았다.

1603년 5월 19일 정명공주가 태어났고, 그 다음 해에는 사산된 딸이, 그리고 1606년 3월 6일 영창대군이 태어나니 선조가 평소 적손을 원하였는데 그의 소원이 이루어진 것이다.

「계축일기」의 기록에 따르면, 1602년 인목왕후가 잉태하였다는 소식을 듣고 광해군의 장인 유자신이 중전을 놀라게하여 낙태시킬 양으로 대궐 안에 돌팔매질을 하게 하고 궐내 사람들을 움직여 나인들의 변소에 구멍을 뚫어 나무로 쑤시며 여염처에 횃불과 무기를 든 강도가 들었다는 등 갖가지 행패를 하였으나 공주가 태어나자 그는 안도의 한숨을 쉬었다. 그 후 1606년 3월에는 영창대군이 태어났다는 소식을 듣고 유자신은 음흉한 생각을 하고 적자가 태어났으니 동궁의 자리가 위태해졌다며 동궁을 모시고 있는 권세있는 정인홍과 같은 신하들과 친하게 사귀었다. 결국 선조 말년에는 광해군을 지지하는 대북파와 영창대군을 지지하는 소북파로 갈라져 보이지 않은 세대결이 심화되었다.

선조의 병세가 악화되자 선조 41년(1608) 1월 전참판 정인홍은 선조에게 광해군에게 전위하라는 상소를 올리게 되었고, 이에 대해 선조는 명나라에서 세자 승인을 받지 못한 상태에서 전위하는 것은 문제의 소지가 있다고 답하였다. 그러던 중 자신의 죽음이 임박해지자 현실적으로 어린 영창대군을 보위에 올린다는 것은 불가능함을 깨달은 선조는 광해군에게 전위교서를 내렸다. 그런데 영의정 유영경이 광해군에게 선위한다는 선조의 유언을 감추었으나 결국 정인홍에게 발각되었고 치죄하는 과정에서 선조가 죽었다. 유영경은 인목왕후 김씨에게 영창대군을 왕위에 올리고 인목왕후에게 수렴청정을 권하였으나 그녀는 유영경의 뜻을 무시하고 선조의 유명에 따라 광해군에게 왕위를 계승케 하였다.

결국 1608년 2월 1일 선조가 승하하고 광해군이 보위에 올랐다. 그 당시 영창대군의 나이는 3세였고, 광해군은 34세였다. 인목왕후는 25세의 젊은 나이에 청상이 되어 6세의 딸과 3세의 어린 아들을 보살폈다.

광해군이 즉위한 후 4년여 동안은 광해군과 인목왕후 사이는 원만했고 큰 충돌 없이 잘 지냈다.

그러나 광해군 5년(1613) 4월 25일 좌변포도대장 한희길이 아뢴 서얼(첩의 소생) 박응서 일당의 강도 사건을 계기로 광해군과 인목왕후는 반목하게 되었다.

사건 내용인 즉 지난달 조령에서 은상을 살해하고 은자 6, 7백냥을 탈취했던 범인 박응서를 체포했다는 보고였다. 박응서 일당은 모두 명가의 서얼들인 만큼 사대부 가운데 그들을 구해주려는 사람들이 많아서 한희길도 어떻게 처리할지 몰라 주저하며 결단을 내리지 못하고 있었다. 그런데 호조참판 남이공, 이조참판 박이서 등이 도둑맞은 은상 집안과 친한 사이였기 때문에 한희길에게 빨리 박응서를 감옥에 가두고 엄하게 재판을 받도록 강력하게 권하였다. 이 소식을 들은 이의첨은 즉시 한희길을 불러 김개 등과 은밀히 의논한 다음 박응서를 회유하였다. 즉 박응서 자신은 단순 강도살인범이 아니라 역모를 획책한 역적이라는 고변서를 써 박응서가 직접 올리게 하였던 것이다. 이의첨은 대북파의 중심 인물로서, 항상 영창대군의 존재를 두려워하고 있던 차 박응서 사건을 계기로 영창대군을 제거하고자 음모를 꾸몄다.

광해군은 고변서를 받아 본 당일부터 직접 조사하자 박응서는 자신들 세력의 우두머리는 서양갑이고, 역모를 꾸민 지는 7년쯤 되었으며, 작년에는 현조정에 반하는 격문도 만들었다고 실토를 했다. 그러자 광해군이 작년에 작성한 격문에 대해서 캐묻자 박응서는 그 내용은 말씀드릴 수 없다고 하였다.

7년 전이라면 영창대군이 태어났을 때부터 역모를 꾸몄다는 것이엇다. 또 박응서는 장차 군사 300명을 모아 대궐을 기습해 옥새를 탈취한 뒤 곧 바로 대비전에 나아가 수렴청정을 요청하고 영창대군을 왕으로 옹립하려 했다고 진술하였다.

잠시 박응서 일당에 대해서 알아보면, 이들은 선조말 양반 자제들이었으나 서출이라는 이유로 벼슬길이 막히자 한탄하며 북한강가에 모여 죽림칠현을 자처하며 시와 술로 세월을 보낸 자들로 박응서, 서양갑, 심우영, 이경준, 박치인, 박치의, 김평손 7명의 세도가의 서출을 말한다(이들을 강변칠우라 함).

이들은 선조 41년 서자도 관계에 진출할 수 있는 기회를 주도록 허통상소(천인이나 서얼에게도 벼슬길을 터 주라는 상소)를 올렸으나 선조가 허락하지 않자 시와 술로 세월을 보내면서 자신들의 신세를 한탄하고 세상을 냉소하면서 살았다. 그 후 때로는 생활이 궁핍해지면 도둑질도 서슴지 않았다. 광해군 초에는 여주에 모여 서로 결의 형제를 맺고 도적이 되어 악행의 길로 들어선 무리들이다. 한국민족문화대백과 광해군 5년 4월에 강변칠우는 조령에서 은상을 살해하고 은 6.7 백냥을 도둑질을 하였는데, 5월에 박응서 혼자만 먼저 포도청에 붙잡혀 대북파 이이첨 등의 회유에 빠져 거짓 고변서를 작성하여 고변하였는데 이것이 조선시대 큼직한 옥사인 계축옥사를 일으키게 될 줄이야 박응서 자신도 처음에는 상상조차 하지 못했을 것이다.

4월 28일에 우두머리인 서양갑을 잡아 고문과 심문 끝에, 5월 6일 대비 김씨와 영창대군은 물론 대비의 친정 아버지인 김제남까지 역모 혐의에 연루되었다는 사실을 알게 되었다.

「 – 전략 –

그런데 지금 와서 다시 생각해 보니 서양갑이 신에게 말하기를 '대군을 옹립한다면 김제남(金悌男)에게 말하지 않을 수 없다.' 하였고, 또 김제남을 좌상으로 삼고 자기가 영상이 되려고 하였습니다. 은상(銀商)을 털어 용사를 모집하는 등의 계책은 모두 이 자가 맨 먼저 꺼냈는데, 김제남에 대한 일이야말로 그가 거짓말을 한 것입니다. 대군의 일까지도 신이 상달하였는데 감히 제남의 일을 숨기겠습니까. 이 자야말로 팔도 서얼(庶孼)의 괴수인데, 늘 말하기를 '서얼을 모두 모은다면 어찌 3백 명만 되겠는가. 10만 명은 될 것이다.' 하였고, 매사를 모두 적동생(嫡同生; 정실동생)에게까지 숨겼습니다. 지금 제남과 역모를 통했다고 이야기했는데 이는 바로 신을 얽어 넣으려고 끄집어 낸 말입니다. 오윤남은 신과 지극히 소원한 친척인데 신이 어찌 알겠습니까. 이런 사실들은 서양갑 스스로 알 것입니다. 하자, 서양갑이 말하기를, '이것은 응서가 거짓말을 한 것입니다. 응서 역시 제남을 추대하여 장수로 삼아야 한다고 말했습니다.' 하였다.」

광해군 5년 5월 16일 박동량도 박응서 사건과 관련해서 조사를
받게 되었다.

박동량은 김제남과 한패로 영창대군을 추대하려 했다는 혐의를
받고 있었다. 그는 자신의 혐의를 벗기 위해 김제남과는 아는 사이
지만 그가 국구가 된 후에는 만난 일이 없다고 하였다. 그러면서 그
가 부연해서 말하기를 "어느 날인가 대비를 모셨던 여종 경춘(景春)
이 소인의 종형인 박동언의 부인에게 '대군 군방(영창대군이 거처하
던 곳)의 사람들은 선왕(선조)께서 병환에 시달리게 된 이유를 의인
왕후 박씨의 무덤 탓으로 생각하고, 인목대비의 하인 수십 명이 요망
한 무당들과 함께 유릉(의인왕후 박씨의 능)에 가서 저주하는 굿을
대대적으로 벌였습니다' 라고 말해 주었고, 그 사건을 종형 부인으로
부터 소인이 들어서 알았습니다."라고 했다. 그러자 광해군은 영창대
군의 유모를 비롯해 대비 김씨의 궁녀들을 대거 잡아들여 심문과 고
문을 시행하였다. 이 과정에서 궁녀 30여명이 참혹한 고문을 당하고
죽었다. 고문을 견디지 못한 몇몇 궁녀들은 대비 김씨가 광해군도 저
주했다고 자백했다. 광해군은 박동량의 취조 과정에서 '유릉의 저주
사건'이라는 또 다른 새로운 사실을 알게 되었다.

5월 4일 김제남을 파직시키고 문초하였으나 김제남은 역모를 부
인하였나 6월 1일 김제남을 사사하였다. 그리고 그의 아들 3명과 한
명의 사위는 곤장으로 쳐 살해했고 김제남 부인은 제주로, 김제남 형
제의 동성 삼촌 조카들도 찾아내어 외딴 섬으로 귀양보냈다.

이후 대신들은 영창대군을 처벌하라는 상소를 올렸고 일단 광해군이 그들의 뜻에 응하지 않자 상소는 계속 올라왔다. 그러자 광해군은 궁여지책으로 6월 22일에 영창대군을 인목왕후 품에서 떼어내 도성의 어염집으로 출궁시켰다. 어린 영창대군과의 이별시 대비 김씨의 심정을 실록에서는 다음과 같이 기록하였다.

「이의(영창대군)를 내보내는 날에 대비가 그를 부둥켜 안고 차마 떠나 보내지 못하였다. 주위 사람들이 온갖 방법으로 권하고 만류하자, 액문(掖門; 궁중 정문 옆에 있는 작은 문) 안에까지 안고 와서 울부짖으며 작별하였다. 호위하는 병사들이 이를 보고 듣고는 엎드린 채 일어나지를 못하고 너나없이 눈물을 흘렸다.」 광해군일기 67권, 광해군 5년 6월 21일

그러나 이후에도 영창대군을 죽여야 한다는 상소가 끊임없이 이어지자 7월 26일 광해군은 명령을 내려 영창대군을 강화도에 위리안치 시키지만 죽이지는 말라고 하였다. 그런데 광해군 6년(1614) 2월 초에 부임한 강화부사 정항이 돌연히 영창대군 이의를 증살하니 당시 영창대군의 나이 9세였다.

「강화부사(江華府使) 정항(鄭沆)이 영창대군(永昌大君) 이의(李㼁)를 살해하였다. 정항이 고을에 도착하여 위리(圍籬) 주변에 사람을 엄중히 금하고, 음식물을 넣어주지 않았다. 침상에 불을 때서 눕지 못하게 하였는데, 의가 창살을 부여잡고 서서 밤낮으로 울부짖다

가 기력이 다하여 죽었다. 의는 사람됨이 영리하였다. 비록 나이는 어렸지만 대비의 마음을 아프게 할까 염려하여 괴로움을 말하지 않았으며, 스스로 죄인이라 하여 상복을 입지도 않았다. 그의 죽음을 듣고 불쌍하게 여기지 않는 사람이 없었다.」 광해군일기 75권, 광해군 6년 2월 10일

영창을 빼앗긴 이후 대비 김씨는 삶의 의욕을 잃었다. 그나마 목숨을 끊지 못한 이유는 어린 딸 정명공주와 친정어머니 때문이었다.

이후 양사에서는 홀로된 대비 김씨의 죄를 10가지로 조목조목 분류하여 폐위를 요청하는 상소를 올렸다. 뒤이어 대신, 종친, 시골 유생들도 상소를 올렸으나 유독 선조 때 구신인 이항복, 이원익, 이덕형 등 5 – 6인 만 바른 주장을 펼쳤고 또한 광해군도 대신들의 폐비 요구를 시간을 끌면서 들어 주지 않았다.

그러다가 결국 1618년 1월 28일 광해군도 대비 김씨를 더 이상 대비라 부르지 말고 '서궁(西宮)'으로만 부르라 명령했고, 1월 30일 대비를 후궁으로 강등하고 그녀에 대한 처우 규정을 마련하였다. 이른바 '폐비절목(廢妃節目)'이 그것이었다.

3월 13일에 인목대비는 대비를 상징하는 어보, 의장물 등을 모두 돌려주고 진상도 받지 못했다. 서궁의 주위로는 담장을 높이 쌓았고 파수대가 설치되어 철저한 '서궁유폐'가 시작된 것이었다. 서궁에 유폐된 대비 김씨는 생필품도 제대로 공급받지 못한채 죽음 목숨처럼 세월을 보내야만 했다. 대비는 비통함과 처절함이 골수에 사무쳐 항상 자결하려고 하였으나 옆에서 모시는 사람들이 보호한 덕분에 다

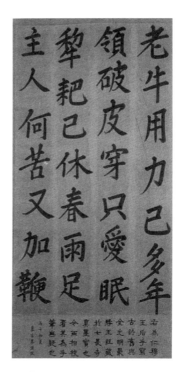

[그림 15] **인목대비의 한시** 안성(칠상사 소장)

행히 생명을 보존할 수가 있었다. 그러는 동안 서궁에서의 생활이 거
의 10년이나 되었다.

인목대비가 서궁생활 때 자신을 늙은 소에 비유해서 지은 시 '민
우시(憫牛詩)'로 자신의 심정을 표현하고 있다[그림 15].

　　　　늙은 소(인목대비)가 밭갈이에 힘쓴지 이미 오래

　　　　　　　　　　　　　　　　　　　　(老牛用力已多年)

　　　　목덜미는 터지고 가죽은 파인 채 졸고 있네　　(領破皮穿只愛眠)

써레질 끝나고 봄비 또한 넉넉하네 　　　　(犁耙已休春雨足)

주인(광해군)은 어이해 채찍질만 더하는고 　　(主人何苦又加鞭)

인조반정과 인목왕후 김씨의 죽음

인조반정은 중종반정과 달리 인조 자신이 직접 반정에 참여하였다
는 점이다. 인조가 반정에 직접 참여한 계기를 보면 신경희의 옥사에
연류된 셋째 동생 능창군의 억울한 죽음 때문이다.

　신경희의 옥사의 발단은 익산에 사는 진사 소명국이라는 사람에
서 시작되었다. 그는 속이 음흉하고 간악한 인물로 자신의 눈에 거
슬리는 사람이 있으면 흉계를 꾸며 해를 입히고 자신에게 이익이 되
는 일이 있으면 줄기차게 상소를 올려 개인의 이익을 취하는 인물이
다. 소명국의 이런 소행을 보고 익산 선비들이 연명하여 광해군 7년
(1615) 7월 28일에 그에게 벌을 내릴 것을 청하는 소를 올렸다. 그러
자 광해군은 그를 의금부에 가두고 국문하자 위기에 몰린 소명국은
한가지 꾀를 내었다. 소명국은 평소 이의첨의 수하들과 잘 알고 지냈
는데 이의첨이 신경희를 꺼리고 있다는 사실을 알고 윤 8월 14일 비
밀리에 임금에게 고변서를 올렸다. 내용인 즉 장령 윤길, 정언 양시
진이 신경희와 함께 능창군(인조의 셋째동생)을 왕위로 추대하려는
음모를 꾸미고 있다는 것이었다.

　능창군은 선조의 서5남인 정원군의 3남으로 죽은 신성군(선조의
서 4남이며 정원군의 바로 윗 형)에 양자로 입적되어 총명하고 신망

을 받아 늘 광해군의 왕위를 위협하고 있었던 인물이었다. 고변에서 신경희는 '능창군의 집인 세문동에 왕기가 서렸으며 능창군은 배우지 않고도 글을 잘 한다.'고 늘 능창군을 칭찬하였다고는 것이었다.

신경희 옥사 사건으로 인해 능창군은 11월 10일 교동에 유배되었다가 17일 목을 메고 자살하였다.

「이전(李佺)을 위리 안치된 곳에서 죽였다. 전이 위리 안치에 나아가자 수장(守將)이 찬 돌방에서 자게 하고, 또 모래와 흙이 섞인 밥을 지어 주니, 전이 먹지 못하였다. 그러자 수생(壽生)이라고 하는 관동(官僮) 한 사람이 옆에 있다가 항상 그가 먹던 밥을 나누어 올렸다. 수장이 그 일을 알고 관동이 그 안에서 밥을 먹지 못하게 하고 가시문 밖에 앉아서 먹도록 하였다. 관동이 몰래 전과 약속하여 옷을 문 안에 펴 놓게 하고 관동이 때때로 숟가락에 밥을 떠 지나가면서 던져주면 전이 한두 숟가락씩 얻어서 먹었다. 전이 괴로움을 견디지 못하여, 하루 저녁에는 글을 써서 관동에게 부쳐 부모와 결별을 고하고는 관동이 문을 나서자 스스로 목을 매어 죽었다. 그런데 수장은 거짓으로 병이 들었다고 보고하고 곧이어 죽었다고 알리자, 왕이 겉으로 놀라고 괴이한 표정을 지었지만 실제로는 넌지시 유도한 것이었다.」

인조의 아버지인 정원군도 능창군의 억울한 죽음으로 인해 화병이 나 술로 세월을 보내다가 4년 후인 1619년 12월 19일 40세 나이로 세상을 떠났다이 사건 이후 능양군(인조)는 광해군에 대한 원한을 갖고 있던 차이귀, 김류, 이괄이 반정을 도모하고 있다는 사실을 알고 반정에 동참한 것이다. 광해군 15년(1623) 3월12일 한밤중에 거사를 일으켰다. 반정에 성공하자 창덕궁을 장악한 능양군은 곧바로 군사들을 서궁으로 보내 대비 김씨를 모셔오도록 했다. 한밤중에 군사들이 서궁에 들이닥치자 대비 김씨는 광해군이 정명공주를 뺏으러 보낸 사람들이라고 의심했다. 그리고 그녀는 '공주는 이미 죽어서 담 밑에 묻었다.'며 꼼짝도 하지 않았다. 이렇게 되자 능양군이 직접 찾아가 반정을 설명하였고, 대신들은 능양군을 왕으로 책봉해줄 것을 요청했다. 그러나 대비는 한동안 묵묵부답하다가 10년간 쌓인 원한으로 치를 떨며, '반드시 광해군 부자의 머리를 먼저 가져오시오. 내가 직접 그 살점을 씹은 후에 책봉하겠소.' 라고 말하였다.

「대비가 어보를 상에게 돌려주었다. 대비가 주렴을 드리우고 상을 인도하여 들어와 뵙게 하자 상이 절하고 우니 대비도 울었다. 상이 이덕형으로 하여금 주렴 앞에 나아가 여러 신하들이 의리를 분발하여 난을 제거한 뜻을 모두 말하게 하였다. 그리고 대신·제장들이 모두가 왕위를 속히 결정할 것을 청했는데, 대비가 대답하지 않고 한참 있다가 이르기를, '먼저 이혼(李琿)의 부자의 머리를 가져와서 내가 직접 살점을 씹은 뒤에야 책명을 내리겠다' 하니, 상이 대답하기를 '그 일에 있어서는 신이 명을 받들 수 없습니다.' 하고, 신하들도 아뢰기를 '옛부터 폐치시킨 일은 있어도 주륙한 일은 없으니 신들이 결코 명을 따를 수 없습니다.' 하였다. 대비가 또 이르기를 '유희분,

이이첨을 직접 국문한 뒤에야 책명을 내릴 수 있겠다.' 하자, 덕형이 아뢰기를 '옛부터 모후(母后)께서 외부의 신하를 직접 국문한 적이 없습니다. 주상께서 왕위에 오르신 뒤에 차례로 주벌하더라도 늦지 않습니다.' 하니, 대비가 이르기를 '통분스러운 일에 있어서 친국하려고 하는 것이 무엇이 예의에 구애되는 것이겠는가.' 하였다. 덕형이 아뢰기를 '자전께서 어떻게 혼자 친국하실 수 있겠습니까. 자전께서 속히 친국하고 싶으시다면 조속히 왕위를 결정하소서.' 하니, 대비가 한참 있다가 이르기를 '나의 심기가 울분에 쌓여 있은 지 오래 되었다. 이번에 도리에 맞지 않는 말을 많이 하였는데 제공들은 용서하라.' 하였다. 이에 어보를 상에게 도로 내려주고, 대신을 공경하고 백성들의 고통을 염려하라는 몇 가지 조항을 직접 유시하였다.」 광해군일기 187권, 광해군 15년 3월 13일

　　그 후 이덕형의 끈질긴 설득 끝에 인목대비는 인조에게 마침내 어보를 내려주었다.
　　인조는 즉시 승지 정립(鄭岦)과 예조 참의 목장흠(睦長欽)을 제주로 보내 인목대비의 어머니인 노씨(盧氏)를 맞이하여 오게 했다. 대비가 계축년에 서궁(西宮)에 유폐된 이후로 안밖의 소식이 끊겨 심지어 연흥 부원군(延興府院君; 인목왕후 아버지 김제남)이 추방형을 당한 일, 어머니 노씨가 안치된 일에 대해서도 모르다가 반정이 일어난 뒤에야 듣게 되었다. 노씨가 늙고 병들어 바다를 건너올 수 없을까 염려되었으므로 특별히 승지와 예관을 보내 간호하여 오게 한 것이다.

대비가 서궁에 유폐되어 있을 때 궁인 연이(連以)는 외부 사람과 소식을 교통했다는 모함을 받아 광해군으로부터 참혹한 형벌을 받았다. 이후 광해군은 다른 시녀들로 대체해 보내 대신하게 하고 감시를 강화했으나, 이들 시녀들이 서궁에 들어온 뒤에는 모두 대비의 편이 되어 성심으로 받들었다고 한다. 궁 안에 원래 있었던 의복과 기물은 아무리 오래 사용하더라도 부족함이 없었는데 이는 외부에서 전례에 따라 어물, 육류, 소금, 쌀 등의 물품을 끊임없이 공급하였기 때문이었다. 대비는 화란을 겪은 이후 소복을 입고 소식(素食)을 하자 시녀들도 모두 소식을 하였기에 어육은 담 밖으로 도로 버렸는데 까마귀, 솔개가 늘 모여들어 쪼아 먹었고 썩는 냄새가 궁 안에까지 풍겼다고 한다. 궁인들이 궁 안의 공지에 채소를 심어 아침 저녁의 찬거리를 마련하였고, 또 햇솜이 없었는데 궁인 한 사람이 요 속에서 몇 알의 목화씨를 찾아내어 해마다 심어서 솜 저고리를 지어 올렸다. 그리고 외부 사람들은 궁 안의 상황을 알지 못하여 대비가 벌써 돌아가셨다는 소문도 나돌았다고 한다. 광해군일기 187권, 광해군 15년 3월 14일

반정 후 광해 및 폐세자 이지를 강화(江華)에 옮겨 안치시켰다. 광해와 폐비 유씨는 동쪽문 같은 집에 안치시키고, 지와 폐빈 박씨를 서쪽문 같은 집에 안치시켰다. 그리고 중사(中使) 및 별장(別將)을 배치시켜 지키게 하였다. 광해 187권, 광해군 15년 3월 23일

5월 12일 폐세자 이지가 땅굴을 파고 도망치다 붙잡히자 폐빈은 자결하였고, 6월 25일 폐세자 이지도 목메어 자결하였다. 10월 8일 폐비 유씨도 죽었으나 광해군 만은 죽지 않고 남았다.

반정 이후 인목대비는 줄곧 철천지 원수인 광해군의 사살을 주장

했지만 인조가 받아들이지 않아 한을 품고 살아갈 수 밖에 없었다. 그나마 그녀의 한가닥 희망인 외동 딸 정명공주가 인조 1년(1623) 9월 26일에 홍영의 아들인 홍주원에게 출가하는 것으로 위안을 삼을 수밖에 없었다. 정명공주는 그 당시로는 노처녀인 21세였고 홍주원은 18세였다.

인조 2년(1624) 1월 17일에 이괄의 난이 일어나자 피란 갈 때도 사위 홍주원이 그녀 옆을 지켜주었다. 이후 딸과 사위를 의지하며 여생을 보내던 인목대비는 인조 10년 6월 28일에 49세로 한 많은 세상을 하직하였다.

인목대비는 '광해군 부자를 죽여 그들의 살점이라도 씹어야만 하겠다.'라고 말할 정도로 죽은 어린 자식을 가슴 속에 품고 살며 광해군에 대한 원한이 뼈에 사무쳐 있었다.

인조 10년(1632) 6월 4일 인목대비가 병환이 나자 시약청이 설치되고, 6월 28일 인경궁 흠명전에서 승하하였다는 기록만 있지 자세한 병력이나 사인에 대한 언급은 없다. 다만 10월 6일자 인목대비 지문에 '여름에 왕후가 병으로 누운지 한 달이 지나 위독해져 6월 28일 승하하였다.'라는 내용만 있다. 추측컨대 인목대비도 오랫동안 화병으로 고생하다가 탈수와 탈진이 겹쳐 사망하지 않았을까 추정한다.

인목왕후 김씨는 선조와 의인왕후와 함께 경기도 양주시의 목릉(穆陵)에 묻혀있다.

참고로 광해군에 대해 일방적인 나쁜 기록들 만이 전해져 폭군으로 간주되고 있지만 객관적 입장에서 광해군을 다시 재고해 보면 그렇지만 않다. 역사를 전공하지도 않은 사람이 광해군을 다시 평가한다는 것은 주제넘는 일이지만 광해군에 대한 잘못된 오해가 너무 많아 저자의 견해를 나름대로 피력해 보려고 한다.

영웅과 역적의 차이는 시각에 따라 다른 듯하다. 또한 역사 기록이란 어느 왕 때 어느 당파의 사람이 집필에 참여하였나에 따라 진실성이 판이하게 달라지는데, 특히 폐위된 왕에 대한 기록은 편파적이고 일방적인 경우가 많다. 특히 인조 때 집필된 〈선조수정실록〉, 〈계축일기〉 등은 광해군의 포악하고 잘못된 면만 부각시키고 있는 것 같다.

실제로 광해군은 왜란 중에는 선조가 팽개쳐 포기한 정무를 찾아 대신 성실히 수행하였고, 피폐된 국토와 도탄에 빠진 민정을 안정시키고 무너진 국가기강을 바로 잡기 위해 노력했을 뿐 아니라 당쟁의 피해를 깊이 깨달아 유능한 인재를 등용하여 내정을 안정시키고 국방력을 재고하기 위해 힘썼다. 명나라와 청나라 사이 갈등 속에서도 중립적인 입장을 지키려고 노력하였고, 전란 때 소실된 사서, 윤리도덕에 관한 책과 동의보감 편찬도 완성했다. 또 대동법과 호패법을 시행해 괄목할 만한 성과를 올리기도 했다. 이렇듯 광해군은 조선시대 어느 왕 못지 않은 치적들이 많다.

단지 영창대군의 증살, 인목대비의 폐비와 임진왜란 후 무리한 궁궐신축 등의 악수를 많이 두어 인조반정의 명분을 제공해 후세에도 폐위된 왕의 이미지만을 남겼는데 중립적 입장에서 다시 한번 광해군의 치적에 대해서는 재조명해 봤으면 한다.

폐비 유씨

생몰년   1576 - 1623
재위기간 1608 - 1623
자녀수   3남
사인   병사 혹은 아사

미신을 신봉한
왕비 폐비(廢妃) 유씨

— 왕비가 된 것을 후회하며 48세에 생을 마치다

나만이 내 인생을 바꿀 수 있다. 아무도 날 대신해 해줄 수 없다.
(Only I can change my life. No one can do it for me.)

-Carol Burnett -

「폐비 유씨는 평소에 하늘에 빌기를 '후생에서는 다시 왕가의 며느리
가 되지 않게 하소서.' 하였다.」공사견문

    유씨가 폐비가 된 후 왕비 생활을 회고하니 호화스럽던 궁중생활
이 꿈만 같았으나 그 생활이 얼마나 지긋지긋하고 힘들었으면 이런
말을 하였을까?

폐비(문성군 부인) 유씨는 판윤 유자신의 6남 4녀 중 셋째딸로 선조 9년(1576) 7월 21일에 태어났다.

아버지인 유자신은 명종 19년(1564) 사마시에 합격하여 진사가 되었다. 1579년 형조정랑으로 시작하여 김제군수, 한성부판윤을 지냈다. 1587년 셋째 딸이 광해군과 결혼하자 문양대원군에 책봉되고 정1품인 영돈녕부사에 올랐다. 결혼 당시 광해군 나이 13세였고, 폐비 유씨는 12세였다.

선조 25년(1592) 4월 28일 광해군이 세자로 책봉되자 폐비 유씨도 세자빈이 되었다. 광해군과 폐비 유씨 사이에는 3형제를 두었는데 큰 아들은 1596년, 셋째아들은 1600년에 창진으로 어릴 때 잃었고, 둘째 아들인 지만 생존하여 장성하였다.

결혼 후 폐비 유씨는 1592년 4월부터 1598년 11월까지 왜란으로 수많은 고통과 수난을 겪었다. 그리고 그 후 1600년 6월 27일 시어머니인 의인왕후 박씨가 사망하자 1602년 7월 13일 자신보다 여덟 살이나 어린 새 시어머니인 인목대비가 왕비가 되자 새로운 고난의 세월을 맞이하였다.

또한 남편 광해군과 시아버지인 선조 사이가 매우 좋지 않은 상태에서 선조 39년(1606) 3월 6일 선조로서는 첫번째 적자인 영창대군이 태어나자 광해군 부자간의 사이는 최악의 상태가 되었고, 광해군을 지지하는 대북파와 영창대군을 지지하는 소북파 간의 암투도 치열해졌다. 그러나 하늘이 광해군을 도왔는지 영창대군에 선위하는 마음을 갖고 있던 선조도 영창대군 나이가 아직 3살 밖에 되지 않아 눈물을 머금고 광해군에 선위한다는 뜻을 밝히고 1608년 2월 1일 승하하였다. 그 당시 영의정이었던 유영경은 선조의 유언을 숨기고 인목대비에게 영창대군을 왕위를 계승시켜 인목대비가 수렴청정하기를 권했다. 그러나 인목대비는 유영경의 유혹을 물리치고 광해군에게 왕위를 선위한다는 선조의 유서를 빈청에 내렸다.

「내전(인목왕후)이 내봉(內封)한 유서(遺書)를 빈청에 내렸는데, 전일 미령한 때에 세자에게 효유(曉諭; 알아듣게 타이름)한 것이다. 그 내용은 다음과 같다.

'형제 사랑하기를 내가 있을 때처럼 하고 참소하는 자가 있어도 삼가 듣지 말라. 이로써 너에게 부탁하니 모름지기 내 뜻을 몸받아라.'」

광해군이 왕으로 등극하자 폐비 유씨도 왕비가 되었다.

폐비 유씨는 일찍이 불도를 숭상하여 믿었고, 대궐 안에 금부처를 모셔두고 친히 기도하여 섬기며 복을 구하였다. 또 궁중에는 나무로 새기고 흙으로 빚어 만든 불상이 매우 많았는데 궁중 내 불상을 여러 군데 사찰에 내려주었다. 연려실기술 제 23권

또한 폐비 유씨는 광해군과 같이 미신을 신봉하여 인목대비를 폐위시키기 위해 저주물을 설치하게 하여 영창대군의 살해와 인목대비를 폐위시키는데 한몫 거들었다.

유씨는 왕비가 되자 자기 집안 식구들을 요직에 끌어들여 세도를 누렸고 비리를 일삼아 부정부패를 저질렀다. 광해군 7년(1615) 때에는 나라 안팎이 높고 낮은 벼슬이 각각 값이 매겨져 있었는데 관리

들의 임명은 모두 뇌물로 하였다고 한다.

그 당시 명나라 장수 조도사(趙都司)가 서울에 와서 시(시)를 지은 것이 있는데,

맑은 향기나는 맛 있는 술은 1천 사람 짜낸 피요

(淸香旨酒千人血)

가늘게 썰은 좋은 안주는 만 백성의 기름일세 　(細切珍羞萬姓膏)

촛불 눈물 떨어질 때, 사람 눈물 떨어지고 　　(燭淚落時民淚落)

노래소리 높은 곳에 원망 소리 높도다 　　　　(歌聲高處怨聲高)」

라고 할 정도로 그 당시 궁궐, 대신과 외척들의 횡포와 재정 낭비가 심해 백성들의 고달픔을 풍자한 시이다. 연려실기술 제21권

또한 광해가 즉위한 뒤로 자주 풍년이 들어 온갖 물자가 풍성해지자 궁중 사람들은 오로지 사치만을 하고 외척들은 날마다 노래와 춤으로 일을 삼고 간신배들은 임금에게는 늘 태평시대라고 아뢰었다. 명종 때부터 시중을 들은 늙은 궁인이 대궐 안에 남아 있었는데 이런 세태를 보면서, '풍년이 어진 임금 때에 들었어야 했는데 도리어 오늘날에 들었으니, 이는 우리 임금에게 사치한 마음을 더하게 하여 나라를 잃어 버리게 할 것이 아닌가.' 하며 탄식하였다고 한다. 연려실기술 제제21권

한마디로 광해군과 외척, 대신들의 사치생활과 횡포 실태를 나타냈던 일면들이다.

인조반정과 폐비 유씨 가족의 말로

신경희의 옥사 사건으로 억울하게 죽은 동생 능창군으로 인한 광해군에 대한 능양군(인조)의 복수심과 광해군의 폐모살제와 국정의 횡포에 대한 이귀, 김류, 이괄 등의 불만이 맞물려 광해 15년(1623) 3월 12일 한밤중에 인조반정이 일어났다.

반정이 일어나던 날 밤, 폐비 유씨는 수십 명의 궁녀와 함께 어둠을 틈타 후원으로 가서 어수당(魚水堂) 속에 숨어 있었다. 이틀 동안 군사들이 몇 겹으로 둘러싸고 있자 배고픔에 시달린 유씨는 한보향이라는 궁인을 시켜 자신이 있는 것을 알리게 하였다,

「'내 어찌 숨어 살기를 꾀할 것인가.' 하고, 궁인을 시켜 '중전이 여기 있다.'고 외치라고 하니, 궁인이 모두 두려워 감히 나서지 못하였다. 한(韓)씨 성을 가진 보향(保香)이라는 여인이 자청하여 계단 위에 서서 '중전이 여기 있다.'고 말하였다.

대장이 그 때 교의에 걸터앉아 있다가 곧 일어나서 군사로 하여금 진(陣)을 약간 물러나게 하였다. 보향이 유씨의 뜻을 받아 묻기를, '주상은 이미 나라를 잃었으니, 새로 선 분은 누구요?' 하였다. 대장이 '선조대왕의 손자인데 누구라고는 감히 말하지 못합니다.' 하였다. 또 묻기를, '오늘 이 일이 종묘사직을 위한 것이오? 부귀를 위한 것이오?' 하니, 대장이 말하기를, '종묘사직이 거의 망하게 되었기 때문에 우리들이 새 임금을 받들어 반정하지 않을 수 없었으니, 어찌 부귀를 위한 것이겠소.' 하였다. 보향이 '이미 의거라고 칭한다면 어

찌 전왕의 비를 굶겨 죽이려고 하오.' 하니, 대장이 듣고 즉시 인조에게 아뢰어 조석 음식을 퍽 후하게 주었다.」 연려실기술 제23권

인조반정으로 1623년 3월 14일 광해는 폐위되어 군으로 봉해졌고, 3월 20일 광해군과 폐비 유씨는 강화부의 동문 쪽으로, 폐세자 지와 폐세자빈 박씨는 서문 쪽으로 따로 위리안치 되었다. 한편 폐비 유씨는 강화로 가족들과 함께 귀향을 떠나는 뱃길에서 몇 번이고 광해군에게 목숨을 끊자고 요구하였다고 한다.

광해군과 폐비 유씨 사이에 지(질)이란 아들이 있었다. 폐세자 지는 선조 31년(1598) 12월 4일 태어났다. 그런데 폐세자가 태어나던 날 아침에 뜰 마당 웅덩이에서 연이 나서 갑자기 꽃을 피우더니 금방 떨어졌다고 하여 궁중에서는 모두 기인한 상서로 여겼다고 한다. 폐세자 지는 11세 때 세자로 책봉되었고, 1611년 8월 2일 동갑인 박지홍의 딸 박씨와 혼례를 올렸다.

인조 반정 후 배를 타고 강화로 유배가면서 폐세자 지가 시를 읊기를.

티끌 속의 뒤범벅이 미친 물결같구나	(塵寰飜覆似狂瀾)
걱정한들 무엇하리 마음 스스로 평안하다	(何必憂愁心自閒)
26년은 참으로 한 바탕 꿈이라	(二十六年眞一夢)
흰구름 사이로 돌아가리	(好須歸去白雲間)

26세의 자신의 허무한 인생을 시를 통해 한탄하였던 것이었다. 연

폐세자가 처음 강화에 위리안치되었을 때 폐세자빈과 같이 죽기로 약속하고는 미리 멱목(시체의 얼굴을 싸는 천)과 악수(시체의 손을 싸는 천)을 만들어 놓고 15일이 넘도록 물 한모금도 입에 대지 않았다. 보름간 금식을 하여도 죽지 않자 어느 날 폐세자 지는 폐세자빈과 함께 목을 매어 자결하려 했으나 여종이 즉시 발견하고 구해냈다. 자살에 실패한 폐세자 지는 그 해 4월에 가위와 인두를 이용해 땅굴을 파 26일 만에 70여척이나 파 울타리 밖으로 통로를 냈다.

「폐세자가 처음 위리 안치되었을 때 폐빈(廢嬪)과 같이 죽기로 약속하고는 미리 멱목(幎目)과 악수(幄手)를 만들어 놓고 15일이 넘도록 물 한 모금 입에 대지 않은 적도 있었습니다. 어느날 폐빈과 함께 목을 맨 것을 여종이 바로 풀어 주어 구해낸 적도 있었습니다. 그런데 전번에 가위와 인두가 서울에서 보내져 왔는데, 이것을 보고는 마침내 굴을 뚫겠다는 생각을 낸 것 같습니다. 그리하여 자기 손으로 직접 땅을 파서 빈으로 하여금 자루에 흙을 담게 하고는 방 안에 옮겨 두었는데, 시작한 지 26일만에야 일을 끝냈습니다. 그리고는 바로 도망쳐 나와 마니산(摩尼山)으로 가려다가 가야산(伽倻山)으로 방향을 돌렸습니다.」 인조실록 2권, 인조 1년 5월 22일

그리고 1623년 5월 22일 밤중에 땅굴을 통해 빠져나가 탈출하다가 불행하게도 나졸에게 붙잡혔다.

세자가 땅굴을 빠져 나갈 때 폐세자빈 박씨는 나무에 올라 망을

바라보다가 세자가 잡히는 것을 보고 땅에 떨어졌고, 3일 후 목을 메어 자살하였다. 그 당시 그녀의 나이는 26세였다. 인조실록 2권, 인조 1년 5월 22일

또한 폐세자 지 역시 1개월 후인 6월 25일 목메어 자결하였다. 그리고 폐비 유씨도 같은 해인 1623년 10월 8일 사망하니 그녀 나이 48세였다.

폐비인 까닭에 능은 조성되지 않았고 경기도 양주 적성에 장사지냈다.

실록에는 폐비 유씨가 병사한 것으로 기록되어 있으나 '대동야승' 중에 〈일사기문〉에서는 굶는 방법으로 스스로 목숨을 끊은 것이라고 전한다. 그간의 폐비 유씨 가족들의 상황을 봐서는 그녀도 병사보다 아사의 방법으로 목숨을 끊었을 가능성이 높다.

일반적으로 사람이 음식을 전폐할 때 물도 마시지 않으면 약 1주일(1주에서 2주)만에 사망하게 되고, 물만 마시면 약 50~60일간 생존할 수 있는데 개인의 차가 심해 일정치 않다. 사람이 음식을 안 먹으면 우선 당이 소모되고 지방이 감소하면서 살이 빠지고 체내 단백질이 감소하면서 죽게 된다.

폐비 유씨는 남편 덕으로 평생 호화롭게 잘 살아보려고 했으나 광해군이 하루 아침에 폐군이 되어 쫓겨나니, 그녀의 꿈도 하루 아침에 물거품이 되었고 가정도 풍지박산되고 말았다. 한때 화려했던 폐비 유씨의 삶도 일장춘몽(一場春夢)이 되었으니 그 누구를 탓 하랴?

인열왕후 한씨

생몰년   1594 - 1635
재위기간 1623 - 1635
자녀수   6남 2녀
사인   산욕기감염

장렬왕후 조씨

생몰년   1624 - 1688
재위기간 1638 - 1649
자녀수   무자녀
사인   폐렴

현숙한
왕비 인열왕후(仁烈王后) 한씨

— 늦둥이를 낳다 42세에 사망하다

여성에 있어서 출산이란 자기희생의 배움터다.

- Lev Nikolayevich Tolstoy -

「인열왕후 한씨가 처녀 시절에 언젠가 밤에 꿈을 꾸다가 갑자기 가위
에 눌린 듯 깜짝 놀라 깬 일이 있었다. 이에 아버지인 서평공이 그녀
에게 가서 물으니 집의 지붕이 활짝 열리면서 해와 달이 하늘에서 떨
어져 그녀의 가슴 속으로 들어온 꿈을 꾸었다고 대답하였다. 또한 혼
례를 치르려 할 즈음에 홍역을 앓아 거의 위험한 상태에 도달했는데,
서평공의 꿈에 선조가 나타나 말하기를 '걱정하지 말라. 병은 자연히
낫게 될 것이다.'고 하였다. 그런데 과연 얼마 있다가 그 말대로 되었
으므로 서평공이 더욱 마음 속으로 기이하게 여겼다.」계곡집 제11권

인열왕후 한씨는 처녀 시절 좋은 꿈을 꾸고 왕비가 되었지만 여성에 있어서 자기희생이 따르는 출산이란 문턱을 넘지 못하고 42세 나이에 늦둥이를 낳은 후 승하하였다.

인열왕후 한씨는 선조 27년(1594) 7월 1일 원주에서 영돈녕부사 한준겸의 2남 5녀 중 셋째딸로 태어났다.

한준겸은 선조 19년(1586) 문과에 급제하였고, 금천현감으로 있을 때 정여립의 난이 일어나자 정여립의 사위 이진길을 천거했다는 이유로 수감되기도 하였다.

1592년 예조정랑이 되었다가, 1597년 정유재란 때 좌부승지에, 1605년 호조판서가 되었다. 선조가 죽을 때 한준겸을 비롯해 일곱 신하들이 영창대군을 부탁하는 선조 유언을 받았다. 광해군 시절 영창대군이 증살된 후 한준겸도 1617년 충주에 유배되었다. 그러나 그 후 다시 벼슬에 올라, 1621년 오도도원수가 되어 국경 지방을 수비하는데 힘썼다. 1623년 인조반정으로 인조가 즉위하자 영돈녕부사가 되었고 서평부원군에 봉해졌다.

인열왕후 한씨는 태어난 지 한 달 남짓 되었을 때 어머니를 여의었다.

선조 39년(1606) 인열왕후 나이 13세 되던 해에 선조가 처자를 간선하는 일이 있었는데 그 때 그녀의 훌륭함을 알고 능양군(인조)에게 장가들도록 명하였다. 그러나 일단 납폐가 끝난 후 선조가 승하하자 3년이 지난 광해 2년(1610) 9월 그녀 나이 17세 때 한 살 연하

히포크라테스
조선 왕비를 만나다

인 능양군과 혼례를 올리고 청석현부인의 봉호를 받았다.

인열왕후가 시집온 지 5년 후인 광해군 7년(1615년) 윤 8월 14일 신경희 옥사 사건이 일어났다. 이 사건에 연루된 셋째 시동생 능창군이 역모죄로 11월에 교동에 안치되자 역모와는 무관하다며 억울함을 이기지 못하고 그는 목매어 자살하였다.

「이전(李佺)을 위리 안치된 곳에서 죽였다. 이전이 위리 안치에 나아가자 수장(守將; 수졸의 우두머리)이 찬 돌방에서 자게하고, 또 모래와 흙이 섞인 밥을 지어주니, 이전이 먹지 못하였다. 그러자 수생(壽生)이라고 하는 관동(官僮; 관청에서 심부름하던 아이) 한 사람이 옆에 있다가 항상 그가 먹던 밥을 나누어 올렸다. 수장이 그 일을 알고 관동이 그 안에서 밥을 먹지 못하게 하고 가시문 밖에 앉아서 먹도록 하였다. 관동이 몰래 전과 약속하여 옷을 문 안에 펴 놓게 하고 관동이 때때로 숟가락에 밥을 떠 지나가면서 던져주면 전이 한두 숟가락씩 얻어서 먹었다. 이전이 괴로움을 견디지 못하여, 하루 저녁에는 글을 써서 관동에게 부쳐 부모와 결별을 고하고는 관동이 문을 나서자 스스로 목을 매어 죽었다. 그런데 수장은 거짓으로 병이 들었다고 보고하고 곧이어 죽었다고 알리자, 왕(광해군)이 겉으로 놀라고 괴이한 표정을 지었지만 실제로는 넌지시 유도한 것이었다.

전은 호탕하고, 풍도(風度; 풍채와 태도)가 있었으며 궁마술(弓馬術)이 남달리 뛰어나고 외모도 훤칠하였다. 어떤 사람이 왕에게 참소하기를 '정원군(定遠君) 및 이전에게 특이한 상(相)이 있고 그들이 사는 곳인 새문리(塞門里)의 집 부근에 왕성한 기운이 있습니다.' 하니, 왕이 전을 시기하여 죽이고 그 집을 **빼앗아** 허물어 경덕궁(慶德宮)을 지었다.

처음에 관동이 감히 전의 편지를 내놓지 못하고 사합(沙盒; 사기로 만든 그릇)에 넣어 흙속에다 묻어 두었다가 금상(今上; 인조)이 반정(反正)한 후에야 비로소 올렸는데, 필적이 완연하여 비로소 그가 죽은 날을 알게 되었다고 하였다. 왕(광해군)이 이미 정원군의 집에 왕성한 기운이 있다는 말을 듣고 드디어 그 집을 **빼앗아** 경덕궁 터로 삼았다.」광해군일기 97권, 광해군 7년 11월 17일

능창군의 아버지 정원군(인조의 아버지)도 아들이 억울하게 죽었다는 소식을 듣고 슬퍼하며 과음을 하면서 생을 보내다 1619년 12월 40세 나이로 죽었다. 이는 능창군의 형인 인조는 반정에 참여하게 된 동기가 되기도 했다.

인열왕후는 혼인 후 시집에 들어가 시부모를 효성을 다해 극진히 모셨고, 여러 시동생들을 친형제보다 더 각별하게 보살폈다. 그러던 중 시동생인 능창군 이전이 변을 맞이하게 되었다. 그 당시 벼슬아치들은 부정부패에 **빠져** 사건이 생길 때마다 뇌물을 지나치게 요구해 그들의 욕심을 다 채워줄 수는 없었다고 한다. 그래서 인열왕후 한씨는 시집올 때 가져온 재화와 진귀한 보물들도 전혀 아끼지 않고 관리들에게 뇌물로 주고 능창군을 구하려고 백방으로 애를 썼으나 그녀의 뜻대로 되지 않았다. 이런 그녀의 애듯한 뜻에 시아버지인 정원군도 한씨를 가상히 여겼다고 한다. 이후 인열왕후의 시집은 가난으로 쪼달려 세끼 끼니도 걱정할 정도로 생활이 어려워졌다. 연려실기술

광해 15년(1623) 3월 12일 인조반정으로 능양군이 왕으로 즉위하자 한씨도 왕비로 책봉되었다.

인조가 왕위에 오른 후 제일 먼저 해야 할 일은 민심을 얻는 일이었다. 따라서 인열왕후 한씨도 인조를 도와 내명부를 잘 다스리는데 힘을 썼다.

인조반정 후 궁궐에는 옛 상전을 잊지 못하는 궁녀들과 새로운 상전을 지지하는 궁녀들 편으로 갈라져 있었다. 한씨가 궁궐의 안주인이 되자 이를 못마땅하게 여기는 궁녀들, 특히 광해군의 아내 유씨가 후하게 대해 주었던 궁녀들이 그 옛정을 잊지 못하고 있었다.

한 궁녀가 옛 주인 폐비 유씨를 잊지 못하는 궁인 한보향을 인열왕후 한씨에게 고자질을 하였다. 그러자 오히려 인열왕후는 한보향을 의리를 아는 궁녀라고 칭찬하면서 고자질한 궁녀를 호되게 꾸짖었다. 그리고 한보향에게 강보에 싸인 그녀의 셋째 아들 인평대군을 맡기면서 후추 한 말을 하사하였다. 그 이후 한보향은 인열왕후 한씨를 충성을 다해 잘 보살펴 드렸다고 한다. 공사견문, 연려실기술 제23권

인조반정으로 강화도에 위리안치된 광해군의 아들인 폐세자 지(질)가 땅굴을 파고 탈출하여 옛날의 영광을 되찾기 위해 황해감사와 내통하려는 사실이 발각되자, 조정 대신들은 폐세자 지가 스스로 목숨을 끊게 하자는 논의가 일어났다. 그때 한씨는 조정 대신들의 주장을 반대하며 폐세자 지의 자결에 대해 반대하였다.

「인열왕후(仁烈王后)가 임금(인조)에게 아뢰기를, '질(袟; 지)이

범한 죄에 대해 살려야 옳을지 죽여야 옳을지는 부인이 알 바가 아닙니다. 그러나 나라가 흥하고 망하는 것은 덕을 닦았느냐 닦지 않았느냐에 달려 있으며 덕을 닦고 닦지 않음은 마음을 조심하고 방심하는 데에 달려 있으며 마음을 조심하고 방심함은 잠깐 동안에 결정되는 것입니다. 이 때문에 예부터 아침에 천자가 되면 저녁에 일개 평민이 되고자 하여도 되지 못하는 수가 있는 것입니다. 전하께서 오늘처럼 조심하지 않으신다면 전하보다 어진 이가 다시 없을지 어찌 알겠습니까. 앞사람이 한 일을 뒷사람이 본받는 것이오니, 원컨대 질을 죽이지 마시어 그것으로 뒷날 내 자손을 보전할 계책으로 삼으소서.' 하였다.」 연려실기술 제23권

인열왕후는 왕비의 자리에 있는 13년 동안 외정(外政)은 궁 내에 들리게 못하도록, 내정(內政)을 궁 밖에서 들리지 못하게 하였다고 한다.

어느 날 인조가 복주도(覆舟圖; 배가 엎어져 있는 그림)를 감상하고 있었는데, 인열왕후 한씨가 남편에게 진언을 하였다.

「바라건대 상께서는 이를 보시면서 위태로움과 두려운 바를 생각하시고, 애완하는 물건으로만 여기지 말으소서.' 하였다고 한다.」 인조실록 31권, 인조 13년 12월 9일

이는 민심을 잃으면 인조도 뒤집힌 배와 같은 신세가 될 수 있음을 충언하여 왕통의 정통성이 빈약한 남편이 반정세력에 의해 퇴출

되지 않도록 인열왕후는 내조에 힘을 기울렸다.

인열왕후 한씨는 품성이 유순하고 정숙하였고 인효(仁孝)한 덕성은 천성적이었다. 성품이 엄하신 인목대비를 받들어 모시면서 효성과 공경을 다하였고, 심지어 근시(임금을 가까이에서 모시던 신하)와 태후(임금의 살아 있는 어머니)를 모시는 관리들에게도 모두 극진하게 예의를 표했다. 조정의 바깥 일에 대해서는 아예 참여하지 않았고, 친가를 위해서 은택을 바라며 요구한 적이 한번도 없었다고 한다.

인열왕후 한씨의 죽음

인열왕후 한씨는 17세 때 인조와 결혼하여 6남 1녀를 낳았다.

19세인 1612년 1월 큰 아들인 소현세자를 시작으로 1619년 5월 봉림대군(효종), 1622년 인평대군, 1624년 용성대군 네 아들을 출산한 후 큰 딸을 낳았다. 그러나 이 딸은 조졸했고, 1629년 다섯째 아들을 낳았으나 이 아들도 역시 태어난 지 한달도 못되어 잃어버렸다. 또한 넷째 아들인 용성대군도 6세 때인 1629년 11월 8일에 병으로 죽었다.

인조 13년(1635) 12월 5일 여섯째 아들을 낳았지만 이 아들은 낳자마자 죽고 만다.

그러자 인열왕후는 애끓은 슬픔에 열병을 앓더니 병세가 악화되어 산후 5일 만인 12월 9일 창경궁 여휘당에서 승하하였다. 그녀 나

이 42세였다. **계곡집 제11권**

　그녀의 사망원인은 늦은 나이에 출산 후 생긴 산욕기감염(puer-peral infection)때문이다. 결국 산욕기감염이 패혈증(septicemia)으로 진행되어 다발성 장기부전증으로 사망하게 된 것이다.

　능은 장릉(長陵)으로 경기도 파주시 운천리에 위치하며, 인조의 능인 수릉(壽陵) 곁에 모셔졌다.

허울뿐인 왕비 장렬왕후(莊烈王后) 조씨

— 목욕 후 걸린 감기 합병증인 기관지 폐렴으로 65세에 사망하다

인생은 밀림 속의 동물원이다.

-Peter De Vries-

「장렬왕후 조씨의 어머니가 임신 중에 태몽을 꾸었는데 조씨 어머니 품안으로 달이 들어오는 꿈이었다고 한다. 그리고 장렬왕후가 탄생하던 저녁에는 상서로운 무지개가 방안에 가득 찼으며, 신선의 음악이 땅을 울리고, 옥녀 두서너 무리가 채복을 입고 많은 향을 태우며 하늘로부터 내려와 이르기를 '귀인이 이미 탄강하였으니 옥책을 장차 열 것이다.' 하였다고 한다. 조금 있다가 장렬왕후가 태어났는데 이상한 향기가 뿜어대는 듯 하였다.」숙종실록 19권, 숙종 14년 9월 11일 대왕 대비 행록 중에

장렬왕후 조씨는 상서(祥瑞)스러운 태몽을 지니고 태어났다. 그러나 그녀의 왕비생활은 태몽과 달리 순탄치 못했고, 그 당시 궁궐 내의 질서는 요지경 속이었다.

장렬왕후 조씨는 한원부원군 조창원의 세 딸 중 막내 딸로 인조 2년(1624) 11월 7일 직산현 관아에서 태어났다.

아버지 조창원은 선조 34년(1601) 별좌를 거쳐 의금부도사가 되었으나 광해군 시절 관직을 사퇴하였다. 인조반정 이후 형조좌랑에 제수되었고, 1631년 직산현감이 되었다, 1633년 인천부사 재직 때 딸이 인조의 계비로 간택되자 한원부원군에 봉해졌으며 영돈령부사에 제수되었다.

인조 13년(1635) 12월 9일 인열왕후 한씨가 승하하였으나 1636년에 병자호란이 일어나 국모의 자리가 오래 비어 있었다. 어느 정도 병자호란의 여파가 아물어지자 대신들은 인조 15년(1637) 3월 27일 계비를 취할 것을 인조에게 청하였다. 그러자 인조가 말하기를 국가에 있어서 계비는 예로부터 해독은 있으나 유익함은 없다고 한 마디로 거절하고 국모 없이 지낼 것처럼 내숭을 떨었다.

「대신이 아뢰기를, '막중한 종묘에 주부(主婦)가 없어서도 안 되며 수많은 백성들에게 국모(國母)가 없어서도 안 됩니다. 인열 왕후(仁烈王后)의 상기(喪期)도 이미 지났으니, 해조(該曹; 해당 부서 즉 예조)가 즉시 품처(아뢰고 처리함)해야 할 것이나 병란으로 인하여 지금까지 실천하지 못하여 곤위(坤位)를 오래도록 비워두고 있으니, 진실로 매우 미안합니다. 지금은 시사가 어느 정도 진정되어 가니 대례를 행하는 것이 하루가 급합니다. 사람들이 비록 돌아오지 않았다고 하더라도 잘 살피면 간택을 갖출 만하고, 물력이 비록 탕진되었다고 하나 애써 절약하면 충분히 예를 이룰 수 있습니다. 해조로 하여금 품의하여 결정하게 하소서.' 하니, 답하기를, '국가에 있어서 계비(繼妃)는 예로부터 해독은 있으나 유익함은 없었다. 나는 이러한 해독이 있는 일을 하여 자손과 신민들에게 폐를 끼치고 싶지 않다. 그리고 삼년상의 제도도 매우 중대하여, 자애하는 아비로서 생각하여야 할 것이기에 나는 이미 재취하지 않겠다고 뜻을 결정하였다.' 하였다.」

그러나 1년 6개월이 지난 1638년 10월 5일 인조는 가례도감을 설치하고 인천부사 조창원의 딸을 간택하여 12월 3일 혼례를 올렸다. 그때 장렬왕후 조씨 나이 15세로 인조는 44세였다. 장렬왕후 조씨가 결혼하던 해 여름 타락동 본집에 상서로운 무지개가 섰다가 한참 후에 사라졌는데 이 해 겨울에 가례를 행하였다.

장렬왕후 조씨는 중전의 자리에 오르게 되자 스스로 몸 단속하였고, 웃어른을 섬기기를 정성을 다했다. 평상시 복식은 화려하고 아름다운 것을 버리고 간략하게 했고, 조신하고 삼가는 것이 시종 한결같았다. 그러나 장렬왕후 조씨의 왕비생활은 태몽이나 출생시 축복스러운 징조나 결혼 전 상서로운 무지개와는 정반대로 궁궐 생활은 결코 순탄치만 않았다.

어린 나이에 궁궐에 들어 온 장렬왕후에게 적이 기다리고 있으니 바로 인조가 총애한 소용 조씨였다. 소용 조씨는 인조 8년(1630) 숙원으로 책봉되어, 인조 15년(1637) 첫딸 효명옹주를 낳고 소원에, 인조 17년(1639) 첫 아들인 숭선군을 낳은 뒤에는 소용, 인조 23년(1645) 윤 6월 봉림대군(효종)이 세자로 책봉된 직후인 10월 정 2품인 소의로 승격되었다.

그 후 소의 조씨는 인조의 총애와 그 당시 권력추구자인 김자점의 권세를 등에 업고 궁중 내 실세로서 자리매김을 하고 있었다. 소의 조씨는 장렬왕후 조씨와 인조 사이를 이간질하여 결혼 7년만인 그녀를 인조 23년(1645) 11월 2일 별궁인 경덕궁으로 내몰아쳤다.

「중전이 경덕궁으로 옮겨갔다. 세자(봉림대군)가 돈화문 밖에서 전송하고, 질병으로 인해서 따라가지 못하였다. 이때 예조가 의정(議定; 의논하여 결정함)한 이어절목(移御節目)에는 세자가 궐문에서 전송하고 이어서 배행하는 것으로 되어 있었는데, 상이 하교하기를, '내전의 거둥에 세자가 배행하는 것이 전례가 있는가?' 하자, 회계(임금의 물음에 대하여 신하들이 심의하여 대답하던 일)하기를, '내전이 거처를 옮기는 일은 전일에 없었던 일로, 세자가 배행하는 절목은 예조가 필시 인정과 예의를 참작해서 의정하였을 것입니다. 전례가 있는지의 여부는 상고(上告; 윗사람에게 알림)할 수 없습니다.' 하니, 또 전례가 없는 듯하다고 하교하였다.

예조가 또 아뢰기를, '세자께서 비록 배행은 못하더라도 당일에 친히 문안을 나아가는 일은 예의상 폐지할 수 없습니다.' 하자, 또 하교하기를, '세자가 요즘 감기가 들어서 갔다가 오는 사이에 더칠 우려가 있다.' 하였다. 이때 세자의 병이 갈수록 깊어졌기 때문에 상의 하교가 이러하였던 것이다. 그러나 뭇사람들은 모두 서운해 하였다.」

후궁이 중전을 별궁으로 내몰아 쫓은 것은 조선시대에 전례가 없었던 일이다.

장렬왕후 조씨는 결혼 초부터 왕비의 노릇을 소의 조씨에게 뺏겨 제대로 수행하지 못했을 뿐만 아니라, 별궁에서 인조와 떨어져 살게 되었으니 허울 뿐인 왕비였다.

또한 소의 조씨는 소현세자빈 강씨가 자신을 저주하였다고 인조에게 무고하여, 마침내 1646년에 세자빈 강씨가 어선(御膳; 임금에게 올리는 음식)에 독을 넣었다는 혐의를 받게 만들어 별당에 유치됐던 강씨를 폐서인시키고 사약을 받아 죽게 하였다. 그리고 강씨의 소생인 왕손 3형제도 모두 제주도에 유배되었다.

그 후 소의 조씨는 인조 27년(1649) 후궁 두번째로 높은 자리인 귀인에 봉해졌다.

인조 사후인 1649년 5월 봉림대군인 효종이 왕으로 등극하자, 귀인 조씨의 후견인이자 친청파인 김자점은 북벌정책을 펼쳤던 효종을 청나라에 밀고하였으나 그 사실이 들통이 나 유배가게 되었다. 또한 효종 2년(1651) 11월에는 귀인 조씨 일당은 자신의 아들인 숭선군을 임금으로 추대하기 위한 저주사건을 벌이다가 발각되어 그해 12월 14일 조씨는 사사되고 김자점 일가도 처형되었다.

1649년 5월 8일 인조가 승하하자 장렬왕후는 26세에 대비가 되

었으며, 효종 2년(1651) 6월 7일에 자의라는 존호가 추상되어 자의
왕대비가 되었다. 그녀는 불임녀로 자녀를 두지 못했다.

장렬왕후 조씨의 죽음

효종이 왕위 즉위한 지 10년 만인 1559년 효종이 승하하자, 서모
인 장렬왕후의 상복문제로 인한 1차 예송논쟁이, 그리고 현종 15년
(1674) 며느리인 인선왕후(효종의 비)가 죽자 또 다시 서시모인 장
렬왕후의 상복문제로 2차 예송논쟁이 불거져 장렬왕후 조씨는 당쟁
에 휩싸여 두 차례의 예송문제로 곤욕을 치르게 되었다.

장렬왕후 조씨는 효종 8년(1657) 4월 2일 만수전으로 거처를 옮
겼다. 만수전은 창덕궁에 있었던 건물로 효종 7년(1657)에 마련한
대왕대비전이다.

숙종 13년(1687) 9월 2일 밤에 만수전에 화재가 나 기물과 용기,
보장(寶章; 훌륭한 필적) 등 대부분이 불에 타서 훼손되었다. 그러자
궁인들이 타다 남은 것을 부처에게 바치기를 권하였고, 이에 장렬왕
후는 내고(內庫; 왕실 재정을 담당하던 창고)의 재화를 털어 불상을
만들게 하고, 파손된 보물을 부처의 배에 간직하였다가 불상이 이루
어지자 공양을 베풀도록 하였다. 이때 그녀는 추운 날에 목욕을 하고
재계한 뒤 심한 감기에 걸려 달이 넘도록 고생하였다. 그러나 이 사
실을 외부에 있었던 사람들은 전혀 몰랐다고 한다. 숙종실록 19권, 숙종
14년 6월16일

숙종 14년(1688) 6월 16일 장렬왕후 환후가 위독해진 뒤에야 숙종도 이 사실을 비로소 알게 되었다. 이후 다소 병세가 회복되는 듯하더니, 8월 12일부터 환후가 다시 악화되어 5일 후부터는 위급해졌고 결국 8월 26일 65세 나이로 승하하였다.

장렬왕후 조씨는 추운 계절에 목욕재계 후 얻은 감기 후유증인 기관지염으로 수 개월간 고생하다가 결국은 폐렴이 되어 사망하였던 것이다.

장렬왕후의 능은 휘릉(徽陵)으로 경기도 구리시 동구릉 내에 위치해 있다.

인선왕후 장씨

생몰년   1618 – 1674
재위기간 1649 – 1659
자녀수   3남 6녀
사인   만성소모성 질환

부창부수(夫唱婦隨)인
왕비 인선왕후(仁宣王后) 장씨

— 만성소모성 질환으로 57세에 생을 마감하다

어진 부인은 남편을 귀하게 만들고 악한 부인은
남편을 천하게 만든다.

- 명심보감 -

「왕후께서 중전이 되자 내교(內敎)가 더욱 드러났다. 내직(內職)을 처리하고 빈어(嬪御; 임금의 첩)들을 거느리되 따뜻이 하여 친목하게 하고 엄히 하면서도 은혜를 베풀었으므로 문왕 후비(주나라)의 풍화(교육이나 정치의 힘으로 풍습을 잘 교화하는 일)에 가까웠다. 그러나 항상 공경하고 근신하면서 몸을 유순하게 가졌다. 항상 말씀하시기를 '부인이 스스로 잘난 체하면 가정이나 나라에 해를 끼치지 않는 경우가 드물었으니 「암탉이 새벽에 울어서는 아니된다.」는 경계를 신중히 지키지 않을 수 있겠는가.' 하였다.」 현종실록 22권, 현종 15년 6월 4일

대비 시절에도 효종의 뜻을 이어 아들인 현종도 북벌정책을 계승해 주기를 원했으나 그 뜻을 이루지 못하고 북벌 꿈을 안고 57세 나이로 세상을 떠났다.

인선왕후 장씨는 신풍대원군 장유의 1남 2녀 중 막내딸로, 광해 10년(1618) 12월 25일 안산의 시골집에서 태어났다.

아버지 장유는 광해 1년(1609년) 증광시(조선시대 나라에 경사가 있을 때 실시된 임시과거) 을과에 급제하였으나, 광해 4년(1612) 김직재 옥사(대북파가 소북파를 없애기 위해 일으킨 옥사)에 연루되어 파직되었다. 그 후 인조반정에 가담하여 정사공신에 봉해졌고, 인조 15년(1637)에 우의정이 되었다.

장유는 일찍이 양명학(陽明學; 명나라 왕수인에 의해 주창된 유학의 한 계통, 송나라 때 주자에 의해서 확립된 성리학의 사상에 반대하는 학문)에 접하고 당시 주자학(朱子學)의 편협한 학문 풍토를 비판하였다. 그는 주자학은 학문에 진심이 없고 명분에만 빠져 허학(虛學)이 되고 만다고 하였다. 또한 그는 지행합일(知行合一; 참 지식은 반드시 실행이 따라야 한다는 말)을 주장, 마음을 바로 알고 행동을 통해 진실을 인식하려 했던 양명학적 사고방식을 가졌다. 또한 천문, 지리, 의술, 병서 등 각종 학문에 능통하였고, 서화와 문장에도 뛰어나 조선 문학의 사대가(이정구, 신흠, 이식, 장유) 중 일인이라는 칭호를 받았다. 많은 저서를 지었는데 〈계곡만필〉, 〈계곡집〉, 〈음부경주해〉가 전해지고 있다.

인선왕후 장씨는 인조 8년(1630) 그녀의 법도있는 행동과 조리 있게 대답하는 것을 본 인조가 매우 어질다고 여겨 친히 봉림대군의 배필감으로 간택하였다. 그리고 그 이듬해 가을에 14세 때 한 살 연하의 봉림대군과 혼인을 시켜 풍안부부인으로 봉했다.

효종과 인선왕후 장씨 사이에 3남 6녀를 두었으나, 현종 밑으로 두 아들과 큰 딸 숙신공주는 조졸하였다.

인선왕후 장씨는 어릴 때부터 단정하고 얌전하여 함부러 장난치며 놀지 않았다. 인선왕후의 어릴 적 일화를 보면,

「인선왕후 장씨가 여섯 살이 되자 할머니인 박씨 부인이 데려다 길렀는데, 일찍이 할머니를 따라 수원 부사로 있던 작은 아버지의 관아에 갔다가 가끔 남몰래 부모 생각이나 눈물을 짓곤 했다. 할머니가 눈치를 채고 물으면 대뜸 눈물을 씻고 다른 일 때문이라고 대답하여 걱정을 끼치지 않게 하니 할머니가 기특히 여기고 더욱 사랑하였다.

또 어느 날 왕후에게 언니가 있었는데 얼굴에 종기가 나 고생하고 있었다. 더러 어린 아이의 오줌이 가장 효험이 있다고 말하자 어머니인 김부인이 일부러 손을 더럽히고 싶지 않다고 하면서 왕후의 뜻을 떠보니 왕후가 즉시 손수 발라 주면서 싫어하는 기색이 없자, 아버지 문충공이 매우 기뻐하며 기특히 여기었다. 인선왕후의 가족에 대한 지극한 정성이 어려서부터 남 달랐다.」현종실록 22권, 현종 15년 6월 4일

인조 14년(1636) 겨울에 병자호란이 발발하자 그녀는 강화도로

피난갔다. 그 이듬해 정월 적병이 바다를 건너 강화도에 쳐들어 온다고 하자, 궁중(宮中)이 발칵 뒤집혀 너나없이 울부짖으며 당황하였으나 왕후만은 차분한 모습으로 말이나 행동이 평상시와 조금도 다를 바가 없자 사람들이 모두 왕후의 침착된 행위에 대해 탄복하였다고 한다.

1637년 1월 인조는 삼전도의 굴욕을 겪은 후 그 해 2월 소현세자 부부와 함께 봉림대군 부부도 볼모로 청나라에 끌려가 8년여 동안 청나라에서 지냈다.

인조 23년(1645) 2월 18일 8년 간의 청나라 볼모생활을 마치고 돌아 온 소현세자가 귀국 2개월 만인 4월 26일 갑자기 급서하자, 그 해 5월 14일 봉림대군이 급히 귀국했다. 그리고 9월 27일 봉림대군이 왕세자로 책봉되었고 장씨도 세자빈이 되었다. 그러나 소현세자의 부인 강씨가 세자빈으로 생존해 있어서 인조는 강씨를 세자빈에서 강등시킨 후에야 장씨를 정식 세자빈으로 책봉하였다.

인조 27년(1649) 5월 8일 인조가 승하하자, 봉림대군이 인조의 뒤를 이어 왕위에 올랐다. 그러나 인선왕후도 왕비는 되었으나 정식 왕비 책봉식은 2년여 뒤인 1651년 8월 16일에 이루어졌다.

효종이 등극한 후 정계에서 실각한 김자점은 1650년 초 유배지인 홍천에서 송시열이 쓴 장릉지문(長陵誌文)에 청나라 연호가 들어 있지 않은 것을 문제 삼아 조선이 반청 사상을 가지고 있으며 또한 조선이 북벌 계획을 하고 있다고 역관인 이형장을 통해 청나라에 밀고케 하였다. 이에 청나라는 같은 해 2월 18일 즉각 사신을 파견하여 진위 여부를 따졌다. 한국민족문화대백과사전; 효종실록 3권 효종 1년 2월 18일 그러자 조선 정부는 청나라 사신을 만나 뇌물을 주고, 영의정 이경석은 이 사건에 있어서 모든 책임이 자신에게 있고 임금은 전혀 모르는 사실이라고 청나라 사신을 설득하여, 영의정 이경석과 대사헌 조경을 의주의 백마성에 유배시키는 조건으로 청나라를 무마시켰다. 효종실록 3권, 효종 1년 3월 1일, 3월 7일과 3월 9일

봉림대군인 효종은 병자호란 시 부왕의 삼전도 굴욕과 왕자들이 8년 간이 청나라에서 볼모생활을 하게 된 원한을 갖고 재위 내내 북벌 정책에 심혈을 기울렸다.

이에 동조한 인선왕후 장씨는 궁궐에서 푸닥거리가 잦아지자 굿판을 모두 금지시켰고, 궁궐 내에서 검소한 생활을 하게 하였고, 또한 금주령을 내려 종묘에 쓸 제주 이외에는 일체 술을 빚지 못하게 하였다. 금주령이 내려지자 백성들이 동요했는데, 특히 노인들이 들고 일어났다. 오로지 사는 낙이라고는 술 먹는 재미 뿐인데 금주령을 내렸다며 노인들이 크게 반발하였다. 그러자 중전 장씨는 어영대장 이완의 소실인 안주댁의 의견을 듣고 궁궐 내에서 노인들을 위로하는 경로 잔치를 열어 노인들의 노여움을 풀어 민심을 얻었다. 그 이후에도 안주댁의 알현을 받고 그녀의 조언대로 이불색을 바꾸어 유사시에는 군복으로 사용할 수 있도록 남편의 보조를 맞추었다고 한다. 종전의 이불색은 한가지였는데 이것을 빨간색과 파란색 두가지 색으로 통일하여 전시에 활용할 수 있도록 준비하였던 것이다. 그리고 절약해서 준비된 재원은 북벌계획에 사용하였다고 한다.

「효종 5년(1654)경의 일이다.

그 당시 궁중, 사대부집, 여염집의 안방에서는 지금껏 전통적으로 내려오던 이불의 빛깔이 달라지기 시작했다. 이것은 모두 안주댁의 지혜였다. 이완의 소실인 안주댁은 어느날 중전 장씨에게 꼭 하고 싶은 말이 있다며 알현하기를 청했다. 안주댁이 적실이 아니기 때문에 공식 인견은 할 수 없었다. 그러나 안주댁은 그 전에 궁중에서 노인잔치를 열도록 하여 민심을 수습하는 계교를 짜낸 여인이었기 때문에 중전 장씨가 결코 그냥 무시하고 넘어 갈 수 없었다. 결국 중전 장씨는 정상궁의 처소로 가서 은밀하게 안주댁을 만났다.안주댁은 그 자리에서 단일색으로 되었던 이불을 바꾸기를 청하였다. 즉 이불은 군포와 같게, 동정은 붉은 빛깔로 하고 아래는 초록빛으로 통일시켜 유사시에 나라에서 군포로 사용할 수 있도록 한 것이었다. 정말 부부일심동체라는 말이 실감나는 생각이 아닐 수 없다. 당시 모든 가정의 이불은 붉은 빛깔이나 쪽빛 등 단일색으로 만들고 있었다. 그런데 효종 임금이 북벌 계획에 맞추어 이불색을 두 가지로 변하도록 시도되었다. 그러나 이러한 갑작스런 변화가 일어나면 청나라가 눈치 챌 수 있다는 생각에 궁중에서부터 이불을 바꾸었다. 그렇게 된다면 궁중을 따라 사대부집, 그 사대부집을 따라 민가에서도 그 정확한 의미는 모르지만 서서히 자발적으로 이불의 색을 변화시켰다. 이러한 의견으로 전 조선 백성은 알게 모르게 북벌 계획에 참여하는 하나의 동지가 되었다.」 사이버조선왕조; 「영남학당」 제46강, 이완과 안주댁(2)

　　효종은 등극 후 북벌 계획을 세워 꾸준하게 만반의 준비를 진행하고 있었는데, 이런 효종의 북벌 정책에 대한 제동이 걸리니 그것은

히포크라테스
조선 왕비를 만나다

송시열의 상소문이었다. 내용인 즉 1657년(효종 8) 8월 16일 송시열이 봉사(封事; 밀봉한 상소문)을 통해 주자의 논리를 의거해 효종의 재위 8년간의 정책의 오류를 지적하면서 효종이 북벌 계획을 중지해 줄 것을 건의한 것이었다. 아울러 송시열은 상소문에 첨부한 책을 통해 시정해야 할 잘못된 점과 새로 시행할 일 등 18가지 항목을 조목조목 나열해서 진언하였다. 이들 진언 중에는 대신들의 안일함, 왕실의 사치, 군대 기강 확립, 오락을 삼가함 등이 포함되어 있다. 송시열의 정유봉서 사건을 기점으로 효종의 북진 정책은 혼선에 빠지게 되었다. 이렇게 궁지에 몰린 효종은 드디어 효종 10년(1659) 3월에 11일 이조 판서인 송시열을 입시케하였다. 그리고 때 이른 봄 장마로 인한 농사 피해, 부역 등 상례적인 대화를 마치자 승지, 사관과 환관 모두를 물리친 후 독대하여 시사(視事)에 대해 송시열과 논의하였다. 이를 기해독대(己亥獨對)라 한다. 기해독대 이후 효종은 자신의 필생 숙원사업이었던 북벌 계획을 포기하고 말았다.

기해독대 45여일이 지난 효종 10년(1659년) 4월 27일 목에 난 종기 때문에 효종은 침을 맞았는데, 침술 후 효종이 갑자기 위독해졌다. 이에 당황한 인선왕후 장씨는 자신의 목숨으로 대신해 주라고 하늘에 빌었으나 효종은 5월 4일 운명하였다. 그러자 인선왕후 장씨는 예의에 벗어날 정도로 슬퍼하며 통곡하였다.

「기해년에 효종께서 병이 위중하시자 왕후가 하늘에 빌며 자신의 목숨으로 대신해 주라고 청하였으며, 승하하시자 예에 벗어날 정도로 곡하며 슬퍼하셨다. 그러나 마지막 보내는 일에 대해 시신을 씻기고 손톱과 발톱을 자르는 것부터 비록 하찮은 일이라 하더라도 반드시 몸소 하시면서 책임자에게 맡기지 않고 애써 정성을 다 들이셨다. 졸곡(卒哭) 전에는 미음만 드셨으므로 우리 전하께서 수라를 드시라고 눈물지으며 청하니 왕후께서는 '스스로 목숨을 끊는다면 정말 지나친 짓이다만 그렇다고 억지로 밥을 먹으면서까지 살려고 하는 것은 내 차마 못하겠다.'고 하셨다.」 현종실록 22권, 현종 15년 6월 4일

인선왕후 장씨의 죽음

1659년 효종이 승하하자 왕대비가 되었고, 현종 2년(1661) 7월 28일 효숙의 존호를 받고 효숙왕대비가 되었다. 현종이 효종의 뒤를 이어 국정을 펼칠 때도 남편의 북벌 정책의 뜻을 이어 줄 것을 아들에게 피력하였으나 그 뜻을 이루지 못하고 57세의 나이로 승하하였다.

조선왕조실록에 기술된 인선왕후 장씨의 병력을 살펴보면,

현종 15년(1674) 6월 4일자 인선왕후 지문에 1649년 인조의 승하 때 큰 슬픔을 당한 후로 인선왕후는 지나치게 야위어 병이 났는데 고질이 되고 말았다는 내용이 있다. 그리고 효종 사후에는 졸곡 전에는 미음만 잡수셔 병세가 나빠졌고, 이후 여러 차례 온양에 거동하여 온천에 목욕하였더니 조금 효험이 있었다는 기록도 있다.

현종 13년(1672) 2월 9일 왕대비의 머리에 독한 종기가 나서 종기가 난 곳에 뜸을 떴고, 10일에도 뜸을 시행해 2월 16일 인선왕후의 병환은 회복되었다.

인선왕후 장씨는 병환으로 인해 10년 전부터 다시 증세가 재발되지 않을까 하여 현종은 항상 우려해 왔는데 그 동안은 별탈이 없었다고 한다. 그러던 중 현종 15년(1674) 1월부터 인선왕후은 병환이 재발되어 한 달 넘게 끌었는데, 2월 20일에 병환은 더욱 악화되었다. 그 때 당시 병세는 담화(痰火; 가래로 인하여 생기는 열) 증세 같아 탕제를 드렸고 배꼽에 뜸질도 했으나 차도가 없자 2월 21일 시약청을 설치하였고, 그 이튿날에는 대신들을 산천에 보내 기도를 드리게 했다. 그러나 회복되지 않았고 현종 15년(1674) 2월 23일 인선왕후 장씨는 회상전에서 57세로 승하하였다.

능은 경기도 여주의 영릉(寧陵)으로 효종과 함께 묻혀 있다.

조선왕조실록에 기록된 내용은 구체적인 증세나 병명이 없어 진단하기에는 어려움이 있으나 인선왕후 장씨는 인조 승하 후 몸이 야위기 시작했고, 병세도 10년 이상 지속되었던 점을 고려하면 막연한 진단이지만 만성소모성질환 중의 하나로 사료된다.

만성소모성질환이란 서서히 전신 쇠약상태를 가져오는 모든 질환들을 총괄해 말하는데, 결핵 같은 만성감염증, 암과 같은 종양, 소화관 흡수부전, 갑상선질환과 당뇨 같은 성인병 등 원인은 다양하다.

인선왕후 장씨는 증세로 가래와 열이 있었고, 이런 증상이 10년 이상 지속되었던 점과 그 당시 궁궐 내에 결핵이 많았던 점을 고려하면 여러 원인 중에서도 결핵일 가능성이 높다.

인선왕후 장씨는 병이 위중한데도 서시어머니인 자의대비(장렬왕후)에게 예를 갖추고 맞이하는 일화가 있어 소개하면 다음과 같다.

「자의대비를 수십 년 섬기는 동안 서로 사랑하고 효도하여 조금도 틈이 나지 않으니 궁중에 화기가 감돌았다. 왕후께서 병이 나시면서부터 때로 나아가 뵙지 못하게 되자 '살아서 무엇 하겠느냐.'고 매양 탄식하셨다. 병이 위중하시던 저녁에 정신이 이미 혼미해졌는데도 대비께서 오신다는 말을 갑자기 듣고는 즉시 깨어나 서둘러 좌석에 나아가 앉아서 정성스럽게 마지막 이야기를 나누었는데 부드러운 목소리와 화기 띤 안색이 평상시처럼 차분하였으나 오히려 단장을 못하고 뵌 것을 한스러워하셨다.」 현종실록 22권, 현종 15년 6월 4일

명성왕후 김씨

생몰년   1642 - 1683

재위기간 1659 - 1674

자녀수   1남 4녀

사인   폐렴

자식이라면 물불을 가리지 않은
왕비 명성왕후(明聖王后) 김씨

— 한겨울 물벼락 맞고 감기합병증인 폐렴으로 42세에 죽다

이 세상의 부모는 그 누구도 자기 자식이 추하다고
생각하지 않는다.

-Miguel de Cervantes-

「숙종 4년(1678년)인 무오년 가을 우리 전하(숙종)께서 이질(痢疾)을 앓아 위중(危重)해지시자, 후(명성왕후)께서는 밤낮으로 근심하고 마음을 졸이시며, 몸을 재결(齋潔)하고 머리를 감으시면서 하늘에 호소하여 대신해 줄 것을 청하셨는데, 성상의 병이 얼마 안가 나았다. 후(后)께서 매번 우리 전하께서 두창(痘瘡)을 겪지 않으셨다 하여 보호(保護)함이 더욱 지극하였는데, 숙종 9년(1683년) 10월 성상께서 감기가 들어, 이틀 만에 진두(疹痘; 천연두)가 비로소 나타나니, 후께서 크게 놀라고 근심하시어 비저(匕箸; 수저)를 줄이시고 무

오년 때와 마찬가지로 다시 목욕 재계하여 대신해 줄 것을 청하셨다.」숙종실록 14권, 숙종 9년 12월 28일

　　명성왕후 김씨는 아들 일이라면 물불을 가리지 않았고 자식을 위해 자기 몸이 희생되는 것 쯤은 전혀 두려워하지 않았다.

　　명성왕후 김씨는 청풍부원군 김우명의 4남 1녀 중 장녀로 인조 20년(1642) 5월 서울에서 태어났다.

　　아버지 김우명은 1642년 진사시에 합격하여 강릉참봉, 세마(洗馬; 정 9품 잡직, 동궁을 모시고 경호하는 일을 맡아봄) 등을 역임하고 1659년 현종이 즉위하자 청풍부원군으로 봉해지고, 1616년 영돈녕부사에 이어 오위도총관과 호위대장을 겸직하였다.

　　효종 2년(1651) 7월에 효종께서 친히 세자빈을 간택하였는데 김씨가 예의가 바르고 주선함이 절도 있음을 보고 몹시 사랑스럽고 기특하게 여겨 10세인 그녀를 세자빈으로 정하였다. 그리고 그해 11월 21일에 세자빈으로 책봉하고, 12월 22일 가례를 올렸다.

　　현종과 명성왕후 사이에는 1남 4녀를 두었으나 장녀는 조졸하였고, 둘째 명선공주와 셋째 명혜공주는 14세와 9세 때 천연두에 걸려 1673년 같은 해에 사망하였다. 숙종과 막내딸인 명안공주만 성인까지 생존하였다.

　　명성왕후 김씨는 지능이 비상하고 총명하였으나 효종의 예견과는 달리 성격이 거칠고 자기 주장이 뚜렷해 현종은 후궁을 두지 못

한 유일한 조선왕이다.

현종이 재위한지 15년 만인 1674년 8월 18일 34세 나이로 급서하자 14세인 숙종이 왕으로 등극하였다. 원래는 숙종의 나이가 어려 명성왕후 김씨가 수렴청정하는 것이 도리였으나 웃 어른인 자의대비(장렬왕후)가 생존해 계셔 숙종에게 친정을 맡기게 되었다.

그러나 명성왕후 김씨는 숙종이 어리고 병치레가 많아 왕으로 등극한 뒤에도 불안감으로 그녀는 항상 노심초사 하면서 지냈다.

효종의 동생인 인평대군은 네 아들을 두었는데 그중 셋째 아들인 복선군이 특히 청명했다. 그는 현종 12년(1671)에 발생한 조선 대기근 당시 청나라에 사신으로 가 '조선은 왕권보다 신권이 강하다'고 조선왕실을 조롱한 청황제을 설득시켜 조선의 자존심을 살렸을 뿐만 아니라 대량의 구휼품도 얻어 오는 공을 세웠다. 이후부터 명성왕후 김씨는 복선군을 예의 주시하였고 혹시나 왕위가 그에게 넘어가지 않을까 하는 두려움을 가지게 되었다.

그러던 중 복선군의 형인 복창군과 동생인 복평군이 평소 여색을 탐하여 궁녀들까지 희롱하였던 일이 있었다. 그러자 이를 빌미로 숙종 1년(1675) 3월 명성왕후 아버지인 김우명이 이들 형제가 궁녀와 간통하여 자식을 두었다는 거짓 고변을 하여 사건이 벌어졌는데 이를 「홍수의 변」이라고 한다. 홍수의 변의 「홍수」는 "붉은 옷소매"란 뜻으로 옷소매 끝동에 자주색 물을 들인 젊은 나인을 상징하는 호칭에서 유래되었다.

고변을 받고 조사를 하였으나 실질적인 증거를 발견하지 못해 이 고변이 무고로 판명되자, 사건을 꾸민 김우명을 숙종이 무고죄로 처벌하자 명성왕후 김씨는 왕이 집무하는 편전에 나아가 대성통곡하면서 인평대군의 세 아들이 궁녀들과 불륜을 맺은 것이 사실이라며 아들 숙종을 다그쳤다. 그 때 상황이 숙종실록에는 다음과 같이 기록되어 있다.

「야대청은 3년 동안 인접(引接)하는 곳으로 써 왔는데, 방이 한 간이고 마루가 세 간이다. 여느 때에는 인견하면 문짝을 치우고 임금이 방 안에 남쪽을 향하여 자리하였는데, 이 날에는 임금이 문을 사이에 두고 마루 밖에 동쪽을 향하여 앉고, 두 환시(宦侍)는 조금 아래에 서쪽을 향하여 대신의 자리를 두고, 마루 아래 벽돌 위에 동쪽을 향하여 재신들의 자리를 두었으며, 때가 이미 어두웠으므로 전상(殿上)에는 촛불이 밝게 비쳤다. 대신 이하가 들어가 자리에 가서 부복(俯伏)하니, 문짝 안에서 부인(婦人)의 울음소리가 나므로 비로소 자전(慈殿)이 나와 있는 것을 알았다. 허적이 말하기를, '이는 무슨 까닭입니까? 신(臣)들은 황공하여 어찌할 바를 모르겠습니다.' 하니, 임금이 말하기를, '나는 내간(內間)의 일을 모르므로, 자전께서 복평(福平) 형제의 일을 말하려고 여기에 나오셨다.' 하였다. 권대운이 말하기를, '이것은 비상한 거동이시니, 신들은 입시하지 말아야 하겠습니다.' 하고, 허적이 말하기를, '자전께서 하교하시려는 일이라면 신들이 진실로 들어야 마땅하니, 전하께서 안에 들어가 그 울음을 그치시도록 청하셔야 하겠습니다.' 하고, 허적이 제신과 함께 당하(堂下)로 물러가 부복하였다. 임금이 문안으로 들어가서 조금 있다가 울음이 그치고, 임금이 문 안에서 나와 앉으니, 제신이 다시 입시하였다.

자전이 말하니 허적, 권대운이 자리를 떠서 문을 향하여 부복하여 들었다. 자전이 말하기를, "미망인이 세상에서 살 뜻이 없어 늘 죽지 못한 것을 한탄하는데, 이제 망측한 일이 있어 선조(先朝)에 관계되니, 대신에게 말하지 않을 수 없다. 선왕께서 복창(福昌) 형제를 두텁게 사랑한 것을 외신(外臣)들이 아는 바인데, 궁중에서 예모(禮貌)가 지극히 엄하여 나도 선왕의 지극하신 뜻을 몸받아 차이 없이 대우하였다. 이제 이들이 범한 것은 내가 잘 아는 바이나, 드러나게 되면 죽을 처지에 나아가게 될까 염려되므로, 내가 편의한 대로 처치하려 하였는데, 주상(主上)은 어려서 곡절을 모르신다. 내가 무함한다고 하는 것은 관여할 것도 못되나, 선왕께서 이들을 사랑으로 대우하신 뜻이 장차 헛된 대로 돌아갈 것이므로, 그 판부(判付)의 말을 보고는 곧 선왕의 능 옆에서 죽고 싶었으나, 선왕께서 의지하고 존중한 사람이 영상(領相)임을 돌이켜 생각하였다. 대점(大漸) 때에 세자가 어려서 나라의 일을 맡기는 것을 근심하셨는데, 영상이 왔다는 말을 듣고는 기뻐서 나에게 말씀하시기를 '수족(手足)이 왔으니, 나는 앓더라도 근심이 없다.' 한 이 말씀이 지금도 귀에 있다. 이 목숨은 돌볼 것도 못되나, 선왕께서 이들을 친애하여 덮어 주려 하신 것이 도리어 모함으로 돌아가니, 드러내어 밝히지 않고 죽으면 지하에서 선왕을 뵐 수 없을 것이기 때문에, 우선 죽는 것을 참고 대신에게 말하려는 것이다."」숙종실록 3권, 숙종 1년 3월 14일

홍수의 변 이후 복창군 형제 사건은 한동안 잠잠해지는 듯 하였다.

숙종 6년(1680) 4월 대간 유상운 등이 복창군 이정과 복선군 이남을 절도안치시킬 것을 건의하면서 다시 논쟁이 시작했다. 그 당시 건의 내용을 보면,

「복창군(福昌君) 이정(李楨), 복선군(福善君) 이남(李柟) 등은 모두 왕실(王室)의 지친(至親)으로서 인조, 효종, 현종의 은혜를 입었는데도, 조심하고 근신(謹愼)하며 혐의로움을 멀리하여 국은(國恩)을 보답하기를 생각하지 아니하고는, 이에 감히 나라의 은총을 빙자해 믿고 법을 멸시하며 외인(外人)을 사귀어 결탁하여 논의를 내고 들여서 힘으로 조정을 제어하고 위엄이 궁중에 행하여, 근년 이래로부터 친족이 날마다 성하고 부화뇌동이 더욱 많아져서 위로는 경사(卿士)로부터 아래로는 상인과 역관에 이르기까지 문관(門館)에 모여서 분주히 노역(勞役)을 하지 않는 이가 없었으며, 사후(射帿; 과녁에 활을 쏘아 시합하는 것)의 모임에 무사(武士)를 많이 모으고 사냥놀이를 행함에 오래 교외에서 머무니, 행동거지가 방종(放縱)하여 보고 듣는 이가 해괴히 여깁니다. 복평군(福平君) 이연(李㮒)은 근년의 홍수(紅袖)의 변(變)은 죄가 진실로 용서하기 어려운데 귀양 간지 오래 되지 않아 문득 곧 용서해 놓아주었으니, 이는 진실로 죽을 것을 살리고 마른 뼈에 살을 붙인 은혜이므로, 오직 마땅히 문을 닫고 죄를 뉘우치기에 겨를이 없어야 할 것인데, 이에 도리어 조금도 징계하지 아니하고 더욱 멋대로 음탕하여 두 형[兩兄; 복창군 복선군]의 잘못을 본받아서 같은 한 투(套)로 돌아가니, 만약 엄하게 제방(提防)을 가하여 그 방자하고 교만 횡포한 버릇을 꺾지 아니하면

점점 자라고 퍼짐이 오래 되어 후일에 난처한 근심이 있을까 두렵습니다.」숙종실록 9권, 숙종 6년 4월 4일

유상운 등의 건의문을 본 후 명성왕후 김씨는 삼복형제가 궁녀들과 불륜을 맺은 것은 조작이 아닌 것이 사실인데, 삼복형제는 홍수의 변 이후에도 자성은 커녕 무례 방자한 짓들만 하고 있다고 노하면서 대신들에게 당장 삼복형제들을 처형하겠다는 맹세를 그녀 앞에서 하라고 하였다. 이런 왕대비의 행위에 곤혹스러운 대신들은 명성왕후의 요구대로 할 수 밖에 없었다. 또한 모후의 억지에 난처해진 숙종도 다음날 즉시 삼복형제에게 유배령을 내렸다. 이를 '삼복의 변'이라 한다.

삼복의 변은 결국 경신환국으로 이어져 남인들이 대거 실각하게 되었고, 결국 희빈 장씨도 궁궐 밖으로 내쫓기게 되었다.

명성왕후 김씨의 죽음

명성왕후 김씨는 외아들인 숙종이 어리고 병약해 항상 아들이 갑자기 어떻게 될까 봐 노심초사하면서 아들 일이라면 무슨 일이든 주저 없이 행하는 맹렬 여성이었다.

숙종 4년(1678) 가을 숙종이 이질(痢疾; 설사하는 위장병)을 앓아 위중(危重)해지자, 명성왕후는 밤낮으로 근심하면서 마음을 졸이면서, 몸을 재결(齋潔)하고 머리를 감은 후 하늘에 호소하기를 아들 대

신 자기를 아프게 해줄 것을 청하였자, 숙종의 병이 얼마 지나지 않아 나았다. 숙종실록 14권, 숙종 9년 12월 28일

그 후 숙종 9년(1683) 10월 18일 숙종이 심하게 두창을 앓자 걱정이 되어 무당을 불러 물었다. 그러자 무당은 숙종에게 삼재가 있어 기질을 앓고 있는 것이니 명성왕후가 삿갓을 쓰고 홑치마만 입은 채 물벌을 서야 낫는다고 말하였다. 그러자 그녀는 혹독한 겨울 날씨에 삿갓을 쓰고 홑치마만 입은 채 물벼락을 맞았다. 물벼락을 맞은 뒤 얼마 되지 않은 11월 22일 명성왕후는 병이 들었고, 10일 후인 12월 3일에는 명성왕후의 환후가 위독해져 시약청을 설치했으나 병세는 더욱 악화되어 12월 5일 저승전에서 훙서하였다. 발병 10여일 만에 급서하니 명성왕후 김씨의 나이는 42세 한창 때였다. 숙종실록 14권, 숙종 9년 12월 28일; 조선왕비 오백년사, 윤정란

결국 명성왕후 김씨는 추운 겨울에 물벼락을 맞은 후 심한 독감에 걸렸고 후유증인 폐렴으로 사망하였다던 것이다. 무모한 행위로 아까운 자신의 생명을 단축시켰으니 누구를 탓하겠는가?

명성왕후 김씨의 능은 경기도 구리시 동구릉 내에 현종과 합장되어 있는 숭릉(崇陵)이다.

인경왕후 김씨

생몰년	1661 - 1680
재위기간	1674 - 1680
자녀수	2녀
사인	천연두

인현왕후 민씨

생몰년	1667 - 1701
재위기간	1681 - 1689; (재복위기간: 1694 - 1701)
자녀수	무자녀
사인	각기병

희빈 장씨

생몰년	1659 - 1701
재위기간	1689 - 1694
자녀수	2남
사인	사약

인원왕후 김씨

생몰년	1687 - 1757
재위기간	1702 - 1720
자녀수	무자녀
사인	폐렴

온순하고 신중한
왕비 인경왕후(仁敬王后) 김씨

— 두창 합병증인 폐렴으로 20세에 요절하다

죽음이란 노고와 고통으로부터의 휴식이다.

(Death is rest from labor and misery.)

-Marcus Tullius Cicero-

「2경(二更)에 중궁(中宮)이 경덕궁(慶德宮)에서 승하(昇遐)하였다. 그때 두 대궐(大闕)이 서로 통(通)할 수가 없어서 영의정 김수항(金壽恒)이 경덕궁(慶德宮)의 흥화문(興和門) 밖에 있었다. 비변사(備邊司)에서 글로 승정원(承政院)에 보고하기를,

'내전(內殿)의 증후(證候)가 어제 밤부터 기침[咳嗽]으로 숨이 차서 헐떡거리고 힘이 없으니, 증세가 십분 위중(危重)합니다. 모름지기 이러한 뜻을 계달(啓達; 임금님에게 아룀)하여야 할 것입니다.' 하니 승정원에서 즉시 승전색(承傳色)을 불러서 장차 위에 계문(啓聞)

하려고 하였으나, 임금의 건강이 며칠 전부터 편치 못하고, 야간(夜間)에 또 구토(嘔吐)하는 증세가 있었기 때문에 즉시 고하여 알리지 못하고, 먼저 자전(慈殿)에게 고하였다. 한참 있다가 약방 제조(藥房提調) 영의정 김수항·좌참찬(左參贊) 여성제(呂聖齊)·도승지 홍만용(洪萬容)이 궐문(闕門)을 열고 들어가기를 청하고, 병조 판서 정재숭(鄭載嵩)도 또한 함께 대궐 안으로 들어가니, 입직(入直)하던 관원이 모두 모였다. 김수항 등이 승전색(承傳色)을 불러서 구전(口傳)으로 자전(慈殿)에게 아뢰기를,

'중전(中殿)의 증후(證候)가 십분 위급한 상태였으므로 이미 승정원(承政院)으로 하여금 계달(啓達)하게 하였습니다. 그러나 지금 이미 망극(罔極)한 지경에 이르렀으니, 마땅히 승정원에서 바로 주상께 계문(啓聞)하여야 하는 바이나, 그러나 주상께서 편찮으신 중에 계신데, 만약 갑자기 흉한 부음(訃音)을 계문(啓聞; 신하가 글로 임금에게 아뢰던 일)하게 되면, 주상께서 경동(驚動; 놀라서 움직임)하실 염려가 있을까봐 두려우므로, 부득불 자성(慈聖)께 먼저 아뢰어서 조용하게 전달(轉達)하도록 하지 아니할 수가 없습니다. 마땅히 하교(下敎)를 기다려서 승정원에서 고하여 아뢰도록 하겠습니다.' 하니, 자전(慈殿)이 하교(下敎)하기를,

'본방(本房; 왕비의 친정)의 서찰(書札)을 보고서야 비로소 위급하다는 보고(報告)를 들었는데, 지금 또 이 말을 들으니 망극(罔極)하여 효유(曉諭; 깨달아 알아듣도록 타이름)할 말을 알지 못하겠다. 주상께서 야간(夜間)에 구토(嘔吐)한 뒤에 가슴과 배에 통증(痛證)이 조금 있었는데, 지금 겨우 진정이 되어 잠자리에 들었다. 만약 이

러한 때에 갑자기 부음(訃音)을 전한다면, 주상께서 경동(驚動)하실 염려가 있을까봐 두려우니, 기다렸다가 잠자리에서 일어난 뒤에 조용히 고하여 아뢰고자 한다.'」숙종실록 10권, 숙종 6년 10월 26일

인경왕후 김씨는 죽을 당시 숙종의 환후로 인해 한밤중에 홀로 외롭게 삶을 마감하였다. 그녀 나이 20세였다. 한창 나이에 요절함은 애석하였으나 한편 생각해 보면 장희빈과의 다툼에서 벗어나 고통과 수모를 겪지 않았던 것은 다행이라 하겠다.

인경왕후 김씨는 광성부원군 김만기의 4남 2녀중 장녀로 현종 2년(1661) 9월 3일 태어 났다.

아버지인 김만기는 효종 3년(1652) 사마시를 거쳐 이듬 해 별시 문과에 급제해 승문원에 등용되었다. 1657년에는 그는 교리로서 글을 올려 〈오례의〉의 복상제에 대한 잘못된 부분을 개정할 것을 청하였다. 1659년 5월 효종이 죽고 자의대비(장렬왕후)의 복상문제로 논란이 일자 기년설(만1년설)을 주장해 3년설을 주장하는 남인 윤선도를 공격하였다. 1674년(현종 15년) 7월 병조판서가 되었고, 숙종이 즉위하자 영돈녕부사와 함께 광성부원군에 봉해졌다. 구운몽과 사씨남정기를 지은 김만중은 그의 동생이다.

인경왕후 김씨는 10세되던 해인 현종 11년(1670) 12월 26일 세자빈으로 간택되어, 그 이듬해인 3월 22일에 왕세자빈으로 책봉되었다.

1674년 8월 18일 현종이 승하하자 8월 23일 숙종이 왕위에 올랐으나, 인경왕후 김씨는 2년 후인 숙종 2년(1676) 10월 21일에서야 왕비의 책명을 받았다. 숙종과 인경왕후 김씨 사이에서 두 딸을 낳았으나 모두 일찍 죽었다.

그녀는 숙종 즉위년인 1674년 남인이 득세하는 갑인환국과 숙종 6년(1680) 서인이 득세하는 경신환국을 겪었다.

1680년 10월 18일 인경왕후 김씨는 갑자기 두창을 앓게 되었다. 그리고 7일 째인 10월 25일 밤부터 기침이 심해지면서 숨이 차서 헐떡거리며 힘이 없어지면서 위중 상태에 빠졌고, 그 이튿날인 10월 26일 경덕궁에서 승하하니 그녀 나이 20세였다. 숙종실록 10권, 숙종 6년 10월 26일

인경왕후 김씨는 천연두를 앓다가 합병증인 폐렴으로 사망한 것이다.

그녀의 능은 익릉(翼陵)으로 경기도 고양시 용두동에 있는 서오릉에 위치하고 있다.

인경왕후 지문에 그녀의 출생 시와 어린 시절의 일화가 실려있어 소개하면,

「왕후(王后)께서 현종 2년인 1661년 9월 초 3일 을묘 인시(寅時)에 경사(京師; 서울) 회현방(會賢方) 사제(私第)에서 태어나셨다. 그런데 이미 태어났으나, 울음소리가 끊어져 희미하므로, 집안 사람들이 혹시나 하고 염려하였는데, 의원이 말하기를, '다친 곳은 없고 성질(性質)이 그러합니다.' 하였다. 이미 말을 배워서는 말을 가볍게 꺼

내지 아니하나, 꺼내면 반드시 이치가 있었다. 그리고 보행은 더디고 느렸으며, 함부로 뜰 계단을 내려가지 아니하였고, 스스로 타고난 존귀(尊貴)함이 있었다. 동배(同輩)와 서로 만났을 때 곁에 있는 자들이 병아리를 희롱하거나 공기놀이를 하거나 배(梨), 밤(栗)을 다투거나 엿과 떡을 갖거나 간에 평소 꼼짝도 않은 채 단정히 앉아 보지 않은 것같이 하였으며, 함께 먹을 때에는 반드시 기다렸다가 모두 모인 후에야 먹었다. 또 화려(芬華)한 물건을 애호(愛好)하지 아니하였고, 의복(衣服)이 비록 때가 묻고 해졌다 하더라도 싫어하는 적이 없었으며, 곱고 아름다운 옷을 입은 자가 있어도 부러워하는 빛이 없었다. 그리고 자기가 가지고 있는 좋은 것을 다른 사람에게 옮겨 주려고 하면, '좋다.' 하면서 절대로 아까워하는 적이 없었다.」숙종실록 11권,
숙종 7년 2월 22일

비련의 왕비
인현왕후(仁顯王后) 민씨

— 각기병으로 34세에 사망하다

최고의 회개(悔改)란 과거의 죄를 청산하고 똑바로 행동하는 것
이다.

– William James –

「처음에 임금(숙종)이 비(妃; 인현왕후)에게 명하여 별궁(別宮)에 이
처(移處)하게 하고, 이어서 액예(掖隸; 대전별감)를 보내어 본가(本
家)에 알리고, 이어서 수찰(手札; 손수 쓴 글)을 내렸다. 이어진 백여
마디 말이 죄다 뉘우치는 뜻이고 생각하는 말이었는데, 거기에 대략,
'처음에 권간(權奸; 권력과 세력을 가진 간사한 신하)에게 조롱당하
여 잘못 처분하였으나, 곧 깨달아서 그 심사를 환히 알고 그 억울한
정상을 깊이 알았다. 그립고 답답한 마음이 세월이 갈수록 깊어져,
때때로 꿈에 만나면 그대가 내 옷을 잡고 비오듯이 눈물을 흘리니,

깨어서 그 일을 생각하면 하루가 다하도록 안정하지 못하거니와, 이 때의 정경(情境)을 그대가 어찌 알겠는가? 시인(時人; 그 당시의 사람들)이 임금을 속이고 공도(公道)를 저버리는 것을 보게 되니, 지난 날 경신년의 여당(餘黨; 잔당)에 연결된 말이 참으로 나라를 위한 지극한 정성에서 나왔고, 조금도 사의(私意)가 있는 것이 아니었다는 것을 더욱 알았다. 옛 인연을 다시 이으려는 것은 자나깨나 잊지 않으나, 국가의 처사는 또한 용이하지 않으므로, 참고 머뭇거린 지 이제 6년이 되었는데, 어쩌면 다행히도 암적(黯賊; 남인으로 송시열 등 서인의 처형문제에 강경론자인 민암을 일컬음)이 진신(搢紳; 모든 벼슬아치)을 도륙(屠戮)하려는 생각이 남김없이 드러났으므로, 비로소 뭇 흉악한 자를 내치고 구신(舊臣)을 거두어 쓰고, 이어서 별궁에 이처하는 일이 있게 되었으니, 이 뒤에 어찌 다시 만날 기약이 없겠는가?' 하였다.

비(妃)가 청사(廳事; 마루)에 나와 한 탁자를 설치하고 어찰(御札)을 받들어 그 위에 올려 놓고 꿇어 앉아서 보고, 이어서 상답(上答)하기를,

'첩(妾)의 죄는 죽어도 남는 책망이 있는데 오히려 목숨을 보전한 것은 또한 성은(聖恩)에서 나왔습니다. 스스로 반성할 때마다 오히려 이 죄명을 지고도 곧 죽지 않고 사람 사는 세상에서 낯을 들고 사는 것이 한스러울 뿐입니다. 오직 엄주(嚴誅; 엄하게 꾸짖어 벌을 줌)가 빨리 가하여져서 마음 편히 죽기를 기다릴 뿐인데, 천만 뜻밖에 옥찰(玉札)이 내려지고 이어진 사의(辭意)는 모두가 감히 감당할 수 없는 것이므로, 받들어 보고 감격하여 눈물만 흘릴 뿐이니, 다시

무슨 말을 하겠습니까? 사제(私第)에서 편히 사는 것도 이미 스스로 분수에 지나치거니와, 별궁에 이처하라는 명은 더욱이 천신(賤臣; 천한 신하)이 받들 수 있는 것이 아니니, 천은(天恩)에 감축(感祝)하며 아뢸 바를 모르겠습니다.' 하였다.」숙종실록 26권, 숙종20년 4월 12일 왕비 민씨가 서궁의 경복궁에 입어하는 과정 중에서

숙종은 뒤늦게 자기 잘못을 뉘우치고 인현왕후의 복위를 결정하였던 것이다. 그리고 그는 아래와 같은 내용을 하교하였던 것이다.

「숙종 27년 10월 7일 숙종은 하교하기를, '이제부터 나라의 법전을 명백하게 정하여 빈어(嬪御; 임금의 첩)가 후비(后妃)의 자리에 오를 수가 없게 하라.' 하였다.」숙종실록 35권, 숙종 27년 10월 7일

이후 조선시대에서는 후궁이 왕비가 된 사례는 없었다. 예로 영조의 어머니인 숙빈 최씨, 순조의 어머니인 수빈 박씨, 영친왕 어머니인 순헌황귀비 엄씨는 왕비로 등극 못하고 빈으로만 지냈다.

인현왕후 민씨는 여양부원군 민유중과 은성부부인 송씨 사이에 태어난 2남 3녀 중 차녀로, 현종 8년(1667) 4월 23일에 태어났다.

아버지 민유중은 효종 2년(1651)에 중광시(나라에 큰 행사가 있을 때 시행한 과거) 문과에 급제하였고, 1656년 병조정랑, 1665년 전라도관찰사, 1671년 형조판서에 이어 대사헌, 호조판서를 역임했다.

1681년 3월 병조판서시 차녀인 인현왕후가 숙종의 계비로 책봉되자 여양부원군과 영돈녕부사가 되었고, 그 이듬해 금위대장이 되었다.

인경왕후 김씨가 1680년 10월 26일 천연두 합병증인 폐렴으로 사망하자 2개월여 만인 숙종 7년(1681) 1월 3일 왕대비인 명성왕후 김씨는 새 중전의 간택에 대한 언서(諺書)로 다음과 같이 하교(下敎)하기를,

「인경왕후(仁敬王后)는 곤법(壼法; 궁중에서 후궁의 규율을 이르던 말)을 매우 잘 갖추었고, 현명(賢明)하고 효경(孝敬)함이 지극히 극진하였으며, 주상(主上)께 내조(內助)함이 진실로 많았는데, 국운(國運)이 불행(不幸)하여 뜻밖에 승하(昇遐)하였고, 또 후사(後嗣)가 없으니, 상하(上下)의 비통(悲痛)함을 어찌 다 말할 수 있겠는가? 이제 해가 이미 바뀌어서 산릉(山陵)의 길일(吉日)이 멀지 아니하니, 슬픔이 더욱 간절하다. 그래서 주상(主上)을 생각해 보건대, 오히려 국본(國本)이 있지 아니하니, 국가(國家)의 중대한 일로서 이보다 큰 것이 없다. 예문(禮文)을 가지고 말한다면, 대혼(大婚)은 기년(朞年; 만 일년이 되는 날) 후에 거행해야 마땅하겠지만, 국가의 사변(事變)이 무궁(無窮)하고, 또한 권도(權道; 목적 달성을 위하여 그때그때의 형편에 따라 임기응변으로 일을 처리하는 방도)가 없지 아니하므로, 밤낮으로 생각해 보고 조정(朝廷)에 문의(問議)하고자 하는 것이다. 일찍이 국조(國朝)의 고사(故事)를 들어 보건대, 계비(繼妃)의 책봉(册封)은 숙의(淑儀)로부터 그대로 정위(正位)에 오르는 일이 많았다고 하는데, 지금은 숙의(淑儀)가 없을 뿐만 아니라, 국모(國母)

를 존숭(尊崇)하는 의식을 지금 미리 정하고자 한다면, 먼저 이러한 명호(名號; 겉으로 내세우는 이름)로써 뽑아 들여야 할 것이니, 도리(道理)에 마땅하지 못하다. 비록 기년(朞年) 전이라 하더라도 이미 권도(權道)를 썼다면, 육례(六禮)를 거행(擧行)하지 않을 수 없는데, 여러 사람의 의논이 어떠한지 알지 못하겠다. 예문(禮文)은 본래 절차(節次)가 많아서 시일이 이로부터 천연(遷延)되는 것이다. 그렇다면 특별히 속히 행할 뜻은 없으니, 이제 마땅히 예조(禮曹)에서 지위(知委)하여 경외(京外; 서울과 지방)의 처자(處子)들의 단자(單子)를 거두어 들이게 하고, 3월의 졸곡(卒哭) 후에 초간택(初揀擇)을 행할 것을 정하는 것이 어떠한지 알지 못하겠다. 만약 미리 금혼령(禁婚令)을 내리지 않는다면 여염(閭閻)에서 잇달아 혼인(嫁娶)하는 집이 없지 아니할 것이고, 합당한 나이의 처자(處子)로서 혹 피할 것을 꾀하여 단자를 들이지 않는 폐단(弊端)이 있을 것이니, 이 때문에 신칙(申飭; 단단히 타일러서 경계함)함이 옳을 듯하다. 삼공(三公), 원임대신(原任大臣), 예관(禮官)이 모여 의논하여 정탈(定奪; 임금의 재결)하기를 바란다.' 하였다.」

그리고 그 해 3월 26일 삼간택을 거행하여 인현왕후 민씨가 최종적으로 왕비로 간택되어, 5월 14일 가례를 올리니 민씨 나이 15세였고 숙종 나이 21세였다. 둘 사이에는 자녀가 없었다.

자기애적 성격의 희생양이 된 폐왕비 희빈(禧嬪) 장씨

— 부귀영화도 한때 43세 나이에 사약을 받다

숙원 장씨는 현종 즉위년인 1659년 9월 19일 역관 출신인 장형(張炯)과 후실인 윤씨 사이에 태어난 1남 2녀 중 차녀로 숙종보다 2살 연상녀였다. 그녀 11세 때 아버지를 여의자 장형의 사촌형인 장현이 그녀를 보살펴 주었다.

장씨의 입궁 시기는 불분명하지만, 입궁 후 자의대비(장렬왕후) 조씨를 웃전으로 모셨다. 1680년 10월 16일 인경왕후 김씨가 20세에 요절하자 그 이후 그녀는 숙종을 모시게 되었다고 한다. 그러나 경신환국(1680) 때 사촌 숙부인 장현이 인평대군(효종의 동생)의 아들인 복평군 형제와 절친하다는 이유와 남인의 몰락으로 그해 겨울 명성왕후에 의해 장씨는 강제 출궁 되었다.

장씨가 출궁되자 자의대비는 승선군(인조의 후궁 귀인 조씨 아들) 집에 친필서찰을 보내 자의대비의 친정 질녀이자 승선군의 부인인 신씨로 하여금 장씨를 보살피도록 하였다.

인현왕후 민씨는 혼례 후 자식이 없자 명성왕후 생존 시부터 여러 차례 명성왕후 김씨와 임금(숙종)에게 후궁을 둘 것을 권유하였고, 과거 숙종과 숙원 장씨와의 관계를 알고 그녀를 다시 불러들이기를 명성왕후에게 청하기도 하였다. 그러나 명성왕후는 장씨가 매우 사악하고 악독하다며 인현왕후의 주청을 거절하였다.

1683년 12월 5일 명성왕후 김씨가 폐렴으로 42세 나이로 사망하고, 1685년 12월 명성왕후 삼년상을 마치자 1686년 2월 27일에 후궁 간택령이 내려졌다.

3월 9일 지평 이징명이 아뢰기를,

「'숙의(淑儀)의 간택이 저사(儲嗣; 왕세자)를 늘리기 위함이라면 더욱 살펴서 간택하지 않을 수 없습니다. 궁중에 모아서 간택하는 것이 어느 때에 시작되었는지는 알지 못하나, 그의 취사(取舍)하는 것이 용모의 미악(美惡)을 보는 데에 불과할 뿐이었으므로, 선정신(先正臣) 이이(李珥)가 일찍이 차자를 올려 이 일을 말하였습니다. 바라건대 성상(聖上)께서는 대신에게 물어서 그 가법(家法)을 가려서 정하도록 하소서.' 하니, 임금이 말하기를, '전해 내려오던 옛 법규를 오늘날에 폐지할 수는 없다. 그러나 어찌 용모를 취사하여 신중히 간택하는 도리를 소홀히 하겠는가.' 하였다.」

이는 숙의 간택 시 미에만 치중하지 말고 가법을 가려서 신중하게 간택할 것을 건의한 것이다

그리고 숙종은 3월 28일 김창국의 딸을 숙의로 맞아 4월 26일 입궐시켰고, 그녀를 5월 27일 소의로, 11월 5일 귀인으로 승봉시켰다. 그러나 숙종은 귀인 김씨에게는 애정을 주지 않고 오직 장씨 만을 생각하니, 자의대비 주선으로 숙종 12년(1686) 12월 10일 경신환국 때 명성왕후 김씨에 의해 쫓겨난 장씨를 숙원으로 삼고 다시 맞아들였다. 그 당시 실록의 내용을 보면 다음과 같다.

「장씨(張氏)를 책봉하여 숙원(淑媛)으로 삼았다. 전에 역관(譯官) 장현(張炫)은 국중(國中)의 거부로서 복창군(福昌君) 이정(李楨)과 복선군(福善君) 이남(李柟)의 심복이 되었다가 경신년(숙종 6년, 1680년)의 옥사(獄事; 경신환국)에 형을 받고 멀리 유배되었는데, 장씨는 곧 장현의 종질녀(從姪女)이다. 나인(內人)으로 뽑혀 궁중에 들어왔는데 자못 얼굴이 아름다왔다. 경신년 인경왕후(仁敬王后)가 승하한 후 비로소 은총을 받았다. 명성왕후(明聖王后)가 곧 명(命)을 내려 그 집으로 쫓아 내었는데, 숭선군(崇善君) 이징(李澂)의 아내 신씨(申氏)가 기화(奇貨; 좋은 기회)로 여겨 자주 그 집에 불러들여 보살펴 주었다. 신유년(숙종 7년, 1681년) 에 내전(內殿; 인현왕후)이 중전(中殿)의 위에 오르자 그 일을 듣고서 조용히 명성왕후에 아뢰기를,

'임금의 은총을 입은 궁인(宮人)이 오랫동안 민간에 머물러 있는 것은 사체(事體; 사리와 체면)가 지극히 미안하니 다시 불러들이는 것이 마땅할 듯합니다.' 하니, 명성왕후가 말하기를, '내전(內殿)이 그 사람을 아직 보지 못하였기 때문이오. 그 사람이 매우 간사하고 악

독하고, 주상이 평일에도 희로(喜怒)의 감정이 느닷없이 일어나시는데, 만약 꾐을 받게 되면 국가의 화가 됨은 말로 다할 수 없을 것이니, 내전은 후일에도 마땅히 나의 말을 생각해야 할 것이오.' 하였다. 내전이 말하기를, '어찌 아직 일어나지도 않은 일을 미리 헤아려 국가의 사체(事體)를 돌아보지 않으십니까?' 하였으나, 명성왕후는 끝내 허락하지 않았다. 명성왕후가 승하한 후에 내전이 다시 임금을 위해 그 일을 말하였고, 자의전(慈懿殿; 장렬왕후)도 또한 힘써 그 일을 권하니, 임금이 곧 불러들이라고 명하여 총애하였다. 장씨의 교만하고 방자함은 더욱 심해져서 어느 날 임금이 그녀를 희롱하려 하자 장씨가 피해 달아나 내전(內殿)의 앞에 뛰어들어와, '제발 나를 살려주십시오.' 라고 하였으니, 대개 내전의 기색을 살피고자 함이었다. 내전이 낯빛을 가다듬고 조용히, '너는 마땅히 전교(傳敎)를 잘 받들어야만 하는데, 어찌 감히 이와 같이 할 수가 있는가?' 하였다. 이후로 내전이 시키는 모든 일에 대해 교만한 태도를 지으며 공손하지 않았으며, 심지어는 불러도 순응하지 않는 일까지 있었다. 어느 날 내전이 명하여 종아리를 때리게 하니 더욱 원한과 독을 품었다. 내전이 다스리기 어려운 것을 근심하여, 임금에게 권하여 따로 후궁을 선발하게 하니, 김창국(金昌國)의 딸이 뽑혀 궁으로 들어왔으나 또한 총애를 받지 못하였다. 얼마 있지 않아서 마침내 장씨를 책봉하여 숙원(淑媛)으로 삼았다.」

숙의 김씨를 후궁으로 들였으나 숙종의 총애를 받지 못하자 명성왕후 삼년상 후 자의대비의 배려로 장씨는 결국 재입궁하게 되었다.

이후 숙종은 숙원 장씨만을 총애하였다.

1688년 장씨는 소의로 승격되었고, 같은 해 10월 27일 드디어 왕실이 기대하던 장남 균(경종)을 낳자 숙종은 1689년 1월 15일 왕자 균에게 원자(왕의 큰 아들)의 명호를 내리고 소의 장씨를 희빈으로 삼았다. 그러자 2월 1일 송시열이 원자의 명호에 대해 불가하다는 상소를 올리자 이것이 불씨가 되어 기사환국으로 이어져 서인의 몰락과 함께 남인이 재집권하게 되었다. 그리고 그해 5월 2일 숙종은 인현왕후 민씨를 폐위시켜 서인으로 삼았고, 5월 6일 희빈 장씨를 왕비로 삼겠다는 전지를 내렸다. 그리고 6월 3일 송시열을 사사하였다.

숙종 16년(1690) 6월 16일 원자(경종)를 왕세자로 봉해졌으나, 장씨의 둘째 아들이 10일도 안되어 9월 16일 급사하는 슬픈 일도 있었다. 그리고 그 해 10월 22일 희빈 장씨는 왕비로 책봉되었다. 이는 조선 역사상 최초이자 마지막으로 궁녀 출신인 후궁이 국모에 오른

[그림 16] 천남성

사건이었다.

그러던 중 4년 후인 숙종 20년(1694) 3월에 서인인 김춘택, 한중혁 등이 폐비의 복위 운동을 꾀하였다. 이 때 남인의 영수이자 우상이었던 민암 등이 이 기회에 반대당인 서인을 완전히 제거하려고 김춘택 등 수십 명을 죄인으로 몰아 투옥시키고 범위를 확대시켜 옥사를 일으켰다. 그러나 숙종은 마음의 변화가 일어나 옥사를 주도하였던 서인 민암 등을 4월에 절도에 안치시키고 7월 8일 민암을 사사시켰다. 이를 갑술환국이라 한다.

이어 그 해(숙종 20년) 4월 12일 장씨를 희빈으로 강등시키고, 6월 1일에는 인현왕후 민씨의 왕비 재책봉식을 거행했다.

장씨는 폐위된 후 자성은 안하고 인현왕후 민씨을 죽음에 이르게 한 저주굿을 취선당에서 벌려(무고의 옥), 숙종 27년(1701) 10월 10일 43세 나이에 강제로 사사당했다고 한다. '무원록'과 '인현왕후전'

그러나 정사 기록인 '숙종실록'과 '승정원일기'는 자진한 것으로 기록되어 있다.

세간에 알려진 장희빈 사사시 사용되었다는 천남성은 코닌(conine, 폴리아세틸 알카로이드)을 함유한 맹독성 여러해살이 식물이다 [그림 16].

천남성은 피부에 닿기만 해도 물집이 생길 정도로 강한 독성을 지녔다. 그러나 코닌은 끓이면 중화되어 약용으로도 활용한다. 코닌의 작용기전을 보면 중추신경계의 니코티닉 아세틸콜린 수용체(nicotinic acetylcholine receptors, nAChR)에 작용한다. 나중에는 큐라레(curare)와 같은 양상으로 신경근 접합부위에서 근육을 마비시키는데 호흡근육마비로 인해 뇌와 심장허혈증상이 발생하여 사망하게 된다.

소크라테스도 천남성과 동일한 독성인 코닌을 함유한 독당근 (snake weed, poison hemlock)을 먹고 사사되었다.

이처럼 숙종 시절 자주 환국이 일어난 것은 숙종의 자기애적 성격(narcissist) 때문이다. 자기애적 성격이 생기는 이유는 어릴적 양육자가 아이의 다양한 욕구와 감정에 대해서 공감을 해주지 못했을 때 생길 수 있다고 한다. 결국 사랑받고 공감받아야 할 아이는 부모와의 공감 실패로 좌절과 수치감을 느끼고 이 때부터 공허한 마음이 생긴다. 그리고 이런 공허한 마음을 달래기 위해 아무도 사랑하지 않은 자신을 스스로 사랑해야 하고 자기 자신만을 믿게 된다. 나르시시스트는 마음이 공허한 사람들이다. 숙종은 자기애적 성향을 가진 인물로 이런 성격의 특성은 지나친 특권 의식을 가지고 있다는 것이다. 숙종은 자신이 특별한 왕이라 여겼고 자신의 의견에 반대하는 사람들은 용서하지 않았다.

나르시시스트의 또 다른 특징은 대인 관계에서 착취와 이용이 나타난다.

숙종 재위 시절 서인과 남인이 숙종 자신의 뜻에 부합하지 않거나 반대 의견을 내었을 때 매번 환국이 일어남을 알 수 있다. 신하들에게 무조건 복종을 요구해서 이에 따르지 않으면 무자비한 유혈 숙청을 단행했던 것이다.

결국 착취와 이용을 당한 사람들은 비록 서인과 남인 뿐만 아니었다.

신하들 이외 인현왕후 민씨와 희빈 장씨도 숙종의 희생 대상이
된 것이다.

인현왕후 민씨의 죽음

숙종 15년(1689) 5월 2일 인현왕후 민씨는 서인으로 강등되었고, 5
월 4일 감고당 사제로 돌아가니 그녀 나이 22세였다. 그리고 10월
18일 부터는 궁에서 지급되던 쌀의 보급도 중지되었다. 그 당시 상
황을 5월 2일자 실록에서는 다음과 같이 기록하였다.

「왕비(王妃) 민씨(閔氏)를 폐하여 서인(庶人)으로 삼았다. 임금이
비망기(備忘記)를 내리기를,
'내가 양조(兩朝; 성종조와 중종조)의 폐비(廢妃)할 때의 고사(故
事)를 보건대, 윤씨(尹氏)가 잘못한 바는 단지 투기(妬忌)에 있었는
데, 죄상이 이미 드러나자 성묘(成廟, 성종)께서 종사(宗社)를 위해
깊이 근심하고 먼 앞날을 생각하시어 단연코 폐출(廢黜)하셨다. 더
욱이 오늘날 민씨는 허물을 지고 범한 것이 윤씨보다 더하고, 윤씨에
게 없었던 행동까지 겸하였으며, 선왕(先王)·선비(先妃)의 하교를
지어 내어 종사에 죄를 얻었다. 예관(禮官)으로 하여금 폐하여 서인
(庶人)을 삼아 사제(私第)로 돌려보내니, 종묘에 고하고 교서(敎書)
를 반포하며 그 부모의 봉작(封爵)을 빼앗는 등의 일은 한결같이 구
례(舊例)에 의하여 즉시 속히 거행하도록 하라.' 하였다.

삼가 살펴보건대, 중궁(中宮)은 왕후의 자리에 오른지 거의 10년이 되었는데, 안으로는 후궁(後宮)의 투기와 이간이 있었고, 밖으로는 간신(奸臣)의 부추김이 있어서, 위험이 핍박하는 변(變)에 빠져 폐출(廢黜)의 액운(厄運)을 당하였다. 임금이 바야흐로 총애에 치우치고 분노에 과격하여, 무릇 잘못을 크게 드러내어 그 죄를 만드는 것에 이르지 아니하는 바가 없었다. 그러나 동정과 언어에 일찍이 한 가지 일도 지적해 낼 만한 잘못이 없었으니, 이에 신민(臣民)이 비로소 곤의(壺儀; 왕비의 행실)의 결함이 없음을 더욱 알았다. 아아! 이와 같지 아니하였다면 어찌 능히 뒤에 명철(明哲)한 임금이 회오(悔悟; 잘못을 뉘우치고 깨달음)하여 그 과실을 재빨리 고친 것이 일식, 월식이 지난 뒤 해와 달이 다시 광명을 찾는 것과 같을 수 있었겠는가?'」

인현왕후전을 살펴보면 왕후는 폐위된 후 하루 한 끼도 제대로 들지 않아서 나날이 수척해지는 모습을 궁녀들은 애달파 했다. 어느 날 커다란 개 한 마리가 왕후 집에 들어왔는데 그 개는 험상궂게 생긴데다가 오래 못 먹어 몸이 몹시 야위었다. 불쌍하게 여겨 보살펴주니 몸집이 더 커져 새끼도 세 마리 낳았는데, 장씨가 보낸 자객이 복면을 하고 담을 넘어 들어왔다가 개가 컹컹 짖으며 달려드니 자객이 혼비백산하여 도망가게 해 인현왕후를 지켜 준 일화도 있다.

인현왕후는 폐위된 지 5년 만인 숙종 20년(1694) 3월에 갑술환국이 일어났고, 4월 9일 감고당에서 어의동궁으로 옮겨졌다. 그리고 4월 12일 복위되어 어의동에서 서궁의 경복당으로 옮겨 6월 1일 왕비의 책봉례를 올렸다.

숙종 24년(1698) 11월 22일 삼경에 승휘전에 불이 났으나 인현왕후는 병중이었는데도 다행히 피할 수 있었다. 그 당시 궁인 두 명이 화재로 타 죽었다고 한다.

재입궁 후 인현왕후의 건강 상태는 줄곧 영양실조와 병약해 건강이 좋지 않았다.

숙종 26년(1700) 3월 26일 인현왕후가 병이 났는데 병세를 보면 특이하다.

왕후의 다리 부위가 붓고 아픈 증상이 있었는데, 오른편이 더욱 심하여 환도 뼈 위 요척(腰脊; 요추골, 허리뼈) 근처 아래에 현저한 부기(浮氣)가 있었다. 4월 7일에는 심해지자 의약청을 설치했으나 그 이튿날 차도가 있어서 의약청을 철폐했다. 5월 6일 왕후의 부기가 더 심해져 복부까지 올라오자 다시 의약청을 설치하였다.

5월 12일에는 허리 밑으로 종기가 있었으나, 환후에 차도가 있자 5월 19일 의약청을 다시 철폐하였다. 6월 12일 오른쪽 겨드랑이 밑에 종기가 있어 침으로 종기를 땄다. 그후 병세는 약간의 호전과 악화가 반복되었고, 인현왕후는 식사를 제대로 하지 못해 몸은 점점 쇠약해졌다. 11월 16일 병이 위중해졌고, 22일에는 왕후의 무릎 통증이 심해져 식사도 들지 못하게 되자 의약청을 또 다시 설치하였다. 그 후 병세의 차도가 있자 12월 16일 의약청을 또 철폐하였다.

그 후 소강 상태로 있다가 1701년 2월 29일 극심한 다리 통증이 생기면서 다음 날에는 위중해져 먹은 것을 토할 듯한 메스꺼움이 생겼다. 8월 5일 더욱 위독해지면서 의식을 잃자 의약청을 다시 설치하였으나 날로 악화되어 8월 14일 창경궁의 경춘전에서 34세 나이로 승하했다.

　조정에서는 8월 2일 시호를 인현, 능호를 명릉으로 올렸다. 명릉은 경기도 고양시 덕양구 용두동 산 30 - 1번지 서오릉 안에 위치하며 숙종과 함께 묻혀있다.

　지금까지의 인현왕후의 병세를 요약하면 인현왕후는 폐위 후 영양실조와 병약해 고통을 받다가 숙종 26년(1700) 3월 26일 하지의 부종이 생기고 그 이후 통증이 발생하였다. 그 후 허리 밑과 오른쪽 겨드랑이 밑에 종기가 생겼으나 종기는 치료되었다. 다리 통증이 점점 심해져 고통을 이기지 못했고 1년 6개월간의 투병 끝에 의식을

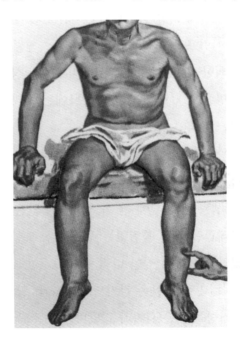

[그림 17]　**각기병의 소견** 부종이 하지에만 국한되는 것이 특징임.

잃은 후 사망하였다. 그녀 나이 34세였다.

부종을 일으킬 수 질환들은 심장, 간, 신장 질환 등 다양하지만, 이들 질환에 의한 부종은 전신에 생기고 통증은 없다.

이와는 달리 사지에 국한되어 부종이 생기는 질환은 림프부종 (lymphedema)과 각기병(beriberi)이 있다.

림프부종은 림프관의 폐색으로 인해 림프액이 피하에 저류한 상태를 말한다. 림프부종은 생후 얼마 되지 않아 발생하는 선천성과 후천성이 있다. 이외 젊은 여성에서는 원인 모르게 생기는 경우도 있다. 이 경우 사지의 부종은 대부분 일측성으로 시작하며 통증은 없다.

후천적(이차성) 림프부종으로는 종창(mass)에 의한 림프관의 압박, 수술이나 방사선에 의한 림프관의 장애, 필라리아 감염(filariasis; 사상충증)에 의한 림프관 폐색이 있다.

필라리아에 의한 림프부종은 피부가 비후해서 상피병(象皮病)이라고 하는데 이병은 모기로 감염되며 옛날에는 우리나라 제주 지방에서 흔히 볼 수 있었다.

그러나 인현왕후의 병세는 이들 질환과 달리 하지에 부종이 국한되어 있고 다리 통증이 심했다는 것이다. 인현왕후 민씨는 폐위된 후 5년 동안의 사저생활 시 하루에 한 끼조차 들지 않은 날이 많아서 심한 영양실조 상태였던 것은 틀림없는 사실이다. 또한 부종도 하지에만 국한되어 있었고 아울러 심한 다리 통증도 동반되어 있어서 이런 조건들을 충족시킬만한 질환은 각기병(beriberi) 말고는 없다. 실제 조선 말기에 각기병을 앓은 환자가 많았다는 보고도 있다[그림 17].

각기병이라는 이름은 '나는 할 수 없어, 나는 할 수 없어'를 의미하는 스리랑카 원주민의 언어로부터 유래되었다고 한다. 각기병은 티아민(비타민 B_1) 겹핍증에 의해 생기는 병으로 주로 정제된 쌀을 주식으로 하는 사람들에게 생긴다. 신경계, 피부, 근육, 심혈관처럼 열량대사가 필요한 곳은 티아민 결핍에 민감하여 쉽게 손상을 입는다. 이들 장기를 중심으로 다양한 증상이 발생할 수 있지만 주로 나타나는 증상은 심장과 말초신경 장애 증상, 그리고 부종이다

각기병은 부종 유무에 따라 건성(dry)과 습성(wet)으로 구분할 수 있으나 건성과 습성이 혼합되어 나타나는 경우도 흔하다.

심장증상으로는 빈맥, 운동시 호흡곤란을 시작으로 급격하게 진행되어 심부전에 빠져 사망하게 되는데 이는 흔한 증상은 아니며, 특히 신생아에서나 각기병 말기에서 흔히 나타나는 증상이다. 반면 말초신경증상으로는 무력감, 저리는 이상감각, 통증 등이 있으며, 통증의 정도는 경한 통증부터 극렬한 통증까지 다양하게 나타난다.

인현왕후 민씨의 사인은 각기병 말기에 나타나는 울혈성 심부전일 가능성이 높다.

참고로 조선시대에도 각기병에 대한 기록이 실록에 있는데, 태조 5년(1396) 7월 19일에는 명태조 주원장이 표전문을 지은 정도전을 중국으로 불러들이자 조선에서는 정도전이 각기병과 복창을 앓은 병중이라 보낼 수 없다고 하여 위기를 넘긴 사례, 태종 11년(1411) 11월 5일자에는 각기를 잘 고치는 통진현 사람 전내부 소윤 이방선을 지의정부사 박신이 태종에게 소개하였다는 사례, 태종 15년(1415) 12월 3일자에는 개성부유후였던 우희열이 각기병을 앓았다

는 기록도 있다.

동의보감에서는 각기병을 다리가 마비되거나 저는 질환으로 흔하면서 중한 질환이라고 하였다. 그리고 각기를 마른 각기와 습한 각기로 나누어 다리가 붓는 증상을 수반하는 것을 습한 각기라 하였다. 습각기는 처음 다리가 부을 때는 발에서부터 정강이로 점차 부어올라 오이나 박과 같이 된다고 하였다. 따라서 조선시대 각기와 현대의학의 각기병은 임상 상으로는 유사한 점이 있다. 그러나 동의보감에서는 각기의 원인을 습한 환경 때문에 생기는 것이라고 하여 원인적 면에서는 전혀 다르다. 또한 조선시대 각기는 현대의학의 각기병보다 훨씬 넓은 범위의 질환이 포함되어 있다.

영조의 든든한 후견인인
왕비 인원왕후(仁元王后) 김씨

— 옳은 선택을 해 평안한 여생을 보내다가 71세에 생을 마치다

인생에 있어서 어려운 것은 선택이다.
- George Moore -

「왕대비전(王大妃殿)의 존호(尊號)를 광선(光宣)이라 올렸다. 임금이 인정전(仁政殿)에 백관(百官)을 거느리고 책보(册寶)를 바치고 휘호(徽號)를 올리며 진하(陳賀)한 뒤에, 임금이 다시 인정전에 나아가 진하를 받고 사령(赦令)을 반포하고 백관의 품계(品階)를 올렸다. 반교(頒敎)하기를, '왕은 이르노라. 효(孝)는 높이고 나타내는 것보다 큰 것이 없으므로 아름다운 칭호를 드날리고, 예(禮)는 내용과 형식을 극진히 갖추는 것이므로 성대한 의례(儀禮)를 거애하니, 좋은 때를 가려서 포고하여 치렀다. 삼가 생각하건대, 문모(文母)는 성선(聖善)한 바탕이 곤도(坤道)에 맞아 곧고 바르고 크시다. 선왕께 짝하여 오로지 대내(大內)를 다스리시어 아침부터 밤까지 임금을 모시는 데에 어김이 없고, 소자(小子)를 지금까지 보호하시어 종사(宗社)가 힘입었다. 거친 명주 옷을 입고 검소한 덕을 밝히시어 어진 은혜가 뭇 백성에게 미쳤고, 중전(中殿)을 거쳐 동조(東朝)에 계신 것이 전후에 걸쳐 40년이 되어 간다. 천명(天命)을 처음 받아서는 중순(中順)한 도리로 스스로 단속하시고, 집안에 모범을 보여 자손을 도와 편안하게 하고 좋은 계책을 끼치시니, 세상에서 해외(海外)의 도신(塗莘; 도산씨의 딸인 우임금의 비와 유신씨의 딸인 주 문왕의 비를 가리키는 말)이라 일컫고 사람들이 여중(女中)의 요순(堯舜)이라 기린다. 보령(寶齡)이 점점 많아지시매 기쁘고도 두려운 정성이 늘 간절하고, 아름다운 풍도가 더욱 밝아지시매 높여 받드는 도리를 다하려고 생각한다. 조롱박으로 바닷물을 헤아리거나 대통 구멍으로 하늘을 내다보는 것 같아서 형용하기에는 부족하더라도, 옥책(玉册)에 쓰고 금니(金泥; 아교로 개어 만든 금박 가루)로 봉하면 사랑하고 공경하는 뜻을 조금은 펼 수 있을 것이다. 이미 뭇사람의 뜻을 막기도 어렵거니와, 더구나 구장(舊章; 옛 제도와 문물)에 의거할 수 있는 일이겠는가?' - 후략 -」 영조실록 51권, 영조 16년 2월 22일

연잉군(영조)이 왕세제 시절에 곤궁에 처할 때마다 인원왕후는 그를 도와주었으니, 인원왕후 김씨의 옳은 선택이 그녀가 노후 생활을 편안하게 보낼 수 있게 되었던 것이다.

인원왕후 김씨는 경은부원군 김주신의 딸로 숙종 13년(1687) 9월 29일에 태어났다.

아버지 김주신은 숙종 12년(1686) 생원시에 장원으로 합격하였고, 그 이듬해 장원서별집, 1699년 귀후서별제에 이어 사헌부감찰, 호조좌랑을 역임하였다. 1702년 순안현령 때 그의 딸이 숙종의 계비가 되자 돈녕부도정을 거쳐 영돈녕부사가 되었고 경원부원군에 봉해졌다. 고종 때 영의정을 지낸 김홍집이 그의 5대손이다.

숙종 27년(1701) 8월 14일 인현왕후 민씨가 사망하고 1년이 지나자 1702년 8월 27일 초간택을 하였다, 초간택에서 간택된 맹만택의 딸을 재간택에서 배제하였는데 이유인 즉 그녀의 외가인 이홍일의 집안이 본래 품행이 바르지 못해 세상에서 비방을 받았기 때문이다.

인현왕후 민씨의 삼년상도 지나지 않은 1년 만에 왕비를 간택하자 8월 27일에 판윤 이인엽은, "재간택(再揀擇)이 이미 정해지고 가례도감을 설치하니, 신은 저으기 너무 서두르는 것이 아닌가 생각합니다. 삼가 살펴보건대, 경국대전(經國大典) 혼인조(婚姻條)에 이르기를, '처(妻)가 죽은 자는 3년 후에 다시 취(娶)한다.' 하고, 또 살펴보건대, 의례(儀禮)의 자하전(子夏傳)에 이르기를, '반드시 3년이 지난 다음에 취(娶)한다.' 하였습니다." 하고 왕비 간택이 예에 벗어난다고 상소하자 숙종은 이인엽을 파직시켰다. 숙종실록 37권, 숙종 28년 8월 27일

그리고 9월 3일 삼간택을 시행하여 순안현령 김주신의 딸을 왕비로 결정하였다. 10월 13일 숙종과 인원왕후 김씨가 혼례를 올리니 숙종의 나이 42세였고 인원왕후 나이는 16세였다. 둘 사이에는 자녀

를 두지 못했다.

인원왕후 김씨가 숙종과 혼인한지 11년이 지난 숙종 나이 53세 (1713년)부터 숙종의 지병인 간경화증으로 인해 숙종의 건강은 점점 악화되어 결국 1720년 6월 8일 간성혼수로 숙종이 승하하자 6월 13일 경종이 왕위를 계승하였다.

경종이 즉위한 때 인원왕후 김씨는 34세 나이에 왕대비가 되었고, 또한 경종도 1724년 8월 25일 승하하니 38세의 나이에 대왕대비가 되었다.

경종시대에는 노론과 소론간의 당쟁이 심해 연잉군(영조)은 위기를 맞이한 적이 있었다.

경종 1년(1721) 9월에는 경종은 소론의 반대에도 불구하고 연잉군를 왕세제로 책봉하였다, 그러자 1722년 3월 27일 경종을 시해하려는 역모를 꾸미고 있다는 목호룡의 고변이 일어났다. 이를 빌미로 역모와 관련된 노론을 탄핵했고 노론측 인사들과 가족들을 모두 사사되었다. 당연히 이 고변사건과 연류된 연잉군도 죽음을 당할 위기에 처했으나 왕위를 이을 사람이 없었고 다행스럽게도 평소 연잉군에 정이 깊었던 경종이 연잉군을 제거해야 한다는 소론의 주청을 묵살해 버렸다. 이 옥사는 신축년과 임인년에 두 해에 걸쳐 일어났기 때문에 '신임옥사'라고 한다.

이 과정에서 연잉군은 그를 지지하던 노론측 인사들을 잃고 소론측 인사들로부터 위협을 받고 있었다. 궁지에 몰린 연잉군은 숙종 계비인 인원왕후 김씨를 찾아가 자신의 결백을 호소했고 결국 대비의 보호로 왕세제의 자리를 유지하게 되었다.

한편 경종의 계비인 선의왕후 어씨는 종친 중 한 사람을 양자로 입적시켜 경종의 뒤를 이으려고 했다. 그러나 왕실의 최고 어른인 인원왕후 김씨는 '삼종혈맥(三宗血脈)'으로 후사를 이으라는 숙종의 유시를 내세웠다. 삼종혈맥이란 효종, 현종, 숙종에 걸친 3대 혈통을 말하는데 그 당시 이 조건에 부합한 인물은 연잉군 한 사람 뿐이었다. 이렇듯 인원왕후 김씨는 연잉군이 임금으로 등극하기까지 영조를 후원해 도와준 인물이었다.

1724년 8월 30일 영조가 우여곡절 끝에 왕으로 등극하자 그는 인원왕후 김씨를 극진히 대접하여 모셨고 인원왕후의 남은 여생은 평탄하였다.

인원왕후 김씨의 죽음

인원왕후 김씨는 초기에 천연두, 홍역, 치통 종기 등을 앓았으나 노후에는 건강하였던 것으로 사료된다.

영조 33년(1757) 2월 27일 동조(인원왕후 김씨)의 환후는 담증(痰症)이 있음으로 인하여 원기(元氣)가 갑자기 가라앉았다. 영조는 삼다(蔘茶)를 달이도록 명하고, 잇달아 올리게 하였더니 차츰 조금 효과가 있었다. 이 때부터 영조는 밤낮으로 옷을 벗지 않고 간병했고, 때로는 난간에 의지하여 옷을 입은 채 자기도 하였다. 영조는 지극정성 인원왕후 김씨를 병 간호를 하였다. 영조의 정성인지 3월 5일에는 인원왕후의 병세가 점점 호전되자 각도의 죄수를 석방시켰고, 그 후 건강이 회복되는 듯 하였다. 그러나 3월 23일 병세가 재발되더니 그 이튿날에는 정신이 혼미해지고 원기가 가라 앉더니 발병 1개월 여만인 3월 26일 창덕궁의 영모당에서 승하하였다. 그녀의 나이 71세였다.

인현왕후 김씨는 노인에서 임종시 흔히 생기는 감기 후 합병증인 기관지폐렴으로 사망한 것이 아닌가 추정해 본다.

능은 명릉으로 경기도 고양시 덕양구 용두동에 위치한 서오릉 내에 있으며 숙종, 인현왕후 민씨와 함께 묻혀있다.

인원왕후 김씨가 승하하자 영조는 친히 대왕대비의 행록을 지어 바쳤다.

「정묘년(1687, 숙종 13) 9월 29일 축시(丑時)에 우리 자성께서 순화방(順化坊) 사제(私第)의 양정재(養正齋)에서 탄강(誕降)하셨으니, 바로 조희일의 구제(舊第)이다. 임오년(1702, 숙종 28)에 왕비(王妃)로 책봉(册封)되고, 이어서 가례(嘉禮)를 행하였다. 성후(聖后; 인원왕후)께서 어렸을 적에 종조모(從祖母; 증조할머니) 권씨(權氏)가 보고 특이하게 여겨 말하기를, '걸음걸이가 얌전하고 행동이 단정하니 범상하지 않음이 틀림없다.' 하였으니, 사람을 알아보는 식견이 분명하다고 할 수 있다. 우리 성모(聖母; 인원왕후)께서는 성품이 본래 단정하고 엄숙하며 정숙하고 전일하며 조용하고 말수가 적어서 주남(周南)의 교화(주나라 문왕의 후비인 태사가 상하 모두사람이 화목하게 지낼 수 있게끔 하게한 가르침)가 궁곤(宮壼; 대궐 안)에 가득히 넘치고, 탁룡(濯龍)의 경계(후한 명제의 비인 마황후의 후덕한 성품)가 심상(尋常; 대수롭지 않고 예사로움)한데서 뛰어나셨으며, 본가(本家)의 자손에 대해서는 비록 미관(微官)이나 소직(小職)이라 하더라도 번번이 지나치다고 일컬으셨다. 7년 동안 성고(聖考; 돌아가신 아버지 즉 숙종)를 시탕(侍湯; 부모의 병환에 약시중하는 일)하며 한결같은 마음으로 게을리 하심이 없었고, 다섯 달 동안 빈전(殯殿)에서 모시며 아무리 혹독한 추위와 찌는 듯한 더위라 하더라도 일찍이 혹시라도 떠나시지 않았다. 3년 동안의 제전(祭奠)은 반드시 정성과 공경으로 하시니, 이 때문에 해사(該司)에서 올리는 제물(祭物)도 감히 정성을 다하지 않을 수 없었다. 옛날의 성덕(聖德)을 깊이 본받아 백성을 사랑하는 은혜와 백성을 가엾게 여겨 돌보시는 혜택이 피부와 뼈 속에 젖어드는데, 자애(慈愛)로운 어진 마음이 한(漢)나라 명덕 황후(明德皇后)보다도 뛰어나시니, 소자(小子) 같은 얕은 효성으로도 자성의 두터운 은혜를 입게 되었다. 비록 조용히 조섭(調攝)하는 가운데 계시면서도 오히려 잊지 않고 돌보아 마지 않으셨으니, 아! 자성의 은혜는 하해(河海)와 같아 헤아릴 수가 없다.

－후략－」영조실록 89권, 영조 33년 3월 26일

단의왕후 심씨

생몰년 1686 - 1718
재위기간 추존
자녀수 무자녀
사인 타까야수 동맥염

선의왕후 어씨

생몰년 1705 - 1730
재위기간 1720 - 1724
자녀수 무자녀
사인 진전섬망

태몽대로 귀하게 되었으나 단명한 추존 단의왕후(端懿王后) 심씨

— 희귀병인 타까야수 동맥염(Takayssu's arteritis)을 앓다가
33세에 급사하다

모든 것은 죽음과 함께 사라지기 마련아닌가?
(Must not all things at the last be swallowed up in death?)

- Plato -

「숙종 11년인 1685년에 증조부 심권이 가족을 거느리고 양근(楊根; 양평지역의 옛 이름)에 있는 선영 아래에 가서 살았는데, 그 해 8월 충정공(5대조 선조인 심열)의 무덤에서부터 거주하던 동리 밖에 이르기까지 밤마다 연달아 빛이 있어 십 리 정도까지 뻗쳤으므로 동리가 대낮처럼 환히 밝아서 산 위의 새와 짐승을 모두 볼 수가 있었다. 그 다음 날 어떤 중이 용문산(龍文山)에서 와서 말하기를, '이 곳에 날마다 연달아 서기(瑞氣)가 있으니, 어떤 이상한 일이 있을는지 모르겠다.'라고 하였다. 이 달부터 그 어미(단의왕후 어머니 박씨)가

비로소 임신하여 문득 연달아 꿈을 꾸었는데, 달빛이 환하게 비추고 오색의 상서로운 구름이 현란하여 마치 비단과 같았고 또 여러 마리 봉황새가 쌍쌍이 하늘로 날아 올랐었다.」숙종실록 61권, 숙종 44년 2월 24일

좋은 태몽을 갖고 태어나 왕세자빈이 되었으나 병마 앞에서는 왕후장상도 죽음을 피해갈 수 없었나 보다.

단의왕후 심씨는 청원부원군 심호의 1남 1녀로, 숙종 12년(1686) 5월 21일 회현동 우사(寓舍; 임시로 거주하는 집)에서 태어났다.

아버지 심호는 1696년 딸이 왕세자빈으로 간택되자 영소전참봉에 제수되었고, 주부와 금오장을 거쳐 1703년 사직서령이 되었으나 1704년에 사망하였다. 경종 즉위 후 그는 청은부원군으로 추봉되었고, 영의정으로 추종되었다.

단의왕후 심씨는 세종의 장인 심온의 12대 손이고, 명종의 장인 심강의 7대 손이다. 심씨는 어려서부터 빼어나게 슬기롭고 의젓하였고 유순해 아직 첫 돌을 지나기 전에 말을 하였다고 한다. 비록 유희(游嬉; 놀거나 장난하는 일)하는 일이라도 반드시 법도가 있었고 일찍이 섬돌 아래로 내려와 마당을 밟고 놀지도 않았고, 겨우 3세에 조모 정씨(鄭氏)를 공양하였는데 정성과 효도가 돈독하고 지극해서 능히 어른(長者)의 기색을 살필 줄을 알았다고 한다. 기뻐하거나 노여워함을 함부로 나타내지 않았고, 말은 단정하고 조심스럽게 하였다. 모든 물건을 처음 보면 희귀한 것이 아니더라도 반드시 어른에게 먼

저 바쳤고, 어른이 먹으라고 명하지 아니하면 음식을 먹지 않았다. 매일 아침에 일어나면 먼저 부모부터 증조모, 조모가 계신 곳까지 문안한 다음에 비로소 물러났다고 한다.

5세 때에 증조부인 관찰사 심권이 여름철 술에 취하여 자면서 단의왕후에게 부채를 잡고 파리를 쫓게 하였더니, 명령대로 저녁 때가 되도록 오로지 부지런하게 부채질만 하면서 그 곁을 떠나지 아니하고 증조부가 깨기를 기다렸다. 증조부는 그녀를 매우 기특하게 여기고 사랑하여 항상 집안 사람(家人)들에게 이런 사실을 말하였다.

천성이 간소한 것을 좋아하여 남이 좋고 호화로운 옷을 입어도 탐내거나 부러워하는 기색이 없었고, 비록 호화롭고 아름다운 물건을 얻더라도 반드시 여러 아우들에게 모두 나누어 주고, 물욕(物慾)에 대한 관심이 없었고, 구차스레 얻으려고 하는 마음도 없었다. 오로지 어버이를 사랑하고 친족에게 화목하게 하는 데에만 힘을 썼다고 한다. 숙종실록 61권, 숙종 44년 2월 24일

단의왕후 심씨는 숙종 22년(1696) 4월 8일 삼간택을 거쳐 세자빈으로 결정되었고, 5월 19일 혼례를 올렸다. 그 때 그녀 나이 11세였고 세자 윤(경종)은 9세였다.

그해 5월 19일 왕세자 윤의 대례 날 신부인 심씨가 갑자기 복통이 생겨 대례를 망칠뻔한 일화가 있다.

「대례(大禮)하던 날에 이르러 복통이 갑자기 심하여 부모와 친족들이 모두 황급하여 어찌할 줄을 알지 못하였으나 문득 말하기를, '어찌 제 병 때문에 대례(大禮)를 그르칠 수 있겠습니까?' 라고 하고,

드디어 힘써 스스로 견디면서 탈이 없이 행례(行禮)하였는데, 혼례가 파하자 복통의 증세가 다시 처음과 같이 아팠으나 이미 대내(大內)에 들어오자 문득 능히 스스로 힘써 예로 뵈어 위로 대전과 중궁 양전(兩殿)을 받들어 모심에 지극히 즐겁고 기뻐하는 모습으로 처음부터 끝까지 해이하지 않았다.」숙종실록 61권, 숙종 44년 2월 24일

숙종 27년(1701) 9월 11일에는 세자빈(世子殯) 심씨가 숙환(宿患)으로 풍질(風疾)을 앓은 것 외에, 또 심신(心神)이 편안하지 못하여 말을 횡설수설하는 증상이 있어, 내의원(內醫院)에서 약(藥)을 의논한 일도 있었다. 이에 앞서 단의왕후 심씨가 기이한 병에 걸려 1701년에는 병이 위독해져 인현왕후의 상사 때에 예를 다하지 못하였다. 그 후 병이 조금 회복되자 그녀는 인현왕후 상 때 예를 갖추지 못한 것에 대해 매번 애통해 하였다고 한다. 숙종실록 61권, 숙종 44년 2월 24일

단의왕후 심씨는 경종 즉위 2년 전인 1718년 2월 7일 유시(오후 5시부터 7시)에 갑자기 병환이 나 위중해져 당일로 급사하니 그녀의 나이 33세였다.

경종 즉위년인 1720년 6월 15일 심씨를 추봉하여 왕후로 삼았고, 시호는 단의(端懿), 능호는 혜릉(惠陵)이라 하였다. 혜릉은 경기도 구리시 인창동 산 10 - 2번지 동구릉 내에 위치하고 있다.

단의왕후 심씨가 앓은 질환과 사인은 과연 무엇이었을까?

실록에 기술된 병력만으로는 부족한 점이 많으나 그녀의 병력을 요약해 보면 다음과 같다.

단의왕후 심씨는 결혼하던 해인 11세 때 심한 복통이 생겨 가례를 망칠 뻔 한 일이 있었다. 그 후 발병일은 확실치 않으나 16세 이전에 기이한 병에 걸려 16세 때에는 인현왕후 상사 때에 예를 갖추지 못할 정도로 병세가 위독해졌고, 1701년 9월 11일 실록에는 숙환으로 풍질을 앓아 심신이 편치 못하고 말을 횡설수설하는 증상이 있었다는 기록도 있다. 그리고 그녀는 33세 때 갑자기 사망하였다.

병력을 종합해 추리하면 단의왕후 심씨가 앓은 질환은 한 장기에만 국한되어 생긴 질환이 아니고, 한 원인에 의해 여러 장기에 동시적 장애가 생겨 발생한 질환으로 추정된다.

한 원인으로 여러 장기에 장애를 일으킬 수 있는 질환은 다양하지만, 청소년기에 흔히 발생하는 질환으로는 우선 염증성 혈관염을 고려해야한다.

단의왕후 심씨의 가례 때 생긴 복통 증상은 복부혈관장애 때문에 생긴 증상이고, 풍질과 말의 횡설수설 증상은 뇌혈관장애 때문에 생긴 증상일 것이다. 그리고 그녀가 갑자기 사망한 것은 심장에 혈액을 공급하는 관상동맥에 장애가 생겨 발생한 심근경색증 때문인 것으로 사료된다. 이는 여러 장기에 분포된 혈관을 동시에 침범하여 장애를 일으키는 질환이라는 것을 의미하는데, 상기 조건들을 충족시키는 합당한 질환으로는 타까야수 동맥염(Takayasu's arteritis)이라는 희귀병이 있다.

타까야수동맥염은 대동맥과 대동맥에서 분지된 주요 동맥혈관[그림 18]에 원인을 알 수 없는 만성 육아종성 혈관염(granulomatous vasculitis)이 생겨 발생하는 질환이다. 이 질환은 육아종성 염

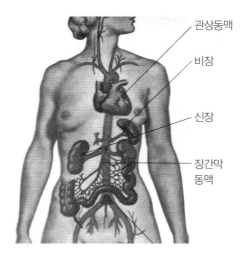

관상동맥

비장

신장

장간막
동맥

[그림 18] 대동맥궁(aortic arch)과 그 분지들

증과 함께 혈관내막이 섬유로 증식되어 비후되면서 혈관이 좁아져 막히게 되는 병이다.

　이 질환은 특히 동양인에 흔히 발생되며, 1908년 일본의 안과의사인 타까야수에 의하여 처음 알려저 타까야수 동맥염이라 불리게 되었다. 또한 대동맥궁 증후군(aortic arch syndrome), 비특이성 대동맥 동맥염(nonspecipic aortoarteritis), 무맥증(pulseless disease)이라고도 불리워진다. 이 질환은 남자보다 8 - 9배 정도 여자에게 잘 걸리고, 흔히 15세에서 30세 사이 년령에서 증상이 발현된다.

　팔쪽 동맥에 염증성 장애가 생기면 맥박이 약해지거나 잘 잡히지 않게 되고, 양팔의 혈압은 30mmHg 이상 차이가 나 맥을 짚어보거나 혈압을 측정해 보면 쉽게 진단 할 수 있다.

　이 질환은 한국인에게는 여러 동맥 중 특히 복부 대동맥에 염증이 잘 생겨 초기 증상으로 복통을 자주 호소하게 된다. 또한 복부동맥의 분지인 신장동맥에 염증이 생기면 신장성 고혈압의 원인이 되기도 한다. 그리고 심장의 관상동맥에 염증이 생기면 협심증이나 심근경색의 원인이 되어 급사의 원인이 되기도 하고, 뇌로 가는 경동맥이나 기저척수동맥에 염증이 발생한 경우에는 뇌졸중의 원인이 되어 많은 후유증을 남긴다.

이 질환의 치료는 완치보다는 증상의 조절에 극한되어 있다. 이 질환에 의한 사망률은 10%에서 75%까지로 개개인의 차가 많으나, 부신피질 호르몬(steroid) 등 약물 사용으로 최근에는 사망률을 10% 이하까지 줄였다.

단의왕후 심씨는 11세 때 증상이 발현된 희귀병인 타까야수 동맥염을 앓다가 33세에 심근색증으로 사망한 것으로 추정된다.

왕비 책봉이 늦어진 왕비
선의왕후(宣懿王后) 어씨

— 진전섬망(Delirium Tremens)으로 26세에 사망하다

첫 단추를 잘못 끼면 마지막 단추를 끼울 구멍이 없다.

경종은 1720년 6월 13일 경덕궁에서 즉위하였다. 조선 왕실은 경종
의 정비인 단의왕후 심씨의 왕비 추봉과 계비인 선의왕후 어씨의 왕
비 책봉을 동시에 청나라에 주청하자, 청나라는 이를 트집 삼아 발
목을 잡으니 선의왕후 어씨는 왕비 책봉례를 즉시 거행할 수 없었다.
조선은 1721년 2월 청나라 칙사에게 백금 1천냥의 뇌물을 주고 무마
시켜 2년여가 지난 경종 2년(1722) 9월 4일에서야 선의왕후는 왕비
로 책봉될 수 있었다.

　「고부사(告訃使) 이이명(李頤命) 등이 연경(燕京)에서 언문(諺文)
으로 쓴 서신을 인편에 부쳐 아뢰기를,

"칙행(勅行; 칙명을 전달하는 사신의 행차)이 말한 바 봉전(封典; 왕조에서 공신이나 그 조상에게 작위, 명호를 내리던 일)에 관한 표문(表文)과 자문(咨文)을 예부(禮部)에 올렸더니, 낭중(郎中)이 당상(堂上)의 뜻으로 묻기를, '세자(世子)는 미처 황지(皇旨; 황제의 명령)를 받들어 왕에 봉(封)하지 않았는데, 추봉(追封)과 요봉(邀封; 경종비인 단의왕후 심씨의 추봉과 계비인 선의왕후 어씨의 책봉을 청한 일을 가르킨 것임)을 어찌 한꺼번에 아울러 거청(擧請)하였는가?' 하므로, 전례가 모두 그렇다고 대답했더니, 그 후 오랫동안 아무런 소식이 없었습니다. 회동관 제독(會同館提督) 상숭탄(尙崇坦)이 처음부터 자못 은근한 눈치를 보이면서 시랑(侍郎) 경일진(慶一陳)이 지은 복주(覆奏; 보내온 공문을 검토하여 임금에게 아룀)를 몰래 보여 주었는데, 그 결어(結語)에 '왕비(王妃)의 책봉(册封)은 이름을 들어 주청(奏請)하는 날을 기다려 봉(封)할 것을 다시 의논하겠다.'는 등의 말이 있었습니다. 상숭탄이 이어 말하기를, '이 사람이 일을 잘못하였는데, 내가 힘을 써서 그 마음을 돌리겠다.' 하여 드러나게 뇌물을 바라는 뜻이 있으므로, 역관(譯官)들로 하여금 꾸며대어 적당히 대답하게 하였습니다." 경종실록 2권, 경종 즉위년 11월 14일

선의왕후 어씨는 왕비 책봉 시작부터 일이 꼬이더니 결국 사망 시에도 편안히 눈을 감지 못하고 세상을 떠났다.

선의왕후 어씨는 영돈녕부사 어유구의 1남 1녀 중 장녀로 숙종

31년(1705) 10월 29일 태어났다.

아버지 어유구는 숙종 25년(1699) 사마시에 합격하여 태릉참봉을 거쳐 정언수찬 등을 지냈다. 1718년 병조참지에 있을 때 딸이 세자빈으로 책봉되었고, 1720년 경종이 즉위하자 돈령부영사와 함원부원군에 봉해졌고, 그 이듬해에 어영대장과 훈련대장, 1722년 영돈녕부사가 되었다.

단의왕후 심씨가 사망한 지 4개월 만인 1718년 6월 7일 왕세자(경종)의 나이가 이미 30세를 넘겼는데도 아들이 없자 간택령을 내렸고, 삼간택을 통해 1718년 윤 8월 1일 어씨를 세자빈으로 결정하였다. 그해 9월 13일 어씨를 세자빈으로 삼고, 9월 16일 혼례를 올리니 선의왕후 어씨 14세로 경종 나이 31세였다.

숙종 46년(1720) 6월 8일 숙종이 승하하자 6월 13일 왕세자인 윤(경종)이 33세에 경덕궁에서 즉위하였다.

경종이 즉위한 지 1년이 지난 1721년 8월 20일 경종은 갑자기 연잉군(영조)을 왕세제로 삼는다고 선언하고, 연잉군이 궐내에 들어와 살도록 명하였다. 이는 경종 부부가 혼인한 지 3년이 지나도 후사를 두지 못했고, 또한 평소 경종의 건강도 좋지 않아 노론의 4대 신인 이이명, 김창집, 이건명, 조태채와 왕대비인 인원왕후의 주청에 의한 것이었다. 경종실록 4권, 경종 1년 8월 20일

영인군을 왕세제로 책봉하자 소론은 많은 불만을 토로했는데, 얼마 후 소론을 더욱 기겁하게 만든 일이 벌어졌다. 연잉군이 왕세제로 책봉된 지 2개월도 안된 10월 10일 집의(執義; 사헌부의 종3품 관직) 조성복이 경종에게 왕세제가 대리청정하도록 하는 소를 올렸다.

이 소식을 접한 김창집 등 노론 대신은 기뻐하며 그의 뜻에 찬동하며 연잉군이 대리청정하는 결정을 내렸다. 한편 연잉군의 대리청정 소식을 접한 소론은 질겁을 하고 이를 완강히 반대였고, 결국 연잉군의 대리청정은 이루어지지 못했다.

연잉군의 대리청정 문제가 거론된 후 소론의 불만은 더욱 커져, 결국 소론은 남인과 손을 잡고 노론을 숙청시킬 계획과 왕세자인 연잉군을 제거할 음모를 꾸몄던 것이었다.

이조참의 김일경 등은 1721년 12월 6일 조성복이 올린 소를 문제 삼아 조성복을 무군부도(無君不道; 왕을 무시하고 도의를 저버림)의 죄로, 그리고 그를 지지한 노론의 4대신을 싸잡아 비방하는 소를 올렸다. 또 다른 편으로는 김일경은 판의금부사 심단과 모의하여 연잉군을 없애 버리고 다른 왕손을 추대하려는 계책도 꾸몄다. 얼마 후 김일경 등은 환관 박상검을 통해 연잉군을 제거하기로 했고 그들의 사주를 받은 박상검은 궁인 석렬과 필정, 환관 문유도와 함께 공모하여 왕세제를 살해하려 하였으나 이 계획은 실패로 돌아갔다. 경종실록 5권, 경종 1년 12월 23일

김일경 등의 상소로 인해 결국 김창집 등 노론 4대신은 정권에서 실각되었고, 결국 유배가게 되었다.

소론은 여기서 그치지 않았다. 3개월 후인 경종 2년(1722) 3월 27일 김일경은 목호룡을 사주하여 정인홍, 김용택 등 60여명의 노론 인사들이 규합해 역모를 꾸미고 있다는 고변서를 올리게 하였다. 목호령은 남인의 서얼 출신으로 지관이었다.

「목호룡(睦虎龍)이란 자가 상변(上變)하여 고(告)하기를,

'역적(逆賊)으로서 성상(聖上)을 시해(弑害)하려는 자가 있어 혹은 칼로써 혹은 독약(毒藥)으로 한다고 하며, 또 폐출(廢黜)을 모의한다고 하니, 나라가 생긴 이래 없었던 역적입니다. 청컨대 급히 역적을 토벌하여 종사(宗社)를 안정시키소서.' 하고, 또 말하기를, '역적 중에 동궁(東宮)을 팔아 씻기 어려운 오욕을 끼치려 하는 자가 있습니다. 역적의 정상을 구명(究明)해서 누명(累名)을 씻어 국본(國本)을 안정시키소서.' 하였다.」

고변 내용은 역적들이 경종을 삼급수(三急手)를 사용해 시해하려 했다는 것이었다. 삼급수란 노론 명문가의 자제들이 자객을 보내 경종을 살해하는 대급수, 궁녀를 시켜 임금의 수라상에 독을 풀어 살해하는 소급수, 숙종의 유언을 위조해 경종을 폐출시킨다는 평지수 등 3가지 시해방법이었다. 이로 인해 김창집(金昌集) 등 노론 4대신(大臣)을 비롯한 노론 인물 대부분이 처형되었다. 그 결과 노론 세력은 퇴출되어 정권은 완전히 소론의 손으로 넘어갔다.

왕통문제와 관련하여 조선 경종 1년 신축년(1721)부터 경종 2년 임인년(1722년)에 걸쳐 소론은 대부분의 노론 인사들을 숙청 제거하여 노론을 몰아냈다. 이를 신임옥사(辛壬獄事)라 한다.

한편 선의왕후 어씨도 평소 시동생인 연잉군과 사이가 좋지 않자 소론의 강경파였던 김일경과 비밀리에 협의하여 종친 중에 한 명(소현세자의 증손인 밀풍군 이탄의 아들 이관석)을 입양시켜 경종의 대를 이으려고 하였다. 그러나 인원왕후 김씨가 삼종혈맥이 아니면 왕

으로 계승할 수 없다고 완강하게 주장하였고 또한 경종의 급서로 선의왕후 계획은 수포로 돌아갔다. 영광과 좌절의 오백년 조선왕조실록, 이상각

경종의 임종 직전 경종의 병수발을 맡아하던 연잉군은 어의들의 반대에도 불구하고 상극으로 여겼던 생감과 게장을, 그리고 열이 있을 때 인삼을 드려서는 안된다는 어의들의 간청에도 경종에게 인삼을 드려 경종 사후에 독살설에 휘말려 곤혹을 치루게 되는데 선의왕후 어씨는 연잉군이 고의적으로 자기 남편을 독살하였다고 믿고 있었다.

경종 4년(1724) 8월 25일 37세 나이로 경종이 승하자자 8월 30일 연잉군이 인정문에서 즉위하니 그의 나이 31세였고, 선의왕후 어씨는 20세 나이에 왕대비가 되었다.

선의왕후 어씨의 죽음

영조가 왕에 등극한 후 선의왕후 어씨는 쓸쓸하고 외롭게 지내던 중 영조 6년(1730) 3월 9일 영조의 세자(효장세자)와 옹주를 매흉(저주하여 남이 병들거나 죽기를 바라는 뜻)하는 사건이 발각되었다.

「재작년 원량(元良; 왕세자)의 병이 증세가 자못 이상하게 되었을 적에 도승지(都承旨) 또한 '의원도 증세를 잡을 수가 없다고 합니다.' 라고 하지 않았던가? 내가 진실로 의심했지만 일찍이 입에 꺼내지 않았고, 지난 번 화순 옹주(和順翁主)가 홍진(紅疹)을 겪은 뒤에

하혈(下血)하는 증세가 있었기 때문에 매우 마음에 괴이하게 여기며 의아해 하다가, 이제 와서야 비로소 독약(毒藥)을 넣어 그렇게 된 것임을 알게 되었다. 그가 이미 세자(世子)의 사친(私親; 서자의 친어머니)에게 독기(毒氣)를 부렸기 때문에 세자가 점점 장성하는 것을 좋게 여기지 아니하여 또 다시 흉악한 짓을 하였고, 강보(襁褓; 포대기)에 있는 아이인 4왕녀(王女)에게도 또한 모두 독약을 썼다. 나의 혈속(血屬)을 반드시 남김없이 모두 제거하려 했으니, 어찌 흉악하고 참혹하지 아니한가? 정명(正命; 정당한 수명)으로 죽어도 오히려 애통하기 짝이 없거늘, 하물며 비명(非命)에 죽는다면 부모가 된 사람의 마음이 또한 마땅히 어떠하겠는가?

신축년(경종 1년인 1721년)의 일은 내가 제기해 말하고 싶지 않으나, 무신년(영조 4년인 1728년)부터 흉악한 짓을 하기 시작하여 이미 원량(元良)을 해쳤으니, 그가 아무리 지극히 흉악한 사람이라 해도 또한 그만두어야 할 것인데, 반드시 4왕녀를 모두 독살(毒殺)하고야 말려 했으니, 그의 마음의 소재가 어찌 너무나도 음흉한 사람이 아니겠는가? 만일 원량에게 독약을 쓴 일이 없었다면 금내(禁內; 대궐내)에서 다만 마땅히 장살(杖殺; 형벌로 매로 쳐서 죽임)하고 말았을 뿐이겠지만, 동궁에게 흉악한 짓을 한 정상이 이번에 이미 탄로났고 금내에서 구문(究問; 샅샅이 조사함)하자 그가 또한 지만(遲晚; 예전에 죄인이 자기 죄를 인정할 때 너무 오래 속여서 미안하다는 뜻)으로 납초(納招; 실록의 근본 자료)하였으니, 만일 이런 일이 명백하여 의심없는 것이 아니라면 어찌 국청(鞫廳; 중죄인을 심문하는 일)을 설치하는 일이 있기까지 하겠는가? 접때 거동했을 때 금내에서 파수(把守; 경계하여 지킴)하는 일이 있어 비로소 수상한 흔적이 있음을 알게 되어 내가 빈궁(嬪宮)으로 가는 길에 잡게 되었는데, 대저 창경궁 근처는 한 조각도 말끔하고 깨끗한 땅이 없었다. 그로 하여금 매흉(埋凶)한 곳을 가리키도록 하여 파 보았더니, 뼛가루와 뼛조각 그리고 쇠기름 같은 것이 곳곳마다 있었고, 빈궁 및 옹주방(翁主房)의 담장 밖에도 모두 묻은 데가 있었으니, 이 얼마나 흉악한 뱃속이란 말인가?」 영조실록 25권, 영조 6년 3월 9일

영조 4년(1728)부터 세자와 네 명의 옹주을 독살시키고, 아울러 영조 자손들을 저주하는 행위를 하였다는 죄목으로 선의왕후 어씨의 궁녀들을 친국하여 그들로부터 독살과 저주한 사실을 실토받았다. 그러나 배후를 규명하는 과정에서 선의왕후가 중심 인물이라는 심증은 있었으나 물증은 찾지 못했다. 이에 영조는 영조 2년(1726) 10월부터 선의왕후가 거처하던 경덕궁 저승전에서 어조당으로 거처를 옮겨 그녀를 유폐시켰다.

이 사건이 일어난 지 3개월 후인 1730년 6월 28일 선의왕후 어씨가 특이한 병세를 보이면서 위급하다는 어의의 보고가 있었다. 그 내용을 보면,

「왕대비전이 구역증(嘔逆症)이 나고 몸을 떨면서 증후(症候)가 위급하였다. 내국 도제조(內局都提調) 홍치중(洪致中), 제조(提調) 윤순(尹淳), 부제조(副提調) 정석오(鄭錫五)가 임금의 분부로 인하여 달례문(達禮門) 밖으로 나아가니, 임금이 상휘당(祥暉堂)에서 인견

(引見)하고 증후를 물었다. 대왕 대비전(大王大妃殿)의 하교로써 의관(醫官) 권성징(權聖徵), 현제강(玄悌綱)이 왕대비전의 침실(寢室)에 입시(入侍)하여 증후를 진찰하였다. 임금이 또 약방(藥房)의 여러 신하들을 융무당(隆武堂)에게 인견하고 증후를 묻기를, '지나치게 몸을 떨고 혹은 통곡하는 소리를 내며 혹은 읍성(泣聲)도 내는데, 의관들은 일찍이 이런 증후를 보았는가?' 하였는데, 중관(中官)이 와서 아뢰기를, '왕대비전께서 헛소리를 하시는 듯합니다.' 하였다

임금께서 일어나 침실(寢室)로 들어가니, 대신(大臣) 이하 여러 신하들이 모두 현광문(玄光門) 밖으로 물러갔다. 조금 후에 임금이 어좌(御座)에 나와서 말하기를,

'증후가 별로 아픈 곳은 없는 듯한데, 울음 소리 같은 음성을 내며 손으로 물건을 치는 듯한 형용을 한다.' 하니, 홍치중 등이 말하기를,

'보통 이러한 증후가 많이 있으니, 그다지 염려할 것은 없습니다.' 하였다.」 영조실록 26권, 영조 6년 6월 28일

요약하면 왕대비가 지나치게 몸을 떨면서 괴이한 행위 즉 통곡하거나 읍성(눈물을 흘리며 우는 소리)하면서 손으로 물건을 치는 듯한 형용을 한다는 것이다. 그리고 그 다음 날인 6월 29일 어조당에서 선의왕후 어씨는 승하하였다. 그 당시 그녀의 나이는 26세였다.

선의왕후의 능호는 의릉(懿陵)으로 서울시 성북구 석관동 산1-5에 위치하며 경종과 쌍릉으로 묻혀있다.

영조실록에 기록된 선의왕후 어씨의 임종 직전의 임상소견은 전

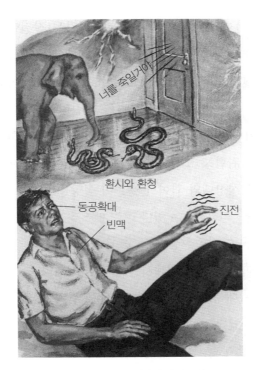

[그림 19]   진전섬망의 임상소견

형적인 진전섬망(delirium tremens)이다.

진전섬망이란 온몸의 거칠은 떨림(진전)을 수반한 특유한 의식
상태(섬망 상태)을 특징으로 한 임상증후군을 말한다[그림 19].

섬망은 정신의 혼돈 상태 하나로 안절부절 못하고, 잠을 안 자고,
악몽(nightmare), 망상(delusion), 환각(hallucination)을 수반한다.
환각은 환시(visual hallcination), 환청(auditory hallucination), 환
촉(tactile hallucination) 등 여러 형태로 나타날 수 있으나, 생생한
환시가 제일 흔히 나타나는 환각 증상이다.

선의왕후 어씨가 지나치게 몸을 떤 소견은 진전이었다. 소리를 내면서 통곡하거나 읍성을 내는 헛소리, 그리고 손으로 물건을 치는 듯한 형상은 생생한 환시(vivid visual hallucination) 때문에 눈에 보이는 것(곤충, 동물, 사람 등)을 쪼거나 때릴려는 행위였는데 아마도 선의왕후 어씨의 환시 내용은 자기 자신을 해치려고 하는 사람(아마도 영조?)에게 위협을 느껴 방어하는 모습이 아니었나 생각된다. 이러한 혼돈된 의식상태와 괴이한 행동이 섬망증상이다.

이런 증후를 흔히 볼 수 있다고 도제조 홍치중이 말한 것을 보면 그 당시에도 종종 진전섬망과 비슷한 증후를 어의들이 보았지만 이에 대한 원인이나 병력에 대해서는 몰랐던 것이다.

진전섬망은 대부분 알콜 중독 시 술을 갑자기 끊을 때 일어나는 소견 중에 하나인데, 알콜 중독 이외도 신경안정제 등을 갑자기 끊을 때, 폐렴이나 감기 등 신체 질환, 두부외상 등 타박 후에도 볼 수 있는 소견이나 이들 경우에서는 매우 드물다.

선의왕후 어씨의 진전섬망의 원인은 알 수 없다.

실록이나 문헌상에는 그녀의 음주 여부에 대한 기록은 없지만 사망전후의 어씨가 처해 있는 상황을 고려하면 자신의 괴로움과 고통을 떨쳐내기 위해 어느 날 처음으로 술을 대하게 되었고 그 이후 하루하루 고통을 잊기 위해 계속 술을 마셨을 가능성을 추리해 본다. 경종을 독살시킨 장본인을 영조라고 생각한 선의왕후 어씨는 영조가 왕위를 잇자 불만이 많았을 것이고, 영조가 즉위 후 영조의 세자와 옹주들 독살 사건과 관련해서 자신을 경덕궁 어조당에 유폐시키자 울분이 겹해졌고 억울하고 분하고 괴로운 심정을 안고 하루하루를 보냈을 것이다. 이 때 고통을 잊을 수 있는 방법을 찾던 중 궁궐 내에서 손쉽게 접할 수 있는 술을 알게 되었을 것이다. 따라서 평소 술을 못하던 선의왕후도 분함과 괴로움을 잊기 위해 술을 마시게 되었을 것이다.

또 선의왕후가 술을 들었을 것으로 추정되는 간접적인 사례들이 조선왕조실록에 기록되어 있다.

문종의 두 번째 세자빈이었던 봉씨도 문종이 자신을 거들떠 보지 않자 외로움에 봉씨는 술을 접하게 되었고 날마다 마시자 술양도 늘어 큰 그릇으로 시도 때도 없이 마셔 취하여 시녀 등에 업혀 다니면서 소리를 지르며 행패 등 술주정을 하였다. 심지어 자신의 아버지 상중에도 술을 마셨다. 세종실록 75권, 세종 18년 11월 7일

문정왕후 윤씨도 수렴청정을 그만둔 후 자신의 쓸쓸함을 달래기 위해 공신들의 처를 가끔 후원으로 불려들여 연회를 열어 공신부인들에게 술을 권하고 한껏 흥취를 돋았다. 따라서 궁궐 내에서 술을 취하는 것은 어렵지 않았던 것이다.

조선시대에는 자주 금주령을 내렸지만 여러 왕들 가운데 가장 엄하게 그리고 오랜 기간 금주령을 시행한 왕은 영조이다.

실록에 의하면 특히 선의왕후 어씨가 사망한 1년 뒤인 영조 7년 6월 부터는 흉년이 들어 금주령을 엄하게 내렸다. 이와 더불어 후에 선의왕후의 죽은 원인이 술과 유관하다는 사실을 알고서 영조는 더 철저하게 금주령을 내린 것이 아닌가 추측해 본다.

영조는 술은 나라의 국력을 저해하는 가장 큰 해악으로 보았으며, 술을 빚거나 마시는 자는 태형에 처하거나 귀양을 보내고 관리가

이러한 잘못을 저지른 경우 그 직위를 파직시켰다. 영조실록 100권, 영조 38년 11월 14일; 영조실록 103권, 영조 40년 5월 3일

다른 왕들은 흉년 때나, 국상, 제사기간 등 특별한 기간에만 일시적으로 금주령을 내렸지만, 영조는 영조 7년(1731) 6월 이후 재위기간동안 강력한 금주령을 선포하여 심지어 국가의 제사인 종묘 제례에도 술을 쓰지 못하도록 하였다.

일례로 영조 33년(1756) 5월에 사도세자가 세수도 제대로 하지 않고 옷도 단정히 입지 않고 걸음걸이가 휘청거리다가 영조를 보고 무안해서 얼굴이 빨개지는 것을 보고 다짜고짜 세자에게 '너 술을 먹었구나?' 하니 영조 앞에서 기가 죽은 사도세자는 술을 마시지 않았는데도 "네"라고 대답해 호된 꾸중을 들었다는 일화가 한중록에 기술 된 것을 보면 그 당시 지위고하를 막론하고 음주에 대해서는 철저히 단속 하였다.

선의왕후 어씨는 몸을 떠는 진전 증상과 과대한 행동 즉 통곡하거나 읍성을 내는 헛소리와 함께 손으로 물건을 치는 듯한 형상인 환시소견을 동반한 섬망 증상을 보여 진전섬망을 앓다가 사망한 것은 틀림없는 사실이다. 그러나 그 원인은 알 수 없으나 추측컨대 영조에 대한 분노와 복수심 등으로 인해 생긴 심한 스트레스를 달래기 위해 수시로 취한 술이 중독되어 알콜중독이 되었고 이런 상황에서 어느 날 갑자기 술을 끊은 것이 원인이 되어 진전섬망으로 발전되어 사망하였을 것으로 추정해 보나 현재로서 그 원인은 알 수 없다.

제21대 영조의 왕비

정성왕후 서씨

생몰년   1692 - 1757

재위기간 1724 - 1757

자녀수   무자녀

사인   실혈사

정순왕후 김씨

생몰년   1745 - 1805

재위기간 1759 - 1776

자녀수   무자녀

사인   심근경색증

첫날 밤 뱉은 말 한마디로 버림받은 왕비 정성왕후(貞聖王后) 서씨

— 토혈을 한 후 실혈로 66세에 사망하다

입을 떠난 말은 두 번 다시 돌아오지 않는다.

-Flaccus Quintus Horatius-

영조와 정성왕후 사이에는 자식이 없었는데 이것을 두고 훗날 호사가들이 소박을 맞았다는 이야기를 하곤 한다. 이야기인 즉,

「혼인 첫날 밤 연잉군이 그녀의 손을 보고는 왜 이리 곱냐고 물어보자 고생을 안한 덕에 손에 물을 묻히지 않아 그리하였다고 대답하니 연잉군이 자신의 어머니인 숙빈 최씨를 깔본 것으로 간주하고 이후로 찾지 않았다는 것이다.」 한중록연구, 김용숙

첫날 밤 서씨가 무심코 뱉어낸 말 한마디로 영조는 그녀를 멀리

하였다는 것이다.

정성왕후 서씨는 달성부원군 서종제의 딸로 숙종 18년인 1692년 12월 7일 태어났다.

아버지인 서종제는 세조 때 정승 서거정의 형인 서거광의 9대손이다. 서종제는 숙종 13년(1687) 생원시, 진사시 사마 양시에 모두 합격하였고, 숙종 30년(1704) 그의 딸이 연잉군과 혼인하자 사릉참봉에 임명되었다. 그리고 사위인 연잉군이 왕세제로 책봉되자 의정부 좌찬성에 추봉되었고, 1724년 8월 30일 연잉군이 왕으로 즉위하자 그해 9월 22일 우의정과 달성부원군으로 추봉되었다. 그러나 그의 후손 중에 이후 벼슬하는 자가 없어서 집안이 무척 궁색해져 어렵게 살았다고 한다.

정성왕후 서씨는 숙종 30년(1704) 2월 21일 연잉군과 혼인하였다. 당시 그녀 나이 13세였고 연잉군은 11세로, 영조와 정성왕후 사이에는 자식이 없었다.

경종 1년(1721) 8월 20일 연잉군이 왕세제로 책봉되자 그녀도 왕세제빈이 되었다.

그리고 경종이 젊은 나이에 승하하자 1724년 8월 30일 연잉군이 승계하여 창덕궁 인정문에서 왕으로 즉위하니 31세였고, 정성왕후 서씨도 33세에 왕비로 책봉되었다.

영조는 즉위하자 정쟁의 폐단을 없애기 위해 당색이 온건한 인물로 인사를 개편하는 정미환국을 1727년에 일으키고, 즉위 초부터 준비한 탕평책을 추진하였다.

영조 4년(1728) 3월 중순 정권에서 배제된 소론과 남인의 과격파가 연합해 무력으로 정권 탈취를 획책한 역모 사건이 일어났다(이인좌의 난 또는 무신란). 이 때 소현세자의 증손인 밀풍군 이탄을 왕으로 추대하려고 하여 영조는 영조 5년(1729) 3월 28일 밀풍군을 자진케 하였다.

정성왕후 서씨는 결혼 첫날 밤의 일화 때문인지는 알 수 없지만 결혼 이후 영조와 부부 사이는 좋지 않았다. 이들 부부 사이의 불화의 요인으로 아마도 영조의 성격이 크게 작용했던 것으로 추측된다.

오스트리아 정신의학자인 아들러(Alfred Adler)는 인격형성의 주요 요소는 '가정에서의 아이의 위치'로 보고 있다.

영조의 아버지인 숙종은 편애적 신탤리티(syntality; 자라는 과정에서의 성격, 행동 경향) 속에서 자라서 자기애적 성격이 강해 자칫 정서 발달이 불안정하여 어려움에 대한 인내력이 부족하고 변덕스러움이 심했다. 따라서 숙종시대 세 차례의 환국이 일어나고, 인현왕후 민씨와 희빈 장씨 간의 왕비 바뀜도 숙종의 자기애적 성격 때문에 의한 것이라는 추측도 있다. 심리학으로 보는 조선왕조실록, 강현식

숙종과는 반대로 영조의 어머니인 숙빈 최씨는 무수리 출신으로 왕의 승은을 입고 일약 빈으로 출세한 미천한 여인이었다. 이렇듯 전혀 다른 가정환경을 가진 부모 밑에서 태어나고 자란 영조는 부모들의 상반된 이미지가 그의 내면에 각각 따로 깔려 있었을 것이다. 따라서 이런 부모의 영향으로 영조는 편애하는 성격을 가지게 되었고, 특히 어머니에 대한 나쁜 이미지는 그 자신을 초라하게 만들어 내색

하기도 싫었을 것이다.

또한 사람에게는 잔상 효과라는 것이 있다.

사람은 강한 태양광선이 내리 쬐는 여름철에 밖에서 놀고 있다가 집에 들어오면 한동안 주위 환경이 헐레이션(halation; 화면에서 밝은 부분 주위에 보이는 빛의 고리)을 일으킨다. 이것은 강렬한 태양광선이 망막을 강하게 자극하면 자극받은 망막은 시신경을 흥분시켜 자극이 없어진 후에도 그 흥분이 한동안 가라 앉지 않는다. 이 때문에 망막은 앞서 본 상을 어렴풋이나마 간직한 채 사물을 보게된다. 이와 같은 현상을 잔상 효과(persistence of vision)라고 한다. 이런 잔상 효과는 눈 뿐 아니라 사람의 마음 속에도 있어 어릴 때 부모에 대한 잔영, 특히 부모의 좋은 면보다 나쁜 면이 잔상으로 남게 된다. 따라서 말하는 사람은 아무 뜻 없이 뱉은 말 한마디가 듣는 사람에 따라 오해를 불러일으킬 수도 있고 심한 경우 비수가 될수 있는 것이다.

정성왕후 서씨는 항상 기쁜 얼굴빛과 온순한 자태로 윗전을 잘 모셨고, 나이가 들어서도 자애하는 마음은 한결 같았으나, 첫날 밤의 일화 때문인지 부부 사이는 좋지 않았다. 따라서 정성왕후 서씨는 자식도 낳지 못하자 영빈 이씨가 낳은 사도세자를 친 아들처럼 여기면서, 사도세자 부인인 혜경궁 홍씨의 보살핌을 받으면서 외롭고 쓸쓸한 생을 보내야만 했다.

그러던 중 영조 33년(1757) 2월 14일 정성왕후 서씨가 피를 토하면서 원기가 떨어지자 연달아 삼다(인삼차)를 올려 마시게 하였지만 호전이 없자 상하가 허둥지둥 어쩔 줄 몰랐다고 한다. 그 때 상황을 한중록에서는 정성왕후의 숙환이 갑자기 중해져 손이 다 푸르렀고 토혈한 양도 한 요강이나 되었으며 핏빛이 붉지도 않고 검었다고 보다 자세하게 기술하고 있다.

토혈 후 정성왕후는 새벽에 의식이 없어지고 그 다음 날인 2월 15일 갑자기 승하하였다. 그 때 그녀의 나이는 66세였다.

정성왕후의 능호는 홍릉(弘陵)으로 경기도 고양시 덕양구 용두동 산 30-1번지 서오릉 내에 있다. 영조는 원래 정성왕후 능을 아버지인 숙종의 명릉 근처에 만들고 훗날 자신이 정성왕후 옆에 묻히기 위해 옆자리를 비워놓았다. 그러나 1776년 영조가 승하한 뒤 손자인 정조가 당시 왕대비였던 영조의 계비인 정순왕후 김씨를 의식하여 현재의 동구릉 위치에 영조와 정순왕후 무덤인 원릉을 조성하였다. 결국 정성왕후는 옆자리가 비워진 채 죽어서도 홀로 홍릉에 머물게 되었다. 생존에도 홀로 외롭게 지냈는데 죽어서도 혼자 되니 사람 팔자는 죽어서도 고쳐지지 않나 보다.

정성왕후 사망 시 토혈 소견은 위장관 혈관이 갑자기 터져 일시에 대량으로 출혈된 소견이 아니라, 소화성 궤양이나 열상에 의해서 헐은 상부 위장관(식도, 위, 십이지장)의 혈관에서 일정 기간 동안 서서히 출혈이 되었다가 위에서 어느 수준까지 축적되면 어느 순간 일시에 피를 토하게 된 소견을 의미한다. 후자의 경우에도 급성출혈처럼 대량으로 토혈하는 소견은 같지만, 급성출혈 시 토혈하는 피색깔은 선홍색이지만, 만성출혈 시 토혈하는 피색깔은 검붉다. 그 이유는 만성출혈시 위장에 고였던 피가 소화되면서 선홍색이 검붉은 색으로 변하기 때문이다. 또한 만성 출혈 시에는 빈혈이 심해져 손도

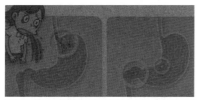

[그림 20] **토혈의 원인**

1. 소화성 궤양(위나 십이지장)
2. 위암
3. 말로리바이스증후군(Mallory-Weiss syndrome, 식도하부 점막 열상)
4. 식도나 위정맥류(간경변증)

푸르게 보이게 된다.

　토혈의 원인은 다양하지만 소화성 궤양, 위암, 식도하부 점막의 열상, 식도나 위정맥류가 흔한 원인이 된다[그림 20].

　정성왕후 서씨는 자식도 못 낳고 영조로부터 홀대를 받았다. 그리고 영조와 친자식 같은 사도세자의 부자간 갈등으로 인해 그녀는 항상 스트레스 속에서 살아 이것이 원인이 되어 소화성 궤양(peptic ulcer)을 평소 앓고 있었을 가능성이 크다.

　정성왕후는 소화성궤양의 합병증으로 위장에서 서서히 출혈이 되면서 피가 축적되어 토혈을 하게 되었고, 결국은 다량의 출혈로 인해 몸의 혈액이 부족해진 쇼크 상태로 사망했을 가능성이 높다.

천주교를 탄압한
왕비 정순왕후(貞純王后) 김씨

— 61세 때 갑자기 승하하다

여자가 한을 품으면 오뉴월에도 서리가 내린다.

「대왕 대비(정순왕후)가 하교하기를,

　선왕(先王; 정조)께서는 매번 정학(正學: 바른 학문)이 밝아지면 사학(邪學; 사악한 학문)은 저절로 종식될 것이라고 하셨다. 지금 듣건대, 이른바 사학이 옛날과 다름이 없어서 서울에서부터 기호(畿湖; 경기도와 황해도 남부 및 충청남도 북부)에 이르기까지 날로 더욱 치성(熾盛; 불길같이 일어나고 있음)해지고 있다고 한다. 사람이 사람 구실을 하는 것은 인륜이 있기 때문이며, 나라가 나라 꼴이 되는 것은 교화가 있기 때문이다. 그런데 지금 이른바 사학은 어버이도 없고 임금도 없어서 인륜을 무너뜨리고 교화에 배치되어 저절로 이적(夷狄; 오랑캐)과 금수(禽獸; 짐승)의 지경에 돌아가고 있는데, 저 어리석은 백성들이 점점 물들고 어그러져서 마치 어린 아기가 우물에 빠져들어가는 것 같으니, 이 어찌 측은하게 여겨 상심하지 않을 수 있겠는가? 감사와 수령은 자세히 효유(깨달아 알아듣도록 타이름)하여 사학을 하는 자들로 하여금 번연히 깨우쳐 마음을 돌이켜 개혁하게 하고, 사학을 하지 않는 자들로 하여금 두려워하며 징계하여 우리 선왕께서 위육(位育; 만민이 그 생활에 만족하고 만물이 충분히 육성됨)하시는 풍성한 공렬(드높고 큰 공적)을 저버리는 일이 없도록 하라. 이와 같이 엄금한 후에도 개전하지 않는 무리가 있으면, 마땅히 역률(逆律; 역적을 처벌하는 법률)로 종사(從事; 어떤 일에 마음과 힘을 다함)할 것이다. 수령은 각기 그 지경 안에서 오가작통법(五家作統法; 민호 다섯 집을 한 통으로 편성하는 호적법)을 닦아 밝히고, 그 통내(統內; 마을)에서 만일 사학을 하는 무리가 있으면 통수(統首)가 관가에 고하여 징계하여 다스리되, 마땅히 의벌(劓罰; 코베는 벌)을 시행하여 진멸(무찔러 모조리 죽여 없앰)함으로써 유종(遺種; 대잇는 자손)이 없도록 하라. 그리고 이 하교를 가지고 묘당(廟堂; 나라와 정치를 담당하는 조정)에서는 거듭 밝혀서 경외(京外; 서울과 시골)에 지위(知委; 명을 내려 알려줌)하도록 하라.」순조실록 2권, 순조1년 1월 10일

정순왕후 김씨의 하교문은 정조의 천주교 해법론을 오히려 천주교를 확산시키는 무능한 규제라고 규정하였다. 그러나 그녀의 하교문은 정적인 남인과 시파를 제거할 목적으로 한 숙청의 신호탄이었던 것이다(신유박해).

조선시대 첫 천주교 박해는 신유박해보다 10년 전인 정조 15년 (1791)에 일어난 신해박해이다. 전라도 진산군에 사는 선비 윤지충 (윤선도의 6대손)은 정약용의 외사촌으로 정약용의 가르침을 받고 천주교에 입교하였다. 1791년 10월 윤지충의 어머니 권씨가 세상을 떠나자 외사촌 권상연과 함께 신주를 불사르고 천주교식으로 제례를 지냈다. 그 당시 부모를 효로 숭상하는 유교 사상으로 볼 때 그것도 불효 중에 불효 행위였기에 윤지충은 상상도 할 수 없는 패륜 행위를 저지른 것이다. 정조실록 33권, 정조 15년 10월 23일

더욱더 그 당시 천주교 신도가 집권파인 남인 계파에 많았기 때문에 이 문제는 더욱 심각한 사건이 되었다. 따라서 윤지충 문제로 천주교 신봉을 묵인하는 신서파와 천주교를 탄압하는 공서파가 대립하게 되었다.

그러나 정조는 이 사건의 당사자만을 처형하고, 천주교의 교주로 지목 받은 권일신을 유배하는 선에서 끝내고, 천주교에 대한 관대한 정책을 펼쳤다. 그러나 이후 남인 계통의 좌장인 좌의정 채제공을 중심으로 하는 신서파와 이에 반대하는 홍의호, 홍낙안 등의 공서파는 10여년간 대립을 계속되었다.

신해박해 때 정조는 윤지충 등 당사자만 처벌하였지만, 신유박해 때 정순왕후 김씨는 사학인 천주교 확산을 방지한다는 미명하에 100여명의 천주교인을 처형하였는데, 실은 그녀에 반대하는 시파와 남인들를 몰아내는 대규모 정치적 숙청이었다.

신유박해 이후 100여년 동안 조선 말기에는 끊임없이 천주교를 박해하였다. 이중 대표적인 박해는 신해박해와 신유박해 이외 헌종

5년 (1839년) 기해박해, 고종 3년(1866년) 병인박해가 있었는데, 이를 조선시대의 천주교의 4대 박해라 한다. 한국민족문화백과

정순왕후 김씨는 오흥부원군 김한구의 1남 1녀로, 영조 21년 (1745) 11월 10일에 충남 서산에서 태어났다. 그녀의 오빠는 김귀주이다.

아버지 김한구는 영조 35년(1759) 그의 딸이 영조의 계비가 되자 돈녕부도정이 되고 오흥부원군에 봉해졌다. 그해 금위대장을 거쳐 1763년에는 어영대장이 되었으나, 1764년 아들 김귀주가 척신으로서 당론에 간여했다 하여 김귀주가 파직될 때 함께 파직되었다.

정순왕후 김씨가 어릴 적 서산에서 살았는데 집안이 몹시 가난해서 김한구 가족은 족인(성과 본이 같은 먼 친척)의 집에 살았다. 3세 때 역질이 온 마을에 번지자 들 밖에 초막을 마련하고 정순왕후 김씨도 어머니와 함께 나가서 역질을 피해 초막에서 지냈다. 초막살이 시절 도깨비들이 떼를 지어 초막 밖에 와서 말하기를, '곤전께서 여기 계시니 떠들지 말라.' 하고 모두 흩어져 가니 어머니가 자못 이를 이상히 여겼다는 현대에서는 믿기 어려운 일화도 있다. 또 다른 일화가 있는데 그 내용을 보면 다음과 같다.

「1747년 정월 정순왕후 3세 때 서산을 떠나 서울로 이사하게 되었다, 이 때 이사관이 전라감사로 부임하다가 객지에서 서로 만나게 되었다. 이사관과 김한구는 본래부터 아는 사이였다고 한다. 그

날은 몹시 춥고 바람과 눈이 섞여 내리고 있었다고 한다. 이에 이사
관이 아버지인 김한구에 이르기를, '날이 이같이 추운데 그대의 딸이
추위에 고생하지 않겠는가?' 하고 입고 있던 초구(貂裘; 담비의 모피
로 만든 갖옷)를 벗어서 주니 아버지인 김한구가 몹시 고맙게 여겨
서 후일 항상 그 말을 정순왕후에 들려 주었다고 한다. 정순왕후가
왕비가 된 후 영조가 어느 날 '옛날에 후가 곤궁할 때 돌봐준 사람이
없는가?' 물으니 서울에 이사올 때 이사관이 베푼 이야기를 하고 그
가 초구를 벗어주지 않았다면 생명을 부지하지 못했을 것이라고 말
했다고 한다. 그 후 영조는 이사관을 발탁해 써서 14년 만에 조정에
들어오게 하고 재상(좌상)으로 삼았다고 한다.」대동기문

정성왕후가 1757년 2월 15일 사망하여 3년간의 예를 다 마치고
곤위가 오래 비어있어 1759년 5월 3일 대신과 예조 당상이 중전의
가례를 청했으나 영조는 일단 거절하였다. 그러나 얼마 지나지 않아
영조는 삼간택을 행하고 그해 6월 9일 김한구의 딸을 왕비로 간택하
고 6월 22일 혼례를 올렸다. 그 때 정순왕후 나이는 15세였고 영조
는 66세였다. 둘 사이에는 자식을 두지 못했다.

계비 간택시 영조가 친히 간택에 참여하여 왕비를 간택하였다고
한다. 정순왕후 간택 시 일화가 있어 소개하면 다음과 같다.

「왕후가 십오세인 기묘년, 정성왕후의 국상이 이미 끝난 이후에,
영조가 친히 간택에 임하여 궁중에 사대부 처녀들을 모으게 했다. 정
순왕후는 홀로 자리를 피하여 앉았다. 영조가 왜 자리를 피하느냐고

물었다. 왕후는 '아비 이름이 여기에 있는데 어찌 감히 자리에 앉겠습니까?' 라고 답하였다.

왕이 여러 처녀에게 묻기를 '어떤 물건이 가장 깊은가?' 하자 혹은 산이 깊다 하고, 혹은 물이 깊다 하여 의견이 일치하지 않았다. 정순왕후는 홀로 사람의 마음이 가장 깊다고 하였다. 영조가 그 까닭을 묻자, '왕후는 다른 물건의 마음은 예측할 수 있지만 사람의 마음은 예측할 수 없습니다.' 하였다. 영조가 또 어떤 꽃이 가장 좋으냐고 물었다. 혹은 복사꽃이, 혹은 모란이, 혹은 매화가 좋다 하여 대답하는 바가 일치하지 않았다. 왕후는 홀로 목화가 가장 좋다고 대답하였다. 영조가 그 까닭을 묻자, 대답하기를, '다른 꽃은 일시적으로 좋지만, 오직 목화는 옷으로 천하사람들을 입혀 따뜻하게 하는 공이 있습니다.' 하였다. 이때 마침 큰 비가 세차게 내리고 있었다.

영조가 '능히 월랑의 기와 수를 셀 수 있느냐?'고 물었다. 모두 손가락으로 1, 2, 3, 4를 셌다. 왕후는 머리를 숙이고 묵묵히 앉아 있다가 '몇 개입니다.' 라고 대답했다. 영조가 어떻게 알았느냐고 묻자, '처마 끝에서 떨어지는 빗방울 소리로 알았습니다.' 라고 대답했다. 영조가 놀라고 기이하게 여겼다. 그 다음날 아침에 채색의 무지개가 궁궐 안에서 일어나 정순왕후가 세수하는 그릇으로 들어가니 왕후의 덕이 있다고 하여 특별히 간택하여 왕비로 삼았다.

장차 입궁하려 할 때에 여관이 의복을 짓기 위해서 정순왕후에게 돌아서 앉아줄 것을 청하였다. 왕후가 정색을 하면서 말하기를, '네가 돌아서 앉을 수는 없는가?' 하니, 여관이 매우 황공해하였다.」 대동기문 결혼 17년 만인 1776년 3월 5일 83세의 영조가 승하하고 손자인 정조가 25세에 왕으로 등극하였다. 할머니인 정순왕후도 젊은 나이인 32세에 왕대비가 되었다.

흔히 정순왕후 김씨와 정조는 극심한 대립 관계였다고 알려졌으나 실록 등에는 그렇지 않은 것으로 기록이 되어 있다. 내용을 살펴보면 다음과 같다.

정조가 세손 때인 영조 51년(1775) 12월 정조의 대리청정을 반대하였던 홍인한(혜경궁 홍씨의 숙부)과 정후겸을 정조 1년(1777) 3월에 처벌하였는데 이들의 처벌에 대한 정조의 입장을 알리기 위해 편찬한 책인 〈명의록〉에서 '세손이 위기에 처했을 때 내전(정순왕후)이 안에서 세손을 도와 세손이 무사하게 되었다.'는 내용이 수록되어 있고, 〈정조대왕행록〉과 〈정순왕후의 지문〉에서도 같은 내용이 실려 있다. 또한 정조의 어록인 〈일득록〉에서도 정조가 정순왕후를 향해 친밀한 감정을 나타내는 기록이 있고, 정순왕후도 정조의 행록을 쓰며 자신을 극진히 공양했음을 나타내는 내용이 담겨있다.

또한 정순왕후의 오빠인 김귀주는 정조 즉위에 동조하며 함께 행동을 취했고, 이에 정조도 즉위 후 김귀주를 한성판윤으로 제수하였다. 그리고 1776년 홍인한과 정후겸을 탄핵할 때에도 김귀주는 정조를 도와 동참하였다. 정조실록 1권, 정조 즉위년 3월 27일

지금까지의 기술한 내용을 보면 정조와 정순왕후는 원활한 관계가 유지된 것처럼 여겨진다. 그러나 정조는 홍인한 등을 처벌한 후 김귀주를 흑산도로 유배보냈다. 이유인 즉 김귀주가 혜경궁 홍씨에게 문안드리지 않았다는 구실이었지만 (정조실록 2권, 정조 즉위년 9월 9일),

실은 영조시절 김귀주가 정조의 외조부인 홍봉한을 탄핵한데 대한 앙금 때문인 것으로 밝혀졌다.

실록 등 기록물의 내용과는 달리 영조시대부터 정조의 속 마음은 정순왕후 김씨와 그 집안 사람들을 적으로 생각하고 경계하고 있었지만 내색을 하지 않았을 뿐이었다. 그 일예로 혜경궁 홍씨가 지은 〈한중록〉을 보면 혜경궁 홍씨와 정순왕후 김씨 두 집안 간의 불화와 악연이 적나라하게 서술되어 있다. 이전에는 정조의 본심이 밖으로 표출되지 않았을 뿐 김귀주 유배 사건 이후 표면화되어 불편한 관계가 눈에 띄게 더욱 냉랭해졌던 것이다. 따라서 이후 표면화된 정조와의 불화로 정순왕후 김씨는 정조시대에는 숨 죽이며 없는 듯이 지냈던 것이었다 .

정조 24년(1800) 6월 28일 정조가 49세 나이로 승하하고, 그의 아들인 순조가 11세 어린 나이로 즉위하자, 정순왕후 김씨는 대왕대비 자격으로서 수렴청정을 맡게 되니 그녀 나이 56세였다.

정순왕후 김씨는 수렴청정으로 정권을 잡자마자 자신에게 대립하는 시파(정조의 탕평책을 지지하는 정파)를 대거 숙청하였다, 그리고 정조가 묵인했던 천주교를 대대적으로 탄압하고 남인과 시파들을 축출했다.

신유박해 때 남인 출신인 정약용의 셋째 형인 정약종과 조선시대 최초의 천주교 영세자인 이승훈도 처형되었고, 정조의 후견인인 정약용은 전라도로 유배되었다. 또한 이 때 정조의 이복동생인 은언군(철종의 조부)과 혜경궁 홍씨의 동생인 홍낙임도 천주교인으로 처형되었다.

그러나 정순왕후의 수렴청정은 오래 가지 못했다.

수렴청정 3년째인 순조 3년(1803) 4월에는 평양부와 함흥부의 대화재사건, 11월에는 사직서의 악기고 화재, 12월에는 인정전 화재로 인정전이 전소된 사건과 장안의 종루거리의 큰 불 등 화재사건이 거듭 일어나고, 가뭄으로 인해 농사가 흉년이 들어 백성들이 끼니를 잇기조차 어려운 상황에 처하자, 정순왕후 김씨는 1803년 12월 28일 수렴청정을 그만둘 수 밖에 없었다.

정순왕후 김씨는 수렴청정을 마친 2년 후인 순조 5년(1805) 1월 10일에 갑자기 병환이 나더니 이틀 후인 1월 12일 61세 나이로 사망하였다.

정순왕후 김씨의 능호는 원릉(元陵)으로, 경기도 구리시 동구릉 내에 있고, 영조와 함께 묻혀 있다.

정순왕후 김씨의 병명과 사인에 대한 기록은 없다. 그러나 노년에서 발병 이틀 만에 갑자기 사망한 것을 감안하면 급사의 흔한 원인인 심근색증에 의한 사망이 아닌가 사료되지만, 현재로서는 정확한 병명과 사인은 알 수 없다.

효의왕후 김씨

생몰년   1753 – 1821
재위기간 1776 – 1800
자녀수   무자녀
사인   노환

효성과 공손함이 몸에 밴
왕비 효의왕후(孝懿王后) 김씨

— 35세 나이에 상상임신을 하다

부모를 공경하는 효행은 쉬우나, 부모를 사랑하는 효행은 어렵다.
- Oliver Wendell Holmes -

「효의왕후는 영조 계유년(영조 29년, 1753) 12월 13일 해시(亥時)에 가회방(嘉會坊)의 사저에서 탄생하였다. 이때 그 집안에 있던 복숭아나무와 오얏나무 및 기타 꽃나무들이 이 해 가을에 갑자기 꽃이 모두 다시 피어, 그 가족들이 기억하고 있었는데, 효의왕후가 탄생할 조짐이었다고 하였다. 효의왕후는 태어나서부터 순수하고 돈후(敦厚; 인정이 두텁고 후함)하여 덕스러운 모습이 자연히 이루어졌다. 조금 자라자 효성과 공손함이 더욱 독실하여 어른들이 가르치는 말씀을 순종하였으므로, 그 행실이 자연히 법도에 맞았다. 하루는 여러 아이들과 같이 놀았는데, 어떤 아이가 자라나는 풀을 뽑고 있었다.

그러자 그 아이에게 책망하기를 '풀이 이렇게 무럭무럭 자라고 있는데 왜 뽑아 한창 자라나는 생기(生氣)를 해치느냐?' 라고 하였다. 생물에 미친 사랑과 사람을 가르치는 정성이 어렸을 때부터 이와 같았으므로, 그 광경을 보고 그 소문을 들은 친척들이 모두 기특하게 여겼다.」순조실록 24권, 순조 21년 8월 7일 효의왕후의 행장

아름다운 품성을 지닌 효의왕후는 불임녀였다. 그러나 얼마나 아이 갖기를 학수고대하였으면 30대 후반 나이에 상상임신을 하다니 자녀를 두지 못한 그녀의 심정을 헤아릴 수 있을 것 같다.

효의왕후 김씨는 청원부원군 김시묵의 딸로 영조 29년(1753) 12월 13일 태어났다.

아버지 김시묵은 청풍부원군 김우명(현종의 장인)의 현손(증손자의 아들 즉 5대손)으로, 영조 17년(1741) 진사가 되고 1750년 식년 문과에 급제하여 검열교리를 거쳐 1759년에 대사간에 올랐다. 1762년 경기도 감사 때 딸이 세손빈이 되자 총융사에 발탁되었고, 이조 및 호조 참판을 거쳐 한성부판윤 등을 지냈다. 1769년 병조판서겸 어영대장을, 그리고 공조 및 호조 판서를 거쳐 판금의부사, 좌참찬 등을 역임하였다. 1776년 정조가 즉위하자 영의정과 청원부원군에 추증되었다.

효의왕후 김씨는 태생부터 공손함과 효성이 몸에 베 웃어른들을 지극정성 모셨고, 어른들이 가르치는 말에 순종하고 어긋나는 행동

은 하지 않았다고 한다.

정조의 나이 9세 때인 영조 37년(1761) 10월 8일 영조는 '근자에 사치하는 풍조가 날로 성행하니 세손 가례 때는 검소하게 하라.'는 세손 가례에 대한 지침을 내렸다. 그리고 영조는 10월 21일에 세손빈의 초간택을 광명전에서 행하고, 가례청을 설치할 때 가례청의 도제조는 두지 말고 간소하게 행하라는 하교를 다시 내렸다. 그 후 10월 29일 초간택을 시행하여 경기감사 김시묵의 딸, 부사직 윤득양의 딸, 유학 민정렬의 딸, 참의 서명응의 딸, 부사과 유언현의 딸 5명을 세손빈의 후보로 뽑았다. 그러나 재간택 후 김시묵의 딸(효의왕후)이 천연두를 앓고, 11월 27일에는 세손인 정조도 천연두를 앓자, 삼간택을 미뤄 12월 22일에 시행하고 김시묵의 딸을 세손빈으로 결정하였다.

영조가 김시묵의 딸을 세손빈으로 최종 결정한 이유는 숙종 이후 영조까지 여러 성씨들로 왕비로 책봉했지만 그 누구도 적통의 대군을 낳지 못하였다. 그래서 효의왕후 김씨가 현종 비인 명성왕후의 친정 집안인 청풍 김씨라는 것이 크게 작용하였다. 즉 명성왕후가 숙종을 낳았듯이 정조의 배필이 되어 적자 후손을 낳기를 바라는 영조의 뜻이었다고 한다.

「명성왕후(明聖王后)께서는 숙종을 낳으시고 태모(太母; 왕대비를 가르킴)는 그 후광(後光)을 받들었습니다. 무지개 꿈을 꾸던 그날 밤 후원에는 꽃이 피고, 집안에는 향기가 가득하였습니다. 스승의 도움을 받지 않아도 행실이 저절로 법도에 맞았습니다. 그 덕은 두터운 땅과 같았고 효성은 천부적으로 타고 났습니다. 어릴 때부터 천성에 따랐으므로 인자한 마음이 많았습니다. 상처와 충격도 받지 않고 무럭무럭 잘 자라났습니다. 영조(英考)의 정교한 간택으로 훌륭한 세손(世孫)의 배필이 되었습니다.」 순조실록 24권, 순조 21년 8월 7일 효의왕후의 애책문

영조 38년(1762) 2월 2일 효의왕후는 정조와 혼례를 올렸다. 그때 그녀의 나이 10세로 정조는 11세였다.

효의왕후가 처음 간택되었을 때 영조는 손수 '오세(五世) 동안 옛 가풍(家風)을 계승하였으니 이는 나라의 종통(宗統)이 될 만하다〈五世繼昔寔爲宗國〉.'라는 여덟 글자를 써서 하사하였고, 장헌 세자(莊獻世子, 사도세자)도 효의왕후를 사랑하여 '과연 소문대로 훌륭하다.'고 하였다고 한다. 순조실록 24권, 순조 21년 8월 7일 효의왕후의 행장

그러나 영조의 깊은 뜻과는 달리 정조와 효의왕후 사이에는 자손을 두지 못했다.

효의왕후는 혼례 4개월 뒤인 1762년 윤 5월 21일 시아버지인 사도세자가 뒤주 속에서 죽음을 당하는 임오화변이라는 불행을 맞이하였다.

영조 51년(1775) 12월 정조는 할아버지인 영조로부터 대리청정을 맡아보게 되었고, 그 이듬해인 1776년 3월 5일 영조가 83세로 승하 하자, 정조의 나이 25세에 왕으로 등극하고 효의왕후도 왕비가 되었다.

정조 2년(1778) 5월 2일 왕대비인 정순왕후 김씨는 정조의 빈어

(임금의 첩)를 간택하라는 하교를 내리는데 이유인 즉 '정조의 나이
가 거의 30세에 가까워졌는데 종사의 경사가 늦어지고 있다고 하면
서 불행하게도 중전에게 병이 생겨 대를 잇는 시속(아들)을 가질 수
없어 이제는 가망이 없게 되었다' 고 효의왕후의 불임을 선언한 것이
었다.

그리고 그해 6월 27일 홍낙춘의 딸(홍국영의 누이동생)을 빈(원
빈 홍씨)으로 맞아 들였으나 홍씨 역시 자손을 낳지 못하고 1779년
5월 7일 14세 나이로 갑자기 사망하였다. 그러자 홍국영은 원빈 홍
씨의 죽음이 효의왕후의 독살 탓으로 믿고 그녀를 근거 없이 의심하
게 되었고, 홍국영과 효의왕후 사이에는 반목이 생기게 되었다.

원빈 홍씨가 죽자 사도세자의 이복 동생인 은언군의 큰 아들인
상계군을 원빈 홍씨의 양자로 삼아 완풍군이라 개명하였다. 실은 상
계군은 홍국영, 송덕상에 의해 정조의 양자가 되었고, 완풍군이라는
이름도 '완'은 전주 이씨, '풍'은 풍산 홍씨의 본관을 의미하여 홍국영
이 지어준 것이었다. 이 모든 것은 홍국영이 상계군을 정조의 후계
자로 삼아 정조의 뒤를 잇게 하면 자신이 계속 정권을 장악할 수 있
다는 정략에서 나온 것이다. 이런 사실을 그해 9월에서야 눈치를 챈
정조는 홍국영이 자진사퇴하는 형식을 취하게 하여 그를 정계에서
물러나게 하였다. 정조실록 8권, 정조3년 9월 26일

이후 세월이 흘러 정조 11년(1787) 7월 6일 정조가 대신들을 소
견하는 자리에서 영의정 김치인이 놀랍고도 기쁜 소식이라며 곤전
의 회임을 알리면서 왕비의 산실청을 설치할 것을 정조에게 권하였
다. 효의왕후가 결혼한 지 25년이 지난 35세 때 일이었다.

「시임(時任; 현재의 임원)·원임(原任; 전임의 임원)인 대신(大臣)을 소견(召見; 윗사람이 아랫사람을 불러 만나 봄)하였다. 영의정 김치인(金致仁)이 말하기를,

'신이 삼가 듣건대, 곤전(坤殿)께 신후(娠候)가 있다는 항간의 전하는 말이 아주 참된 것일 뿐더러 이제 달 수가 찼다 하니, 신민(臣民)의 기뻐하는 마음을 이루 말할 수 없습니다. 이제 성교(聖敎)를 듣고자 감히 등연(登筵; 대신이 용무로 임금께 나아가 뵘)하였습니다.' 하니, '임금이 말하기를, 5월 이전에는 나도 잘 모르다가 요즈음 비로소 듣고 알았다. 시행해야 할 절목(節目)에 관한 일로 말하면 조금 늦더라도 무엇이 해롭겠는가?' 하였다. 김치인이 말하기를, '하늘이 동방을 도와서 이런 막대한 경사가 있으니, 산실청(産室廳)의 거행은 조금도 늦출 수 없습니다.' 하니, 임금이 말하기를, '천천히 하여도 늦지 않다.' 하였다. 김치인이 말하기를,

'사체(事體; 사리와 체면)가 그렇지 않을 듯합니다.' 하니, 임금이 말하기를,

'예전에 명성왕후(明聖王后)께서는 내국(內局)의 약을 한 첩도 드신 일이 없었고, 또 내가 탄강할 때에도 그 달이 되어서야 비로소 산실청을 설치하였다. 어찌하여 반드시 예수(禮數; 명성이나 지위에 알맞은 예의와 대우)에 얽매여 크게 벌이는 일을 해야 하겠는가?'」

그러자 정조는 명성왕후도 회임 중에 내의원의 약을 한 첩도 드신 일이 없고, 정조가 탄생할 때에도 산달이 되어서야 비로서 산실청을 설치하였다고 하며 산실청 설치 건의를 거절하였다. 그 후 대신들

은 산실청 설치를 거듭 건의하였으나 그 때마다 정조는 거절하였고, 9월 18일에 이르러 산실청을 설치하였다. 그러나 해산 달이 지나도 왕비의 출산의 소식은 없었고 내일 내일하면서 미련을 갖고 일년 반을 기다렸으나 출산 소식이 없자 1788년 12월 30일에서야 산실청을 철수하였다. 그 때 효의왕후 김씨, 정조 등 왕실 가족, 신하들의 실망과 슬픔은 이루 말할 수 없이 컸다고 한다.

효의왕후는 평생 자식 없이 지내던 중 그녀 나이 48세 때인 정조 24년(1800) 6월 28일 정조가 승하하였다. 정조가 승하하자 효의왕후는 가슴을 치며 애절하게 호곡하였고 밤낮으로 옷을 벗지 않고 삼년상을 마쳤다.

수빈 박씨의 아들인 순조가 정조를 이어 즉위하자 효의왕후 김씨는 왕대비로 승봉되었다.

왕대비가 된 후에도 효의왕후는 정조가 싫어했던 대왕대비인 정순왕후 김씨(영조의 계비)도 극진히 모셨고, 특히 시어머니인 혜빈 홍씨(혜경궁 홍씨)를 가까이에서 성심성의껏 모셨다. 순조 15년(1815) 여름에 혜빈 홍씨가 병석에 있을 때에도 극진히 간호를 해드렸다고 하는데 그 때 효의왕후도 나이가 60세가 넘었다고 한다.

1815년 12월 15일 혜빈 홍씨가 71세로 승하한 이후 효의왕후는 조용한 삶을 살다가 순조 21년(1821) 2월 말경 병환을 얻더니 10여 일 만인 3월 9일 창경궁의 영춘원에서 승하하였다. 그녀의 나이 69세였고 사인은 미상이다.

그녀의 능호는 건릉(健陵)으로 경기도 화성시 효행로 481번길 21에 위치해 있으며 정조와 함께 묻혀있다.

참고로 효의왕후 김씨가 겪었던 상상임신(pseudocyesis)에 대해서 설명하면 다음과 같다.

상상임신에 대한 기록은 오래 전부터 있었는데, 기원전 300년경 히포크라테스가 상상임신 증상을 보이는 증례를 기록한 것이 처음이다.

상상임신하면 생각나는 세계적인 대표적인 인물이 있으니 16세기 중반 잉글랜드를 5년간 통치한 여왕이었던 메리 투더(Mary Tudor, 1516–1558)이다.

메리 여왕은 수 차례나 자신이 임신했다고 믿었으나 그 때마다 임신이 아닌 상상임신 때문에 심한 좌절감에 빠졌다. 메리 여왕은 재위동안 카톨릭교를 부활시키고 신교도를 박해하였는데, 이 과정에서 무자비하고 처참하게 신교도를 박해를 하여 '피의 메리, Bloody Mary'라는 오명을 얻게 되었다. 이런 메리 여왕의 무자비한 행위는 실제 임신은 못하고 상상임신만을 하는 자신의 좌절감 때문에 의한 것이라는 이야기도 있다. 또한 칵테일(cocktail) 중에 'Bloody Mary'라는 이름의 칵테일이 있는데 이 이름의 유래에 대해서는 여러 설이 있으나, 5년간 영국을 통치한 메리 여왕에서 유래되었다는 설이 유력하다. 이 칵테일은 보드카와 토마토 주스 등을 섞어 만든 것으로 흔히 해장술이라고도 불리워 진다.

상상임신 시 나타나는 증상은 실제 임신할 때 나타나는 신체의 변화와 유사하여 대부분 환자는 자신이 태아를 가졌다는 확신을 가지게 한다 .

메스꺼움, 구토, 무월경, 유방의 크기의 변화, 유두 주변의 색소

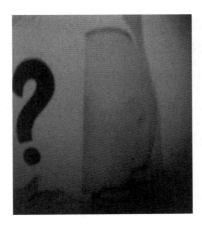

[그림 21]　**상상임신** 상상임신의 첫 임상 소견은 임신한 것과 같이 생리가 멈추면서 가슴이 커지고 통증을 느끼게 된다. 그리고 입덧처럼 메스꺼움, 구토가 생기고 임신 때와 마찬가지로 실제로 배가 불러온다.

침착, 복부의 팽만, 진통 등 임신 시의 모든 증상이 나타날 수 있어 실제 임신과 구분하기 어려운 경우도 있다. 상상임신에서의 가장 흔한 증상은 자신이 임신을 하였다고 믿는 증상이다. 다음으로 흔한 증상은 임신하였을 때처럼 배가 부르기 시작한다. 상상임신에서의 복부 팽만은 일반적인 비만에 의한 것과는 다르며 실제 임신하였을 때와 비슷한 양상으로 아랫배가 부풀어 오른다. 따라서 겉모습만 볼 때는 실제 임산부와 구분하기 어려울 수가 많다. 이 밖에 상상임신 환자는 월경의 변화를 호소하고, 상당수의 환자에서는 태동을 느끼기도 한다[그림 21].

　상상임신의 발생기전은 아직 밝혀지지 않았고 가설만 있다.

　임신을 하고 싶은 마음이나 임신에 대해 두려워하는 마음과 같은 내적 갈등이 신체에 미쳐 내분비계의 변화를 유발하고 그러한 내분비의 변화가 상상임신의 여러 가지 증상을 유발한다는 설과, 간절한 임신에 대한 소망을 충족하는 수단으로서 상상임신의 증상이 생긴다는 설, 우울증이 신경계에 변화를 일으키고 그로 인해 임신의 증상이 생긴다는 설 등 다양하지만 아직도 정설은 없다.

순원왕후 김씨

생몰년 1789 - 1857

재위기간 1802 - 1834

자녀수 2남 3녀

사인 심근경색증

안동 김씨 세도시대를 연
왕비 순원왕후(純元王后) 김씨

— 69세에 갑자기 사망하다

잘 키운 딸 하나, 열 아들 부럽지 않다.

「첫 번째 간택을 마치고는 박종보(朴宗輔; 순조의 생모인 수빈 박씨의 오빠)를 시켜 본집까지 호송하도록 명하고 이어 간택이 결정되었다는 뜻으로 유시하기를,

　'두 번째 세 번째 간택을 한다지만, 그것은 겉으로 갖추는 형식일 뿐이다. 국가에서 하는 일은 형식도 고려하지 않을 수 없기에 두번째 세번째 간택도 앞으로 해야겠지만 오늘 이 첫 번째 간택이 옛날로 치면 바로 두 번째 간택인 것이다.' 하고, 또 김조순(순원왕후의 아버지)에게 수서(手書; 손수 글이나 편지를 씀)를 내리기를,

　'처음 가마에서 나왔을 때 자전(영조의 계비인 정순왕후 김씨), 자궁(왕세자가 왕위에 오르기 전에 죽고 왕세손이 즉위하였을 때,

죽은 왕세자의 빈을 이르는 말 즉 정조 친어머니인 혜경궁 홍씨)이 여러 처자들 중에서도 특별히 그를 가리키면서 저게 뉘집 처자냐고 물으시고 이어 앞으로 오게 하여 한 번 보시고는 상하 모두가 진심으로 좋아하면서, 그런 처자는 처음 보았다고들 하였다. 이 모두가 하늘이 명하신 일이고 하늘에 계신 영령께서 주신 일이며 청음(淸陰; 김상헌의 호), 문곡(文谷; 김상헌의 손자로 영의정을 지낸 김수항의 호), 몽와(夢窩; 김상헌의 증손자로 영의정을 지낸 김창집의 호), 죽취(竹醉; 김상헌의 고손자로 예조승지를 지낸 김제겸의 호)가 쌓아올린 경사인 것이다. 경은 이제 나라의 원구(元舅; 왕세자의 장인)로서 처지가 전과는 달라졌으니 앞으로 더욱 자중해야 할 것이다.' 하였다.」정조실록 53권, 정조 24년 2월 26일

정조는 순원왕후 김씨의 자태와 가문 때문에 첫 번째 간택 때 그녀를 세자빈으로 삼을 것을 결정하였다. 그러나 순원왕후 김씨는 정조의 뜻하지 않은 죽음으로 삼간택이 늦춰졌고, 순조 즉위 후 정순왕후 김씨(영조의 계비)가 그녀의 왕비 간택을 방해공작하여 어려움에 부딪혀 고전하였으나 첫 간택 후 2년 9개월이 지난 1802년 9월 6일에서야 간신히 삼간택을 치른 후 그 해 10월 13일에서야 왕비의 책비례를 거행할 수 있었다.

그러나 순원왕후 김씨는 조선시대 두 차례에 걸쳐 수렴청정을 한 왕비였고, 또한 안동김씨 세도정치의 기틀을 마련한 장본이니 열 아들이 부럽지 않은 가문에 있어 장한 딸이었던 것이다.

순원왕후 김씨는 영안부원군 김조순의 3남 5녀 중 장녀로 정조 13년(1789) 5월 15일 명문가 집안에서 태어났다.

아버지 김조순은 인조시대 척화대신으로 널리 알려진 김상헌의 7 대손이며, 영조의 즉위를 추진하다가 죽음을 당한 노론 4대신 김창집의 증손자이다.

김조순은 정조 9년(1785) 정시문과 병과로 급제하여 예문과검열, 규장각대교를 지냈다. 정조 13년(1789) 동지겸사은사의 서장관으로 청나라에 다녀오기도 했다. 이후 이조참의, 승지, 총융사, 홍문관과 예문관의 대재학 등을 지냈다. 순조 2년(1802) 보국승록대부 돈령부 영사가 되었고 영안부원군으로 봉해졌다. 1803년 정순왕후 김씨가 수렴청정을 거두자 김조순은 어린 순조를 대신해 섭정을 해 안동김씨의 세도정치의 길을 열은 장본이기도 하다.

정조 24년(1800) 2월 2일 순조는 11세에 왕세자로 책봉되자, 그 해 2월 26일 세자빈의 첫 간택을 집복원에서 행하였다. 첫 간택에서 행호군 김조순의 딸, 진사 서기수의 딸, 유학 박종만의 딸, 유학 신집의 딸 그리고 통덕랑 윤수만의 딸 5명을 왕세자빈 후보로 뽑았으나 실은 정조는 김조순의 딸로 결정하고 대신들에게도 이를 알렸다. 그러나 관례상 윤 4월 9일 두 번째 간택에서도 김조순의 딸, 박종만의 딸 그리고 신집의 딸 3명을 후보로 뽑았다. 그러나 삼간택을 시행하기 전인 그 해 6월 28일 정조가 49세로 승하하니 7월 4일 순조가 창덕궁 인정문에서 즉위하였다. 따라서 왕비의 삼간택은 자연히 3년상 후로 미를 수 밖에 없었다. 그리고 순조가 11세의 어린 나이이기 때문에 왕실의 윗 어른인 정순왕후 김씨가 수렴청정을 하게 되었다.

    이미 순원왕후 김씨가 세자빈으로 정해졌지만 정조가 사망하고
정순왕후 김씨가 수렴청정을 하게 되자 후사가 없었던 그녀는 친정
인 경주 김씨 가문에서 왕비를 세울 계획을 세웠다. 그래서 정순왕후
는 자신의 육촌 오빠인 김관주를 시켜 순원왕후 김씨의 왕비 간택을
저지하는 계획을 세우게 하였고, 영의정 심환지도 이에 동조했다. 이
들은 순조 1년(1801) 6월 12일 대사헌 권유를 통해 순원왕후 김씨의
왕비 간택을 저지하기 위한 아래와 같은 내용의 상소를 올렸다.

「– 전략 –

    저 명문거족(名門巨族) 중에는 성세(聲勢; 명성과 위세)와 기미
(氣味; 생각하는 바나 기분 따위와 취미)가 본래 역적의 집안과 서로
관련되어 평일의 의논에서 그 잘못을 깨닫지 못하는 자가 반드시 없
을 것이라고 보장하기 어려울 것이니, 지금부터 이후로 옛날의 더러
움을 깨끗이 씻어서 마음을 고치고 행적을 변경할는지 안할는지 알
지 못하겠습니다. 만일 동료끼리 화협하여 다 변화되어 대도(大道)
에 함께 한다면, 국가를 위하여 동량(棟梁; 기둥)과 같은 중임(重任)
을 맡을 수도 있을 것이고 주석(柱石; 기둥과 주춧돌)과 같은 중임을
맡길 수도 있어서 도성(都城)의 사람을 윤씨(尹氏)와 길씨(姞氏)같
이(주나라 때 왕실과 국혼을 했던 세족) 바라보아 뒤를 따라서 착하
게 변화되는 자가 또한 반드시 몇 개의 좋아지는 가문(家門)이 있을
것이니, 이른바 '고영(顧榮)과 하순(賀循)이 진(晉)나라로 돌아가매
강동(江東)의 인심이 전부 쏠렸다는 것이 바로 이것입니다. 만약 혹
시 편안하게 항상 지난 일을 답습하고 뿌리 박힌 나쁜 습관이 마

음 속에 붙어서 겉으로는 비록 순종하여 응낙하는 듯하나 속으로는 실제 자기의 의견을 굳게 지킨다면, 다른 날의 큰 물이 하늘까지 뒤덮고 활활 타는 불이 벌판에 번지는 듯한 기세가 반드시 다가올 것이니, 옛사람의 화재를 예방하기 위하여 굴뚝을 굽게 만들고 아궁이 근처의 나무를 딴 곳으로 옮긴다는 곡돌종신(曲突徙薪; 화를 미연에 방지함)은 경계는 일보다 먼저 염려했음이 있었기 때문입니다. -후략-」순조실록 3권, 순조 1년 6월 12일

대사헌 권유는 상소문에서 고사를 인용하여 명문가 외척들 세력이 커지면 왕실을 능멸할 수 있다는 것을 주창하려 했고, 정조 때 재간택까지 된 순원왕후 김씨의 대혼을 그만두어야 화를 미리 방지할 수 있다는 내용을 피력하였다.

정순왕후 김씨는는 권유의 상소를 보고 내심 기뻐하였다.

그러나 순원왕후 아버지인 김조순도 그대로 당할 인물은 아니었다. 그는 순조의 외할아버지인 박준원(순조 생모인 수빈 박씨의 아버지)을 자기 세력으로 끌어들여 딸 김씨를 왕비로 간택시키는데 성공하였다. 따라서 순조 2년(1802) 9월 6일 세 번째 간택을 시행하여 왕비 간택이 확정되었고 10월 13일 왕비 책비례를 올리고 16일 친영례을 행하니 그녀 나이 14세였고 순조 나이 13세였다.

순조와 순원왕후 김씨 사이에는 2남 3녀를 두었다. 그러나 큰 아들 효명세자는 22세 때 폐결핵으로, 둘째 아들은 생후 3개월 만에 잃었고, 그리고 큰 딸 명온공주는 23세 때, 둘째딸 복온공주는 15세 때인 1832년 한 해에 두 딸을 병사로 잃었고, 막내딸인 덕온공주도 23

세 때 산후후유증으로 사망하였다. 자식 모두 어머니인 순원왕후보다 먼저 세상을 떠났으니 자식 복은 없었나 보다.

순조 3년(1803)에는 대화재가 여러 차례 일어나고 가뭄으로 백성들이 끼니를 잇기 힘들게 되자 1803년 12월 28일 정순왕후 김씨는 수렴청정을 그만두게 되었고, 1805년 1월 12일에 사망하였다.

정순왕후 김씨가 사망한 이후 안동김씨의 세도정치가 시작되었다. 그러나 순조의 아들인 효명세자가 서무 대리를 시작한 순조 27년(1827) 2월 9일부터 순조 30년(1830) 5월 6일 효명세자가 사망할 때까지 3년 여간은 효명세자 부인 신정왕후 조씨 집안인 풍양 조씨가 정권 실세의 중심세력이 되었다.

1834년 11월 13일 순조가 45세 나이로 승하하고 8세인 왕세손 헌종이 즉위하자 순원왕후는 수렴청정을 하게 되었다. 그리고 자신의 친척인 김조근의 딸을 헌종의 왕비로 맞아 들였다.

순원왕후의 1차 수렴청정은 1834년 11월 18일부터 1840년 12월 25일 까지 만 6년 1개월 간이었다. 순원왕후 김씨의 수렴청정 퇴임 시 하교 내용을 보면,

「대왕대비(大王大妃)가 시임(時任), 원임(原任)의 대신(大臣)들을 명초(命招; 대비의 이름으로 신하를 부름)하여 하교하기를, '오늘 수렴청정(垂簾聽政)을 거두는 것은 당초 그 청을 애써 따를 때에 이미 작정했던 마음인데, 오늘까지 기다리느라 하루가 한 해 같았다. 주상(主上)의 춘추가 한창이고, 성학(聖學; 성인이 가르친 학문 즉 유학)이 숙성하여 번거로운 만기(萬機; 임금이 보는 여러 가지 정무)에 응

할 수 있으며, 내 당초의 마음을 성취할 수 있으니, 어찌 이런 경사스러운 일이 있겠는가?' 하니, 영부사(領府事) 이상황(李相璜)이 말하기를, '주상 전하께서 춘추가 한창이고 성덕(聖德)이 진취하여 이제 친히 서정(庶政)을 총괄하셔야 할 것이므로, 자교(慈敎; 왕후의 교훈)가 여기에 미치셨습니다. 갑오년(순조 34년, 1834년) 망극한 때를 돌이켜 생각하며 오늘의 경사스러운 일을 보게 되니, 뭇사람이 몹시 기뻐하는 진정이 어찌 끝이 있겠습니까? 그때 뭇사람의 청에 애써 따르신 자청(慈聽; 왕후의 경청)은 오로지 종사(宗社)를 위한 대계(大計)이고, 오늘 뭇사람에게 크게 펴신 자교는 천지의 상경(常經; 사람이 마땅히 지켜야 할 올바른 도리)이니, 공경히 칭송하여 마음을 모아 경축하며 다시 아뢸 만한 다른 말이 없습니다.' 하고, 판부사(判府事) 박종훈(朴宗薰)과 우의정 조인영(趙寅永)이 번갈아 우러러 찬송하는 뜻을 아뢰었다.」 헌종실록 7권, 헌종 6년 12월 25일

그러나 헌종도 23세의 젊은 나이로 자식 없이 1849년 6월 6일 승하하자, 순원왕후는 그녀의 친가인 안동 김씨와 결탁하여 은언군(사도세자의 서장자)의 손자 이원범을 자신과 순조의 양자로 입적시킨 후 그를 왕으로 즉위시켰다. 이후 또 다시 수렴청정을 하게 되었고 안동 김씨 가문인 김문근의 딸을 왕비로 맞아들여 안동 김씨의 60년 세도정치를 이어가게 하였다.

순원왕후 김씨의 두번째 수렴청정도 1849년 6월 6일부터 1851년 12월 28일까지 2년 6개월 간이어서, 순원왕후 김씨가 수렴청정을 한 총기간은 거의 10년 간으로, 조선시대 수렴청정을 한 6명의 왕비 중

최장수이며, 두 차례나 수렴청정을 한 행운의 왕비였다.

두 번째 수렴청정을 거두면서 순원왕후 김씨는 하교하기를,

「'오늘부터 수렴청정을 거두니 크고 작은 공사(公事)는 한결같이 주상이 총람(처음부터 끝까지 전체를 모두 봄)하여 결단하는 것을 듣도록 하되, 근검(勤儉)으로서 세속을 이끌고 관엄(寬嚴; 너그러우면서 엄격함)으로 중인(衆人)을 다스리며, 게다가 오직 하늘을 공경하고 열조(列祖)를 본받아 우리 백성을 보호하오. 이것이 우리 열조(列祖)의 가법(家法)이니, 주상은 힘쓰도록 하오. 조정의 신하들이 우리 주상을 착한 데로 인도하며, 우리 주상을 바르게 보필하는 데 이르러서는 죄가 있고 없음은 내가 비록 늙었더라도 듣지 못하고 살피지 못할 이치가 있겠는가? 나의 본심은 비단 조정의 신하뿐만 아니라 비록 미천한 사람이라 할지라도 오히려 죄에 걸리어 들까 두려워하는 것이다. 진실로 용서하기 어려운 죄에 이르면 우리 성상(聖上)이 나의 근심하는 마음을 본 받아서 결코 털 끝만큼도 용서할 이치가 없을 것이다. 대소의 조정 신하들은 각기 조심하여 혹시 조금이라도 소홀함이 없도록 하라.' 하였다.」

퇴임 후 그녀는 노년에 평안한 여생을 지내다가 철종 8년(1857) 8월 4일 갑자기 병이 발병해 그 날로 사망하였다. 그녀 나이 69세였다.

능호는 인릉(仁陵)으로 서울시 강남구 내곡동 산 13에 위치하며 순조와 함께 묻혀있다.

순원왕후 김씨의 사망 원인은 실록에 자세한 내용이 없어 알 수 없으나 발병 당일 수 시간 내에 갑자기 사망한 것을 보면 급사의 제일 흔한 원인인 심근색증에 의해 사망했을 가능성이 높다. 그녀는 죽을 당시 고통도 없이 단시간에 죽으니 죽음 복도 타고난 것 같다.

효현왕후 김씨

생몰년   1828 - 1843
재위기간 1837 - 1843
자녀수   무자녀
사인   천연두?

효정왕후 홍씨

생몰년   1831 - 1903
재위기간 1844 - 1849
자녀수   무자녀
사인   폐렴

피기도 전에 꿈을 접은
왕비 효현왕후(孝顯王后) 김씨

― 16세 어린 나이로 요절하다

조선인의 단명의 주된 원인인 전염병 - 속수무책이었다.

「한 통계에 의하면 순조 7년(1807)에 조선인구가 7,561,403명이었던 것이, 헌종 1년(1835)에는 인구가 6,411,506명으로 28년 사이에 인구가 1,149,897명이나 감소되어 백만명 이상의 백성이 죽었다니 그 당시 전염병의 위력이 얼마나 대단하였는지를 짐작할 수 있다.」 조선 시대의 인구변동과 경제사, Tony Michell/김혜정역

특히 순조 22년(1822)에 콜레라가 조선에 들어온 후 천연두와 콜레라 등 전염병과 기근에 의해 많은 백성이 목숨을 잃었다.

효현왕후 김씨는 영흥부원군 김조근의 1남 1녀로 순조 28년 (1828)에 태어났다.

아버지 김조근은 순조 장인인 김조순과는 7촌간이고 인조시대 척화대신인 김상헌이 양조부이며 숙종시절 영의정을 지낸 김수항의 7 대손이다.

김조근은 순조 16년(1816)에 생원이 되고 의령, 광주 등의 판관을 지냈다. 1837년(헌종 3) 2월 광주판관에서 승지로 승진하였고, 같은 해 3월 딸이 헌종비로 간택되자 영흥부원군에 봉해지고 영돈녕부사가 되었다. 이어 호위대장, 어영대장, 주사대장 등 무반의 중요직을 맡았다.

1834년 11월 13일 순조가 승하하자, 18일 헌종이 8세의 나이로 숭전문에서 즉위하였고 순원왕후 김씨가 수렴청정의 예식을 올렸다.

헌종 3년(1837) 1월 10일 대왕대비 순원왕후는 임금의 혼례를 속히 거행할 것을 명하였다. 삼간택에 앞서 2월 18일 중비(中批; 전형을 거치지 않고 임금의 특지로 관원을 임명하는 일)로 김조근을 광주판관에서 일약 승지로 승진시키고, 2월 26일 삼간택 후 대혼을 김조근의 딸로 정했다고 대왕대비가 빈청에 하교하였다. 그리고 3월 18일 10세인 김씨를 왕비로 책봉하였으나, 혼례는 4년 후인 1841년 4월 16일에 거행했다. 그 때 효현왕후 김씨의 나이는 14세였고, 헌종은 15세였다.

그러나 결혼한 지 2년이 조금 지난 1843년(헌종 9) 8월 24일 효현왕후 김씨는 갑자기 병환이 들었고 다음 날인 8월 25일 사망하였다. 그녀의 나이 16세였다.

그녀의 무덤은 경기도 구리시 동구릉로 197에 위치한 동구릉 내 경릉으로, 계비효정왕후와 함께 묻혀 있다.

「왕비의 시호(諡號)를 효현(孝顯; 인자하고 은혜로우며 어버이를 사랑하는 것을 효(孝)라 하고, 착한 행실이 안팎에 나타나는 것을 현(顯)이라 한다.)이라 하고, 전호(殿號)를 휘정(徽定)이라 하고, 능호(陵號)를 경릉(景陵)이라 하였다.」 헌종실록 10권, 헌종 9년 9월 2일

효현왕후 김씨의 병에 대한 기록은 전혀 없어 알 수 없다. 그러나 효현왕후가 어린 나이에 사망한 점, 헌종도 효현왕후 김씨가 사망하고 1개월 만인 9월 27일 천연두에 걸려 1개월 동안 혹독하게 앓은 점, 그리고 조선 후기에는 천연두가 창궐하여 많은 사람들이 이 질환으로 사망하였던 점(예를 들면 정조때 문신이며 실학자인 정약용의 11명의 자손 중 다섯명이 천연두로 사망함)을 고려하면 효현왕후는 천연두 중 드물게 발생하는 악성 천연두에 감염되어 갑자기 사망하지 않았나 추정해 본다.

악성 천연두는 열, 두통 등 전신 증상은 있지만, 천연두를 상징하는 농포가 피부에 생기지 않는다. 따라서 악성 천연두 환자의 피부는 마치 미세한 나무결 같고, 간혹 출혈이 동반되는 소견을 보이기 때문에 천연두라고 진단하는 것은 현재에도 어려움이 많다. 따라서 그 당시에 천연두가 만연하고 있었지만 효현왕후가 천연두에 걸렸을 것이라고는 어느 누구도 상상하지 못했을 것이다.

악성 천연두는 단시간내에 대부분 사망하는 무서운 전염병이다.

조선말기 두창(천연두)이 얼마나 무서운 질환인지에 이에 대한 제중원의 보고서와 에비슨의 진료 일화가 있어 소개하고자 한다.

1885년 제중원 개원 후 알렌(Horace N. Allen)은 1년간 10,460명의 환자를 진료하였는데, 이를 토대로 1886년에 헤론(John Heron)과 함께 보고한 〈제중원 일차년도 보고서〉에서 가장 많은 사망자를 낸 질병은 두창이었다. 두창 환자는 전체 전염병 환자의 2/3를 차지하였고, 그 당시 조선인의 사망 원인 중 절반이 두창이었다고 한다.

천연두에 대한 일화로 에비슨(Oliver R. Avison)이 1893년 조선에 온 지 얼마되지 않은 어느 날, 치료를 받기 위해 진료실에 온 한 여인에게 출산력을 물어보자 그녀는 11명의 아이를 낳았다고 대답하였다.

'아직 몇 명이 살아 있습니까?' 하고 물으니,

'아무도 살아 있지 않습니다. 모두 유아 때 죽었습니다.'

'너무 안 되었군요. 왜 죽었습니까?'

'천연두 때문입니다.'

'무엇이라고요! 모두가 그 병 때문에 죽었단 말입니까?'

예, '그것은 사실입니다. 너무 많은 아이가 천연두로 죽기 때문에 조선인은 이 병에서 낫기 전 까지는 가족으로 셀 가치가 없다고 생각합니다.'

그것은 나를 몸서리치게 했다. 인구를 지속적으로 감소시키는 끔찍한 유아 사망률을 줄이는 첫 조치로 우리 의료선교사들은 조선인들에게 이 질병을 어떻게 관리하는지 계몽해야 한다는 결론에 도달하였다.

한의사가 천연두 환자에 어떤 조치를 하는지 물었다.

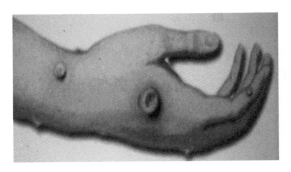

[그림 22] **소젖을 짠 젊은 여성의 손에 생긴 우두** 제너는 이 여성에 생긴 우두의 농균을 건강한 남자아이에게 주입하는 실험을 통해 종두법을 개발함.

[그림 23] **우두법 개발 당시 사람들이 우두법에 대해 느낀 공포를 풍자한 그림** 제너가 우두법을 개발하자 한때 '소 고름을 맞으면 소로 변한다'는 헛소문이 돌았는데 그 당시 사람들이 느낀 공포를 재치있게 풍자해서 영국풍자만화가인 제임스 길레이(James Gillray)가 1802년에 그린 것임.

　그 당시 한의사를 포함한 모든 사람들이 악령이 소아 속으로 들어가 두창이 생긴다고 믿었다. 그래서 한의사들은 찾아오지 않으니, '이 병에 대해 무엇을 할 수 있단 말입니까?' 하는 대답을 들었다.」에 참고로 천연두 예방법에는 인두법(人痘法; 사람의 천연두 이용)과 우두법(牛痘法; 소의 천연두 이용) 두가지 방법이 있다.

현재 사용하여 세계적으로 천연두을 박멸시킨 우두법은 1796년 영국 의사인 에드워드 제너(Edward Jenner)에 의해 처음으로 발명되었다 [그림 22, 23].

그리고 우리나라에서는 일본을 통해 1879년 지석영에 의해서 보급되어 처음으로 우두법을 시행하였다.

그러나 우두법 이전에 우리나라에서도 인두법이 시행되었는데 정조 24년(1800)에 정약용은 1790년 박제가가 청나라에서 구해온 〈의종금감〉 중에 실린 '유과종두심법요지'와 본인이 가지고 있었던 정망의의 '정씨종두방'을 합하여 '종두심법요지'를 다시 편찬하여 자신의 자저인 〈마과회통〉의 부록에 첨부하였다.

[그림 24] **정약용과 그의 저서인 〈종두심법요지〉** 동은의학박물관 소장

정약용이 시행한 인두법은 천연두 환자의 두즙(딱지)을 간 가루를 물에 녹인 다음 솜에 적셔 콧구멍에 넣어 흡입하여 천연두를 예방하는 방법으로, 수묘법(水苗法)에 대해 기록한 것이다 [그림 24].

순조 17년(1817)에는 이종인이 정약용의 영향을 받아 실제 자신이 시험한 인두법의 경험을 통하여 종두의 이론과 방법을 기술한 '시종통편'을 편찬했는데, 이는 자신의 가족과 향리 여러 읍에서 인두법을 시행한 결과 효험이 있어 20년간 실시하여 얻은 경험을 토대로 저술한 의서이다.

인도에서 유래된 인두법은 중국 송나라 때 확산되어 일부 지역에서는 이미 예방접종이 가능했다. 명나라 융경(명나라 목종의 연호, 1567 – 1572년) 때에는 코를 이용한 취비종두법(吹鼻種痘法)인 한묘법(旱苗法; 천연두 딱지를 관에 채워 놓고 코로 흡입하는 방법)과 수묘법 두가지가 있었으나, 이후 장묘법(漿苗法; 고름을 짜서 솜에 적셔 콧구멍에 넣는 방법), 의묘법(衣苗法; 고름이 생긴 아이의 속옷을 벗겨 건강한 아이에게 입는 방법)이 생겨 인두법은 4가지로 늘어났다. 특히 청나라 4대 황제인 강희제(1654 – 1722년)는 황제 취임 초기부터 두진과(痘疹科)를 설치하고 사두장경(査痘章京)이라는 벼슬아치를 두어 천연두 방비에 노력했다. 그리고 명나라 때 인두법을 시험하고 효과가 확인되자 이를 대대적으로 보급시켰다.

19세에 대비가 된
왕비 효정왕후(孝定王后) 홍씨

— 노년에 급성폐렴으로 73세에 사망하다

좋은 인연이란?
시작이 좋은 인연이 아닌 끝이 좋은 인연이다.
                                        -혜민 스님-

「조부 헌간공(獻簡公)이 효정왕후 홍씨가 태어나기 전 일찍이 꿈을
꾸었는데, 현원로군(玄元老君)이라는 신인(神人)이 집에 내려와서
말하기를, '이 집에 마땅히 상서(祥瑞)가 있을 것이다.' 라고 하더니,
얼마 후에 효정왕후 홍씨가 태어났다고 한다.」 고종실록 44권, 고종 41년 3
월 15일(양력)

　　조부의 꿈대로 그녀 14세 때 왕비가 되었으나, 19세 어린 나이에
대비가 되어 여생을 홀로 외롭고 쓸쓸하게 지내야만 했다.

효정왕후 홍씨는 익풍부원군 홍재룡의 딸로 순조 31년(1831) 정월(正月) 22일 함열(咸悅)에서 태어났다.

아버지 홍재룡은 헌종 1년(1835) 증광문과 병과로 급제하고, 1839년에 홍문록에 올랐다. 그뒤 동부승지, 대사성, 병조와 이조참판, 금위대장을 역임했다. 1844년 딸이 왕비로 책봉되자 익풍부원군에 봉해졌으며 영돈녕부사가 되었다. 이어 어영대장, 총융사, 훈련대장을 번갈아 지냈다. 철종 1년(1849)에는 헌종실록의 편찬에 참여했다.

효정왕후는 나서부터 어질고 효성스럽고 총명하였다. 천성적으로 품성은 덕스럽고, 어려서부터 예의를 스스로 차릴 줄 알아 행동거지가 어른처럼 의젓하였다. 부모를 섬기고 웃어른을 공경하는 것이 모두 규범에 들어 맞았기 때문에 집안 사람들이 모두 기특하게 여겼다. 덕선(德選; 덕이 있어 왕후로 뽑히는 것을 일컫는 말)에 뽑힌 다음 '소학(小學)'을 주었는데 보자마자 단번에 외웠을 뿐 아니라 한 부(部)를 써서 깊숙이 간직해 두기까지 하고서도 전혀 모르는 체하였기 때문에 아는 사람은 적었다고 한다. 고종실록 44권, 고종 41년 3월 15일(양력)

효현왕후 김씨가 사망한 후 일 년이 지난 현종 10년(1844) 9월 10일 삼간택을 통해 왕비로 간택되어 1844년 10월 18일 왕비로 책봉되었다. 그 때 그녀의 나이 14세로 헌종은 18세였다.

그러나 결혼 5년 만인 1849년 6월 6일 헌종이 23세 나이로 승하하니 효정왕후는 19세 어린 나이에 대비가 되었다. 효정왕후는 1849년 대상(大喪)을 치른 후부터 근심과 걱정에 싸여 얼굴에 슬픈 기색이 역력하였고 그 이후로는 말과 웃음이 없어졌다고 한다.

1863년 12월 8일 철종도 사망하자 33세 나이에 왕대비로 승봉되어 철종비인 철인왕후와 함께 대비전에서 지내면서 어린 궁녀 하나를 돌봐 주었는데 이 궁녀가 조선의 마지막 궁녀인 천일청(千一淸) 상궁이다.

1857년 순원 대왕대비가 세상을 떠났을 때에 효정왕후는 예의에 지나칠 정도로 가슴을 치며 울었다고 한다. 경인년(1890년) 순원왕후 대상(大喪) 때 효정왕후의 나이가 이미 만 60세였음에도 불구하고 몸과 원기가 상할 정도로 슬퍼하였고, 넉 달을 하루와 같이 직접 빈전(殯殿)의 제전(祭奠)에 참석했고 애도의 마음이 한결같으니 효정왕후를 곁에서 모시는 사람들은 처음에 거상(居喪; 상중) 기간이니까 그러려니 하였지만 거상 기간이 다 끝난 후에도 여전히 그러하였고 종신토록 슬퍼하였기 때문에 궁중의 모든 사람이 감탄하였다고 한다. 선대(先代)를 받드는데 더더욱 지성을 다하였으며 진전(眞殿; 역대 왕들의 어진을 모신 전각)에 올리는 음식을 3년 동안 주관하면서 반드시 직접 제물을 다루었고 언제 한 번이라도 남을 시켜 대신하게 한 적이 없었다. 1900년에 진전이 불탔을 때 태후는 몹시 놀라고 슬퍼하면서 여러 날 동안 침선(寢膳)을 잊고 지냈으나 고종의 강경하고 애틋한 위로를 받고서야 안정을 찾았다고 한다. 고종실록 44권, 고종 41년 3월 15일(양력)

야사에서는 효정왕후 홍씨가 혼인 후 노점(폐결핵)에 걸려 혼자 취화당에서 거처하였다고 하나, 고종 41년(1904) 1월 7일자 실록에는,

「우리 대행 태후(大行太后, 효정왕후 홍씨)의 병환은 한때 생긴 것이지 근원이 있는 것은 아니었습니다. 진실로 의관이 자세히 진찰해서 탕약을 올렸다면 신명의 도움으로 다시 회복될 수 있었던 것입니다.'라는 기록되어 있어, 야사와는 달리 효정왕후는 평소 건강은 좋았던 것으로 사료된다.

고종 40년(1903) 12월 31일 효정왕후는 감기와 기침 증세가 생기더니 점점 악화되었고, 3일 후인 1904년 1월 2일 73세 나이로 승하하였다.

「태의원(太醫院)에서 구두로 아뢰기를,

'지금 문안하는 관리가 전하는 말을 들으니, 명헌 태후(明憲太后)가 감기와 기침 증세로 편안치 않으므로 궐내에서 탕약을 달여 올렸다고 합니다. 아랫사람으로서 놀랍고 근심스럽기 그지없으니, 속히 신 등이 의관(醫官)을 거느리고 들어가 진찰하고 증상을 자세히 살펴 탕약을 의논하여 확정하도록 허락해 주시고, 이어 본원(本院)에서 직숙(直宿)하는 명을 허락해 주시기를 천만 번 바랍니다.' 하니, 비답하기를,

'탕약을 궐내에서 달여 들이도록 할 것이니, 입시(入侍)할 필요 없다. 경 등은 본원(本院)에서 윤직(輪直)하도록 하라.' 하였다.」 고종실록 43권, 고종 40년 12월 31일(양력)

효정왕후 홍씨는 감기합병증인 폐렴으로 사망한 것이다.

능은 동구릉 내에 위치한 경릉(景陵)으로 헌종, 효현왕후와 함께

묻혀있다.

「태후는 갑진년(1844)에 왕비(王妃)로 책봉(册封)되었다. 철종(哲宗) 즉위년(1849)에 대비 칭호를 올렸고(19세), 2년 신해년(1851)에 명헌(明憲)이라는 존호(尊號)를 올렸으며, 4년 계축년(1853)에 '숙경(淑敬)'이란 존호를 가상(加上)하였고, 8년 정사년(1857)에 왕대비(王大妃) 칭호를 올렸다. –중략–

광무(光武) 원년 정유년(1897)에 태후 칭호를 올렸고, 4년 경자년(1900)에 '강수(康綏)'라는 존호를 가상하였으며, 6년 임인년(1902)에 '유녕(裕寧)'이라는 존호를 가상하였다. 이 때에 이르러 '효정(孝定)'이라는 존호를 올렸다. 휘호(徽號)는 '자온 공안(慈溫恭安)'이며 전호(殿號)는 '효혜(孝惠)'이다. 산릉(山陵) 자리는 경릉(景陵)과 동원(同原)에 왼쪽으로 합부(合祔)하였으며 갑진년(1904) 정월 29일 무신일(戊申日)에 장례(葬禮)하였다.」고종실록 44권, 고종 41년 3월 15일(양력)

철인왕후 김씨

생몰년 1837 – 1878

재위기간 1851 – 1863

자녀수 1남

사인 만성소모성질환

안동 김씨가문의 희생양이 된
왕비 철인왕후(哲仁王后) 김씨

— 거듭된 삼년상 때문에 체력이 소모돼 42세에 사망하다

삼년상을 치르다 보면 자신이 골병든 줄도 모른다.

「삼년상을 지내면서 나물밥에 물만 먹는 것은 〈예경(禮經)〉에 실려 있는데, 조선시대의 상례는 한결같이 이를 따랐다.

　예로부터 삼년상을 치르면서 죽만 먹고도 몸을 상하지 않아 죽지 않은 사람들에 대한 이야기가 〈삼강행실도〉의 '효자전'에 많이 기록되어 있다. 대개 효자가 애통해 하는 정은 참된 마음에서 나와서 뜨겁게 타오르는 불길이 되어 오장을 불사르는데, 이는 마치 큰 병을 앓은 사람이 식음을 전폐한 지 여러 달이 지나도 죽지 않고 열기에 의지해 목숨을 유지하는 것과 같다고 생각하였다.

　우리나라는 지세가 바다와 육지가 교차되는 곳이어서 백성들의 식습성이 귀천을 막론하고 모두 생선과 고기로 배를 채우는 경향이 있었다. 평상시 호사스럽게 보양하다가 하루 아침에 상을 당하여 예를 따르느라 한 웅큼의 쌀로 입에 풀칠하니, 3년상을 채우지 못하고 갑작스레 죽는 이가, 특히 산야에서 곤궁하게 사는 선비들 중에 많았다.

삼년상의 피해 사례 몇례를 열거하면,

상국 홍삼은 '어버니가 돌아가실 연세가 되면 자식된 자는 의당 담박하게 먹는 것으로 습관을 삼아야 한다.'고 말하더니 그의 어머니가 돌아가시자 삼년상을 마친 뒤 얼마 지나지 않아 죽었다.

또 유몽학의 아들은 '나는 기력이 강건하기가 다른 사람의 갑절도 되고, 주색으로 몸을 상하지 않아, 나처럼 건강한 사람이 예에 따라 삼년상을 마치지 못한다면 천하에 예로써 상을 치를 수 있는 자가 없을 것이다.'고 호언장담하더니 그도 3년상을 마칠 즈음 병으로 수척해져 죽었다.

또한 이이첨은 3년간 소금과 장이 들어간 음식을 먹지않고 묽은 죽만 마셨는데, 삼년상이 끝난 후 비로서 소금과 장이 들어간 음식을 먹었는데 온 몸이 부어 거의 죽을 지경에 이르렀다가 소생하였다.

그리고 어유야담의 저자인 유몽인도 자기 사위인 최아가 평소 기력이 약한 사람인데, 모친상을 당해 묽은 죽으로 배를 채우다가 불과 몇 개월 만에 병으로 몸이 훼손되어 죽는 것을 직접 목격했다고 한다.

이렇듯 삼년상의 피해를 알고 상국 정광필은 말하기를, '우리 집안에서는 효자를 원치 않는다.' 라고 했는데, 당시 많은 사람들은 정광필의 말이 비속하다고 여겼다.

유몽인은 사위 최아의 죽음을 직접 경험하고 자식들을 위해 '삼년상의 어려움'을 기록으로 남기게 되었다고 한다.」어유야담

삼년상을 치루고 나면 아무리 건장한 사람이라도 수척해지고 건강을 잃게되어 죽은 사람이 허다했다는 〈어유야담〉의 삼년상 피해 내용은 허식(虛飾)이 아니라는 것을 철인왕후 김씨의 삼년상의 혹독한 실례를 보면 공감하게 된다.

철인왕후 김씨는 영은부원군 김문근의 1남 1녀 중 장녀로 헌종 3년(1837) 3월 23일 순화방(順化坊; 조선시대 초기부터 있던 한성부 북부 12방 중의 하나, 현재 효자동을 포함한 종로구 일원)의 사제(私第; 개인 소유의 집)에서 태어났다.

아버지 김문근은 순원왕후 김씨의 아버지인 김조순의 7촌 조카로, 헌종 7년(1841) 음직(과거에 의하지 않고 조상의 공으로 하는 벼슬)으로 가감역이 된 뒤 현감으로 지내다가 철종 2년(1851) 딸이 왕비로 책봉되자 영은부원군 책봉과 함께 영돈녕부사가 되었다.

그 후 금위대장, 총융사, 훈련대장 등의 요직을 두루 거쳤다.

그는 안동김씨의 핵심적인 인물이다[표 2].

1849년 6월 6일 헌종이 후사없이 승하하자 사도세자의 서장자인 은언군의 손자인 19세의 철종이 6월 9일 왕위를 계승하자 순조 비인 순원왕후 김씨가 수렴청정을 맡게 되었다.

헌종의 삼년상이 끝난 철종 2년(1851) 윤 8월 3일 초간택을, 윤 8

[표2] 안동김씨 세도정치 가계도

김상헌 호는 청음, 인조때 척화대신

김광찬 양아들, 둘째형 김상관의 차남

김수항 호는 문곡, 영의정

6남

김창집 호는 몽와, 영의정 - 김창협 - 김창흡 - 김창업
김창즙 - 김창립 ─ 六昌

1남1녀

김제겸 호는 죽취, 예조승지

6남

김성행 증영의정 ─ 김준행 ─ 김원행 공조참의 김창협의 양자 ─ 김달행 증좌찬성 ─ 김탄행 남원부사 ─ 김위행

김이장

김이중 증영의정

김이소 좌의정

김이순

김조순

김지순

3남5녀

1남1녀

김문근 백부 김이순 양자

김유근
김원근
김좌근

순원왕후 순조비, 장녀

효현왕후 헌종비

1남1녀

철인왕후 철종비

월 13일 재간택을 시행하였다. 재간택이 끝나자 철종은 김문근을 충훈부도사 동부승지로 제수하였다.

8월 24일 시행한 삼간택에서 김문근의 딸을 왕비로 정하고, 9월 25일 왕비의 책비례를 거행하였다. 그 때 철인왕후 김씨는 15세였고 철종은 21세였다.

둘 사이에는 결혼 7년 후인 1858년 10월 17일 아들이 태어났으나 그 아들은 생후 6개월 만에 죽었고 그 후로 자식을 생산하지 못했다.

결혼 후 철종은 여색을 탐하고 지나친 행락에 빠져 부부관계는 원만하지 않았으나 안동김씨의 세도정치를 계승하는데 철인왕후 자신이 큰 일조를 하고 있다는 점에 만족해야만 했다.

철종 14년(1863) 12월 8일 철종이 폐결핵으로 33세 나이로 승하하자, 철인왕후는 27세의 나이로 대비가 되었다.

철인왕후는 어려서부터 부모의 뜻을 공손히 잘 받들고 효성을 다했고, 모든 일을 자기 마음대로 행하지 않았다. 그리고 동기를 지극하게 사랑했고, 어른을 섬기는 예절도 남 달랐다. 점점 자라면서 침묵해져 말수도 줄어들었고, 희로애락을 함부로 얼굴에 나타내지 않았고, 덕과 도량이 일찍 들어서 근엄함이 마치 어른 같았다고 한다. 그래서 내외의 친척들의 칭송이 자자했다.

신해년(1851) 초간택(初揀擇) 전 며칠 동안 상서로운 무지개가 연달아 대청 앞 물 항아리에 뜨고 온 마을을 한 광채가 가로질러 비추니 보는 사람들이 모두 이상하게 여겼다는 일화도 있다.

삼간택(三揀擇) 이후에는 별궁(別宮)에서 거처하였는데 규례대로

〈소학(小學)〉을 읽고 한 번 문장의 뜻을 해석하면 거침없이 막힘이 없었고, 몇 달이 안 되어 학문의 의미를 크게 터득하였으나 본인은 오히려 만족하지 못해 내색을 하지 않았다. 혼례를 치른 후에도 행동거지는 법도가 있었고 뜻하는 대로 규례에 맞으면 마음을 놓았다. 그녀의 자상하면서 온순함, 그리고 너그러운 마음이 겉으로 나타나 상서롭고 화순한 기운이 온종일 궁중에 넘쳤다고 한다.

또한 철인왕후는 대왕대비인 순원왕후 김씨를 항상 기쁜 마음으로 지극히 섬겼고 그녀의 뜻에 맞는 물품은 모두 갖추어 드렸다. 아침과 저녁으로 정성(定省)을 다했고 때때로 궁녀(宮女)를 시켜 안부를 들은 다음에야 마음을 놓았다고 한다.

순원왕후가 말년에 그녀가 이따금 아프면 철인왕후는 몹시 걱정하면서 그녀를 항상 곁에 모시고 조섭해드리며 부축했으며, 다른 사람들에게는 시중을 맡기지 않았다. 그런 철인왕후의 노고를 순원왕후도 측은히 여겨 잠자리에 들라고 명하여도 그녀는 끝내 물러가서 쉬지 않았다고 한다. 철종 8년(1857) 8월 4일에 순원왕후가 승하하자 호곡하며 슬퍼하는 모습은 차마 쳐다볼 수 없었고 3년 동안 하루같이 극진히 추모하니 하늘이 내린 그녀의 효성에 대해 모두들 감복하였다.

철인왕후는 순원왕후의 초상을 마친 뒤에는 고종의 태모(太母; 친어머니)를 섬기는 일을 순원왕후 섬기듯 하였다. 그녀는 항상 말하기를, '가르쳐 이끌어주고 돌봐 주며 사랑해주는 은혜에 대해 어떻게 보답하겠는가?' 라고 하였다. 1877년 가을 태모가 병이 났을 때 철인왕후 자신도 몸이 편치 않았으나 오히려 매일 문안하였다. 그러자 고종의 태모도 철인왕후의 병이 더 할까봐 걱정되어 급히 사람을 시켜 그만두게 하였으나 철인왕후는 잠자는 것도 잊고 정성으로 태모를 보살폈다. 얼마 후 문안하는 궁녀들이 태모의 건강이 회복되었다고 말하자 기뻐하고 경하하는 마음이 그녀의 얼굴에 그대로 표현되어 나타났다고 한다. 이렇듯 철인왕후 마음 속에서 우러나는 진실된 효심은 끝이 없었다.

그러던 중 1863년 12월 8일 철종이 승하하자 철인왕후의 슬픔은 극에 달했고 이로 인해 그녀 몸의 여윔은 상상을 초월했다. 그때 날씨가 추웠지만 날마다 찬궁(攢宮; 빈전 안에 임근의 관을 놓아두던 곳)에 가서 현궁(玄宮; 궁궐 중에서 북쪽에 위치해 있는 궁 – 북쪽에 임금의 처소와 왕비의 거처가 있었음)을 봉심(奉審; 신위를 모시는 묘우나 능침을 보살피는 일)하면서 이른 아침부터 밤늦도록 의대(衣襨)도 풀지 않고 3년상을 마쳤다. 3년상 후 여름이 되었지만 그녀는 더위를 쫓기 위해 부채질도 안했고, 추운 겨울에도 따뜻한 자리에는 눕지도 않으면서 일이 없으면 뜰에도 나가지 않았다.

철인왕후는 순원왕후를 7년 밖에 모시지 못한 것을 지극히 원통해하였다. 그래서 매번 제삿날을 당하면 반드시 기일에 앞서 소복(素服) 차림을 하고 아침 저녁으로 오르는 반찬 중에 혹시라도 고깃국물이 섞였을까 걱정하여 젓가락을 대지 않았고, 음식을 먹을 때도 채소만 들었다고 한다. 제삿날 밤이 되면 새벽이 되도록 촛불을 켜놓고 있다가 철향(徹享)하기를 기다려 비로소 잠자리에 들었고, 친정 부모의 기제사 때도 똑같이 실행했다고 한다.

옷은 비단을 입지 않고 다만 겨울에는 무명옷을, 여름에는 모시

옷을 항상 입었는데 그녀의 검소함은 옛날의 어느 왕비들에게서도 찾아볼 수 없었던 일이었다.

철인왕후는 자식이 없자 철종의 후궁인 숙의 범씨의 소생인 영혜옹주(永惠翁主)를 특별히 사랑하였는데 고종 9년(1872) 4월 13일 혼례를 치르자 철인왕후는 매우 기뻐하였다. 그러나 영혜옹주는 병약해 자주 병에 잘 걸리자 철인왕후는 몹시 걱정하였는데, 영혜옹주가 결혼한 지 3개월도 안된 1872년 7월 4일 세상을 떠나자 철인왕후는 매우 슬퍼하였다. 그녀의 슬픔은 세월이 흐를수록 더해 옹주를 더욱 잊지 못했다고 한다.

효심이 깊은 철인왕후 김씨는 두 차례의 삼년상을 치루고 나자 몸은 쇠약해져 고종 8년(1871) 10월부터 병치레를 하게 되었고, 그 이듬 해에 영혜옹주를 잃은 후 심적 고통으로 병환은 더해졌다.

고종 15년(1878) 5월 11일 철인왕후의 병세가 갑자기 매우 위중해 고종은 대신들을 입직케하여 병을 치료케 하였으나 그 이튿날 5월 12일 42세 나이로 승하하였다. 고종실록 15권, 고종 15년 9월 18일 대행대비의 묘지문; 한국민족문화대백과

능호는 예릉(睿陵)으로 경기도 고양시 원당읍 원당리 서삼릉 내에 있다.

철인왕후 김씨의 사인은 알 수 없지만 조선시대의 혹독한 상례관습으로 인해 생긴 만성소모성 질환으로 사망하지 않았나 추정해 본다. 특히 철종도 폐결핵으로 사망했기 때문에 병약한 그녀도 결핵이 전염되어 사망했을 가능성도 배제할 수 없다.

철인왕후 김씨는 한 번도 치르기 힘든 삼년상을 두 차례나 혹독

하게 치렀다.

거듭된 3년상을 치르면서 철인왕후 김씨는 수년간 절식을 하면서 고기는 아예 입에 대지 않았고 장이나 소금끼가 없는 채식으로 된 죽으로 연명했다. 그 결과 영양실조, 수분 및 전해질 결핍 등으로 몸은 만신창이 되었을 것이다. 또한 철에 맞는 의복도 입지 못하고 여름이나 겨울이나 사시사철 오직 상복만 입고 지냈고, 활동도 제대로 못해 운동 부족도 겹쳐 체력 소모는 최악의 상황에 달했을 것이다.

제26대 고종의 황비

명성황후 민씨

생몰년   1851 - 1895
재위기간 1866 - 1895
자녀수   4남 1녀
사인   살해

시아버지와 실권다툼을 한
황비 명성황후(明成皇后) 민씨

— 일본 낭인에 의해 45세 때 살해되다

죽음은 돌아오지 않은 파도이다.

-Publius Vergilius Maro-

「묘시(卯時)에 왕후(王后; 명성황후 민씨)가 곤녕합(坤寧閤)에서 붕서(崩逝; 왕비가 세상을 떠남)하였다. 이보다 앞서 훈련대(訓鍊隊; 고종 31년인 1894년에 편성된 군대) 병졸(兵卒)과 순검(巡檢; 갑오경장 때 신식 경찰제도가 실시되면서 설치된 경찰관직)이 서로 충돌하여 양편에 다 사상자가 있었다. 19일 군부대신(軍部大臣) 안경수(安駉壽)가 훈련대를 해산하자는 의사를 밀지(密旨)로 일본 공사 미우라 고로(三浦梧樓)에게 가서 알렸으며, 훈련대 2대 대장 우범선(禹範善)도 같은 날 일본 공사를 가서 만나보고 알렸다. 이 날 날이 샐 무렵에 전(前) 협판(協辦) 이주회(李周會)가 일본 사람 오카모토 류노

스케〔岡本柳之助)와 함께 공덕리(孔德里)에 가서 대원군(大院君)을 호위해 가지고 대궐로 들어오는데 훈련대 병사들이 대궐문으로 마구 달려들고 일본 병사도 따라 들어와 갑자기 변이 터졌다. 시위대 연대장(侍衛隊聯隊長) 홍계훈(洪啓薰)은 광화문(光化門) 밖에서 살해당하고 궁내 대신(宮內大臣) 이경직(李耕稙)은 전각(殿閣) 뜰에서 해를 당했다. 난동은 점점 더 심상치 않게 되어 드디어 왕후가 거처하던 곳을 잃게 되었는데, 이 날 이 때 피살된 사실을 후에야 비로소 알았기 때문에 즉시 반포하지 못하였다.」 고종실록 33권, 고종 32년 8월 20일

1895년 8월 을미사변 때 명성황후 민씨는 일본 낭인(일본의 떠돌이 무사)에 의해 비참하게 살해되니 그녀의 야망도 휩쓸고 지나간 회오리 속에 묻혀졌다.

명성황후 민씨는 여성부원군 민치록의 딸로 철종 2년(1851) 9월 25일 여주에서 태어났다.

아버지인 민치록은 숙종의 장인(계비인 인현왕후 아버지)인 민유중의 5대손으로 철종 때 음서를 통해 관계에 진출하여 군수를 지낸 바 있으나 민씨 8세 때인 1858년에 사망하였다. 원래 명성황후 민씨의 형제자매들은 1남 3녀였으나 1남 2녀는 일찍 죽어 그녀만 홀로 남게 되었다. 아버지가 죽은 후 그녀는 홀어머니를 모시고 서울로 올라와 감고당에서 살게 되었다. 감고당이란 당호는 영조가 지어준 이름인데 이 집은 민씨의 6대조 민유중의 집으로, 당시는 민씨의 아버

지 민치록의 소유로 되어 있었다. 명성황후 민씨는 아버지 사후 가까운 친척들의 도움을 받으면서 자랐다.

1863년 12월 8일 철종이 후사없이 승하하자 흥선대원군의 둘째 아들인 이명복(고종)이 왕위를 계승하니, 그 때 고종의 나이 12세였다.

고종은 즉위후 나이가 어려 1866년 2월 13일 까지 조대비인 신정왕후(순조의 아들 효명세자의 부인)가 수렴청정을 하였으나, 이는 형식에 불과하였고 실은 고종의 아버지인 흥선대원군이 실권을 쥐고 있었다.

고종이 15세가 되자 고종 3년(1866) 1월 1일 12세부터 17세의 처녀들에 대한 금혼령을 내렸다. 그리고 2월 25일 초간택을 시행하여 첩정 민치록의 딸, 유학 김우근의 딸, 현령 조면호의 딸, 영 서상조의 딸, 용강현령 유초환의 딸 5명을 재간택에 넣고, 그 나머지는 모두 허혼하게 하였다. 2월 29일 재간택에서 민치록의 딸 한명만 재간택에 들게하고, 3월 6일 삼간택을 시행한 뒤 3월 21일 혼례를 올리니 명성황후 민씨는 16세였고 고종은 15세였다.

결혼 후 둘 사이에 4남 1녀를 두었으나 순종만 남고 모두 조졸하였다.

명성황후 민씨가 삼간택이란 절차를 걸쳐 왕비로 간택되었지만 실은 고종의 아버지인 흥선대원군의 의중에 따른 것이다.

정권을 장악한 흥선대원군은 누구보다 왕실 외척들의 전횡으로 인해 피해를 본 장본인이기 때문에 며느리 선택은 신중하게 하였다.

며느리가 될 수 있는 첫 번째 조건으로 친정 식구들이 없어야 하고, 그 다음은 명문가 출신이어야 했다. 이 조건에 맞는 사람이 민씨였는데, 게다가 민씨를 왕비 후보로 추천한 사람이 바로 흥선부원군의 부인인 민씨(민승호의 친누나)였다.

간택 당시 민씨는 아버지가 없어 고아나 다름 없었고, 흥선대원군의 장인인 민치구와 명성황후 아버지인 민치록은 민유중의 5대손이었기 때문에 명문가 후손들이었다. 그러나 흥선대원군의 이런 선택이 큰 잘못이었던 것을 얼마되지 않아 깨달았을 것이다.

대원군이 정권을 장악하고 쇄국정책을 펼치자, 고종 3년(1866) 9월 병인양요와 고종 8년(1871) 5월 신미양요 사건이 발생되었고, 대원군의 독선적인 국정에 대한 불만이 많아지자 고종 10년(1873) 10월 25일 최익현이 흥선대원군의 폐단에 대한 시정을 요구하는 상소를 올렸다.

「동부승지(同副承旨) 최익현(崔益鉉)이 올린 상소의 대략을 보면, '신은 몇 해 전에 부름을 받고 마지못해 벼슬의 반열에 나왔으나 며칠도 못 가서 까닭 없이 견파(譴罷; 관원의 실수를 탓하여 파면하던 일)당하였으니, 신의 변변치 못하고 사람답지 못한 것에 대해서는 전하께서도 벌써 환히 알고 계신 바입니다. 그때부터 시골로 물러가서 고생을 달게 받으며 낮은 벼슬자리도 감히 바라보지 못하였는데, 더구나 승지와 같은 훌륭한 벼슬이야 더 말할 것이 있겠습니까? 명을 듣고 나서 놀랍고 황송하여 더욱 죽을 곳을 알 수 없었습니다.

그리고 최근의 일들을 보면 정사에서는 옛날 법을 변경하고 인재를 취하는 데에는 나약한 사람만을 채용하고 있습니다. 대신(大臣)

과 육경(六卿; 육조의 수장)들은 아뢰는 의견이 없고 대간(臺諫)과 시종(侍從)들은 일을 벌이기 좋아한다는 비난을 회피하고 있습니다. 그리하여 조정에서는 속된 논의가 마구 떠돌고 정당한 논의는 사라지고 있으며 아첨하는 사람들이 뜻을 펴고 정직한 선비들은 숨어버렸습니다.

그칠 새 없이 받아내는 각종 세금 때문에 백성들은 도탄에 빠지고 있으며 떳떳한 의리와 윤리는 파괴되고 선비의 기풍은 없어지고 있습니다. 나라를 위해 일하는 사람은 괴벽스럽다고 하고 개인을 섬기는 사람은 처신을 잘한다고 하고 있습니다. 그리하여 염치없는 사람은 버젓이 때를 얻고 지조있는 사람은 맥없이 죽음에 다다르게 됩니다. 이런 결과로 인해 위에서는 천재(天災)가 나타나고 아래에서는 지변(地變)이 일어나며, 비가 오고 날이 개이고 춥고 덥고하는 기후 현상에서는 모두 정상적인 상태를 잃었습니다. 바로 이러한 때에는 아무리 노련하고 높은 덕망으로 세상 사람들의 추대와 신망을 받는 사람으로 하여금 이 일을 담당하게 하더라도 오히려 견제당하고 모순에 빠져 힘을 쓰기가 쉽지 않을 것인데, 더구나 신과 같이 본바탕이 어리석고 학식도 전혀 없는데다가 외롭고 약하여 어찌할 수 없는 사람으로서야 더 말할 것이 있겠습니까? 이제 만약 전하의 총애만 믿고서 본분에 지나친 것을 삼가라는 경계와 복이 지나치면 재앙을 당한다는 교훈을 생각하지 않고 벼슬 반열에 끼어 따라다니고 길가에서 떠들어대며 의기양양하게 자족하면서 아무것도 꺼리는 바가 없이 처신한다면 또한 사람들의 드센 비방과 무엄하고 불경스럽다는 주벌이 잇따라 일어나게 될지 어떻게 알겠습니까? 이 때문에 신이 머뭇거리고 주저하면서 달려 나가고 싶어도 감히 그렇게 하지 못하는 것 입니다.」고종실록 10권, 고종 10년 10월 25일

상소내용을 요약하면 흥선대원군이 인재 등용에 있어서 능력있는 사람은 피하고 능력없고 나약한 사람만 채용하고, 각종 세금 부과로 인한 세금폭탄으로 백성들이 도탄에 빠져 천재지변이 일어나고 있다는 것이다

최익현의 상소를 계기로 그 해 11월 흥선대원군은 권좌에서 물러나게 되었다.

이후 시아버지와 며느리의 싸움은 한 치의 양보없이 치열해져만 갔다.

고종 12년(1875) 9월 20일 운양호 사건으로 강화도 조약이 체결되고, 이를 계기로 일본의 간섭이 본격화 되었다.

고종 18년(1881) 8월 29일 정권에서 물러나 있던 대원군은 자신의 서장자인 이재선의 심복 안기영을 사주하여 군자금을 모금한 후 고종과 민씨를 쫓아내 퇴위시킨 후 자신이 다시 복권하려는 계획을 세웠으나 사전 발각되어 실패로 돌아갔다. 고종실록 18권, 고종 18년 8월 29일과 9월 3일

그러나 그 이듬해인 1882년 6월 9일 임오군란이 일어나자 대원군은 재집권하게 되었으나 7월 13일 행차형식으로 청나라 천진으로 끌려가게 되어 재집권에 실패하게 되었다.

「오늘 오후에 대원군(大院君)이 정여창(丁汝昌), 마건충(馬建忠)

두 사람이 머물고 있는 둔지미(屯地尾)의 청(淸) 나라 군영(軍營)에 가서 답례 방문을 하고 사의를 표한 다음 병선(兵船)을 타고 중국으로 떠났다. 황제의 명을 받고 조선의 사변을 처리하는 마건충, 오장경(吳長慶), 정여창, 위윤선(魏綸先)의 효유문(曉諭文)의 대략에, '조선은 중국의 속국으로서 본래부터 예의를 지켜왔다. 근래 이래로 권신(權臣)들이 실권을 잡아 나라의 정사가 사가(私家)의 문에서 나오더니 마침내 올해 6월의 변고가 있게 되었다. 지난번 이 변고가 황제께 보고되자 황제께서는 장수들에게 명하여 군사를 파견하였다. 먼저 대원군을 중국에 들어오게 하여 일의 진상을 직접 물으시고, 한편으로 죄인들을 잡은 뒤에는 엄하게 징벌하되, 그 수괴는 처단하고 추종한 자는 석방하여 법을 정확히 준수하도록 하였다. 이제 북양(北洋) 수군을 통솔한 정(鄭) 제독이 잠시 대원군과 함께 바다를 건너서 황제께서 계신 곳으로 갔다. 남의 혈육지간의 일에 대하여 은정을 온전하게 하고 의리를 밝히는 것은 우리 대황제께서 참작해서 알맞게 잘 처리하실 것이요, 너희 대원군에게는 반드시 대단한 추궁을 하지는 않으실 것이다. 그런데 행차가 갑자기 있었으므로 혹시 너희들 상하 신민(上下臣民)들이 이 뜻을 알지 못하고 함부로 의심과 두려움에 사로잡혀 원(元) 나라에서 고려의 충선왕(忠宣王)과 충혜왕(忠惠王)을 잡아간 전례와 같은 것으로 생각한다면 황제의 높고 깊은 뜻을 저버리는 것이다. 이 밖에 지난번 난을 일으킨 무리들이 혹시 다시 음모를 꾸민다면, 지금 대군이 바다와 육로로 일제히 진출한 것이 벌써 20개 영(營)이나 되니 너희들은 화와 복을 깊이 생각하고 일찌감치 해산할 것이며, 그릇된 악감을 고집하여 스스로 죽음을 재촉하지 말라. 아! 대국과 너희 조선은 임금과 신하의 관계이므로 정의(情誼)가 한 집안과 같다. 본 제독은 황제의 명령을 받고 왔으니, 곧 황제의 지극히 어진 마음을 체득하는 것이 군중(軍中)의 규율이다. 이 것을 믿을 것이다. 특별히 절절하게 타이른다.' 라고 하였다.」

한편 임오군란이 일어나자 명성황후 민씨는 충주 장호원으로 몰래 피신하였다. 그런 줄도 모르고 왕실에서는 민씨의 행방을 찾았으나 묘현해져 군란 중에 사망한 것으로 판단하고 1882년 6월 10일 민씨의 사망을 전국에 알렸다. 그리고 7월 25일에는 새로운 중궁을 맞아 들이는 의절을 예조에서 마련하게 하였다. 그러나 8월 1일 명성황후 민씨가 무사히 환어하니 민씨의 사망사건은 일단 해프닝으로 끝났다.

이후 고종 21년(1884) 10월 17일 우정국 낙성식을 계기로 개혁파는 갑신정변을 일으켰으나 3일 만에 끝났고, 그해 11월 24일 한성조약을 일본과 체결하였다.

고종 31년(1894) 2월 15일 농민전쟁이 일어났다. 이를 계기로 그해 6월부터 그 이듬해 4월까지 청일전쟁이 일어났으나 일본의 승리로 끝났다.

일본은 청일전쟁을 승리한 뒤 박영효, 김홍집을 중심으로 친일내각을 만들어 세력 확장에 힘을 기울였다. 이에 명성황후 민씨는 일본의 위협으로부터 벗어나기 위한 방법으로 러시아를 이용해 일본을 견제하려고 하였다. 따라서 민씨는 친일관료를 제거하기 위해 친러세력을 끌어들였다. 그러자 일본은 러시아에게 조선을 뺏길 수 있다는 위기감 때문에 먼저 명성황후 민씨를 시해하는 사건을 일으켰다.

고종 32년(1895) 8월 20일 일본은 을미사변을 일으켜 명성황후 민씨를 우선 살해하니 그녀의 나이는 45세였다 [그림 25].

그리고 살해된 명성황후 민씨는 사후 2일 만인 1895년 8월 22일 서인으로 강등되는 수모를 당하지만, 10월 10일 다시 복위되었다. 그 후 고종 34년(1897) 10월 12일 고종이 황제로 오르자 민씨도 황후로 추봉되었다.

명성황후 민씨의 능호는 홍릉(洪陵)으로 경기도 남양주시 홍유릉로 352 – 1에 위치하며 고종과 함께 합장한 무덤이다.

참고로 고종 32년인 1895년 이전까지는 조선에서는 청나라 연호를 사용하였으나, 1895년 11월 17일을 양력 1896년 1월 1일로 정하고, 이때부터 태양력 사용과 함께 독자적인 연호인 '건양(建陽)'을

[그림 25] **명성황후 민씨 장례식** 동은의학박물관 소장

1897년 8월 15일까지 사용했다.

 1987년(고종 34) 8월 16일 고종은 국호를 '대한'으로 정하고, '광무(光武)'의 원년으로 삼았다. 10월 12일 고종은 황제로 취임하였고, 10월 13일 국호를 대한으로 하고 임금을 황제로 칭한다는 것을 공식 선포하였다.

순명효황후 민씨

생몰년 1872 – 1904

재위기간 추존

자녀수 무자녀

사인 외상후 스트레스 장애

순정효황후 윤씨

생몰년 1894 – 1966

재위기간 1907 – 1910

자녀수 무자녀

사인 심근경색증

시어머니 살해 현장을 목격한 후 실신한 추존 순명효황후(純明孝皇后) 민씨

— 외상후 스트레스 장애로 악몽 속을 헤매다 33세에 훙서하다

사람의 죽음은, 죽은 사람보다 산 사람의 문제이다.
(A man's dying is more the survivors' affair than his own.)

-Thomas Mann-

「을미년(1895)에 이르러 흉악한 무리들이 대궐을 침범하였을 때 비(순명효황후 민씨)는 명성황후(明成皇后)를 보호하다가 그만 흉악한 무리들에게 앞길이 막혔으며 끝내 천고에 있어본 적이 없는 큰 참변을 당하였다. 비는 또 기막혀 쓰러지고 반나절이 지나간 다음에 시녀에게 전하(고종)와 황태자(순종)의 안부를 물어보고는 그 길로 눈을 감은 채 깨어나지 못하였고 구급약을 갖추어 치료한 후 새벽에야 소생하였다.

비는 이로 말미암아 언제나 마치 젖어미를 잃은 젖먹이마냥 정신

없이 지냈으며 때로는 한창 음식을 들다가도 한숨을 쉬고는 슬픔에 겨워 목이 메곤 하였고 옷과 베개, 이불이 하염없이 흐르는 눈물로 적셨다.」고종실록 45권, 고종 42년 1월 4일(약력)

고종 32년(1895) 8월 20일 을미사변 때 시어머니인 명성황후 민씨의 살해되는 현장을 목격한 순명효황후 민씨는 그 당시 입은 정신적 충격에서 벗어나지 못하고 죽을 때까지 악몽 속을 헤메였던 것이다.

순명효황후 민씨는 여흥부원군 민태호의 1남 1녀 중 장녀로 고종 19년(1872) 10월 20일 양덕방(조선시대 초기부터 있던 한성부 북부 12방 중의 하나, 계동과 가회동 일부) 계동에서 태어났다. 그녀가 태어날 때 일화를 보면,

「순명효황후 민씨가 태어나던 그 날 저녁 연기 같기도 하면서 안개는 아닌 오색구름이 집 주위를 휘황히 둘러싸여 수십 보 거리에서는 사람이 영롱한 채색 옷을 입은 것처럼 보여 한참 동안 흩어지지 않았어 이웃들이 모두 기이하게 여겼다고 한다.」고종실록 45권, 고종 42년 1월 4일(양력)

아버지 민태호는 고종 7년(1870) 정시문과 병과로 급제하여 여러 벼슬을 거쳐 1875년 9월 운양호사건 때 경기도 관찰사가 되었다. 그

뒤 사대 수구당의 중진으로 김옥균 등의 개화당 세력과 대립하였다. 고종 19년(1882) 강화유수로 있을 때 임오군란이 일어나 그의 가옥이 소각당했다. 고종 21년(1884) 3월 그의 아들인 민영익이 정권대신으로 미국 유럽 등지를 시찰하고 왔을 때가 그의 세도가 극에 달했고, 총융사, 어영대장, 무위도통사와 대제학 등을 역임하였다. 그는 사후 영의정에 추증되었고 글씨에 능하였다.

고종 18년(1881) 11월 15일 고종은 8세인 세자(순종)의 혼인을 내년에 거행한다고 하면서 7살부터 11살까지 처자들의 금혼령을 내렸다.

그리고 고종 19년(1882) 1월 15일 초간택, 1월 18일 재간택, 1월 26일 삼간택을 시행하여 좌찬성 민태호의 딸을 왕세자빈으로 결정하고, 2월 21일 혼례를 올리니 민씨의 나이는 11세였고 순종은 9세였다.

순명효황후 민씨는 천성이 유덕하고 화기로운 용모를 가졌으며, 어릴 때부터 행동이 법도에 벗어남이 없어 집에 드나드는 일반 부녀자들이 그녀를 한 번 보기만 하면 누구나 다 그녀가 범상하지 않다는 것을 알았다.

그녀는 총명하고 슬기로워 어린시절부터 소학(小學)이나 여칙(女則; 부녀자가 지켜야 할 규칙을 적은 글)등 여러 가지 책들을 읽었는데, 모사(姆師; 여스승)가 글을 대략 설명하고 해설해 주면 어느새 깊은 뜻을 파악했다고 한다. 또한 그녀는 침착하고 조용한 성품으로 말이 적어 어떤 일이든 덤비는 일이 없었다. 조무래기들이 그녀 앞에서 무리지어 놀 때 그들이 참을 수 없을 정도로 심하게 떠들어대더라도 말투와 낯빛에 싫어하는 기색을 나타내지 않았고 차근차근하게 일깨워주어 스스로 물러가게 하였다.

언젠가는 쌀 한 알을 손으로 어루만지며 '우리 집 식구가 이 낟알 수 만큼 되어야 할 것이다.' 라고 말을 해 그녀의 넓은 도량은 어릴 때부터 남달랐다고 한다.

임오년(1882)에 빈(嬪)으로 뽑혀 별궁(別宮)으로 들어가기에 앞서 가묘(家廟; 사대부들이 고조 이하의 조상의 위패를 모셔놓고 제사를 지내던 집안의 사당)에 하직 인사를 올릴 때 친척들과의 이별이 서러워 차마 떠날 수 없자 자기 방으로 들어올 수 없는 친척들을 일일이 불러다 헤어지기 싫은 그녀의 심경을 표한 후 집을 떠났다고 한다.

혼인 이후 조선에는 어려운 일이 많이 생겨 순명효황후 민씨도 여러 차례 험난한 일을 겪었다. 그녀는 그 때마다 일을 처리하면서 행동을 바르게 하였고 특히 나쁜 세력이 맹렬히 날뛸 때마다 궁인(宮人)들이 모두 허둥지둥 어찌할 바를 몰라 하면 그녀는 그들을 경계하면서 말하기를, '마음이 바르지 않고 생각이 똑똑하지 않으면 아무런 일이 없을 때에도 잘못을 저지를 수 있는데, 혼란할 때일수록 더 말할 것이 있겠는가? 다급하고 위태로운 때일수록 더욱 잘못을 저질를 수 있고 이 경우 조그만 잘못에도 나라가 어김없이 망할 수 있느리라.' 라고 하면서 어려움에 처할수록 궁인들에게 침착성과 마음 가짐을 단단히 가지도록 명하였다.

그러던 중 을미년(1895)에 흉악한 무리들이 대궐을 침범하였다. 그러자 순명효황후는 명성황후(明成皇后)를 보호하려다가 그녀가 흉악한 무리들에 의해 상상도 못할 큰 참변을 당하는 것을 보고, 기막혀 쓰러져 반나절이 지난 후에야 깨어났다. 잠시 정신이 들자 시녀에게 우선 전하와 황태자의 안부를 물어보고는 또 다시 의식을 잃었다가 구급 치료를 받은 새벽에야 소생하였다고 한다. 그 당시 순명효황후 민씨는 24세였다.

흉측하고 끔찍한 일을 당하고 난 후 그녀는 넋을 잃고 지냈고, 때로는 음식을 들다가도 한숨을 쉬면서 슬픔에 겨워 하염없이 눈물을 흘려, 옷과 베개, 이불은 눈물로 적셔졌다. 이후 육체와 정신적 고통을 이겨내지 못하다가, 급기야 그녀는 고종 41년(1904) 8월에 병석에 눕게 되었다. 그녀는 병상 중에도 순종이 직접 찾아서 고통스럽게 움직이지 말라고 하여도 반드시 옷매무새를 바로 잡았다. 그리고 몸이 위급 상태에서도 부축해 일어나 앉으며 순종의 손을 잡고 말하기를 '성체를 중하게 보존하여 백성과 나라가 태평하였으면 하는 것이 제 가슴 속의 소원입니다.' 라고 나라 걱정을 하였다. 고종실록 45권, 고종 42년 1월 4일(양력)

순명효황후 민씨는 외상후 스트레스 장애로 인한 후유증으로 1904년 11월 5일(양력) 경운경의 강태실에서 승하하였다. 을미사변 때 정신적 충격을 받은 지 9년이 지난 그녀 나이 33세였다.

그녀의 능호는 유릉(裕陵)으로 경기도 남양주시 홍유릉로 352－1에 위치하며 순종, 계비 순정효황후와 함께 세 사람이 합장한 무덤이다.

순명효황후 민씨를 죽음에 이르게 한 외상후 스트레스 장애에 대해서 살펴보겠다.

대표적인 외상성 원인
1. 전쟁 또는 전투에 노출
2. 성적 혹은 신체적 학대
3. 테러
4. 교통사고 등 심각한 사고
5. 화재, 태풍, 홍수, 지진 등 자연피해

[그림 26] 외상후 스트레스 장애

외상후 스트레스 장애는 사람이 전쟁, 고문, 자연재해, 사고 등의 심각한 사건을 경험한 후 그 사건에 공포감을 느끼고 사건 후에도 재경험을 통해 고통을 느껴 고통에서 벗어나기 위해서 에너지를 소모하게 되는 질환이다[그림 26].

스트레스에는 좋은 스트레스와 나쁜 스트레스가 있다.

좋은 스트레스를 받으면 긴장을 했더라도 수 분 안에 몸과 심리적인 상태가 원래 상태로 돌아오게 되며, 몸의 면역력을 증강시키고 정신적으로도 활기를 넣어준다. 반면 나쁜 스트레스를 받게 되면 지속적으로 긴장, 각성 상태가 유지되는데, 이를 제대로 해결하지 못하면 몸과 정신 상태는 탈진되게 마련이다. 한마디로 스트레스는 생존을 위해 꼭 필요한 신체적, 정신적 반응이다.

일반인 60%의 남자와 50%의 여자는 의미를 가지는 커다란 사건을 경험하지만 실제 이 장애가 생기는 것은 약 6.7%에 불과하다고 한다. 이는 사건 경험 전의 심리적, 생물학적 사전 요인이 이 장애 발생에 관여하기 때문이다. 즉 어렸을 때 경험한 심리적 상태의 존재, 성격 장애, 부적절한 가족이나 동료의 관계, 여성, 유전적 성향 등 다양한 요인들이 이 장애 발생에 관여한다.

이 장애는 사건 발생 후 한 달 후 심지어는 1년 이상 경과된 후에도 발생할 수 있다.

증상을 보면 개개인의 차이가 있으나 주로 불안, 초조, 공포, 식욕부진, 수면장애, 의욕저하, 집중력 및 기억력 장애 등 다양하고, 악몽, 공격성 성향, 충동조절 장애, 공황발작 등을 경험할 수 있다. 이 장애의 20% 정도는 중등도 증상을 지속적으로 경험하게 되며, 10%는 호전이 없고 심지어는 증상이 악화되기도 한다. 일반적으로 나이가 어릴 때나 고령에서 발생한 경우가 중장년에 발생한 경우보다 예후가 훨씬 나쁘다.

순명효황후 민씨는 어릴 적 입은 명성황후 민씨의 끔직한 살해라는 정신적 충격을 입고 발병된 외상후 스트레스 장애 때문에 결국 생을 마감하게 된 것이다.

조선 마지막 황비
순정효황후(純貞孝皇后) 윤씨

― 심근색증으로 73세에 사망하다

오래산 조선왕비들은 장수 비결이 따로 있었다.

「조선 왕비들의 장수 비결에는 공통점이 있었다.

즉 첫째 가급적 초년에 미망인이 되어 홀로 된다. 둘째 자식이 없다. 셋째 왕대비 시절 수렴청정을 한다.

조선시대 왕비 42명의 수명은 16세에서 82세로 평균 49.5세였다. 이중 61세 이상 환갑을 지내고 오래 생존한 왕비는 15명이었다. 이들 15명의 왕비들의 수명은 61세에서 82세로 평균 68.6세로 다른 왕비에 비해서 거의 20세를 더 생존하였다.

오래 산 왕비 15명 중 66세에 사망한 영조 비인 정성왕후 서씨 한 명을 제외하고 나머지 왕비 14명은 빠르면 18세에, 늦어도 51세에 홀로된 왕비들이다(평균 33.6세).

특히 초년에 미망인이 된 왕비일수록 수명은 길어, 20세 미만에 홀로된 왕비 3명 모두 70세 이상(71세에서 82세) 살았다.

홀로된 왕비 15명 중 9명은 자식이 없었고, 자식이 있어도 장수한 왕비 5명 중 3명은 대비시절 수렴청정을 한 왕비들이다.

이외 왕비 재위기간이 5년 이내로 짧았던 왕비들(인성왕후 박씨를 제외한 정순왕후 송씨, 단경왕후 신씨, 효정왕후 홍씨 및 순정효황후 윤씨 4명)은 70세 이상 장수하였다.

결과적으로 왕비라는 지위는 항상 많은 스트레스를 받는 어려운 자리였고, 또한 자식은 왕비에게 무거운 짐이 되었기에 화려하게 보였던 왕비생활은 실은 겉과 속이 달라 고난과 고달픔의 연속이었다. 그런 반면 왕이 죽은 후 맡아서 한 수렴청정은 왕대비 생활에 활기를 넣어주고 힘을 실어준 활력소가 되었던 것으로 사료된다」[표 3].

순정효황후 윤씨는 33세에 홀로되었으나 73세까지 수를 누렸다. 이는 나라 잃은 슬픔도 컸지만 이보다는 무자식에 젊은 나이에 미망인이 되어 개인적 욕심을 부리지 않아 오래 살 수 있었던 비결이 되었을 것으로 생각한다. 무욕(無慾)과 무소유(無所有)하면 오래 살 수 있기 때문이다.

순정효황후 윤씨는 해풍부원군 윤택영의 2남 1녀 중 장녀로 고종 31년(1894) 8월 20일 서울에서 태어났다.

아버지 윤택영은 선조시대 영의정을 지낸 윤두수의 후손으로, 고

[표3]   61세 이상 생존한 조선왕비들

왕비	왕	결혼연령	자녀수	재위기간	사별연령	사망연령	비고
정순왕후송씨	단종	15세	무자녀	2년	18세	82세	
정희왕후윤씨	세조	11세	2남2녀	14년	51세	66세	수렴청정
정현왕후윤씨	성종	11세	1남4녀	14년	33세	69세	
폐비 신씨	연산군	13세	5남2녀	12년	35세	66세	
단경왕후신씨	중종	13세	무자녀	7일	20세	71세	
문정왕후윤씨	중종	17세	1남4녀	27년	44세	65세	수렴청정
인성왕후박씨	인종	11세	무자녀	7개월	32세	64세	
장렬왕후조씨	인조	15세	무자녀	11년	26세	65세	
인원왕후김씨	숙종	16세	무자녀	18년	34세	71세	
정성왕후서씨	영조	13세	무자녀	33년	—	66세	영조 생존
정순왕후김씨	영조	15세	무자녀	17년	32세	61세	수렴청정
효의왕후김씨	정조	10세	무자녀	24년	48세	69세	
순원왕후김씨	순조	14세	2남3녀	32년	46세	69세	수렴청정
효정왕후홍씨	헌종	14세	무자녀	5년	19세	73세	
순정효황후윤씨	순종	14세	무자녀	3년	33세	73세	

종 36년(1899) 시강원시종관에 임명되어, 1901년 비서원승을 거쳐 영친왕부령이 되어 혜민원총무를 겸임했다. 고종 43년(1906) 딸이 황태자빈으로 간택되자 해풍부원군에 봉해졌다. 그러나 한일합병 후인 1910년 10월에는 일본 정부로부터 후작 작위도 받기도 하였다.

순명효황후 민씨가 사망한 지 2년이 지난 고종 43년(1906) 3월 16일 고종은 황태자의 혼례를 위해 13세부터 20세까지 처녀들의 금혼령을 내렸다. 그러나 막상 사주단자 마감일까지 입주된 단자가 8

장 뿐이었기 때문에 3월 28일과 4월 28일까지 두 차례에 걸쳐 후보
자들을 더 올리게 하였다.

그 해 7월 4일에 초간택을 시행하여 재간택에 올라갈 후보자 7명
을 발표하였다. 후보는 윤택영의 딸, 김철수의 딸, 심종찬의 딸, 성건
호의 딸, 서상태의 딸, 박규서의 딸, 박희양의 딸이었다.

9월 22일 재간택에서 윤택영의 딸, 김철수의 딸, 심종찬의 딸 3명
으로 압축되었고, 12월 31일 삼간택에서 윤씨가 황태자빈으로 최종
간택되었다. 그리고 고종 44년(1907) 1월 24일 황태자빈으로 책봉되
니 윤씨의 나이 14세였고 순종의 나이는 34세였다.

그러나 혼인 후 그녀의 아버지인 윤택영이 엄비(영친왕 어머니)
에게 거액의 뇌물을 바쳐서 윤씨가 황세자빈으로 간택되었다는 소
문이 항간에 널리 퍼져 한동안 그녀는 구설수에 오르기도 하였다.

조선은 고종 42년(1905) 11월 17일 일본과 강제로 을사늑약을 맺
게 되자, 1907년 이준 등의 헤이그 밀사 사건이 일어났고, 이 사건
으로 인해 고종이 황제 자리에서 물러나게 되자 순종이 황제 자리를
계승하니 윤씨도 7월 23일 황후로 책봉되었다.

황후가 된 후 그녀는 여학(女學)에 입학하였고, 황후궁에 여시강
(女侍講; 학문의 강의를 맡았던 여선생)도 두고 학문에 열중하였다.

그러나 순종이 황제에 오른 지 3년 만인 1910년 8월 29일 조선은
일본에게 통치권을 빼았기고 강제로 한일합병을 당했다. 순정효황후
윤씨는 한일합병 직전에 병풍 뒤에서 어전회의를 엿듣고 있다가 친
일성향의 대신들이 순종에게 한일합병 조약의 날인을 강요하자 옥
새를 자신의 치마 속에 감추고 내주지 않았는데, 결국 그녀의 큰아버

지인 윤덕영에게 옥새를 강제로 **빼앗겼다.** 한국민족문화대백과

그 후 그녀는 1926년 4월 순종이 승하하자 창덕궁 낙선재로 거처를 옮겨 나라를 빼앗긴 설움과 망국의 한을 품고 한 많은 여생을 보내야만 하였다.

1950년 6월 25일 한국전쟁 시 순정효황후는 창덕궁에 남아 황실을 지켰는데, 인민군들이 궁궐에 들이닥쳐 행패를 부리자 56세의 나이임에도 불구하고 인민군들에게 호통을 쳐서 내쫓아보냈다는 일화도 있다.

순정효황후 윤씨는 1966년 2월 3일 창덕궁 석복헌에서 갑자기 심근색증으로 승하하니, 73세의 한 많은 생을 마감하였다.

조선왕비들의 사인은?

조선왕들의 수명은 17세에서 83세로, 평균수명 47세(만 46세)이며, 27명의 왕 중 61세 이상(환갑) 산 왕은 영조(83세), 태조(73세), 광해군(68세), 고종(68세)과 정종(63세)으로 다섯 명에 불과하였다.

그러면 조선왕비들의 수명은 어떠하였을까?

42명의 왕비들(추존왕비 5명 포함)의 수명은 16세에서 82세로, 평균수명 49.5세(만 48.5세)로 왕에 비해 왕비들의 수명이 다소 길었으나, 61세 이상 오래 산 왕비들은 열다섯 명으로 왕들보다 많았다(조선왕비들의 생애 요약 참조).

왕비들 죽음의 원인들을 분석해 보면 아래와 같다.

첫째 요인은 스트레스(stress)다.

왕비의 일상은 겉 보기에는 호사스롭고 안이해 보였지만 실상은 매우 달랐다.

왕과의 관계, 자식들의 장래와 안위 문제, 친정집 식구들의 정치 참여와 비참한 종말, 후궁들과의 이해 관계 및 암투, 당파 싸움의 휘말림 등 매사에 신경을 안 쓰는 일이 없어 하루도 마음 편할 날은 없었다.

예를 들면 태조 계비인 신덕왕후 강씨는 그녀의 욕망대로 막내 아들인 방석을 왕세자로 올려 놓았으나 그 지위를 유지하기 위한 그녀의 부단한 노력, 특히 태종 방원과의 피말리는 암투로 결국 화병을 얻어 41세의 한창 나이에 사망하였다.

한편 정종 비인 정안왕후 김씨는 자식 못 낳는 죄의식, 정종의 자기중심적 일상과 왕비에 대한 무관심 등으로 외롭고 우울한 노년 생활을 보내다가 사망하였고, 태종 비인 원경왕후 민씨는 왕비가 된 후 태종으로부터 배신, 친정 집안의 몰락과 태종의 여성 편력 등으로 왕비시절 내내 가시방석과 같은 일상을 보내다가 열병으로 사망하였다.

세종 비인 소헌왕후 심씨는 시아버지인 태종에 의해 친정아버지 심온의 사사와 친정 집안의 몰락, 세종의 건강, 문종의 세자빈들의 추문, 자식들의 죽음 등으로 노심초사한 왕비 생활을 보내다 화병으로 사망하였다.

선조 계비인 인목왕후 김씨는 광해군과의 갈등과 어린 아들 영창대군의 증살로 인해 원한을 품고 일생을 마쳤으며. 숙종 계비인 인현왕후 민씨는 희빈 장씨와의 갈등과 왕비 폐위와 복위 과정을 겪는 과정에 식생활 관리를 잘못하여 결국 영양실조에 걸려 각기병으로 사망하였고, 경종 계비인 선의왕후 어씨는 경종의 독살설 등 영조와의 갈등, 그리고 영조의 세자와 옹주들의 독살에 연류된 사건으로 심한 스트레스 속에서 살다가 26세의 젊은 나이에 진전섬망으로 요절하였다. 순종 비인 순명효황후 민씨는 시어머니인 명성황후의 시해 사건를 목격하고 발병한 외상후 스트레스 장애로 시름시름 앓다가 33세 나이에 훙서하였다.

이렇듯 크고 작은 스트레스로 인해 왕비들은 마음 편할 날은 없었고 극심한 스트레스 속에서 살았다고 해도 과언은 아니다.

그러나 이와는 반대로 왕비 시절의 스트레스를 잘 극복하여, 말년을 잘 지내고 오래 산 왕비들도 있다.

예를 들면 말년에 수렴청정을 한 세조 비 정희왕후 윤씨. 중종 계비 문정왕후 윤씨, 영조계비 정순왕후 김씨, 순조 비 순원왕후 김씨 등은 왕비 시절 어려운 시련이 있었으나 이를 잘 극복하고 남편이 죽은 후에 수렴청정을 하여 친정집 식구들에게 부귀, 권력, 명예를 안겨주었고 자신도 편안한 삶을 영위할 수 있었다,

한편 숙종 계비인 인원왕후 김씨는 왕비 시절 어려움을 겪었고 수렴청정도 못했지만 영조의 후견인이 되어 말년에는 호강을 누리며 살았다.

둘째 요인은 추운날 목욕재계 등 무모한 행위이다.

중종 계비인 문정왕후 윤씨는 중 보우를 맹신하고 무차회 때 추운 계절인데도 목욕재계 후 얻은 감기가 심해져 폐렴으로 사망하였고, 현종 비인 명성왕후 김씨는 그녀가 홑옷만 입고 한겨울에 물벼락을 맞으면 아들인 숙종의 병이 낫는다는 무속인의 말을 맹신하고 그대로 시행하였다가 폐렴으로 사망하였다. 또한 인조 계비인 장렬왕후도 만수전 화재 후 복원을 기원하는 기도를 위해 추운 계절 목욕재계하여 얻은 감기 후유증으로 사망하였다. 이와는 달리 세조 비인 정희왕후 윤씨는 노년에다 병약했는데 무리한 온천욕을 하다가 탈수로 사망하였다.

셋째 요인은 출산이다

문종 비인 현덕왕후 권씨는 19세 때 단종을 출산하고 양수색전증으로, 예종 비인 장순왕후 한씨는 17세 때 임신 말기에 병발한 임신중독증으로, 중종의 계비인 장경왕후 윤씨는 25세 때 인종 출산 후 산욕기 감염으로 사망하였다. 반면 인조 비인 인열왕후 한씨는 42세의 늦은 나이에 여섯째 늦둥이를 출산하다가 산욕기감염으로 사망하였다.

넷째 요인은 무리한 욕심(욕망)이다.

성종 계비인 폐비 윤씨는 지나친 후궁에 대한 질투 때문에 28세 나이에 사사되었고, 숙종 계비인 희빈 장씨도 인현왕후 민씨에 대한 질투와 자리 다툼으로 43세 나이에 사약을 받고 죽었다.

태조 계비인 신덕왕후 강씨는 자기 자식에게 왕위를 계승해 주려는 무리한 욕망 때문에 태종과 갈등이 생겼고 이를 이기지 못해 화병을 얻어 사망하게 되었고, 고종 비인 명성황후 민씨는 시아버지인 흥선대원군과의 권력 다툼을 하다가 결국 살해되었다.

다섯째 요인은 삼년상 등 무모한 관습이다.

삼년상을 지내면서 나물밥에 물만 먹는 것은 〈예경(禮經)〉에 실려 있는데, 조선시대의 상례는 한결같이 이를 따랐다고 한다. 예로부터 삼년상을 치르면서 죽만 먹고도 몸을 상하지 않아 죽지 않은 사람들에 대한 이야기가 〈삼강행실도〉의 '효자전'에 많이 기록될 정도였다고 하니 삼년상의 피해는 이루 헤아릴 수 없었던 것 같다.

상을 당한 후손들은 일체 육식을 금하고 장이나 소금도 먹지 않앉으며, 채식 위주로 쌀죽만 먹고, 추우나 더우나 상복만을 입고 삼 년상을 마쳐야 했는데 이런 상례가 죽음의 원인이 되기도 하였다. 특 히 고지식하게 상례를 그대로 따른 왕비들에게는 삼년상 후에 얻은 것은 몸의 망가짐과 지병을 얻는 것 뿐이었다.

예를 들면 효종 비인 인선왕후 장씨는 1649년 인조의 삼년상과 1659년 효종의 삼년상 때 제대로 음식을 섭취 못하고 제대로 휴식도 취하지 못해 그 후 몸이 쇠약해지면서 지병을 얻게 되었다. 효종이 사망하자 예에 벗어날 정도로 곡을 하며 슬퍼하였고, 시신을 씻기고 손톱과 발톱을 자르는 것부터 비록 하찮은 일이라도 반드시 왕비 자 신이 스스로 하였고 다른 사람에게 맡기지 않고 정성을 다 하였다고 한다. 졸곡(卒哭) 전에는 미음만 드니 아들인 현종이 수라를 들라고 눈물 지으며 청할 정도로 음식을 제대로 들지 않았다고 한다. 인선왕 후는 '스스로 목숨을 끊는다면 정말 지나친 짓이다만 그렇다고 억지 로 밥을 먹으면서까지 살려고 하는 것은 내 차마 못하겠다.'고 하였 을 정도로 상례에 얽매였다.

또한 철종 비인 철인왕후 김씨는 1857년 순조 비인 순원왕후 김 씨의 삼년상과 1863년 철종의 삼년상을 마치자 몸과 마음은 쇠약해 질대로 쇠약해져 병을 얻게 되었다.

철인왕후 김씨는 3년상 내내 그리고 이후에도 고기는 아예 입에 대지도 안했고, 심지어 장이나 소금 섭취도 안했고 오로지 채식으로 된 죽만을 먹었다. 그 결과 영양실조와 수분 및 전해질결핍 등이 생 겨 몸은 망가지고 쇠약해진 것이다. 또한 계절에 맞는 의복도 입지 못하고 여름이나 겨울이나 사시사철 오직 상복만 입고 지내 더위와 추위에 대한 장애도 겹쳤을 것이다. 이외 그녀는 거의 뜰에도 내려가지 않을 정도로 운동 부족도 심했던 것이다.

여섯째 요인은 결핵과 같은 질환이다.
조선시대 왕실에는 왕뿐 아니라 왕비들에게도 결핵 환자가 많았다. 이외 천연두, 심근경색증, 위장병, 진전섬망, 타까야슈동맥염, 각기병 등이 사망의 원인이 되었다.

일곱째 요인은 열악한 의료 환경이다.
조선시대의 진료는 어의가 문진하고 시진(視診)으로 용태를 살펴보고 짚맥으로 촉진(觸診)하여 맥박의 뛰는 상태를 보고 병을 진단하는 아주 초보적인 의학 수준이라고 할 수 있다. 특히 왕비 진찰 시에는 직접 신체적인 접촉은 할 수 없어 직접 진찰할 수 없어 간접적인 진찰만을 시행하였으니 제대로 병명을 진단하는데는 어려움이 많았다. 그리고 변변한 치료법도 없어 탕약, 침, 뜸, 기도 등 원초적인 방법에 의존했다.

또한 질병에 대한 원인, 경과 및 치료에 대한 지식도 부족했고 치료약의 태부족, 열악한 보건 위생 등 모든 의료 환경은 빈약할 뿐이었다.

현대 의약품 중 링거수액과 같은 수액제만 있었어도 심화(心火)로 인해 이차적으로 발생하는 탈수와 전해질 장애를 미리 예방할 수 있어서 많은 왕비들의 수명을 더 연장시킬 수 있었을텐데? 안타깝기 그지없다.

조선왕비들의 생애 요약

왕	왕비	본관	생몰년	재위기간	결혼연령(왕년령)	자녀수	출산연령	사망연령	사인	능호
1 태조	신의왕후한씨	안변	1337-1391	(추존)	15세(17세)	6남2녀	18-33?	55	위장병	제릉
	신덕왕후강씨	곡산	1356?-1396	1392-1396	16세?(36세)	2남1녀	?-27	41	화병	정릉
2 정종	정안왕후김씨	경주	1355-1412	1398-1400	미상	무자녀	---	58	우울증	후릉
3 태종	원경왕후민씨	여흥	1365-1420	1400-1418	18세(16세)	7남4녀	25-41	56	불명열	헌릉
4 세종	소헌왕후심씨	청송	1395-1446	1418-1446	14세(12세)	8남2녀	18-40	52	화병	영릉
5 문종	현덕왕후권씨	안동	1418-1441	(추존)	14세(18세)	1남2녀	16-24	24	양수색전증	현릉
6 단종	정순왕후송씨	여산	1440-1521	1454-1455	15세(14세)	무자녀	--	82	노환	사릉
7 세조	정희왕후윤씨	파평	1418-1483	1455-1468	11세(12세)	2남2녀	21-33	66	탈수	광릉
8 예종	장순왕후한씨	청주	1445-1461	(추존)	16세(11세)	1남	17	17	임신중독	공릉
	안순왕후한씨	청주	1445?-1498	1468-1469	19세?(14세)	2남2녀	20-24?	54	위장병	창릉
9 성종	공혜왕후한씨	청주	1456-1474	1469-1474	12세(11세)	무자녀	--	19	폐결핵	순릉
	폐비윤씨	함안	1455-1482	1476-1479	19세(17세)	3남	21-24	28	사약	회묘

왕	왕비	본관	생몰년	재위기간	결혼연령 (왕년령)	자녀수	출산 연령	사망 연령	사인	능호
9 성종	정현왕후윤씨	파평	1462 – 1530	1480 – 1494	12세(17세)	1남4녀	17 – 29	69	뇌수막염	선릉
10 연산	폐비신씨	거창	1476 – 1537	1494 – 1506	13세(13세)	5남2녀	23 – 30	66	노환	연산군묘
11 중종	단경왕후신씨	거창	1487 – 1557	1506 – 1506	13세(12세)	무자녀	- -	71	노환	온릉
	장경왕후윤씨	파평	1491 – 1515	1507 – 1515	17세(20세)	1남1녀	21 – 25	25	산욕기감염	희릉
	문정왕후윤씨	파평	1501 – 1565	1517 – 1544	17세(30세)	1남4녀	21 – 42	65	폐렴	태릉
12 인종	인성왕후박씨	반남	1514 – 1577	1544 – 1545	11세(10세)	무자녀	- -	64	폐결핵	효릉
13 명종	인순왕후심씨	청송	1532 – 1575	1545 – 1567	12세(10세)	1남	20	44	폐결핵	강릉
14 선조	의인왕후박씨	반남	1555 – 1600	1569 – 1600	15세(18세)	무자녀	- -	46	속립성결핵	목릉
	인목왕후김씨	연안	1584 – 1632	1602 – 1608	19세(51세)	1남2녀	20 – 23	49	화병	목릉
15 광해	폐비유씨	문화	1576 – 1623	1608 – 1623	12세(13세)	3남	21 – 25	48	병사혹은아사	광해군묘
16 인조	인열왕후한씨	청주	1594 – 1635	1623 – 1635	17세(16세)	6남2녀	19 – 42	42	산욕기감염	장릉
	장렬왕후조씨	양주	1624 – 1688	1638 – 1649	15세(44세)	무자녀	- -	65	폐렴	휘릉
17 효종	인선왕후장씨	덕수	1618 – 1674	1649 – 1659	14세(13세)	3남6녀	18 – 31	57	만성소모성질환	영릉
18 현종	명성왕후김씨	청풍	1642 – 1683	1659 – 1674	10세(11세)	1남4녀	17 – 26	42	폐렴	숭릉

왕	왕비	본관	생몰년	재위기간	결혼연령(왕선령)	자녀수	출산연령	사망연령	사인	능호
19 숙종	인경왕후김씨	광산	1661-1680	1674-1680	11세(11세)	2녀	17-19	20	천연두	익릉
	인현왕후민씨	여흥	1667-1701	1681-1689(1694-1701;복위)	15세(21세)	무자녀	--	35	각기병	명릉
	희빈장씨	인동	1659-1701	1689-1694	28세(26세)〈22세(20세)?〉-첫만남	2남	30-32	43	사약	대빈묘
	인원왕후김씨	경주	1687-1757	1702-1720	16세(42세)	무자녀	--	71	폐렴	명릉
20 경종	단의왕후심씨	청송	1686-1718	(추존)	11세(9세)	무자녀	--	33	다끼아수혈관염	혜릉
	선의왕후어씨	함종	1705-1730	1720-1724	14세(31세)	무자녀	--	26	진전섬망	의릉
21 영조	정성왕후서씨	달성	1692-1757	1724-1757	13세(11세)	무자녀	--	66	실혈사(소화성궤양?)	홍릉
	정순왕후김씨	경주	1745-1805	1759-1776	15세(66세)	무자녀	--	61	심근경색증?	연릉
22 정조	효의왕후김씨	청풍	1753-1821	1776-1800	10세(11세)	무자녀	--	69	노환(산성임신)	건릉
23 순조	순원왕후김씨	안동	1789-1857	1802-1834	14세(13세)	2남3녀	21-34	69	심근경색증	인릉
24 헌종	효현왕후김씨	안동	1828-1843	1837-1843	14세(15세)	무자녀	--	16	천연두?	경릉

히포크라테스
조선 왕비를 만나다

왕	왕비	본관	생몰년	재위기간	결혼연령 (왕년령)	자녀수	출산 연령	사망 연령	사인	능호
24 헌종	효정왕후홍씨	남양	1831–1903	1844–1849	14세(18세)	무자녀	- -	73	폐렴	경릉
25 철종	철인왕후김씨	안동	1837–1878	1851–1863	15세(21세)	1남	22	42	만성소모성질환	예릉
26 고종	명성황후민씨	여흥	1851–1895	1866–1895	16세(15세)	4남1녀	21–28	45	살해	홍릉
27 순종	순명효황후민씨	여흥	1872–1904	(추존)	11세(9세)	무자녀	- -	33	어성후스트레스 장애	유릉
	순정효황후윤씨	해평	1894–1966	1907–1910	14세(34세)	무자녀	- -	73	심근경색증	유릉

• 헌종비 효현왕후는 헌종3년(1837) 3월18일 10세때 왕비로 책봉되었으나 가례는 4년 후인 14세때 헌종7년(1841) 4월 16일 올림

히포크라테스 조선 왕비를 만나다

의사의 시각으로 본 조선 왕비들의 삶과 죽음

초판 1쇄 2016년 1월 2일
초판발행 2016년 1월 5일

지 은 이 최일생
발 행 인 김용덕
발 행 처 메디안 북
편   집 최수정
등   록 제 25100-2010-51호
주   소 서울시 마포구 마포대로(도화동) 63-8 삼창프라자 1101호
전   화 02-732-4981
팩   스 02-711-4981
정   가 20,000원

ISBN 978-89-93340-46-4   03900